신세대를 위한 교육학개론

주영흠 · 박진규 · 오만록 공저

학지사
www.hakjisa.co.kr

● 머리말

'교육학 개론' 수업을 담당하는 교수와 이 수업을 듣는 학생들이 학기초에 부딪치는 두 가지의 문제가 있다. 그 중 첫 번째 문제는 '교육학을 구성하는 범위는 엄청나게 넓은데 한 학기라는 한정된 수업 시간에 이를 어떻게 다 소화해 내느냐'하는 것이다. '인간의 하루하루 삶' 전체를 탐구의 대상으로 삼으며, 그 탐구 결과 얻어진 지식 모두는 수업의 내용에 포함될수 있기 때문에 '교육학의 개론'에서 다룰 수 있는 범위는 자못 방대하기 이를 데 없다.

대학에서 오랜 기간 강의를 해 온 사람도 선뜻 '제한된 시간'에 맞춰 교육내용을 구성해 내기가 쉽지가 않다. 그래서 '교육학의 개론' 수업에서는 학기초에 의욕에 차 만들어진 수업 계획서의 일 부분만 다루고 나머지는 교육학의 세부 하위 영역에서 다루도록 다음 학기로 넘겨버리는 관행이 큰 무리 없이 받아들여져 왔다.

하지만 '교육학의 개론'에 대한 균형적인 이해는 '교육현상' 뿐만 아니라 '사람의 삶'을 균형 있게 볼 수 있게 하는 기초능력을 갖게 해 준다는 견지에서 매우 중요하다. 이 책은 제한된 시간에 교육학 전반의 내용을 소화 낼 수 있도록 이미 교육학의 영역으로 제기된 내용들을 상황 중심으로 압축하여 전체 12개의 장으로 구성하였다. 학생들이 충실하게 사전 예습을 실시하고, 교수들이 기본 개념에 초점을 두고 주어진 주제에 대해 수업 참여자들의 활발한 토론을 전개해 나간다면 여기에 제시한 내용들은 한 학기에 충분히 소화해 낼 수 있는 분량이라고 본다.

두 번째 문제는 '매학기마다 크게 달라질 수 없는 교육내용을 가지고, 전 학기와는 전혀 다른 태도와 기대를 지닌 신세대의 학생들을 대상으로, 어떤 새로운 방법을 동원하여 수업을 진행하는 것이 가장 좋으냐'하는 것이다. 이는 한마디로 교육내용의 구성에 대한 고민이 아니라 교육방법의 선택에 대한 고민이라 할 것이다. 수업현장에서 학생들과 더욱 밀접하고 활발한 상호작용을 기대하는, 의욕에 찬 교수들에게 있어서 이러한 고민은 더욱 클 것이다.

이러한 고민에 대한 해결책은 신세대의 특성을 고려한 교육방법의 선택일 것이다. 그 어느 감각 기관보다도 시각이 발달한 세대가 신세대이고, 말을 듣기보다는 말을 하기를 좋아하는 세대가 신세대이다. 이러한 점을 고려하여 이 책은 모든 장을 주제와 관련한 ●함께 볼 만한 비디오, ▲읽어 볼 만한 책, ■함께 토론해 볼 만한 주제로 구성하였다.

이 책은 전체 12개의 장으로 구성하였다. 한 학기를 16주로 기준으로 할 때, 기본 개념만을 설명하는 것으로 매주 한 장씩 소화하되, 강의자의 판단에 따라 몇 개의 장에 대해서는 2주를 할애할 수 있고, 한 학기에 2번 정도의 비디오 감상을 통한 종합 토론으로 수업을 운영한다면 큰 무리가 없을 것이다.

교직에 몸담고 있는 많은 교수자들과, 교육학과 교직과정에 대하여 관심을 갖고 있는 학생들에게 교육학을 쉽게 이해하는 데 도움을 주기 위한 목적으로 이 책의 집필을 시작하였으나 막상 탈고하는 시점에서는 많은 부족과 부끄러움을 느끼게 된다. 계속적인 관심과 연구를 통하여 수정과 보완을 해 나갈 것을 약속한다.

끝으로 '교육의 문제'를 늘 사회환경 속에서 전개되는 크고 작은 '인간 관계의 문제'로 보도록 하는 시각을 다듬어 주셨던 모교의 은사 교수님들께, 특별히 정우현·유인종·박도순·전성연 선생님께 감사를 드린다. 그리고 짧은 준비의 기간에도 불구하고 본 서 출간을 위해 최선을 다해 준 학지사의 김진환 사장님과 편집부 직원들 모두에게 감사를 드린다.

2002년 1월
저자 일동

● 목 차

제5장
교육과 사회

제6장
교육목적 설정

제7장

교육과정

제8장

제8장 교수·학습지도

제9장
생활지도

제12장
교사의 자질과 권리
417

제 1 장

교육학과 교육

신세대를 위한 교육학개론

　이 장에서는 교육학의 학문적 성격과 교육의 현상에 대해 살펴 볼 것이다. 교육학의 학문적 성격을 알아보기 위해 먼저 일반적으로 우리 주변에 일어나고 있는 여러 가지 모양의 현상을 분석, 이해, 예측하기 위한 기본 틀, 즉 학문의 체계를 살펴보고, 교육의 현상을 종합적으로 이해하기 위해 교육에 관한 다양한 개념과 의의에 대해 살펴 볼 것이다.

　'교육학'과 '교육'은 어떻게 다른가? 비슷한 질문으로 '교육학자'와 '교육자'는 어떻게 구분되는가? 그리고 교육활동에 관여하고 있는 사람 모두가 교육 현상을 체계적으로 잘 이해하고 있다고 말할 수 있는가?

　'경제학'이 곧 '경제'가 아닌 것처럼 '교육학'이 곧 '교육'이 아니다. 아울러 '경제학자'가 곧 '경제인'이 아닌 것처럼 '교육학자'가 곧 '교육자'는 아니다. '교육학'은 교육에 대해 탐구하는 일이며, 교육은 교육을 하는 일이다. '교육자'는 교육을 담당하는 사람이며, '교육학자'는 교육을 담당하는 사람을 포함한 교육활동과 그 과정, 그리고 교육환경 등을 분석, 이해, 예측하는 사람이다.

　우리 주변에는 학문 내지 이론과 실제의 관계에 관한 혼동과 오해가 상당히 많다. 이것을 혼동하는 까닭으로 교육하는 사람이면 다 교육자이고 교육학자이면 다 교육자일 것으로 간주한다.

　그런데 분명한 것은 이들 둘은 서로 불가분의 관계에 있다는 점이다.

이론은 실제에 바탕을 두고 있으며, 실제는 그것이 전개되는 어떤 논리적 근거와 틀을 갖고 있다. 따라서 이론을 다루는 훌륭한 교육학자는 언제나 실제를 직시하고 있어야 하며, 실제에 참여하고 있는 훌륭한 교육자는 교육이론에 대한 해박한 이해을 갖고 있어야 한다. 그렇기 때문에 장래 훌륭한 교사가 되려는 꿈을 지닌 교사 지망자들은 사범 교육과정 혹은 교직 과정에서 교육학을 이수하도록 되어 있다.

이 장을 통해 학문으로서의 '교육학'과 일반 현상으로서의 '교육사건'에 대한 이해가 있기를 바라며, 더 나아가 이러한 이해가 지금까지의 학습활동에 대한 분석에 도움이 될 뿐만 아니라 앞으로 교사로서의 교직관이 확고하게 확립될 수 있기를 바란다.

1. 교육학의 학문적 특성

1) 학문의 체계와 방법

교육학은 철학, 공학, 의학, 경제학과 마찬가지로 인간 자신의 활동과 자신을 둘러싸고 있는 자연 및 사회에 대한 체계적인 이해 방식이라 할 수 있다. 따라서 교육학을 바로 이해하기 위해서는 인간이 주어진 환경을 어떻게 이해해서 체계화시켜 왔는가 하는 "논리적 과정", 즉 학문의 확립과정을 먼저 이해해야 한다.

학문이란 인류가 역사를 통해 얻어진 경험을 기록한 결과라 할 수 있다. 우리가 학문이라는 방식으로 세계에 접근하기 이전에도 인간은 자신의 주위에서 일어나는 자연과 인간사의 여러 사건들을 나름대로 체계화하고 이해해 왔다. 인류의 긴 역사에 비추어 볼 때, 인간이 문자를 발명하여 자기 경험을 기록하게 된 것은 그다지 오래된 일이 아니다. 또한 축적된 기록을 기초로 하여 현상에 대해 관찰과 분석을 통해 학문을 발전시킨 것은 더욱 최근에 이루어 진 것이며, 또한 모든 학문이 동시에 똑같이 시작되지도 않았다. 그러나 인간의 삶이 영위되는 곳에서는 항상 개인적으로나 집단적으로나 경험을 정리해 왔으며 학문은 이 같은 경험의 정리 방식의 하나이다.

또한 학문은 과학적인 탐구로 얻어진, 지식의 '체계적인 모음'이며 여러 지식들의 총합체이다. 그리고 지식은 어떤 현상을 설명하기 위한 '하나의 이론체계'라 말할 수 있다. 예를 들면 "이른 아침의 안개는 한낮의 날씨에 어떤 영향을 주는가?", "자살은 어떤 사회적 환경에서 더 빈번하게 발생하는가?", "학습의 동기화는 어떻게 주어질 수 있는가?"하는 질문들은 사실 혹은 사건들 간에는 어떤 일정한 관련성(규칙성)이 있는 것을 전제로 하는 것이며, 이것들은 결국 대기순환론, 아노미이론, 욕구단계이론 등을 통해 쉽게 설명될 수 있다. 하지만 '달은 왜 존재하는가?', '인간은 무엇 때문에 사는가?'와 같은 질문들은 초경험적인 것이라서 경험에 기초하는 일반 과학으로서는 그 답을 구하기가 쉽지 않다. 그렇다고 이처럼 사물의 존재 의미와 당위를 밝히는 것이 전혀 과학적 탐구의 대상이 될 수 없다는 것은 아니다. 다만 '사물이 왜 존재하는가, 인간은 무엇을 위해 사는가?' 하는 질문에 대해 답을 구하는 방법과 '자연 현상이 어떻게 해서 일어나며, 그 현상과 또 다른 현상간에는 어떤 지속적인 관련성을 갖고 있는가' 하는 문제에 대한 답을 구하는 방법 사이에는 그 질문의 내용만큼이나 차이가 있다. 그렇지만 모두가 실험과 논리에 기초한 과학적 탐구를 통해 일반적이고 보편적인 진리를 추출해 내려한다는 학문성에 있어서는 같다.

학문의 한 영역으로서 교육학은 다른 학문이 지니고 있는 일반적인 특성, 즉 지식의 위계성과 그 지식이 거짓이 아닌 것을 증명하는 일정한 방법론을 갖고 있다. 학문은 그것의 원료가 되는 현상을 기초로 하여, 개념·법칙·이론 등으로 체계화되어 있으며, 방법론으로는 경험적 방법론과 논리적 방법론을 수반한다.

(1) 현상(phenomenon), 사상(facts and events)

우리는 매일매일 신문을 통해 보도되는 많은 사건들에 대해서는 알고 있지만, 보지 않고 들어 보지도 못한 지구의 어느 모퉁이에서 일어나는 사건에 대해서는 알지 못한다. 분명 우리가 어떤 대상의 존재를 알고 있는 것과 그렇지 않은 것이 그 사물이 존재하기 위한 필요조건은 아니다. 이처럼 시·공간적으로 우리가 알고 모르는 것에 관계없이 존재하면서, 우주와 역사를 구성하는 기본 단위를 '현상'이라 한다. 우리의 의지와 인지작용과는 무관하게 펼쳐지는 모든 삼라만상이 현상에 해당한다. 이러한 현상을 사실 또는 사건이라 하기도 하며, 그냥 사상(facts & events)이라 하기도 한다.

현상은 크게 자연 현상, 사회 현상, 그리고 심리 현상으로 구분할 수 있다. 해마다 봄이 오면 얼었던 땅이 녹고, 나무에는 새순이 돋으며, 꽃이 핀다. 물이 열을 받아 일정한 온도에 이르면 끓게 되고, 높은 곳에서 물건을 떨어뜨리면 반드시 밑으로 떨어진다. 우리가 늘 경험하고 당연하게 여기는 이런 것들은 모두 '자연 현상'이다. 이런 것들은 사람의 인위적 작용에 의해서 벌어지는 것이 아니라 그냥 저절로 그렇게 되는 것이다. 갈릴레이가 교황청을 나오면서 "그래도 지구는 돈다"라고 중얼거린 말에는 지구가 태양 주변을 도는 것이 우리가 알든 모르든, 그리고 교황청의 권위로 주장을 막든 막지 못하든 간에 관계없이 바뀌는 것이 아니라는 냉소적인 의미가 숨어 있다.

사람은 자연의 일부이지만 다른 동물과는 달리 사회를 구성하여 그 사회 속에서 살아간다. 태어나면서부터 부모가 속해 있는 사회적 계급을 나누며, 다른 사람들에 대해 스스로가 어떻게 처신해야 하는지를 배우게 된다. 나이가 되면 학교에 가서 교육을 받고 학교에 다니면서 학교가 정한 규칙을 지킬 것으로 기대 받고 그렇지 않으면 처벌을 받게 된다. 또 친구와의 말다툼을 비롯해서 다른 나라와 무역마찰, 전쟁에 이르기까지 끊임없는 갈등과 마찰이 일어나기도 한다. 이와 같이 인간이 다른 인간들과 관계를 맺고 살아가는 사회에서 나타나는 일들이 바로 '사회 현상'이다. 비록 중세 교회의 권위로도 지구가 도는 자연 현상을 바꾸지 못했지만 갈릴레이를 종교 재판에 세워서 그로 하여금 강제적으로 지동설을 부인하고 천동설을 인정하게끔 만든 것은 중세의 기독교적 질서라는 사회 현상에서 비롯된 것이다.

자연 현상과 사회 현상 이외에도 인간의 내면 세계에 일어나는 현상이 있다. 똑같은 자연 현상과 사회 현상에 부딪치더라도 그것을 받아들이는 태도와 판단의 방법에는 사람에 따라 차이가 있을 수 있다. 정말로 사랑하는 감정의 결과로 사랑하는 사람과 결혼을 결심하는 경우도 있겠으나 상대방의 의지대로 살아가도록 사랑하는 사람과 이별을 택할 수도 있다. 이처럼 인간 개개인의 내면에서 일어나는 현상을 '심리 현상'이라 한다.

앞서 언급한 현상은 크게 세 범주로 구분된다.

① 자연 현상(natural phenomenon) : 일상적인 자연의 변화
② 사회 현상(social phenomenon) : 문화, 관습, 윤리
③ 심리 현상(human psychological phenomenon) : 이성, 감정, 사랑, 증오

(2) 개념(conception)

우리는 주변에 있는 여러 사물이나 현상들을 관찰하고 느끼며 살아간다. 하지만 우리의 경험적인 관찰만으로는 사물이나 현상 자체를 있는 그대로 표현해 낼 수는 없다. 따라서 우리는 보통 사물과 현상을 일정한 측면에서 추상화하여 기술한다. 이처럼 인간의 판단과 경험을 통해 특정 사물이나 현상에 주어지는 성격 또는 속성을 '개념'이라고 한다.

좋은 개념은 의미(meaning)를 갖는다. 의미는 직접 경험 내지 조작을 통해 사실적 근거를 가지며, 어떤 사실적 근거를 어떤 개념에 잡아매느냐 하는 것은 옳고 그름의 문제가 아니라 그 개념을 사용하는 사람들 간의 약속의 문제이다. 일단 개념이 성립되고 나면 그 개념은 정의에 의해 참(옳음)일 경우, 그 개념은 의미를 지닌다.

개념들 중에는 사실이나 사건이 자연적으로 드러나 있는 측면을 지칭하는 경우가 있다. 볼 수 있고 느낄 수 있는 현상에 관하여 개념을 구성하는 일은 그리 어려운 일이 아니다. 예컨대 공, 접시, 물방울을 보고 둥글다는 개념을 상정하며, 나는 것들을 보고 새라는 개념을 상정하기는 쉽다. 이 경우 여러 개체 내지 개별 사건들에 공통적으로 드러나 있는 속성들이 합쳐져서 한 개념을 구성한다. 이처럼 사건, 현상들의 쉽게 드러난 특성에 부여되는 개념을 '구체적 개념'이라 한다. 위에 든 개념들 중에서 책, 책상, 건물, 산은 사물이 드러나 있는 특성에 따라 구성된 구체적 개념이다.

숨어 있고 감추어져 있는 속성에 관한 개념을 상정하고 구성하기는 비교적 어렵다. 그러나 여기에서도 여러 다른 사상들의 공통 특징을 분석 지각함으로써 한 개념을 상정할 수 있다. 예컨대 동네에서 애들이 노는 집단에는 골목대장이 있고, 정당에는 당수가 있고, 군대에 대장이 있으며 학교에 교장이 있다. 이들은 저마다 각양의 사태에 몸담고 있지만 이들이 하는 일에서 '지도성'이라는 개념을 상정해 낼 수 있다. 또한 또래집단, 정당, 군대, 학교는 다 다른 사태이지만 그 집단을 다른 집단과 구분 짓는 '조직의 문

화'가 있음을 간파하여 한 개념이 형성될 수 있다. 이런 개념은 일반적으로 추상적이며, 이렇게 해서 구성된 개념을 '추상적 개념'이라 한다. 추상이라는 말 자체가 벌써 여러 가지에서 공통의 한 상을 추출해 낸다는 뜻이다.

추상적 개념 중에는 추상성이 아주 높기 때문에 사람들의 가치 판단이나 개인적 감정이 개입하기가 쉽고, 일상 생활에서 애매하게 적용될 수 있는 개념이 아주 많다. 가령 '신세대'라 했을 때, 이것이 막연히 젊은 세대를 지칭하는 것인지, 아니면 10대 후반에서 20대 중반까지를 의미하는지가 무척 애매하다. 따라서 우리는 이런 개념들이 구체적으로 무엇을 뜻하는지 좀더 명백하고 정확하게 규정할 필요가 있다.

추상적 용어(개념)를 경험적 용어(변인)로 변환하는 과정을 조작화(operationalization)라 하며, 이렇게 하여 생성된 개념을 '조작적 개념'이라 한다. 조작화는 연구를 과학적으로 수행하기 위한 도구로서 측정의 문제를 고려하여 생성된 행동과학의 지식이다. 조작적 개념이란 추상적 개념들을 구체적으로 조작하여 개념 본래의 의미를 살리면서 측정할 수 있는 변수로 객관화시킨 개념을 말한다. 먼저 제기된 '신세대'라는 추상적 개념은 15세에서 25세까지의 사람, 혹은 1980년 이후에 출생한 20세 미만의 사람 등으로 조작적 개념으로 전환할 수 있다.

① 구체적 개념(concrete conception) : 감각을 통해 감지할 수 있는 사물의 구체적인 속성. 책상, 걸상, 공책, 비행기(특정의 시간이나 장소에 국한된 사물의 특성)

② 정의된 개념, 추상적 개념(defined conception, abstract conception) : 사회 구성원들이 일정한 상황 속에서 합의하여 얻어낸 관념적 속성. 사랑, 민주주의, 정의, 자율, 권한, 태도(특정의 시간적 혹은 공간적으로 독립적인 관념의 특성)

③ 조작적 개념(operative conception) : 추상적 개념들을 구체적으로 조작하여 개념 본래의 의미를 살리면서 측정할 수 있는 변수로 객관화시킨 개념. IQ(어떤 내용의 테스트를 어떤 조건에서 실시했을 때, 그 답·반응를 종합화한 결과), 한국적 민주주의(국가 안보를 위해 개인의 자유를 어느 정도 유보하는 것을 용인하는 정체), 대다수 국민의 뜻(여론 조사의 결과)

(3) 원리, 법칙(principle, rule)

개념은 정의를 통해 그 의미를 지닌다. 그러나 이것으로는 충분하지가 않다. 과학의 목적은 사실에 내포하고 있는 진리를 한 문장으로 진술하는 데 있으며, 개념은 정의로서 의미는 붙여졌지만 한 단어에 불과하기 때문이다. 단어로 표현된 개념을 정의함으로써 우리는 우주의 사상을 기술하고 설명할 수 있는 도구를 마련했을 뿐이다.

개념은 다른 개념과의 관계에서 의의를 지닐 때에만 사실을 진술해 낼 수 있다. 예를 들면 '지능이 높으면 학업성취 수준이 높다', '개나리는 일조량이 많아지고 하루의 평균기온이 높아지면 꽃을 핀다'는 명백한 사실적 근거를 갖고 있다. 이처럼 한 현상과 또 다른 현상들 간에 일정하게 나타나는 규칙성(regularities) 혹은 여러 현상간의 인과율(因果律:cause and effect)을 '법칙'이라 한다. 법칙은 시간과 공간을 초월하여 진리라고 인정되는 보편성과 객관성을 띤다. 법칙의 이러한 속성 때문에 우리는 법칙을 통해 현상들 간의 공존관계를 인과관계로 설명할 수 있으며, 벌어지지 않은 미래의 현상까지도 예측할 수도 있다.

법칙은 여러 사실을 여러 가지 방법으로 관찰하여 귀납적으로 발견할 수도 있고, 여러 법칙에서 연역적, 논리적으로 도출될 수도 있다. 모든 법칙은, 실제로 그것이 진(眞)이라는 것을 증명해 보여야 한다. 법칙이 진임을 증명하는 과정을 '검증'이라 한다. 이 경우 검증의 방법은 법칙을 처음 내세운 사람만이 아닌 다른 사람도 똑같은 방법을 적용했을 때 같은 결과에 도달할 수 있는, 복제 가능한 것이어야 한다. 따라서 법칙은 그것이 진임을 증명하는 방법에 따라 귀납적 혹은 연역적 법칙으로 구분된다.

① 귀납적 법칙 : 관찰과 실험의 방법으로 얻어진 법칙

　　예) G= pgV(G:부력, p:물체의 밀도, g: 중력, V: 물체의 체적)

② 연역적 법칙 : 논리와 직관의 방법으로 얻어진 법칙

(4) 이론(theory)

이론이란 여러 법칙들을 종합화하여, 이를 사람의 관점에 따라 해석하고 종합화한 결과(논리체계)라 할 수 있다.

법칙 1 + 법칙 2 + ‥‥‥‥ + 관점(viewpoint) ──〉 이론(theory)

예) 자본론(변증법, 잉여가치법칙 + 유물사관)(1854)

진화론(진화법칙 + 약육강식(弱肉强食)(1859)

이론은 경험적으로 확인되지 않은 명제, 즉 가설로부터 출발한다. 이론은 원리나 법칙을 발견할 수 있는 정리를 공리로부터 연역하고 검증함으로써 성립된다. 법칙이 보편적으로 적용될 수 있는 반면 이론은 특정 상황에서만 타당화될 수 있다는 점에서 서로 간에는 차이가 있다.

법칙체계인 이론의 기능은 첫째로 연구대상이 되는 현상을 분류하고 조직하는 데 사용된다는 점이다(예: '처음에는 민주적 지도성을 활용하는 사회체제에 있어서도, 영속적인 유일의 지도성 형태는 과두적 지도성이며, 어떤 사회체제도 결국은 과두 형태의 지도성을 발전시킨다'에서 사회체제가 민주적인 지도성 형태인가 아니면 과두 지배형태인가로 분류될 수 있다). 둘째로 이론은 현상에 대한 설명과 예측의 제공이라는 기능을 발휘한다(예: 앞서 든 예에서 '민주적 지도성을 활용하는 사회체제에 있어서, 그것이 유일한 지도성 형태라면 시간이 경과함에 따라 과두적 지배형태로 바뀐다'라고 예측할 수 있다)(Paul D. Reynolds, 1971).

(5) 학 문
(science⟨-scire 알다), (discipline; dis-,apart + -capere, hold)

학문은 현상들을 설명하는 논리체계(이론들)의 총합이라 할 수 있다. 따라서 학문은 논리체계의 총합의 정도에 따라 작은 영역의 학문(예를 들면 물리학, 사회학, 철학 등과 같은 개개의 영역을 지칭함)이 있을 수 있고, 여러 과학적 탐구 결과들의 모음을 뜻하는 지식의 종합적 영역을 지칭할 수도 있다. 이에 따라 간혹 학문은 '독자적인 탐구체계 분야로서 간주될 수 있는 지식의 분과'라 정의되는 과학과 서로 대체되어 사용되기도 한다(예를 들면 '사회학은 하나의 학문이다' 라는 진술과 '사회학은 사회과학의 한 영역이다'라는 진술 사이에는 큰 차이를 발견하지 못한다). 따라서 간혹 과학의 속성이 그대로 학문의 속성으로 받아들여지기도 한다.

학문(과학)으로 인정받기 위해서는 그 학문 영역에서의 논리체계(지식)를 생산해 내는 독특한 연구 방법론을 갖고 있어야 한다. 왜냐하면 연구의 방법이 비과학적일 때 연구의 결과들(지식들)은 가치 없는 것이 되기 때문이다. 결국 과학이란 연구의 체계적인 결과이기도 하며 체계적인 연구를 위한 수단이 되는 셈이다.

체계적인 연구의 수단이 되는 연구 방법론에는 논리적 방법론과 경험적 방법론이 있다. 논리적 방법론은 문제의 답을 얻기 위해 일반적 원리를 바탕으로 하여 특수한 원리를 끌어내는 법, 즉 보편 명제로부터 특수 명제를 끌어내는 방법이다. 이것은 경험에 의하여 않고 논리상 필연적 결론을 내게 하는 것이다. 반대로 경험적 방법론은 귀납적 방법으로 개개의 구체적인 사실로부터 일반적 명제나 법칙을 이끌어 내는 일, 즉 특수한 사실로부터 일반적인 원리를 알아내는 방법이다.

이론을 증명하는 작업은 귀납적 방법과 연역적 방법을 동원하여 경험적 관찰에 의해 이론적 가설을 실험하는 일에서 시작된다. 관찰을 통해 이론적 가설을 형성하게 하는 귀납법은 새로운 이론 형성을 위한 경험적 기초를 제공하며, 현재의 이론에서 변화되어야 할 부분을 제시해 주는 역할을 한다. 연역법은 관찰을 통하여 검정할 수 있는 경험적 가설들에 의해 추상적이며 높은 수준의 가설들을 대치할 수 있게 해준다.

학문(과학)은 탐구의 대상과 탐구의 방법(연구방법론)에 따라 자연 과학, 사회 과학, 형이상학, 그리고 예술로 구분한다. 자연 과학은 인과 관계가 분명하며, 시간 공간에 관계없이 유지되는 보편성이 있으며, 사람의 의지와는 무관한 몰가치성을 지닌 자연 현상을 연구 대상으로 한다. 연구방법으로는 개별 현상을 관찰하고 실험하여 일반적 법칙을 얻어내는 경험적 방법에 의존하고 있다.

반면에 사회 과학은 사회 현상을 그 연구 대상으로 하고 있다. 사회 현상은 인간에 의해 창조되고 변화되는 인위적 질서이며, 시간과 공간에 따른 특수성과 다양성을 지니며, 인간의 가치판단이 개입된 가치의 함축성을 지닌다. 연구방법으로는 연구자의 경험과 논리, 사례분석에 크게 의존한다.

형이상학은 인간과 사회에 관한 가치론적인 사상체계를 세우는 학문의 영역이다. 신의 존재, 참인간성의 본질, 보편적 사회가치이념 등이 형이상학적인 탐구의 과정을 통해 얻어지는 논리체계이다. 그러므로 형이상학은 실제의 분석에 치우치기 보다는 인간의 직관에 기초한 당위론적인 접근을 채택한다.

예술은 과학적 탐구 방법에 비춰보면 가장 비체계화된 학문의 영역으로 보여질 수 있다. 왜냐하면 예술은 수량화될 수 있는 양적 요소를 대상으로 하는 것이 아니라 음미될 수 있을 뿐인, 사물의 질을 대상으로 하고 있기 때문이다. 각기 다른 두 맥주 회사의 맥주가 잔에 부어졌을 때, 그 양과 화학적 성분은 측정될 수 있다. 그러나 시원하다, 부드럽다 하는 등의 맛의 의미까지 잴 수는 없다. 문제는 맛의 주체가 되는 사람들의 기호를 표준화할 수 없다는 데에 있다.

결국 학문이란 이론을 경험적 방법론 혹은 논리적 방법론에 기초하여 종합화, 체계화시킨 결과라 할 수 있다. 학문 영역에 따라서는 경험적 방법론과 더불어 논리적 방법론 또한 더 유용하게 작용하는 영역이 있을 수 있고 그렇지 않은 영역이 있다. 이를 그림으로 나타내면 다음의 〈그림 1-1〉과 같다.

그림 1-1 **연구 방법론에 따른 학문의 구분**

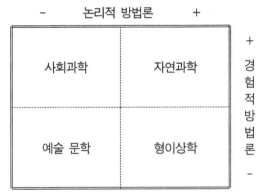

"+"는 관련 학문영역에서 더 유용하게 활용된다는 뜻
"–"는 관련 학문영역에서 덜 유용하게 활용된다는 뜻

2) 교육학의 위치와 학문영역

교육학은 교육 현상을 설명하는 단위 지식들의 모음으로 이루어진 학문의 한 영역이며, 이러한 교육학적 지식 역시 과학적 탐구를 통해 얻어진 결과이다. 다른 학문이 대개 인간, 사회, 자연 중의 특정한 현상에 초점을 맞춰 그것을 대상으로 과학적 탐구가 이루어진다면 교육학은 인간 대 인간, 인간 대 사회, 인간 대 환경의 관계에서 일어나는 '다면적 인간 변화 과정'을 분석, 설명하려는 종합 학문이다.

'다면적 인간 변화 과정'을 분석 설명하는 학문이 교육학이라 한다면 이와 관련하여 우리는 다음과 같은 구체적인 질문을 제기해 볼 수 있다.

변화된 인간의 구체적 모습은 어떤 모습인가? 인간 변화의 상은 시대와 장소에 따라 어떻게 받아들여져 왔는가? 변화의 주체 혹은 객체가 되는 인간의 본래적 특성은 무엇인가? 누가, 누구에게, 어느 정도의 변화가 필요하다고, 그리고 무엇을 근거로 판단할 수 있는가? 변화의 생성 유무와 그 정도를 어떻게 정확히 측정해서, 그 결과는 무엇을 근거로 하여 가치 판단할 수 있는가? 변화를 효율적으로 도출해 내기 위해 어떤 사회적 제도와 기관이 있어야 하는가? 그 제도와 기관은 누가 운영하는가? 개인의 변화를 돕기 위해 국가는 어떤 일을 해야 하는가? 이러한 질문들에 대하여는 천차만별의 대답들이 있을 수 있고 그 각각의 대답들을 정당화하기 위해 각양의 이론들이 성립되었다.

교육학에서 성립된 각양의 이론들은 나름의 특성에 따라 범주화되어 교육학 내에서도 또 다시 하위 학문영역을 구성하고 있다. 교육학은 교육현상을 여러 가지 시각에서 체계적으로 설명하는 하나의 과학이다라고 규정하면서 우리의 주변에 일어나는 모든 사회현상이 곧 교육현상이 될 수 있다고 하였다(차갑부, 1992). 가정, 학교, 사회 나아가서는 국제사회에 이르기까지 모든 인간사회가 교육적 기능을 수행한다고 볼 수 있다. 그리하여 '교육하면' 으레 학교에서 교사·학생간에 이루어지는 교수·학습활동이 전부인 것으로 받아들여 왔다. 하지만 교육현상은 학교에서만 일어나는 것이 아닌 가정, 기업, 개방된 사회 전체의 장에서도 일어난다. 이러한 각각의 교육현상을 분석의 대상으로 삼을 때, 거기에 학교교육학, 가정교육학, 기업교육학, 사회교육학 등의 학문 영역이 파생될 수 있다.

이렇게 볼 때, 교육학은 두 가지 바탕 위에서 성립한다고 할 수 있다. 그하나는 연구의 대상과 방법 중심의 교육학이다. 이는 연구자가 어떤 연구방법론을 채택하여 교육현상에 접근하느냐(논리적 방법론 혹은 경험적 방법론)

에 따라 교육철학, 교육종교학, 교육사회학, 교육행정학, 교육공학 등이 성립된다. 또 다른 하나는 교육이 일어나는 상황(학교, 가정, 기업, 사회 등)을 분석적으로 접근한 이론체계로서 학교교육학, 가정교육학, 기업교육학, 사회교육학 등이 성립된다.

대개의 경우 연구 방법론에 기준하는 교육학이 교수자 혹은 공급자 중심의 교육현상 분석법이라 한다면 상황에 기초한 교육학은 학습자 혹은 수요자 중심의 교육 현상 분석법이라 할 수 있다. 전통적으로 우리 사회가 공급자 중심, 이론 중심의 사회적 특성을 지녀왔기 때문에 교육학 역시 연구 방법론에 기초한 교육학, 즉 규범 과학으로서, 자연과학으로서, 사회과학으로서, 예술로서의 교육학으로 분화·발전되어 왔다.

(1) 규범 과학으로서 교육학

사람은 특정 상황에 적응해 가는 능력을 소유하고 있기도 하지만 여러 상황을 꿰뚫며 지켜내려 하는, 지향하려 하는 자신의 참모습이 있을 수 있다. 이처럼 다양한 인간 행동과 판단에 대한 일관성 있는 판단의 기준이 되는 것을 규범이라 한다. 규범성은 현재 일어나고 있는 행동, 사상, 관행 등에 관계없이 그것들이 일어나고 있는 주체들에 있어서 본래적으로 갖추어야 할 속성과 지향해야 할 가치가 무엇인가를 구명한 결과이다.

규범성의 추구는 교육학 영역에서도 제기되는 문제이다. 우리는 왜 교육을 해야 하는가? 인간의 어떤 측면을 기리고, 어떤 측면을 제어시키는 것이 참 교육 활동인가? 교육활동을 통한 성취를 평가하는 기준은 무엇인가? 교육은 어떤 대상에게 어떤 제도적 형태에 의해서 이루어져야 하는가? 어떤 것들이 교육에 대하여 역기능적 혹은 비교육적 요소인지를 식별할 수 있게 하는 기준인가? 이처럼 현재 이루어지고 잇는 교육이 어떤 것이든지 간에 그것의 현실적인 모습과는 상관없이, 이상적인 교육의 본질과 그것을 가장 능률적으로 실천하기 위한 이상적 원리를 밝히는 학문 영역이 규범 과학으로서의 교육학이다.

이러한 규범 과학으로서의 교육학은 교육학의 가장 전통적인 영역이다. 신학 철학으로부터 여러 학문이 독립하기 전부터 다른 학문들과 마찬가지로 교육학 역시 규범과학의 한 영역에 불과하였다. 그래서 교육학은 흔히 객관적으로 존재하는 자연 세계나 사회 현상을 설명하는 실증과학이 아니라 가치의 당위성을 추구하는 규범과학으로 간주되어 왔다. 교육학을 규범과학 측면에서 접근하여 형성시킨 교육학 하위영역이 '교육철학', '교육윤리학', '종교교육학' 등이다.

규범과학으로서 교육학은 ① 무엇을 위한 교육적 상호작용인가? ② 교육적 상호작용에 포함되어야 할 내용은 무엇인가? ③ 교육적 상호작용의 방법은 어떤 것이 더 가치 있는 것인가?(아동중심 vs. 교사중심) ④ 교사의 자질과 자격은 어떠해야 하는가? 등과 같은 가치지향적인 질문에 대답을 해 주지만, 이러한 질문에 대한 대답이 과연 객관적으로 인식되는데 있어서는 한계가 있다는 난점을 지니고 있다.

(2) 자연과학으로서의 교육학

자연과학으로서의 교육학은 교육활동에 있어서의 계획성, 실험성, 실증성을 상정하고 있다. 여기에서 계획성이란 인간의 성향, 능력, 태도, 행동 등의 변화에서도, 자연 현상들 간의 인과관계처럼, 그 원인-결과의 관계가 분명하여 의도한 행동의 변화를 일궈낼 수 있다는 가능성을 말한다. 또한 실험성/실증성이란 제시된 어떤 법칙의 증명에 있어서 복제 가능성을 의미한다.

이러한 자연과학으로서의 교육학에는 교육공학, 교육측정, 교육평가, 교육심리학 등이 포함될 수 있다.

(3) 사회과학으로서의 교육학

교육은 사회구성원들 간에 벌어지는 인간 상호작용의 한 형태이며, 사회 현상 중의 하나로 보는 입장이다. 또한 이러한 입장에서는 사회는 교육이 이루어지는 현장일 뿐만 아니라 교육활동의 지원 없이는 한시도 그 체제를 유지해 갈 수 없다고 본다. 이처럼 사회과학으로서 교육학을 접근하려는 입장에서는 사회에서 유지되는 모든 인간관계에는 교육적인 의도, 즉 사회의 교육성이 내포되어 있으며, 교육의 목적과 내용은 사회적 과정을 통해 결정되고 유지는 교육의 사회성을 있음을 전제한다. 즉, 교육과 사회 간의 올바른 이해 없이는 교육과 사회를 제대로 이해할 수 없다.

사회과학으로 교육학을 이해하려는 입장에서는 '교육현상은 인간에 의해 창조되고 변화되기도 하며 사라지기도 한다'는 교육의 인위적 질서, '교육현상은 시간과 공간에 따라서 다르게 나타난다'는 특수성과 다양성, '교육현상은 인간의 가치판단이 개입된 현상이다'라는 가치의 함축성을 전제로 한다. 이러한 사회과학으로서 교육학의 영역에는 교육행정학, 교육사회학, 교육경제학, 교육정치학 등이 포함된다.

(4) 예술로서의 교육학

플라톤 이래로 전통적으로 예술은 '하는 것', '만드는 것', '감상하는 것', '심미적인 것', '이성의 작용이 아닌 감성의 작용'으로 파악되어져 왔다. 이러한 입장에서는 예술은 고차원적인 지적 과목에는 끼이지 못하는 기술적 행위(artistic behavior)에 불과하다는 견해가 지배적이었다.

하지만 20세기 후반부터 예술을 단순한 기능적인 교과나 감상적인 교과로 보는 경향을 넘어서서 하나의 독립된 그러면서도 다른 지적인 교과와 대등한 것으로 보려는 경향이 대두되었다. 이러한 경향에 따라 1980년대에 미국에서는 예술을 하나의 학문으로 체계화하여 가르칠 것을 주장하는 학문중심 예술교육운동이 발흥되었다. 이러한 학문중심 예술교육운동은 예술을 하나의 교과로 보는 관점을 고수하면서 예술이 어떤 점에서 교육과정을 구성하고 있는 다른 주지교과와 동일하게 중요한 교과라는 점을 정당화하는 데 강조를 두었다. 학문중심 예술교육운동은 예술이 인간의 삶 모든 측면과 깊이 연관되어 있음을 전제하고 있다. 즉, 예술적인 것은 그 자체로 분리된 것이 아니라 인간의 삶의 모든 측면에서 작용하는 경험의 양상이라는 관점이 여기에는 견지되고 있다.

이러한 관점은 지식을 중심으로 형성되고 발전해 온 지금까지의 교육에 대해서 새로운 영역을 제시해 주고 있다. 즉, 교육의 목적으로 미적 심성의 개발이라는 말이 가능하게 되었고, 이를 위한 교육과정과 방법의 개발 필요성이 인정받게 되었다. 이렇게 예술로서의 교육학은 새롭게 부상하는 영역이지만 이러한 측면에서 교육을 보려는 연구가 국내에서도 서서히 증가하고 있다(박철홍, 1995). 예술로서의 교육학으로는 교육미학, 교육문학 등을 들 수 있다.

교육학의 세부 학문 영역을 하부 영역을 연구방법론에 따라 분류하여 예시해 보면 다음의 〈그림 1-2〉와 같다.

그림 1-2 연구방법에 따른 교육학의 세부 학문영역 구분

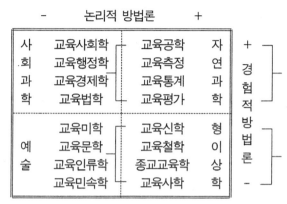

"+"는 관련 학문영역에서 더 유용하게 활용된다는 뜻
"-"는 관련 학문영역에서 덜 유용하게 활용된다는 뜻

3) 교육학의 연구방법

교육현상에 대한 관찰이 하나의 이론으로서 결실을 맺으려면 일정한 분석의 과정을 따라야 한다. 이를 연구 방법론이라 한다. 교육학은 앞서 언급한 사회과학과 자연과학의 특성을 골고루 갖고 있기 때문에 그만큼 연구방법에 있어서도 다양하고 복잡하다. 교육학 연구는 다음과 같은 절차와 방법을 따른다.

(1) 사전조사

연구대상을 선정하여 사색과 관찰을 시도하여 가설을 정립하고, 연구에서 채택하고 있는 개념들을 명확히 한정시키는 단계이다.

① 연구대상의 선정

교육현상이 일어나고 있는 상황을 설정하여 이를 관찰하고 분석할 의의 (significance)가 있는 것으로 채택하는 것을 말한다. 이 때의 교육현상은 인

간 대 인간, 인간 대 사회, 인간 대 환경을 축으로 하여 전개되는 특정 개인의 다면적 행동의 변화 과정을 뜻한다.

② 가설의 정립

가설이란 아직 경험적으로 확인되지 않은 명제를 말한다. 이 때의 명제란 특정 현상에 대해 일정한 요인 또는 변수간에 관계가 있음을 기대하고 있는 가정이다. 이 현상에 대한 관계를 말하는 것을 보통 설명이라 하며, 이 설명이 경험적으로 확인된 것을 이론이라 한다.

신세대는 음악을 들으며 공부하면서도 그 성취도를 높게 나타낸다고 이야기한다. 혼자 있기를 싫어하고 누군가 옆에 함께 있기를 바라며 조용함보다는 어느 정도의 소란 속에서 더욱 집중할 수 있는 것이 오늘날 신세대의 특성이라 한다. 하지만 이런 이야기들은 젊은 세대들의 일반적인 경향을 말하는 것일 뿐 경험적으로 확인되어 이론화된 것이라고는 할 수 없다. 이런 경험적으로 확인되지 않은 가정을 명제화하여 "음악을 들으며 학습을 한 신세대는 그렇지 않은 경우에 비해 높은 학업 성취도를 나타내 보인다" 라는 가설을 꾸밀 수 있다.

③ 용어에 대한 조작적 개념의 확립

연구에서, 특히 가설에서 사용되고 있는 용어의 개념을 명확히 한정시킬 필요가 있다. 관찰된 현상이나 그 특성을 관념적 용어로 표현한 것이 추상적 개념이라 한다면 이 추상적 개념을 구체적으로 객관화시켜 개념 본래의 의미를 살리면서도 측정할 수 있는 변수로 바꾼 것이 조작적 개념이다. 추상적 개념들은 조작적 정의를 통해서 경험적으로 관찰할 수 있는 사물의 속성으로 표현된다. 예를 들면 '경제 성장의 정도'는 GNP의 증가율을 통해서, '학습의 성취도'는 시험 성적을 통해서, '인간의 지적 능력'은 지능 검사 점수를 통해서 나타내는 것이다.

앞서 제시한 가설에서 언급된 '신세대', '음악', '학업성취도' 등의 용어는 어떻게 조작적으로 정의될 수 있을까? 신세대는 일정한 시점을 기준으로 해서 볼 때 만 15세에서 25세 연령의 사람 혹은 10대의 청소년 등으로 조작적 정의를 내릴 수 있다. 그리고 음악은 클래식, 혹은 재즈 리듬의 배경

음악으로 한정시킬 수 있으며, 학업 성취도는 학습한 내용 범위에서 일정한 형식에 따라 출제된 문제를 해결한 결과를 의미하는 것으로 정의 내릴 수 있다.

우리는 "음악을 들으며 학습을 한 신세대는 그렇지 않은 경우에 비해 높은 학업 성취도를 나타내 보인다"라는 말의 조작적 정의를 내릴 수 있었다. 이제 이러한 조작적 정의를 이용하여 실제로 신세대가 음악을 들으며 학습했을 경우 그 학업 성취가 높게 나타나는지를 조사해 볼 필요가 있다.

(2) 조사실시

① 문헌분석법

문헌분석법은 역사적인 문헌, 선행연구, 이미 발표된 통계 자료 등을 수집 분석하는 조사방법이다. 예를 들면 과거에 있었던 일을 연구하려 한다거나 여러 나라의 상황을 비교 분석하는 데 있어서는 실증적인 조사 방법으로는 한계가 있기 때문에 해당 지역 혹은 당대의 문헌들을 살펴볼 수밖에 없다. 이 방법의 장점은 일정한 연구 주제를 중심으로 공시적 통시적인 상황을 비교 고찰하는 데 유용하며, 조사연구자가 문헌의 수집 분석만으로 비교적 짧은 시간에 연구를 진행시킬 수 있으며, 연구에 사용되는 제 개념들을 명확히 할 수 있다는 점 등을 들 수 있다. 하지만 문헌을 선별 분석하는 조사연구자의 주관적인 의견에 따라 연구 결과가 달라질 수 있으며, 실제 일어났던 현상과 문헌 내용간의 일체성을 검증해 볼 방법이 없으며, 시간과 공간의 격차를 꿰뚫는 일관된 개념을 동원해야 하는 난점이 있으며, 바로 현재의 상황을 실증적으로 설명해 주지 못한다는 한계를 지니고 있기도 하다.

② 질문지법

이것은 조사하고자 하는 내용에 관한 설문지를 작성하여 이를 조사 대상자에게 보여 기입하게 하는 방법이다. 이 방법은 개인의 태도나 의식을 대량으로 조사할 수 있기 때문에 시간과 비용이 절약되며, 정보수집이 비교적 쉽고, 동일한 항목에 대해 여러 사람들이 응답하기 때문에 자료를 분석할 때 분석 기준이 명백하므로 비교가 용이하고, 현재의 현상 설명에 있어서 실증성이 높다는 등의 장점이 있다. 그렇지만 응답하지 않는 사람도 있을 수 있고, 응답자가 질문의 내용을 잘못 이해하기 쉬우며, 질문지에 제시된 질문에 국한하여 응답하므로 조사 대상자의 의견이 제대로 수집되기 어려운 단점이 있다. 따라서 질문은 알아보기 쉽도록 정확히 서술해야 하며, 질문지를 예비적으로 작성하여 질문에 대한 반응을 통해 그 결점을 보완하는 것이 좋다.

③ 면접법

조사연구자가 직접 대상자를 만나 언어적 표현에 의해 필요한 정보를 수집하는 방법이다. 이 때 응답자가 1인일 때 개별면접이라 하고, 다수일 때 집단면접이라고 한다. 또한 면접법은 조사표를 가지고 미리 정해진 순서대로 일정한 질문을 하고 조사자가 회답을 기입하는 지시적 면접(directive interview)과 어느 정도의 질문 항목은 상정되어 있으나 상대방과 상황을 고려하여 질문을 자유롭게 조정할 수 있도록 되어 있는 비지시적 면접(non-directive interview)으로 구분되며, 양자의 중간에 위치하는 반지시적 면접(quasi-directive interview)이 있다.

지시적 면접법은 면접을 직접 실시함으로써 면접 대상자가 회답하는 것을 확인할 수 있으며, 질문과 회답의 의미를 상호 확인할 수 있어 정확한 정보를 수집할 수 있고, 피면담자가 표현하고 싶어하는 미묘한 뉘앙스를 세밀하게 파악하는 방법이다.

지시적 방법이 미리 정해진 질문을 일정한 순서대로 하고 회답을 특정 기준에 따라서 분류함으로써 관찰의 표준화를 목적으로 하는데 비해 비지시적 면접법은 자유로운 면접에 의해서 이미 알고 있는 사실을 확인함으로써 새로운 문제와 시각을 발견하고 사실을 광범위한 사회적 맥락에서 깊이 파악하고자 한다. 따라서 비지시적 면접은 조사연구의 문제탐구적 단계와 사회사실을 전체 관련적이고 깊이 있게 파악하고자 하는 데서 그 효과를 발휘한다. 비지시적 면접조사가 효과적으로 행해지기 위해서는 면접자와 대상자 사이에 좋은 인간관계가 형성되고, 면접자는 대상자와 면접내용에 대해 충분한 사전지식이 요구된다.

반지시적 면접법은 약간의 면접을 통해 지침을 마련한 다음에 깊이 있는 질문을 함으로써 면접의 유연성을 확보하면서 동시에 다수 사례에 대한 어느 정도의 상호비교를 가능케 하는 방법이다.

이 면접법은 질문지 회수의 어려움이 없고, 설사 글을 모르는 사람이 있다 하더라도 조사실시가 가능하며, 질문 내용을 잘못 이해할 염려도 줄어들며, 또 중요한 문제는 자세하게 되물어 볼 수 있기 때문에 보다 깊이 있는 정보를 얻어 낼 수 있다는 이점이 있다.

그러나 일일이 면접을 해야 하기 때문에 면접 비용과 시간이 많이 들고 많은 응답자를 구하기도 힘들다. 게다가 면접자나 응답자의 편견이 조사 내용에 개입될 우려가 크다. 예를 들면 신세대들을 직접 만나서 면접할 때 조사자가 비슷한 또래의 젊은이라면 보다 자유로운 분위기에서 솔직한 응답을 받아낼 수 있지만, 만약 나이든 어른이 질문을 던진다면 신세대들의 응답은 다소 보수적으로 나올 가능성이 크다. 면접법은 많은 사람들로부터 비슷한 정보를 얻으려고 할 때, 소수의 사람으로부터 깊이 있는 정보를 얻고자 할 때 유용하다.

④ 참여관찰법

참여관찰법은 조사연구자가 조사하고자 하는 집단에 직접 참여하여 사회의 현상을 보고, 듣고, 느끼면서 자료를 수집하는 방법이다. 신세대의 특징을 연구하고자 한다면 연구자가 직접 대학가를 찾아다니거나 아니면 압구정동의 로데오 거리나 신촌의 락카페 등을 체험하고 그곳에서 경험한 현상들을 토대로 분석을 시도하는 방법이다.

이 방법은 조사 대상의 행동을 바로바로 기록함으로써 자료의 실제성이 보장되고, 언어나 문자로 표현할 수 없는 현상까지도 조사가 가능하다. 하지만 참여 관찰에는 조사자의 특별한 훈련이 필요하다. 왜냐하면 관찰자 주관대로 해석하여 편견이 개입될 수 있고, 연구자가 예상하지 못했던 뜻밖의 일들이 발생할 수도 있기 때문이다. 뿐만 아니라 마치 형사가 잠복근무하듯이 수집하고자 하는 현상이 나타날 때까지 장시간 기다려야 하는 경우가 있으며, 조사자의 의도가 노출되면 연구 대상자가 조사자를 경계하기도 한다. 참여관찰법은 주로 언어 소통이 어려운 종족이나, 질문지법, 면접법을 사용하기 어려운 어린이들에게 대한 조사에 유용하게 사용된다.

⑤ 실험법

실험이란 가상적인 상황을 만들어 놓고, 어떤 변수를 조작하거나 개입시킴으로써 다른 변수에 대한 조작 또는 개입의 효과를 관찰하고 측정하는 방법이다. 실험에서는 관심의 초점이 되는 대상 이외의 요인들이 작용하지 않도록 하여 원인과 결과가 되는 변수간의 관계를 보다 명백히 확인하려고 한다. 여기에서 조작되었거나 개입된 변수를 독립변수라고 하며, 관찰된, 즉 독립 변수의 영향을 받은 변수를 종속변수라고 한다. 또 독립변수를 개입시킴으로써 실험적 처리를 한 집단을 실험집단, 독립변수를 개입시키지 않은 집단을 통제집단이라고 한다. 그리고 실험에서 독립변수 이외에는 다른 변수가 실험에 작용하지 않도록 실험집단과 모든 조건을 동일하게 만드는 것을 통제라고 한다.

예를 들어 앞서 "음악을 들으며 학습을 한 신세대는 그렇지 않은 경우에 비해 높은 학업 성취도를 나타내 보인다"라는 가설을 제기했다. 대개 부모들은 음악을 들으면 정신이 산만해진다고 걱정이 태산이다. 그러나 신세대 자녀들은 오히려 공부에 집중이 더 잘된고 주장한다. 과연 음악이 학습에 어떤 영향을 줄까?

먼저 학생들을 두 개의 집단으로 나눈다. 이 때 양 집단 학생들의 평소 평균 성적은 같아지게 만들어야 한다. 다음 한 집단에는 음악을 틀어주지 않은 상태에서 시험 공부를 시키고, 다른 한 집단에는 음악을 들으면서 공부를 하게 한다. 일정 공부 시간이 지나면 두 집단에게 같은 문제를 주어 시험을 치르게 한다. 만약 두 집단의 평균 점수가 별 차이가 없다면 음악은 공부에 별 영향을 미치지 못하는 것이며, 음악을 들은 집단의 성적이 더 좋다면 음악은 공부에 좋은 효과를, 더 나쁘다면 나쁜 효과를 끼친다고 결론 내릴 수 있다.

자연과학에서만큼 완벽하지는 않지만 사회현상도 실험을 통해서 이론에 도달할 수 있는 가능성을 갖고 있으며, 이로써 사회과학에서도 검증의 복제가 가능하게 되었다. 다만 실험법에서는 양화될 수 있는 것만 측정 가능할 뿐이지 수량될 수 없는 질적인 요소를 담아낼 연구 설계가 어렵다는 한계를 갖고 있다.

2. 교육의 본질

1) 교육의 개념

교육이라는 말이 있기 이전부터 가르치고 배우는 현상은 있어 왔다. 이러한 현상이 좀더 많은 사람들 사이에 널리 보편화됨에 따라 하나의 사회적 약속으로 '교육'이라는 말이 형성되었고, 이에 대한 의미의 합의를 이루게 되었다. 그리고 현대에 올수록 학문이 다양하게 분화됨에 따라 교육 기능에 대한 정의 또한 다양하게 나타나게 되었다.

(1) 교육의 어원

사물의 특성을 정의하는 방법 중의 하나는 그 사물이 이름지어진 연유를 따져보는 것이다. 교육이라는 용어의 어원을 살펴보는 것 또한 교육의 뜻이나 본질을 이해하는 데 도움이 된다.

① 한자 '敎育'의 어원

교육(敎育)이라는 말은 동양의 고전인 맹자(孟子)의 진심장상(盡心章上)에 처음 나타난다.

> 君子有三樂而王天下不與存焉이니라
> 父母俱存하며 兄弟無故 一樂也오
> 仰不愧於天 俯不怍於人이 二樂也오
> 得天下英才하여 而敎育之 三樂也니
> 君子有三樂而王天下不與存焉이니라

군자에게 세 가지 참된 즐거움이 있다. 그러나 천하에 왕노릇 하는 것만은 거기에 들어 있지가 않다.

부모가 생존해 있고 형제들에게 아무 사고가 없는 것이 그 첫째의 즐거움이다.

우러러 보아서 하늘에 부끄럽지 않고, 굽어보아서 사람에게 부끄럽지 않는 것이 그 둘째의 즐거움이다.

천하의 뛰어난 인재를 얻어서 그를 교육하는 것이 셋째의 즐거움이다.

군자에게 세 가지 참된 즐거움이 있다. 그러나 천하에 왕노릇 하는 것만은 거기에 들어 있지가 않다.

한자어 '敎育'은 '敎'와 '育'의 합성어이다. '敎'는 가르칠 '敎'로서, 이는 본받을 효 '爻', 아들 자 '子', 톡톡 두드릴 복 '攵'으로 구성되어 있다. 이는 원래 '위에서는 베풀고, 아래에서는 본받는다'는 '上所施 下所效也(상소시 하소효야)'의 뜻을 갖고 있다. 결국 '敎'란 성인이 미성인에게 또 교육자가 피교육자에게 가하는 지도와 편달, 격려와 나아가서 솔선수범을 뜻한다 하겠다. 아울러 학습자의 입장에서 보면 성인이 베푸는 규범, 지도, 편달, 격려를 미성인이 이에 동경하여 모방 추종하여 나아간다는 뜻이다.

'育'은 살찔 육 '育'으로서, 이는 돋아날 돌 '去', 고기 육 '肉'으로 구성되어 있다. 이는 원래 '자녀를 길러 착하게 만든다'라는 '養子使作善也(양자사작선야)'의 뜻을 갖고 있다. 따라서 '育'은 작고 불완전한 미성인을 키우고 돌보아 성장 발달시킴을 의미한다 하겠다.

결국 '敎育'은 불완전한 상태에 있는 인간이 바람직한 상태에 이르도록 위에서 모범을 보이고 격려하며 이를 동경하여 따르게 하는, 의도적 과정이라 할 수 있다.

② 우리말 '가르침'과 '기름'의 어원

한자어 '교육'에 해당하는 순수한 우리말은 '가르치고(가르치다) 기름(기르다)'이다.

우리말 '가르치다'는 옛말로 'ㄱㄹ치다'였다. 이는 다시 '골다' 혹은 'ㄱㄹ다'와 '치다'의 두 동사가 합성된 것이다. '골다'는 오늘날의 단어로 '갈다'와 '가르다'의 두가지 의미 모두를 함축하고 있으며, 'ㄱㄹ다'는 '이르시다'라는 뜻을 함축하고 있다. 즉 '가르치다'는 '골다'와 'ㄱㄹ다'에서 온 ① 물건을 깨뜨리고 부수어 잘게 부수다, ② 연마하다, ③ 구별하다, 분별하다, ④ 나누다, ⑤ 달리하다, ⑥ 쪼개어 하나씩 나누다, ⑦ 시비를 판단하여 말하다 라는 뜻과 '치다'에서 온 ① 때리다, ② 다듬어 깎다, ③ 펼쳐서 보이다, ④ 체질하여 고운 것을 골라 빼내다, ⑤ 짐승을 기르다, ⑥ 더러운 것을 건져내다, ⑦ 때리다 등과 같은 다양한 뜻을 함축하고 있다. 이리하여 우리말 가르치다의 종합적인 의미는 시비선악을 골라 판단하여 나쁘고 거친 것을 다듬어 착하고 아름답게 하는 것이라고 볼 수 있다.

'기르다'는 '길다'에서 나온 말로, 기르는 일은 길게 하는 일(長成시키는 일), 길들이는 일(순하게 하는 일), 크게 하는 일, 자라나게 하는 일을 뜻한다. 또한 '기르다'는 '길(道)' 또는 '길이 난다', '질 난다'와도 통하는데 '기르다'는 것은 '길이 나게 하는 일' '길이 나게 하는 일은 어떠한 상황에 익숙해지도록 일정한 목표와 방향으로 이끄는 작용이라 할 수 있다.

결국 우리말의 어원에 비추어 볼 때, 교육이란 피교육자가 갖고 있는 선천적 재능을 찾아 발견하여 이를 갈고 연마시켜 펼쳐 보일 수 있도록 이끄는 작용이라 할 수 있다.

③ 영어 'education', 'pedagogy'의 어원

영어 'education'은 본래 라틴어 'educare'에서 유래되었다. 이는 e-(out, from, away: 밖으로)와 ducare(lead: 이끌다)의 합성어이다. 즉 'education'은 학습자가 갖고 있는 선천적인 소질 또는 잠재능력이 행동으로 표출되도록 바람직한 방향으로 신장 발전시킨다는 뜻을 갖고 있다.

영어에서 교육을 뜻하는 또 하나의 용어로 'pedagogy'가 있는데 이는 그리스어인 'paidagogos'에서 유래된 것으로 paidos(어린이)와 agogos(이끌다)가 결합되어 어린이를 지도한다는 의미를 지니고 있다.

(2) 교육의 정의

정의란 단순한 약속을 말하며, 따라서 정의는 그 사실적 진위를 따질 수 없고, 그래서 정의는 언제나 정의에 의해서 참이 된다. 교육에 대한 정의도 여러 학자들에 의해서 각자의 입장에 따라 정의되어 왔다. 그렇다고 특정 학자의 교육에 대한 정의는 옳고, 또 다른 학자의 정의는 틀리다고 할 수는 없다. 현재까지 내려진 교육에 대한 정의를 주장하는 학자들의 관점에 따라 규범적 정의, 기능적 정의, 조작적 정의로 범주화할 수 있다.

① 규범적 정의

규범적 정의에 따르면 교육은 그 어떤 궁극적 목적과 연관되어 규정된 정의이다. 이러한 관점에서의 교육은 현재 인간의 모습, 현재 사회의 상태

에 초점을 두는 것이 아니라 미래에 당연히 확보해야 할 것으로 보는 가치
있는 어떤 특성과 상태를 추구하는 과정이며 계발하는 과정이다. 예를 들면
'교육은 진리에 도달하기 위한 순례의 활동이다', '교육은 민주시민의 자질을
계발해 가는 과정이다', '교육이란 인간을 창조한 신의 모습을 닮도록 하는
과정이다' 하는 등이 이 규범적 정의에 의거한 교육에 대한 접근이다.

규범적 정의는 지극히 주관적으로 내려지는 것이라 할 수 있다. 인격 완
성이나 자아실현 등과 같은 내재적 가치의 실현 또는 진리의 추구는 객관
화할 수 없는 요소이기 때문이다. 예를 들면 형성자가 미리 설정해 놓은
바람직한 인간상의 어떤 모습이 있다 하더라도 그것은 반드시 객관적으로
바람직한 인간상은 아니다. 그것이 형성자 자신만이 바람직하다고 판단하
는 인간상에 불과할 때도 있다. 또 그것은 반드시 잘 된, 전체적 인간상도
아니고 일면적 단편적 일시적 자질일 수도 있다.

② 기능적 정의

교육의 기능적 정의는 교육의 도구적 가치를 강조하는 관점이다. 이 기
능적 견지에서 교육은 사회문화의 계승 및 사회발전의 수단으로 보는 것이
다. 이 때 교육이 기여해야 할 대상을 자신에게 한정시킬 것인가, 국가, 사
회로 확대해서 볼 것인가, 정치적으로 볼 것인가, 경제적으로 볼 것인가 하
는 등의 관점에 따라 더욱 세분화된 다양한 기능적 정의가 가능하다. 오늘
날 우리 사회에서 가장 지배적인 관점은 교육에 대한 이러한 기능적 정의
라 하겠다.

'교육은 새로운 공동체 문화형성을 위한 수단이다', '교육은 개인의 진로취
업을 위한 수단이다', '교육은 합리적 경제활동을 위한 자질을 심어주는 수단
이다', '교육은 신을 뜻을 실현하는 수단이다' 등은 교육의 기능성을 강조하는
말들이다. 이러한 기능적 정의는 교육의 도구적 가치를 중요시하는 입장이다.

그러나 기능적 교육관에 치중하게 되면 그 가능성과 당위성이 인정된다고
해도 교육 본래의 가치실현에 소홀하게 되고, 교육을 개인의 출세를 위한 수
단으로 봄으로써 여러 가지 교육의 부조리 현상을 초래할 가능성이 높다.

③ 조작적 정의

교육을 정의함에 있어서 규범적 정의와 기능적 정의의 취약점을 보완하기 위해서 조작적 정의가 동원된다. 교육의 조작적 정의를 지지하는 학자들은 '교육은 인간 행동특성을 계획적으로 변화시키려는 과정'이라고 정의한다.

이 정의에서 인간 행동특성이란 관찰하기 쉬운 외현적 행동뿐만 아니라 지식, 사고, 태도, 자아 개념과 같은 비가시적이고 내면적인 행동까지를 포함한다. 블룸(Bloom, 1956)은 교육을 통해 얻게 되는 인간 행동특성을 크게 세 가지 영역으로 구분하여, 인지적 영역, 정의적 영역, 운동기능적 영역으로 일컫고 있다. 여기서 인지적 영역이라 함은 기억력, 이해력, 적응력, 분석력, 종합력, 평가력과 같이 단순한 지식의 암기 및 재생 능력에서부터 고도의 창의적인 능력까지를 포함한다. 정의적 영역은 감수성, 반응, 가치화, 조직화, 인격화 등과 같이 인간의 흥미, 태도, 신념 가치관에 관련된 행동목표이고, 운동기능적 영역은 근육이나 운동기능을 나타내는 행동특성을 포함한다.

또 '계획적인 변화'라는 말은 인간행동이 자연적으로 변화해 가는 것에 관심을 두는 것이 아니라 그것을 의도적으로 변화시키는 데에 관심을 둔다는 뜻이다. 즉, 기르고자 하는 또는 길러야 할 인간행동에 관한 명확한 설정과 의식이 있고, 그것을 기를 수 있는 이론과 실증의 뒷받침이 있는 계획과 과정이 있다는 것을 의미한다. 이러한 계획적인 변화의 과정을 통해 몰랐던 지식을 습득하게 되며, 미숙했던 사고력을 숙달하게 되며, 몰랐던 기술을 몸에 익히게 되며, 새로운 태도와 가치관을 갖게 된다.

교육에 대한 이러한 조작적 정의는 교육활동이 전개되는 과정을 비교적 포괄적이고 합리적이며 과학적으로 잘 설명해 주고 있다고 할 수 있다.

2) 교육의 구성요소

넓은 의미로 볼 때, 교육현상은 배우고 가르치는 인간관계 그 자체이기도 하다. 인간관계의 유형이 다양한 것만큼 교육현상도 다양한 형태로 이루어지기 마련이다. 다양한 형태의 교육현상 중에는 무의식적으로 이루어지는 교육이 있을 수 있다. 예를 들면 개개인간의 대화를 통하여 또는 잡

지, 신문 등의 각종 유인물, 라디오, TV 등 전파 매체를 통하여 그 사회가
갖고 있는 생활방식을 자연스럽게 터득하는 과정도 광의의 교육이라 할 수
있다. 이러한 무의식적이고 비형식적인 교육의 과정을 사회화라 한다. 다시
말하면 사회화란 인간이 성장 발달해 가면서 자기가 소속한 집단의 생활양
식, 행동양식 등을 내면화하고 자신의 독특한 개성과 자아를 형성해 가는
과정을 말한다.

한편 협의의 교육이란 제도화된 형식적 사회화의 과정을 말하며, 학교교
육을 그 대표로 꼽을 수 있다. 학교교육이 이루어지기 위해서는 교육을 하
는 측과 교육을 받는 측이 있어야 한다. 따라서 학교에는 교육을 실천하는
교사와 실천의 대상인 학생이 있기 마련이다. 아울러 교사와 학생이 상호
작용할 수 있는 매개물이 필요하다고 볼 수 있다. 이러한 매개물은 넓게는
사회문화 그 자체가 될 수 있는 엄선하여 선별한 특정의 교과목이 될 수
있다. 이처럼 계획적인 교육활동이 이루어지기 위해 필요조건으로 요구되
는 교사, 학생, 매체로서의 교육과제를 교육의 3요소라 한다.

(1) 교 사

교사는 어떤 형식으로든지 가르치는 일에 종사하는 자를 통칭하는 말이
다. 부모는 가정에서 자녀를, 기술자는 작업장에서 견습공을, 고참 군인은
병영에서 신참 군인을, 목사는 교회에서 교인들을, 선생은 학교에서 학생을,
정보를 소유하고 있는 자는 주어진 상황에서 모르는 자를 가르치고 있다.
교육현상이 다양한 형태로 벌어지는 것처럼 상황에 따라 요구되어지는 교
사의 자질과 자격이 다양하겠지만 특별히 학교에서 학생을 가르치는 일,
즉, 교직이 전문직으로 인정받고 있는 오늘에 있어서는 학교 교사는 다음
과 같은 세 가지의 본질적 요소를 갖고 있어야 한다.

첫째, 교사는 자기가 가르치는 과목에 대한 해박한 지식을 소유하고 있
어야 한다. 기본적으로 교사는 나누어주는 자이다. 교사가 나눠주는 첫 번
째 대상은 지식이다. 전문화되고 분업화된 사회에서 교사가 자기가 맡고
있는 교과목에 대한 해박한 지식을 갖고 있지 않다면 교사와 학생간의 일
차적 상호작용이 일어나는 교실에서 문제가 야기될 수 있다. 둘째, 교사는
가르치는 방법에 대한 전문적 지식을 갖고 있어야 한다. '교육은 인간 행동

의 계획적 변화 과정'라고 했거니와 이러한 인간행동의 계획적 변화를 격려하고 유도하는 기술이 바로 교육방법이라 할 수 있기 때문이다. 셋째, 교사는 인간과 사회에 대한 자기 나름의 명확한 철학을 갖고 실천해 가야 한다.

(2) 학습자

학습자의 경우도 다양하게 범주화될 수 있다. 가정에서는 자녀가, 학교에서는 학생이, 교회에서는 평신도가, 기업 또는 사회기관에서는 사원 또는 기관 구성원이 학습자가 될 수 있다. 인간관계가 이루어지는 어떤 형태의 관계에서도 배우는 위치에 있는 대상은 모두가 학습자가 될 수 있다. 또 사회적 지위와 경험에 관계없이 모두가 학습자의 위치에 설 수 있다.

누구나 학습자의 위치에 설 수 있다는 것은 누구나 학습의 필요성과 그를 통한 성장 가능성을 갖고 있다는 뜻이다. 교육은 학습자가 성장 가능성이 풍부하다는 전제 아래 성립된다. 만일 학습자의 성장 가능성이라는 전제를 부정한다면 교육은 난관에 부딪히게 된다. 인간의 신체적 성숙과 지능 등은 유전적으로 결정되기도 하지만 생후의 환경과 경험에 따라 상당한 영향을 받으며, 의식이나 성격은 더 큰 영향을 받는다고 믿고 있다. 이와 같이 인간의 성장은 생후의 경험과 환경에 따라서 변화한다는 가능성의 인식은 인간 잠재능력의 풍부함을 의미하는 것이다.

학습의 필요성과 그를 통한 성장 가능성이 의미하는 또 하나의 전제는 학습자는 변화될 수 있다는 전제이다. 인간이 변화되지 않는다면 교육은 성립될 수 없다. 교육은 학습자를 바람직하게 변화시킴으로 이것이 원동력이 되어 가정, 사회, 국가, 세계를 변화시킬 수 있다는 전제로 전개되는 것이다.

따라서 어떤 교육활동이 성과를 거두기 위해서는 그 교육활동에 참여하는 학습자가 먼저 성장 가능성에 대한 확실한 신념을 갖게 할 필요가 있으며, 바람직한 행동의 변화를 가져오겠다는 의욕을 갖도록 해 줘야 한다. 이러한 성장 가능성에 대한 신념과 바람직한 변화에 대한 의욕을 갖지 않고 교육활동에 참여하는 학습자는 항아리 뚜껑을 덮어 놓은 채, 항아리에 물이 채워지기를 바라는 상황과 다를 바가 없다.

(3) 교육내용

교육내용에는 인류가 역사 이래로 축적시켜 온 지식·기술·가치·행위 규범·물질적 산물 등이 포함될 수 있다. 이를 다른 말로 문화를 구성하는 모든 요소라 할 수 있다. 이러한 잡다한 문화 요소를 교육시키기 위해서는 체계적인 구조화와 조직화가 필요하다. 이러한 구조화와 조직화의 시도로 얻어진 산물로서 학교에서 배우는 교과서, 교재, 과외활동 등으로 나누어져 학습자에게 제공되는 것이 교육과정이다.

교육과정은 학생들에게 장차 사회생활에 필요한 정보를 교실에서 제공하며 학생들이 간접 경험하도록 하는 인쇄된 교재 위주의 교과중심 교육과정이 있고, 사회에서 경험과 체험을 위주로 한 경험중심의 교육과정이 있다.

교육내용은 학습자의 흥미와 관심, 그리고 수준을 고려하여 치밀하게 설계되어야 한다. 교육내용이 학습자에게 잘 전달되기 위해서는 서로 비슷한 내용끼리 선별되어 모아지는 응집성(coherance)이 있어야 하고, 학습의 난이도에 따라 이들을 순차적으로 제시되는 계열성(sequence)이 있어야 하며, 서로 다른 내용들 간의 유기성이 잘 설명되어야 하는 총합성(articulation)이 있어야 한다.

3) 교육과 비슷한 용어

교육에는 협의적 의미의 교육과 광의적 의미의 교육이 있을 수 있다. 여기에서 협의의 의미와 광의의 의미로 구분하는 기준은 교육의 목적과 내용이 함유하고 있는 보편성과 일반성의 정도라 하겠다. 즉 가장 보편적이고 일반적인 가치를 지니고 있는 것이 교수-학습(수업)활동이고, 가장 개체적인 가치를 지닌 것이 사회화이며, 그 중간에 위치하고 있는 것이 훈련이다. 이를 그림으로 나타내면 다음의 〈표 1-1〉과 같다.

표 1-1   '교육'과 비슷한 용어의 구분

교육목적 / 교육 내용의 가치	인성(교양)개발	업무능력(기술)개발	구성원자격획득
보편적 가치규범	1) 교수-학습활동	2) 훈련	
개체적 가치규범	3) 교화		5) 사회화
기초적 가치규범	4) 품성형성		

(1) 교수-학습활동

교수-학습활동은 가장 협의의 교육이라 할 수 있다. 이는 보편적이고 일반적인 가치를 지닌 교육내용을 매개로 하여 인간으로서 갖춰야 할 기본 자질, 즉 교양을 쌓기 위해 교수자와 학습자간에 벌이는 상호작용이다. 교수-학습활동이 교육의 주체 측에서 보면 교수행위(teaching)이고, 교육의 객체 측에서 보면 학습행위(learning)이다. 이러한 교수-학습활동이 특정 공간, 특히 학교라는 공간에서 계획적으로 벌어질 때 이를 수업(instruction)이라 한다. 우리가 가장 좁은 의미로 교육을 규정할 때는 교수-학습활동을 말하며, 이는 학교교육 상황에서 볼 수 있는 수업의 형태로 나타난다.

(2) 훈 련

훈련은 그 목적을 주로 특정 직종에서의 업무능력을 개발하는 것에 두며, 교육내용이 갖는 가치 또한 특수 상황에 처한 개인의 개체적 가치를 실현하는 것을 지향한다. 구체적으로 훈련은 이미 습득한 지식을 응용하고 적용하는 것과 관련된다. 예를 들면 훈련은 사람들로 하여금 직업을 준비시키고 그들의 업무수행능력(performance)을 증진시키는 것을 도와주기 위한 예비 현장 교육이며, 어떤 과업에서 효과적인 업무수행을 할 수 있도록 광범위한 기법을 사용하는 과정이며, 결과 지향적인 경향을 갖고 있다.

(3) 교 화

교화는 훈련과 마찬가지로 교육목적과 교육내용의 가치에서 특수 상황에 처한 개인의 입장을 고려한 교육활동이다. 특별히 교화는 특정 목적과 이데올로기를 일방적으로 주입시키는 과정이다. 따라서 교수-학습활동에서 교육자는 학습자의 자율성과 비판적인 견해를 격려해 주지만 교화자는 그렇지 않다. 카리스마적인 교주 중심으로 유지되는 신흥 종교 집단에서는 주로 교화활동이 중추를 이룬다 하겠다.

하지만 학교교육의 수업 현장에서도 학생들의 자율적인 참여 분위기와 발언을 배제한 채, 교사 중심의 일방적인 수업이 진행되다 보면 교화적인 역효과를 가져올 수 있다.

(4) 품성형성

매스컴의 영향, 사회환경과 조직풍토의 영향 속에서도 교육적 작용이 있다. 이것은 잠재적 무의도적 교육작용이다. 형식적 의도적 교육과 구별되는 일반적이고 보다 넓은 의미에서의 사회교육이 여기에 해당된다. 이렇게 자연스럽게 접하는 사회풍토 속에서 개인의 품성은 형성된다. 그리고 부모의 대화와 행동을 모델로 벌어지는 가정교육 역시 개인의 품성에 크게 영향을 끼친다. 여기에서 품성형성은 가치수용, 태도형성, 지식 기능의 습득 등 다양한 측면을 포함하고 있다.

(5) 사회화

넓은 의미로 볼 때, 교육현상은 배우고 가르치는 인간관계 그 자체이기도 하다. 인간관계의 유형이 다양한 것만큼 교육현상도 다양한 형태로 이루어지기 마련이다. 다양한 형태의 교육현상 중에는 무의도적으로 이루어지는 교육이 있을 수 있다. 예를 들면 개개인간의 대화를 통하여 또는 잡지, 신문 등의 각종 유인물, 더 나아가 라디오 TV 등 전파 매체를 통하여 그 사회가 갖고 있는 생활방식, 문화, 가치규범 등을 자연스럽게 터득하는 과정도 광의의 교육이라 할 수 있다. 이러한 무의도적이고 비형식적인 교육의 과정을 사회화라 한다. 사회화란 인간이 성장 발달해 가면서 자기가 소속한 집단의 생활양식, 행동양식 등을 내면화하고 자기 자신의 독특한 개성과 자아를 형성해 가는 과정을 말한다.

사회화가 진행되는 것은 열려진 큰 사회에서만 이루어지는 것은 아니다.

각각 단위의 사회조직에서 구성원으로 행사하기 위해서는 사회화가 이루어져야 한다. 왜냐하면 사회화가 이루어지지 않은 구성원은 소외라는 대가를 지불해야 하기 때문이다. 결국 사회화는 가장 넓은 의미의 교육으로서 생물학적 개체로 태어난 인간이 그가 속해 있는 집단성원과의 상호작용을 통해서 그 집단의 사회적 행동 및 사회규범을 내면화하여, 그 집단에 적응해 가는 과정, 즉 사회적 문화적 의미에서 인간이 되어 가는 과정이다.

- -

●함께 볼 만한 비디오

1. 패스워드(ANTI-TRUST)
   (피터호윗/ 라이언 필립, 팀 로빈스, 클레어 폴라니/ 미국(2001)/ 폭스)
2. 집으로 가는 길(장이모/ 장지이, 순홍레이, 쩡하오/중국/콜롬비아)
3. 파인딩 포레스터(FINDING FORRESTER)
   (구스 반 산트/숀코네리, 롭 브라운, F. 머레이 에이브러햄/미국(2000)/콜롬비아)
4. 버티칼 리미트(VERTICAL LIMIT)
   (마틴 캠벨/크리스 오도넬, 빌 팩스톤,로빈 튜니/미국(2000)/ 콜롬비아)
5. 패치 아담스(PATCH ADAMS)
   (톰 세디아/로빈 윌리암스, 모니카 포터/다니엘 런던/미국(1998)/CIC)
6. 중앙역(CENTRAL do BRASIL)
   (월터 살레스/페르난다 몬테네그로, 비니시우스 데 올리베이라/브라질 · 미국(1998)
   /DMV)
7. 린다 해밀턴의 기도(A MOTHER'S PRAYER)
   (래리 엘리칸/린다 해밀턴, 노아플레이스, 브루스 던/미국(1995)/CIC)
8. 홀랜드 오퍼스(MR. HOLLAND'S OPUS)
   (스티븐 헤렉/리처드 드레이퓌스, 글렌 헤들리, 올림피아 듀카키스/미국(1995)/영성)
9. 인형의 집으로 오세요(WELCOME TO DOLLHOUSE)
   (트드 솔론즈/ 헤더 마르쪼, 안젤라 피에트로핀토, 매튜 페버/ 영국(1995)/영성)
10. 피스톨(PISTOL: THE BIRTH OF A LEGEND)
    (플랭크 슈로이더/ 밀리 퍼킨스, 닉 베네딕트/ 미국(1991)/서진)
11. 가출부모(MISSING PARENTS)
    (마틴 W. 니콜슨/ 매트 프류어, 바비 제이코비/미국(1990)/스타맥스)

12. 죽은 시인의 사회(DEAD POET'S SOCIETY)
   (피터 위어/로빈 윌리엄스, 로버트 숀 레오나드, 에단 호크/미국(1989), 드림박스)
13. 로켓 지브랄타(ROCKET GIBRALTAR)
   (다니엘 패트리/버트 랭카스터, 존 글로버, 맥컬리 컬킨/미국(1988)/우일)
14. 내 친구의 집은 어디인가(WHERE IS THE FRIEND'S HOME?)
   (압바스 키아로스타미/아마드 아마드푸르, 모마마드 레자 베로아나/이란(1987)/우일)

▲읽어 볼 만한 책

1. 화이트헤트, 과학과 근대세계(오영환 역), 삼성출판사, 1993.
2. 이정빈, 교육학의 이론적 기초, 학문사, 1995.
3. 소광희 외, 현대학문의 체계, 민음사, 1994.
4. 세계평화교수협의회, 학문의 현대적 인식, 일념, 1982.
5. 주삼환 역, 사회과학이론 입문, 성원사, 1981.
6. 이인호, 풍요로운 사회, 가난한 학교, 정우하, 1996.

■함께 토론해 볼만한 주제

1. 사실로서의 교육현상과 학문으로서의 교육학이 갖는 공통점과 차이점
2. 어원을 통해서 볼 때 동·서양에서의 교육이 갖는 공통점과 차이점
3. 교육학 연구로 다룰 수 있는 가설을 하나 내세워서, 이를 위한 연구방법의 과정을 설명해 보자.
4. 오늘의 학교교육에서 더 비중 있게 받아들여져야 할 교육의 구성 요소는 무엇인가?
5. '기업 내 교육'과 '기업 내 훈련'이 각각 의미하는 바의 차이점은 무엇인가?

제 2 장

교육을 위한 역사

1. 교육사 연구의 필요성

1) 교육의 역사 문화적 해석

교육은 기본적으로 성숙한 기성세대나 또는 먼저 삶을 경험한 세대가 주도권을 가지고 자라나는 미숙한 세대를 '가르치고 키우는 일'이다. 기성세대는 흔히 지나간 삶의 경험을 교육의 기준으로 삼고 새로운 세대를 가르치고 키운다. 이러한 교육하는 세대와 교육받는 세대와의 관계에서 볼 때, 교육은 언제나 미래보다는 과거의 경험을 토대로 수행될 수밖에 없다는 체제유지적 성격을 지니게 된다.

제도 교육은 더욱 그렇다. 제도 교육을 세대간의 관계가 아닌 사회구조적 관계에서 보아도 그것은 보수성을 벗어나기 어렵다. 기존의 제도나 사회구조, 문화조건 속에서 유리한 위치를 차지하면서도 그런 기존의 질서나 구조가 바뀌어지기를 스스로 바라는 기성집단은 아마 드물 것이다. 따라서 제도 교육은 기존의 질서와 가치관 그리고 정치, 문화, 사회체제의 옹호를 교육의 일차적인 목적으로 삼을 수밖에 없기 때문에 모든 제도 교육이 체제유지라는 목적을 지니는 것은 당연한 논리이다. 그러므로 교육의 변화·개혁성도 교육의 안정·통합성을 바탕으로 이루어지는 것이다.

그렇게 본다면, 공교육은 기존의 문화와 가치 질서를 계승하고 그 토대

위에서 발전을 도모한다는 목적을 달성하기 위해 사회적 장치를 만들어 놓고, 기성세대가 자라나는 세대를 조직적·계획적으로 가르치고 키우는 제도 교육이다. 하지만 학교와 같은 교육제도가 성립되기 이전에도 어른들은 아이들을 자기네 문화 기준에 맞도록 가르치고 키워왔으며, 학교가 생긴 이후에는 학교 안팎에서 기회 있을 때마다 아이들을 자기네 문화 기준에 맞도록 가르치며 키우고 있는 것이다.

그러므로 교육은 문자 그대로 '가르치고 키우는 일'이지 전적으로 교육제도에 의존하게 만드는 일은 아니다. 교육제도는 기본적으로 가르치고 키우는 일을 도와주기 위한 수단일 뿐이다. 이런 까닭에 교육사의 연구 범위를 제도 교육의 역사만으로 한정지을 수는 없다.

지식과 기술이 비교적 단순했던 원시사회에서는 생존방식을 일상생활을 통해 배울 수 있었지만, 사회가 복잡해지고 문화 내용이 광범위해짐에 따라 생활에 필요한 지식이나 기술 등 문화 내용은 교사라는 전문인에 의해 집중적으로 가르치게 되었으며, 또한 전문화된 교육기관이 필요하게 되었다. 그러므로 교육을 어떻게 정의한다고 하더라도 교육은 삶의 의미와 방법을 가르치고 배우는 문화 행위에 속한다.

모든 교육 행위는 그것이 아무리 다양하게 분화된다고 하더라도 결국은 일정한 문화적 기반 위에서 수행되는 인간 활동이다. 모든 교육현상 속에는 바탕이 되는 문화의 성격이나 방향성이 직·간접으로 반영되어 있을 것이고, 그런 문화적 성향은 교육대상자들의 인격이나 의식구조 및 삶의 행위에 영향을 미칠 것이다.

이처럼 인간의 모든 행위는 문화 행위이고 그 삶을 가르치고 배우는 일을 교육이라고 한다면, 문화 행위 속에는 교육의 의미가 들어있다고 말할 수 있다. 어떤 특정한 문화 속에서 태어난 사람들이 자신이 속해 있는 문화를 배움으로써 인간으로 성장하고 동시에 그 문화를 변화시키고 창조해 가면서 살아가는 현상을, 어떤 학문적 입장에서 어떤 시각으로 보느냐에 따라 그것은 정치·경제·사회·문화현상 등으로 다양하게 해석될 수 있다. 하지만 그것을 교육현상이라는 시각에서 보고 의미를 해석해 내려고 한다면 그 노력은 교육학적 입장이 될 것이다.

그렇다면 과거의 문화 속에서 삶을 가르치고 배우는 일이 어떻게 이루어졌는가를 연구하는 것이 교육사가 하는 일이고, 그런 연구의 결과를 체계적으로 서술하는 일이 바로 교육사의 서술이 될 것이다.

'과거의 사람들은 어떻게 삶을 가르치고 배웠으며, 그 결과 어떤 삶을 선택하였는가, 그들은 어떻게 성공했고 어떻게 실패했는가, 그리고 그런 성공과 실패가 우리에게 무엇을 의미하는가' 하는 것 등을 연구하기 위해서는 교육의 역사를 살필 필요가 있다. 오늘의 삶을 가르치고 배우는 교육상황 속에서 우리가 미래를 위하여 무엇을 선택할 것인가를 결정할 경우, 지난날의 교육의 역사는 필요한 연구 자료가 되기 때문이다.

미래를 앞에 두고 선택을 강요당하고 있는 현재라는 삶의 상황, 곧 지금 여기에 있는 우리들에게 부여된 일회성을 본질로 하는 실존적 상황으로서의 삶 가운데에서, 다음 세대에게 인생을 가르치고 키우는 일을 수행하려 할 때에 우리는 교육의 역사를 돌이켜 보지 않을 수 없다.

하지만 교육사는 단순히 역사 속에서 이루어진 학교제도의 구성이나 앞서가는 교육사상가들의 아이디어 또는 주장 그리고 뛰어난 교육방법 등을 소개하기 위해 여러 교육적 사실들을 단순히 모아놓은 것이 아니다. 교육사는 오히려 연구와 관련된 교육의 역사적 사실들을 교육의 시각에서 규명함으로써 인간형성에 대한 새로운 미래상을 제시하는 일을 과제로 삼고 있다. 이를 위해 필요한 작업들, 이를테면 역사적 시각에서 드러나는 교육이념이나 사상이 인간 개인의 활동이나 인간집단의 노력, 그리고 사회의 전통적 가치나 규범 등과 어떤 관계를 이루면서 구현되었는가를 살피는 연구노력이 이루어져야 한다. 그렇게 된다면 과거의 교육이 보다 더 정확하게 재해석되며 나아가 교육에 대한 보편적 요구를 파악할 수 있을 것이다.

2) 인간이해의 역사

교육사 연구는 보다 더 나은 교육을 위해 역사적 관점에서 우리 자신을 이해하는 일이다. '올바른 삶을 살 수 있도록 젊은이들을 훈련하고 교육하는 일은 인간의 여러 관심사 중에서 가장 오랜 역사를 지니고 있다'(Boyd & King, 1975: 1)는 표현에서 볼 수 있듯이, 인간이 가르치고 배우는 일은 어디에서나 있는 일이며 인류가 존재하는 동안 지속될 것이다. 그리고 인간의 교육행위는 삶의 전반적인 과정에서 요구되고 요청되기 때문에, 교육은 인간의 문화적인 삶을 토대로 성립된다.

역사적으로, 이상국가를 형성하고 모범적인 인간을 양성하기 위해 많은 사람들은 정교하게 꾸민 절차에 따라 교육을 진행시켰으며, 보람과 좌절을 동시에 맛보았다. 교육의 보편적 요구인 '이상적 인간상'을 파악하여 실천에 옮기는 일은 결코 쉬운 일이 아니다.

따라서 보다 훌륭한 교육을 이루기 위해서는 더 나은 인간 이해가 바탕이 되어야 할 것이다. 모든 교육행위가 특정한 인간관에 기초하여 이루어지는 것이기는 하지만, 그것들 중에 많은 것들은 고정되고 완성된 것으로 간주되었기 때문에 한정된 시·공간 내에서만 영향을 미쳤을 뿐이다.

교육의 전제는 인간의 성숙에 있기 때문에, 인간이해도 고정되고 결정되는 것으로 볼 수는 없다. 어떻게 보면, 과거의 역사적 사실들을 들추어서 조명해 보는 이유도, '이전에 인간의 삶의 발자취가 이러이러했기 때문에 인간은 이런 존재다.'라고 속단하기 보다는 현세의 인간존재를 조금이라도 잘 이해하기 위해서일 것이다.

그리고 역사와 문화의 연속성을 인정한다면, 각 시대의 삶은 오늘날 우리의 삶과 근본적으로 다르지 않다. 역사상 어느 시대와도 마찬가지로, 우리 시대의 기성인들도 젊은 세대를 교육시키는 일을 진행시키고 있다. 역사적으로 여러 시대의 삶은 겉모습은 다르다 할지라도 그 이치와 도리에 있어서는 우리 시대와 같기 때문에, 그 시대의 삶을 이해한다는 것은 곧 우리의 삶을 이해하는 일이 되는 것이다.

3) 교육의 역사적 전망

교육사 연구는 교육행위의 시대적 표현을 충실하게 보여 준다. 어느 시대나 어느 사회에서도 어린이들이 성장하면서 기성세대의 생활에 참여하게 될 때, 그들은 기성인들을 관찰하면서 성숙한 자의 생활방식과 기술을 모방하게 된다. 어린이들은 여기에서 실제적인 기술이나 훌륭한 지식을 배울 뿐만 아니라, 타인과의 관계에서 요구되는 여러 가지 윤리적인 태도나 생활세계를 관찰하는 방법과 사고하는 방식, 그리고 정신적인 이념들과 종교적인 신앙체계들을 자기들도 모르는 사이에 이어받게 된다.

이처럼 교육사 연구에 관심을 가진 사람은 오늘날 우리에게 중요한 교육의 문제들이 본질적으로는 유사한 형태로 오래 전부터 대두되고 취급되어 왔음을 알게 될 것이다. 교육사를 보면 어느 시대라도, 기존의 교육을 고수하려는 노력과 개선하려는 노력은 함께 공존하고 있다. 흔히 우리는 전자를 보수적이라고 부르며, 후자를 진보적이라고 부른다. 기존의 교육을 고수하려는 노력과 개선하려는 노력 가운데 어느 일방을 무조건적으로 더 좋다고 말할 수는 없다. 그 시대 문화의 요구나 사회적 추세를 초월하는 원리나 이치를 추구하려는 교육은 이상적인 것이고, 그런 요구나 추세에 적절하게 대응하려는 교육은 바람직한 것일 수 있기 때문이다. 그러므로 우리는 교육사를 통해 교육의 원리나 이치를 발견하기 위한 시대적 노력과 뛰어난 이론적 통찰을 살펴 볼 수 있다.

그러므로 교육사 연구는, 교육이라는 말속에 이미 앞을 내다본다는 의미가 담겨져 있지만, 개인의 삶이든 집단의 삶이든 간에 인간의 삶을 형성하기 위한 역사적 전망을 밝혀야 하는 학문적 의무를 지니고 있다. 교육에 있어서 과거의 교훈과 책망, 성공과 좌절을 살피는 시각을 통해서 이루어지는 현재의 노력은 보다 더 나은 미래의 교육을 가능하게 할 것이기 때문이다.

따라서 교육사는 교육의 역사를 연구하고 서술하는 학문이다. 교육사는 인간의 여러 이상들이 역사 속에서 어떻게 발현되고 실천되었는지의 여부를 조명하면서, 그 이상들을 존속시키기 위해 인간의 삶과 관련된 현상들을 교육의 시각에서 이해하고 탐구하려는 학문적 노력이다. 하지만 우리가 함께 교육의 세계를 해석하게 될 때, 주어진 공간이나 내용에만 좁게 그 의미를 한정해서 볼 것이 아니라, 주변의 가치있는 모든 경험들을 폭 넓게 그리고 균형있게 받아들이는 일이 무엇보다 중요하다. 특히 역사적인 전통을 모두 배제하는 일은 불가능하기 때문에, 그것이 연구자에게 주변 세계에 대한 적절한 해석을 가능하게 하는 피할 수 없는 출발점이라는 사실을 간과해서는 안될 것이다. 우리는 올바른 인간이해와 세계이해의 기반이 되는 역사적인 전통이 교육에 있어서 대단히 중요한 계기를 마련한다는 사실을 잊지 말아야 한다.

그리고 교육사 연구는 예전에 있었던 삶의 교훈을 단순히 과거로 돌아가서 살피고 보존하는 작업이 아니다. 현재의 눈을 통해 현재의 교육이라고 하는 관점하에서 과거를 돌아봄으로써 교육사는 성립될 수 있는 것이다.

2. 한국 교육의 전개

1) 실학사상과 교육

(1) 실학사상의 교육적 의의

조선 중기에 있어서 두 차례에 걸친 병란과 주자학적 공리공담에 의한 당쟁의 분열과 대립은 국가의 위기를 초래하였으며 봉건사회의 구조적 모순을 드러내게 만들었다. 당시의 학문적 경향과 정치상에 있어서 당파적 대립은 교육에도 그대로 반영되어 학교교육이 학문과 인격의 수련장이라기보다는 정치적 기반을 위한 당쟁의 일차적 예행단계로 변질되어 갔다. 유생들은 요행히 과거에 합격하면 자기 이익을 챙기기 일수였고, 글을 읽는다고 하면서도 실은 경서의 뜻은 반 구절도 알지 못하였으며, 이름은 학교생도라 하면서 글자를 알지 못하는 자가 부지기수였다.

이와 병행하여 무계획적으로 남발된 과거시험과 과거 합격자에 대한 정치적 처우 문제, 양반 계급의 수적 증가와 상대적으로 점증되는 관료 지향의 사회 풍토는 교육관의 빈곤과 더불어 심각한 정치, 사회 문제로 대두되었다. 당시의 허식적이고 공론적인 학문태도에 기인한 고루한 사회 풍토, 즉 농·공·상의 생업에 종사하는 것을 부끄럽게 여기고 오로지 관직을 차지함으로써 부귀영달을 희구하는 양반 계급의 고식적인 사고방식은 결과적으로 과거에만 집착하게 만드는 모순을 가져오게 하였다.

뿐만 아니라 과거 합격자가 점차적으로 늘어나, 선조 이후에는 합격자들을 전원 관료로 등용하기 위해 관직을 40배로 확장하더라도 오히려 부족한 상태였다. 이 같은 사회 체제의 부실함 속에서도 양반들은 상호간 권력 쟁탈을 위한 당쟁에 몰두하였으며, 학교조차도 충실하게 학문을 연구하고 인격을 연마하는 장소라기보다 오히려 정치적 권모술수를 체득하는 곳으로 변질되어 버렸다.

이 같은 상황하에서 현실에 대한 심각한 비판과 자기 반성이 일부 학자들에 의해 대두되어 새로운 국가사회의 질서 확립을 위한 시책과 그 방법에 대한 실사구시(實事求是)[1]의 새로운 학풍이 나타나게 되었다. 이런 학문적 경향을 실학이라 부르고 그 학파를 실학파라고 한다.

실제적인 반성과 자생적 각성으로 눈을 뜨기 시작한 실학은 그 당시까지 관념적이고 사변적이며 주관적인 주자학의 공리공론성과 무용성을 호되게 비판하고 나섰다. 이를테면 실학은 종래의 사장(詞章)을 주로 하는 관념적 학풍은 물론 현실에서 유리된 공리공론의 허구에 급급한 연역적 학문 연구를 지양하고 경험적, 실증적, 귀납적 연구 방법을 토대로 일상생활에 현실적으로 기여할 수 있는 학문이 되어야 한다는 것이다. 이것을 이용후생(利用厚生)과 실사구시(實事求是), 그리고 경세치용(經世致用)의 학이라는 것이다. 이런 실학의 발생 시기는 18세기, 즉 영조시대 이후이며 3개의 유파로 대별된다.

실학의 유파와 형성 시기, 그리고 기본 입장을 살펴보면 다음과 같다(이문원, 1986: 81-83).

① 경세치용학파

반계 유형원과 성호 이익 등 남인계 학자들이 주도하여 17세기말과 18세기 전반에 형성되었으며, 토지제도의 개혁을 통하여 소 농민에게 균등한 토지 소유를 보장해 줄 것을 주장하였다. 또한 기존 학설에 대한 전면 재검토를 통해서 종래의 예학,˙성리학에 대한 일대 정리를 가하는 한편, 예학과 성리학의 비생산적이고 관념론적 경향을 반대하고 당시의 학문을 정치·경제적 현실 문제로 방향을 돌려야 한다고 보았다.

② 이용후생학파

연암 박지원을 대표로 하는 남인, 소론 계통의 학자들이 주도하여 18세기 후반에 형성되었으며, 상공업 발전의 필요성을 통감하고 유통의 확대

---

1) 實事求是라는 말은 西漢 景帝의 아들 獻王의 '修學好古 實事求是' 하였다는 말에서 유래되었다.

및 생산 기술의 혁신을 통해 생산력을 증진시킬 것을 주장하였다. 북학파라고도 불리우며, 새로운 문학예술운동을 전개하였으며 새로운 종교 신앙에 열중해서 그 신앙의 보급에 힘썼다.

③ 실사구시학파

19세기 전반에 형성되었으며 완당 김정희에 이르러 일가를 이루게 되었다. 선배 실학자들의 실증적 연구 방법을 계승하면서 민족문화에 대한 주체적 인식을 분명히 하고 경서(經書) 및 금석 전고(金石 典故) 등에 대한 격조 높은 학문성을 제시하였다. 말하자면 학문 그 자체를 목적으로 삼고, 엄격한 객관적 태도를 가지고 사실을 밝혀 내려는데 주력하였다.

실학파는 비록 연구 내용과 방법의 차이로 여러 학파로 구분되었지만, 이들의 이념이나 사상에 있어서 지향 점은 동일한 것이었다. 즉, 궁극 목표로서 사회의 여러 부조리를 개선하여 현실생활에 기여할 수 있는 학문을 존중하고, 방법상으로는 실증적이며 경험적인 연구로 피폐한 사회제도를 재편, 낙토 조선의 실현을 구상하였다는 점은 모두 동일하였던 것이다.

그러므로 실학은 당시의 허식적 교육에 의한 퇴폐적인 사회 관념과 사회적 폐단을 지양하고 새로운 교육에 의한 사회적 윤리의식을 확립하며 동시에 교육의 본래적 자세를 확립하고자 하는 노력의 일단으로 설명할 수 있다. 이 같은 목적의식을 가지고 나타났던 실학은 그 사상의 전개 과정에 있어서도 그대로 반영되었다. 실학자들이 전개시킨 주요한 교육내용은 학교교육의 병폐를 제거하기 위한 교육제도의 쇄신과 함께 교육 부진의 직접원인이 되는 과거제도의 개선을 위한 것이었다. 이와 함께 과거에 합격함으로서 사회적 영달과 봉건적 생산수단을 획득하려는 당시의 고정 관념을 타파하고 새로운 교육에 입각한 사회 관념의 재확립에 중점을 두었다.

그러나 실학자들이 비록 그들이 처했던 역사적 상황과 제약으로 근대라는 시대 개념을 도출하지는 못하였다 하더라도 실학사상의 씨앗은 조선인의 사고에 주체적 인식과 실증적 정신을 불어넣어 주었다. 이런 인식과 정신이 근간이 되어 조선의 근대지향 의지를 배아시켰으며 마침내 개화사상으로 연결되었다.

(2) 실학파의 교육사상가

① 유형원(1622~1673, 광해군 14년~현종 14년)

자는 덕부(德夫), 호는 반계(磻溪)이다. 유형원은 효종 5년(1654)에 진사시에 합격하였으나 벼슬길에는 나가지 않고 평생을 농촌에 묻혀 학문에만 종사하였다. 학문적 결정의 일단을 『수록』에 담았다. 이것이 영조 46년(1770)에 영조의 특명으로 간행된 그의 10년 동안의 저작인 『반계수록』 26권이다. 『반계수록』에는 그의 사상과 이념과 이상국가 건설의 구상이 담겨져 있다. 실학파의 비조인 그는 당시 사회의 부조리를 낱낱이 지적하면서 그 시정책을 제시하였다. 그 가운데 중요한 것은 토지제도의 개혁, 능력에 따른 인재 등용을 위한 공거제(貢擧制)의 수립, 그리고 신분과 직업의 세습제 철폐안 등이다.

그는 당시 선비들의 성리학 위주의 학문 태도를 비판하고, 선비는 선비의 사명을 인식하여 국리민복에 기여할 수 있는 실과 행을 추구할 것을 강조하였으며, 그의 생애는 바로 이런 신념의 성실한 실천 과정이었다.

반계사상의 특징은 우선 선비의 사명에 대한 자각을 들 수 있다. 당시 선비들은 문학 중심의 교육을 받았고 문학을 시험하는 과거를 통하여 관직에 나아갔다. 관직에 등용된 후에도 직무에는 충실하지 않고 유유자적하면서 자신의 입신에만 관심을 가질 뿐이었다. 반계는 선비들의 이런 태도에서 모든 정사의 폐단이 일어남을 논하고 선비는 농·공·상과 함께 전문직업인임을 강조하였다.

그에 따르면, 선비는 공직을 담당하기 위해 양성되는 학생임을 말하고 그들의 교육을 위해 읍학(邑學), 영학(營學), 태학(太學)의 국립학교를 세우고 서열의 차별없이 입학을 허가하여 전문적인 수기치인(修己治人)의 교육을 시키고, 평화시나 전쟁시나 언제나 유능한 관료를 만들기 위해 문무의 교육을 겸하도록 해야 한다고 주장했다. 그리고 40세까지 교육과 실습을 마치면 관직에 임용하며, 임용 후에도 장기간의 임기와 인사권의 부여 등을 보장하여 치적을 이루도록 전임시킨다는 방안이었다.(차석기, 1988: 168)

또한 그는 당시의 당연시되던 사고방식, 즉 '선비는 성리학을 논할 것이고 실제 일에는 대체만을 강구하면 된다'는 태도에 반대하였다. 그는 우주는 자연의 도(道)와 사물의 이(理)를 강구하는 것도 중요하지만, 이런 도와 이는 구체적이고 개별적인 사물을 떠나서는 존재할 수 없다고 주장하고, 이런 도와 이를 강구하여 실현할 수 있는 구체적이고 합리적 방법의 적용을 강조하였다.

직업인으로서의 선비의 개념과 실행위주의 학문을 연구하는 태도는 후세 실학자들에게 영향을 미쳐 실사구시의 학문을 추구할 것과 직업없이 놀고 먹는 선비는 농업이나 상공업에 종사시켜야 한다는 사상으로 발전하였다. 후기 실학자들이 심혈을 기울여 역사, 지리, 의학, 수학, 농학, 병학 등에 몰두하여 풍성한 학문적 업적을 거둔 것도 반계의 영향 때문이다.

반계 유형원의 교육사상을 정리해 보면 다음과 같다.

첫째, 그는 모순과 결함을 지니고 있는 과거제도를 폐지하고 단선화된 학교교육을 통하여 적재적소의 인물을 양성하고 확보하는 공거제를 제안하였다. 그가 제안한 '학제안'은 ㉠ 폐단 투성이인 과거제 대신 양사선현의 교육기능을 학교의 본질적 사명으로 하고 ㉡ 국학 교육기관을 서울과 지방 이원제로 편성하여 중앙독점을 방지하고 지방에서도 인재등용이 가능하도록 유의하였으며 ㉢ 향상(鄕庠)·방상(坊庠) → 읍학·사학 → 영학·중학 → 태학이라는 4가지 발달단계에 의한 근대적 학제안이다.

둘째, 유형원은 '천하에 나면서부터 귀한 자가 없다'고 하면서 사·농·공·상과 적자나 서자 등 신분에 의한 인간차별의 부당성을 지적하고 모든 인간은 차별없이 각자의 능력에 따라 교육을 받을 수 있다는 교육의 기회균등 원칙을 주장하였다. 특히 그는 '천자의 아들도 입학하면 나이로 차례를 정하는데 하물며 사대부의 아들에 있어서랴'라고 하면서 차별의 불합리성을 지적하고 신분과 직업의 세습제를 철폐할 것을 강력히 주장하였다.

셋째, 그는 토지제도를 포함한 전 분야의 개혁을 주장하였다. 토지는 천하의 근본이라는 중농사상을 기반으로 토지개혁을 실시하여 농민에게 최저 기본량의 경작지를 확보하도록 하고 균등한 조세제도와 부역제도, 농병일치의 군제개혁, 국가재정의 확립, 그리고 농업을 해치지 않는 한도 내에서 상공업을 장려할 것을 주장하였다. 그는 토지를 국가 경제의 기본으로 보고 토지제도가 공정하면 모든 일이 잘 이루어진다고 믿었기 때문에, 이 중에서도 토지제도의 개혁에 더욱 더 힘을 썼다(한국교육사연구회 편, 1984: 170-71).

반계가 추구한 교육적 인간상은 그야말로 사람다운 행실과 능력을 겸비한 인간, 즉 전인을 가리킨다. 따라서 인재등용에 있어서도 시험지 몇 장에 판가름나는 요행주의식 선발 방법보다는, 장기간의 관찰과 인간관계 등 전인적 평가가 용이한 학교의 관찰기간 제도에 큰 기대를 걸었다. 특히 하급학교인 읍학, 사학의 입학경쟁은 과거응시 경쟁보다는 신분이나 출신 조건이 크게 영향받지 않는 여건하에서 공평한 기회가 보장됨으로써 입학 여부가 앞으로 관직 취득의 보장이 될 수 있다면, 이는 능력에 알맞은 기회균등 이념을 구현할 수 있는 계기가 될 것이라고 보았다.

② 이익(1681~1763, 숙종 7년~영조 39년)

자는 자신(自新), 호는 성호(星湖)이다. 그는 전통적인 남인 양반 가계에서 태어났다. 1705년(숙종 31년) 증광시에 합격하였으나 이듬해 그의 형 이잠이 당쟁에 희생되는 것을 보고 벼슬에 뜻을 버리고 안산에 머물면서 일생을 학문에 전념하였다. 부친이 남긴 많은 장서를 토대로 경전, 정주학을 읽고 이퇴계의 글을 탐독하였다. 유형원의 학풍을 계승하여 실학의 대가가 되었으며 특히 천문, 지리, 의약, 율산(律算), 경사(經史)에도 많은 업적을 남겼다. 영조 3년 그는 학행으로 관직에 추천되었으나 사임하고 저술에 힘썼다.

그에 따르면, 사회현실은 역사적으로 고찰되어야 하며 이를 위해 실증적이고 비판적인 태도로 학문에 임해야 한다고 주장하였다. 학문은 실사회에 유용해야 하며, 항상 국가의 발전을 위해 자신의 이상과 포부를 펴서 불교나 유교의 허실한 학풍을 배격하고 참다운 학문을 확립해야 한다고 보았다. 그는 서학(西學)사상에도 깊은 관심을 보였으며, 이를 편견없이 이해하고 소개하였다.

그의 대표적 저서 『성호사설』(星湖僿說)은 그가 독서할 때와 사물을 접할 때 얻은 것을 그 때마다 기록한 것들이다. 여기에는 천하만물에 대한 것은 물론 고금의 일과 중국과 서양제국에 대한 다방면에 걸친 견해를 집대성한 것이다. 천지문(天地門), 만물문(萬物門), 인사문(人事門), 경앙문(經史門), 시문문(詩文門) 등 오대문으로 구성되어 있다.

성호는 엄격한 도학자로서 일생 변함없는 올곧은 성품으로 수신에 흐트러짐이 없었다. 그는 학도가 경적을 공부하는데 『효경』, 『논어』, 『맹자』,

『역경』, 『시경』, 『서경』, 『예기』, 『주역』, 『춘추』 등 꼭 독서해야 할 경전을 모두 합치면 471,995자가 되며 이를 하루 300자를 암기한다고 해도 꼬박 4년이 걸린다고 하였다. 여기에다 이들과 관련된 주자, 퇴계, 국사를 읽자면 시간이 얼마나 아쉬운지 모르니 끊임없이 힘쓰지 않으면 안되며 선비는 당연히 고난과 빈곤을 견디는 의지가 없이는 참다운 공부를 하기 어렵다고 하였다. 이는 당시의 학자들이 공·맹을 끌어다가 고담준론(高談峻論)을 논하기는 하지만 추호도 그들의 본 뜻을 실천할 각오는 없이 고작 자신의 명예나 이해관계에 흔들리고 있는 한심한 실정을 보고, 선비라면 좀 더 현재의 문제에 통찰력을 갖고 이에 대한 충분한 대안이나 현실적인 안목을 지녀야 할 것을 역설하였다.

그는 일생을 초야에 묻혀 살았으나 이는 단순한 현실도피가 아니며 어디까지나 야인의 입장에서 사회현실을 파악하고 예리한 비판을 가하여 현재의 되풀이되는 빈곤의 악순환에서 이 나라를 어떻게 구할 것인가 하는 집념에서 벗어나지 않았다. 당시 관념화한 주자학에 대한 비판이 사문난적(斯文亂賊)으로 규탄 당하는 당시의 풍토에서는 자연히 시가를 읊조리고 경전을 재탕하는 성리학이나 예론의 탐구만이 정당화됨으로 결과적으로 현실과 유리된 관념의 세계로 도피하는 것이 일반적 현상이었다. 무엇보다도 나라가 제대로 되려면 교육받은 선비들이 무위도식하는 악습을 없애고 농토로 돌아가서 실제 생산에 종사하는 풍토가 이루어져야 하고, 지금까지 양반의 잘못된 생활을 고쳐 사농 합일이 실현되어야 한다고 보았다.

이익은 특히 근대적 권리선언과 유사한 "임금 없이도 백성은 혹 그 몸을 기를 수 있을 것이나 백성이 없으면 임금도 없을 것이니 이것으로 보면 백성의 은혜가 임금의 그것보다 더 중한 것이므로 어찌 억조의 힘으로 임금 한 사람을 길러서 물자는 항상 부족하고 은혜가 고르게 돌아가지 않게 될 것인가?" 하는 주권재민의 민권사상을 구체적으로 제기하고 있다.

그는 당시 중국에 알려진 서양의 문물에 조예가 깊었을 뿐 아니라, 서양의 교육제도에 관해서도 일가견이 있었다. "서양의 일구에는 교육하는 방법이 매우 치밀하여 소학·중학·대학의 구별이 있다. 소학에서는 7, 8세에서 17, 8세에 이르는 동안 고금명현의 각국 사서, 각종의 시문, 문장이론 네 가지를 가르친다.

이 과정을 마치면 다시 시험하여 중학에 들어가 시비지법(법학), 성리지도 즉 성리이상지학(性理以上之學)을 배운다. 이를 마친 자는 다시 시험하여 대학에 진학한다. 대학에서는 네 가지 중의 어느 것을 스스로 택하게 되는데, 의과, 치과(정치과), 교과(신학과), 도과(교육) 등이 있다."고 하였다.

성호에 있어서 가장 주목해야 할 사실(史實)은 종래 우리나라 사대부들이 거의 무시하고 외면하였던 우리나라 역사에 대한 새로운 인식을 환기시킨 일이다. 그는 자국의 역사를 소홀히 하고 과거 출제에도 항상 중국 역사만을 시험한다는 것은 언어도단으로, 앞으로는 마땅히 우리나라 역사를 시험에 부과시켜야 한다고 하였다(한국교육사연구회 편, 1984: 177).

성호의 학문적 주제는 경제적 토대의 확립이었고 이를 바탕으로 당시 사회실정의 이해를 위해 고증학적 방법론을 채택하였으며 항상 선진문화의 활발한 도입을 통해 자신을 개선하고자 하였다. 성호는 이런 학문적 배경을 중심으로 교육과정 설정에 있어서도 『퇴계집』이나 『동국사』를 필수과목으로 포함시켜 종래의 중국 경전 위주에서 벗어나 진정한 한국인 형성이라는 근본적인 과제와 뚜렷한 교육 목표의식을 구체화하였다.

교육방법에 있어서도 '일신전공'(日新全功)이라 하여 탐구심의 계발이 바로 자기 성장의 핵심이며 자기 수양에 있어서 항상 일신(日新; 매일 새롭게) 득사(得師; 스승을 구하고) 호문(好問; 호기심을 지니고 의문을 가지며, 즐겨 질문하는 왕성한 탐구심)이 살아 있는 참 교육이라고 하였다.

특히 그는 치지(致知)와 함양(涵養)이라는 학습방법을 제시하였다. 이것은 오늘날의 집중 학습과 점진적 학습과 같은 방법이며 효율적 학습을 위해 꾸준히 끈기있게 문제를 해결하는 학습법에 해당하는 것이다. 그의 '치지이론'은 왕양명의 지행합일설을 긍정하고 있으며, 아는 것을 실천하는 일이 비로소 참다운 배움이라고 강조하고 있다.

그의 교육사상을 정리하면 다음과 같다.

첫째, 교육의 기조를 한국의 사회발전을 토대로 한 참된 한국인의 형성에 두었다.

둘째, 교육이념으로서 인간평등사상을 전제로 한 숭례(崇禮) 및 근검(勤儉)사상을 강조하였다.

셋째, 교육방법론으로 마음을 중시하였고 탐구, 집중, 점진, 실천주의를 취하였다.

③ 정약용(1762~1836, 영조 38년~헌종 2년)

자는 미용(美鏞), 호는 다산(茶山) 또는 여유당(與猶堂)이다. 다산은 16세
때 성호 이익의 문헌을 보고 학문의 방향을 결정하였다. 그는 학문의 뜻을
주로 조선의 현실을 개혁하는데 두었다. 그는 이때 서학에 관심을 갖게 되
었으며 당시 서양 선교사를 통하여 문예부흥 이후 유럽의 문물에 큰 흥미
를 가지게 되었다. 그 후 관직생활에서 경험한 당파의 격한 풍파와 주변
인물이 천주교 신자이기 때문에 가해진 박해를 당하면서도 학문의 뜻을 굽
히지 않았다.

다산의 학문체계는 사상적으로 유형원과 이익의 주류를 계승하고 유학의
정신체계에 기반을 두고 있지만 박지원, 박제가 등 북학파의 사상을 흡수,
이를 집대성하고 있다. 그는 과거제도와 조세제도 등 국가경영 전반에 걸
쳐 적절한 기준을 『경세유표』에 집대성하였으며, 지방의 목민관으로서 치
민(治民)의 본령을 『목민심서』에 담았고, 법과(治獄)에 관한 규범을 『흠흠신
서』에서 정리하였다.

다산은 학문이 조선의 현실을 개혁하는데 뜻을 두어야 한다고 주장하면
서 '학이면 실학(實學), 정이면 실정(實政), 사면 실사(實事)가 되어야 한다'고
강조하였다. 그는 실생활과 관계없는 주자학에 반대하고 학문의 중심을 관
념적인 것에서부터 사실과 실제의 문제로 전환되어야 함을 역설하였다. 또
한 그는 주권재민의 민본주의적 민권사상에 기초를 두고 백성들의 직업분
화를 철저히 주장하였다. 뿐만 아니라 그는 중국 중심의 세계관에서 탈피
하여 주체성 있는 역사인식의 일환으로 한국사를 중국사와 대등한 위치로
끌어올려 학교 교과로 편성하였다. 다산은 기존 교육의 폐단을 다음과 같
이 지적하였다(한국교육사연구회 편, 1984: 186).

첫째, 공리공담의 이기설에 너무 편중하는 것

둘째, 경전의 자의나 음훈에 치중하는 훈고학적인 것에 지나치게 편중하
는 것

셋째, 미사여구의 문자적 유희인 번거러운 문사(文辭)에 치중하는 것

넷째, 과거제도에만 얽매여 있는 교육 현실.

다섯째, 어리석은 백성을 현혹시키는 도선의 비결이라든가 정감록 등의 사설(邪說)의 횡행.

이런 비뚤어진 교육풍토의 근본적 개선은 실사구시에 바탕을 둔 실학 정신의 구현에서 가능하다고 하였다. 그는 교육을 단순한 지적 육성(涵養工夫)에 두기 보다는 사람만들기(操存行事)에 있다고 하였다. 학문은 단순한 수양이 아니고 어디까지나 사회에 참다운 도움을 끼칠 수 있어야 하는 즉, 실천하는 사람이 궁극적으로 위천하(爲天下)하는 사람이라고 하였다. 특히 그는 눈을 감고 가만히 앉아 숨소리만 듣는 명목단좌(瞑目端座), 목시식청(牧視息聽)하는 소극적이고 방관적인 인간을 배격하였다.

그는 『목민심서』예전편에서 교육영역을 제사(祭祀), 빈객(賓客), 교민(敎民), 흥학(興學), 변등(辨等), 과예(課藝)의 6분야로 나누어서 다루고 있다. 특히 흥학조에서는 교육진흥의 지침을 다음과 같이 소개하고 있다.

첫째, 옛날에 소위 학교란 곳은 예를 배우고 악을 배우던 곳이다. 이제 예도 무너지고 악도 무너졌으니 학교의 가르침이 단순히 독서에만 그치고 말았다.

둘째, 문학이란 소학에서 가르치는 것이다. 그런즉, 후세에 와서 소위 흥학이란 그것이, 아마도 소학에서 하던 것과 같은 것인가(육서를 위주로 폭 넓은 교양을 요청함).

셋째, 학이란 스승에게서 배우는 것이다. 스승이 있은 후에 학이 있는 것이니, 오랫동안 덕을 쌓은 사람을 초빙하여, 사장(師長)이 되게 한 연후에 학규를 논의할 수 있을 것이다.

넷째, 학당의 지붕을 수리하고 쌀 주는 것을 잘 보살피고 서적을 널리 비치하는 것 또한 현명한 목민관으로서 유의해야 할 점인 것이다.

다섯째, 단아방정한 이를 뽑아서 제장(齊長)으로 삼고 표솔(表率; 스승)이 되게 하고 예로서 대우하며 그 염치를 기르게 할 것이다.

여섯째, 계추(季秋)에 양노(養老)의 예를 행하며 늙은이를 늙은이로 여기는 길을 가르치고, 맹동(孟冬)에 향음(鄕飮)의 예를 행하여, 어른을 어른으로 여기는 길을 가르치고, 중춘(仲春)에 향고(饗孤)의 예를 행하여 고아들을 궁휼히 여기는 길을 가르치도록 해야 한다.

일곱째, 때때로 향사(鄕射)의 예를 행하고 때때로 투호(投壺)의 예를 행한다. 향사례는 옛 예가 너무 번거럽고 화려하여 실행하기 어려우니, 마땅히 향례합편을 가져다가 옛것과 현재의 것을 참작하고 잘못을 바로 잡아서 글을 만들어 이를 실행하도록 해야 한다.

종래의 유학 규범적 흥학의 테두리를 벗어나서 현실적이고 구체적인 여건을 참작하여 교육진흥의 방향을 제시하였다. 조목별로 풍부한 사례와 구체적인 예증을 인용하고 자신의 견해를 덧붙여 교육의 본질과 발전관을 설명하려고 하였다.

다산은 조선의 전통적 교육, 즉 성리학을 어려서부터 배웠지만 서학, 양명학, 고증학을 고루 받아들여 사상적으로 신경향을 띤 실학을 집대성 시켰다. 그는 유학의 근본 정신을 재천명하고 유학의 본질과 목적에 따라 인간 문제에 관심을 집중시키고 조선사회의 정치, 경제, 사회의 구조적 개혁과 이에 수반되는 운영상의 모순점을 지적하였다.

다산은 '인도'(人道)와 '물리'(物理)를 명백히 구분함으로써 인도의 독자성을 분명히 하였다. 그리고 인성이 천명과 연계됨으로 인간의 존엄성이 강조되는 것이다. 하지만 인간은 누구나 성인이 되지 못한다는 점에서 그리고 하늘의 명을 받은 성을 소유한 인격체라는 점에서 평등하다고 본다.

다산의 교육사상은 수기치인(修己治人)의 전통적인 유학을 견지하려는 데서 출발하였다. 그는 수기를 위해서는 효(孝)·제(弟)·자(慈)를 제시하였고 치인을 위해서는 정치, 경제론을 주장하였다. 다산은 성리학의 이(理)가 고정불변한다는 주장에 반대하고 이는 세도(世道)를 일정불변하게 하는 것이 아니라 개변(改變)시킨다고 주장하였다. 개변은 인물의 현명함과 어리석음에 좌우된다고 보았다. 현명하면 법제를 개변시킬 수 있지만, 어리석으면 개변이 불가능하다.

따라서 개변은 현명한 인물에 의해서만 가능하다고 보았다. 하지만 다산이 말하는 개변은 모든 분야에서 이루어지는 것이 아니라, 근본적인 것은 그대로 두고 부득불 변통해야 할 것들만 바꾼다는 것이다.

2) 한말 개화기 교육

1876년 일본과의 병자수호조약 이후 제 열강국과 통상조약의 체결로 문호가 개방되고 1884년을 기점으로 내한한 기독교 선교사들에 의해 근대교육의 수용에 많은 도움을 받게 되었으며, 선교계 학교들이 설립되었다.

한편 유교전통의 제약 속에서 소수의 개화 사상가들이 서구의 신문화를 섭취하려는 의도에서 근대교육운동을 전개하기도 하였다. 1894년 갑오경장으로 신학제의 제정과 관학의 성립을 보게 되었고 오랜 구질서에서 벗어나 새로운 세계사조를 인식하기에 이르렀다. 그리고 1895년 고종의 교육조서를 통하여 근대교육이념이 국가정책에 반영되어 근대 국가로의 중흥을 도모하였으나, 관학보다는 사학이 더 활발하게 발전되어 갔다.

하지만 일본의 침략으로 근대 교육운동이 새로운 도전을 받게 되었으며, 일본이 한국에 대하여 취한 교육정책은 한국 민족의 우민화와 동화정책으로 영구적 식민지를 획책한 것이었다. 이 같은 일본 제국주의의 질곡아래 놓이게 되면서 우리나라는 '아는 것이 힘'이라는 교육정신 아래 전국 방방곡곡에 교육열이 번져나갔다.

새로운 교육이 우리나라를 근대화시키고 국운을 새로 일으킬 수 있는 유일한 길이라는 사실을 깨닫게 되어 개화기 교육은 1910년 일본 제국주의 강제 합방에 이르기까지 전국적으로 대대적인 교육운동이 일어나게 되었다. 특히 그것은 민간인과 선교계 사립학교가 중심이 되어 민족각성과 국권회복을 위한 교육구국운동으로 전개되었다.

(1) 관립학교와 신학제

정부에 의해 설립된 근대학교의 효시는 1886년(고종 23년)에 설립된 육영공원(育英公院, royal school)이다. 육영공원은 한미수호 이후 민영익의 제안에 따라 설립된 학교이다. 민영익의 건의를 받은 고종은 미국정부에 교사 추천을 의뢰하였으며, 유니온 신학교 출신인 길모어(G. W. Gilmore), 벙커(D. A. Bunker), 헐버트(H. B. Hulbert) 3인을 추천 받아 개교하였다. 육영공원의 설립 목적은 영어를 교수함에 있었고, 초기의 학생들은 모두 국왕이 추천한 귀족자제들이었다.

육영공원의 조직은 좌원과 우원으로 나누어졌고, 좌원은 연소한 문무관리 10명으로 우원은 일반 선비 중에서 재주 있는 자 10명으로 선발하였다. 육영공원은 완전한 의미에서 개화된 현대식 학교라고 보기는 어렵다. 구래의 전통과 특권을 가진 고관의 귀족자제들로서는 아직도 보수성이 강하여 구 교육의 전통을 완전히 탈피하지 못하고 있었기 때문이다. 하지만 육영 공원이 전통적 구 교육에서 근대적 신교육으로 발전하는 일에 있어서 교량 역할을 하였으며 또한 관립학교로서는 처음으로 신교육을 실시하였다는 점 에서 교육사적 의의가 있다. 하지만 육영공원은 그 자체가 지니는 한계성 때문에 1894년(고종 31년)에 폐지되고 말았다.

우리나라에서 제도상으로 근대학교의 학제를 갖게 된 것은 1894년의 갑 오개혁부터이다. 정부는 갑오개혁을 계기로 근대학교로 전환할 수 있는 교 육제도의 정비를 단행하였다. 지금까지 학사(學事)를 맡아오던 예조를 폐지 하고 학정(學政)의 총괄 부서로서 학무아문(1895년에는 학부로 개칭함)을 두었 으며 과거제도를 폐지하였다.

1894년 7월 근대교육을 널리 보급할 뜻으로 '학무아문의 고시'를 발표하 였다. 이 고시의 대요는, 시대가 바뀐 지금 정부는 소학교와 사범학교를 설 치하여 반상(班常)의 구별없이 교육을 보급하겠다는 이른바 교육의 기회균 등 원칙을 밝힌 것이다.

'학무아문의 고시'에 뒤이어 정부는 갑오개혁의 일환으로 1894년 12월 12 일 '홍범 14조'를 선포하였다. 이 가운데 11조에는 "나라 안의 우수한 인재 를 널리 파견하여 외국의 학술과 기예를 전습시킨다"라고 되어 있다. 이는 근대교육의 수용을 뜻하는 정부의 적극적인 의사표시이다. '학무아문의 고 시'가 대내적 선포라면, '홍범 14조'는 대외적 선포라고 볼 수 있다.

근대교육으로 지향하는 정부의 노력은 계속되었다. 1895년 2월에 내린 '교육조서'는 구 교육을 지양하고 근대교육을 통하여 교육입국을 천명한 고 종의 근대적 의지가 담긴 교육령이다. 이 조서에는 교육이 국가 중흥에 필 수적인 기본 수단이며 또한 교육은 실로 국가를 보전하는 근본인지라 온 국민이 교육에 힘 쓸 것을 호소하는 글이었다.

이와 같이 근대교육을 지향하고자 하는 정부의 노력과 이상이 마침내 각 급 학교 관제와 규정이라는 법적 체계로 나타나게 되었다. 학교의 관제 가 운데 가장 먼저 공포된 것은 1895년 4월 교사양성을 목적으로 한 '한성사범 학교 관제'이었으며, 우리나라에서 최초로 등장한 현대식 학교법규였다. 그 후 각종 학교관제 규칙들이 제정, 공포되었으며 이들 관제에 따라 관립학

교들이 설립되었다. 1895년에 한성사범학교, 한성외국어학교, 1900년에 한성
고등학교, 1908년에 한성고등여학교 등이 설립되었다.

(2) 선교계 사립학교

한말 개화기 때 미국의 선교사들은 교육과 의료를 선교의 방편으로 삼았
다. 의료를 통해 신체적 건강을 증진시키고 교육을 통해 정신적 계몽과 근
대 학문을 소개시켰다. 이런 임무를 띠고 조선에 찾아온 선교사가 바로
1884년 9월에 입국한 의사 알렌(H. N. Allen)과 1885년에 입국한 언더우드(H.
G. Underwood), 아펜젤러(H. G. Appenzeller), 스크랜튼(Mrs, M. F. Scranton) 등
이다.

알렌은 1885년에 일종의 국립병원인 광혜원을 설치하고 그 다음 해 의료
학교를 만들어 의학교육을 실시하였다. 그러나 의학과 같은 전문교육이 아
닌 일반교육을 목적으로 한 현대식 학교가 설립된 것은 1885년(고종 22년)의
배재학당과 1886년(고종 23년)의 이화학당이 처음이었다.

배재학당은 미국 북감리교회의 선교사 아펜젤러가 세운 남자 학교로서
우리나라 최초의 사립학교이다. 1885년 8월 3일 이겸라, 고영필이라는 두
학생을 데리고 수업을 시작함으로써 우리나라 현대 사립학교의 효시가 되
었다. 1887년에 고종은 친히 배재학당이라는 이름을 지어 교명을 하사하였
다(손인수, 1971: 21). 배재학당의 교훈은 '욕위대자 당위인역'(欲爲大者 當爲人
役)이다. 이 교훈은 개교 이듬해 교장인 아펜젤러가 짓고 한문학자 조한규
가 한역한 것이며, 그 뜻은 '큰 인물이 되려면 남을 위해 봉사하는 자가 되
어야 한다'이다. 아펜젤러는 배재학당의 설립 목적을 다음과 같이 말하고
있다. "우리는 통역관을 양성하거나 우리 학교의 일꾼을 기르려는 것이 아
니라 자유교육을 받은 사람을 배출하려는 것이다."

이화학당은 미국 감리교 선교사인 스크랜튼 부인이 세운 여자 학교로서
우리나라 최초의 사립여자학교이다. 이화학당은 1886년 5월 스크랜튼 부인
이 정동 자기 방에서 학생 하나를 데리고 학교를 시작하면서 개교한 것이
다. 이화학당이라는 이름은 1887년 학생이 7명으로 불어났을 때, 명성황후
민비가 이를 가상히 여겨 '이화학당'이라는 편액을 내린데서 연유하였다. 이
화(배꽃)는 이씨 왕가를 상징하는 꽃으로 영국 랜카스터가의 홍장미, 프랑스

의 백합과 같이 고귀한 꽃으로 인식되고 있었다.

스크랜톤 부인은 이화학당의 설립 목적과 교육방침을 다음과 같이 말하고 있다.(오천석, 1964: 57~58) "우리의 목표는 여아들을 우리 외국 사람의 생활, 의복 및 환경에 맞도록 변하게 하는데 있지 않다. … 우리는 단지 한국인을 보다 나은 한국인으로 만드는데 만족한다. 우리는 한국인이 한국적인 것에 대하여 긍지를 가지게 되기를 희망한다. 나아가서 그리스도와 그의 교훈을 통하여 완전무결한 한국을 만들고자 희망하는 바이다."

한말 개화기 선교사들이 우리나라에 심어준 문화적 기여도를 다음과 같이 정리해 볼 수 있다.

첫째, 이들은 우리나라에 서양식 교육제도를 처음으로 소개하고 신학문을 수용하는 일에 개척자적 소임을 담당하였다.

둘째, 이들은 교육과 서양인 교사와의 접촉을 통하여 서양인의 문물과 사상 그리고 사고방식을 우리나라에 소개하였다.

셋째, 이들은 계급을 타파하고 여성의 지위를 향상시켰다. 각급 학교는 양반이나 서민의 자제를 차별 없이 교육시키고 빈부를 가리지 않고 수용함으로써 교육의 기회균등에 기여하였다.

넷째, 이들은 학생들에게 근로의 정신과 자립의 정신을 가르쳤다.

다섯째, 이들은 정규과목외 연설회, 토론회, 운동회 같은 특별활동을 장려함으로서 근대적 수업을 전개시켰다.

1910년 2월까지 설립된 기독교계 사립학교의 교파별 통계자료를 살펴보면 장로교회 501개교, 감리교회 158개교, 영국 성공회 4개교, 강림교회 2개교, 종파 미상 84개교, 각 종파 합동 1개교, 천주교 46개교에 달하였다(이만규, 1949: 159-60).

(3) 민간인 사립학교

민간인이 설립한 근대 사학은 민족의 각성과 일제의 침략 앞에 국권수호를 위한 교육기관이었다. 우리 민족의 각성운동은 일찍이 독립협회를 비롯한 여러 민족단체에서 찾아 볼 수 있다. 이들은 근대적 학교교육의 필요성을 강조하여 학교의 설립을 건의하는 한편, 신교육을 외면하던 당시의 민중을 계몽하여 교육구국의 민족적 각성을 촉구하였던 것이다.

이에 뜻 있는 선각자들은 교육과 국민계몽운동을 위해 다각적인 노력을 전개하였다. 혹자는 정치, 사회단체를 설립하고, 어떤 이는 언론기관을 실립하고 또 어떤 사람은 학회와 학교를 설립하였다. 독립협회(1896), 보안회(1904), 헌정연구회(1905), 대한자강회(1906), 신민회(1907) 등의 단체와 독립신문(1896, 서재필), 황성신문(1898, 남궁억), 대한매일신보(1904, 베델·양기탁), 만세보(1906, 손병희·오세창), 대한민보(1909, 대한협회) 등의 신문과 국민교육회, 여자교육회, 청년학우회, 서우학회, 기호학회 등이 대표적 예라고 할 수 있다.

1883년 원산에서 지방민이 서로 협력하여 우리나라 최초의 근대식 사립학교인 원사학사를 세웠다. 그 후 민영환의 흥화학교(1895), 안창호의 점진학교(1899)와 대성학교(1907), 오경선의 을미의숙(1895), 엄주익의 양정의숙(1905), 이용익의 보성학교(1905), 민영휘의 휘문의숙(1906), 신규식의 중동학교(1906), 이승훈의 오산학교(1907), 조동식의 동원여의숙(1908) 등 수많은 학교들이 설립되었다. 왕실에서도 학교 설립을 후원하여 1906년 4월과 5월에 각각 진명여학교와 명신여학교(숙명여학교)가 세워졌다.

1905년을 전후하여 민족각성이 교육을 통한 구국의 일념으로 승화되어 민족교육의 이념이 국민운동의 차원으로 확산되었다. 1905년부터 1910년까지 설립된 민간인 사학은 5,000교에 달하였으며, 1908년 사립학교령에 의해 많은 사학들이 폐쇄되었지만 1910년 강점될 때까지 2,250개교가 존속하고 있었다(이만규, 1949: 191-93).

민간인이 설립한 사학의 교육활동에서 나타난 공통된 특징을 정리해 보면 다음과 같다.

① 국권회복을 위한 민족운동가의 양성을 들 수 있다. 당시 민족자본에 의해 설립된 사학은 민족의 자주독립을 공동이념으로 하여 교육활동이 전개되었으므로 이들 사학을 통하여 많은 민족운동가들이 배출되었다. 특히 흥화학교, 오산학교, 대성학교 등은 대표적인 민족교육기관이었다.

② 배일애국교과에 의한 민족의식의 환기이다. 당시 교과용 도서로 편찬된 서적은 충군 애국의 정신과 민족의식의 고취를 목적으로 하고 있고, 일제에 항거하는 자주독립의 사상을 그 내용으로 하고 있다.

③ 과외활동(운동회, 학예회, 토론회, 글짓기)을 통해 민족의식을 환기시켰

다. 일제의 간섭에 의해 정규 학습활동만으로는 민족의식을 고취시킬 수 없으므로 과외활동을 통하여 민족의식을 드높이도록 지도하였다.

④ 교육 실천을 통한 항일운동을 들 수 있다. 당시 학생들은 학교교육을 통하여 애국사상을 고취하고 이를 행동과 연결시켰다. 1906년 일본군과 학생들의 충돌을 중심으로 1908년 5월 2일에는 신의주에서 일본 수비대와 학생들간의 충돌사건이 있었으며, 1909년 1월에는 교사와 학생이 합세하여 일장기를 말소시킨 사건이 그 대표적인 예이다.

근대 사학의 공통된 특징은 일반 학교에서 실시하고 있는 주지적 교과내용 전수뿐만 아니라, 일제의 조직적 침략에 대항하여 민족의식의 고취와 자주독립사상을 일깨웠다는 점에서 교육적 의의가 크다고 볼 수 있다.

3) 주권 상실기의 교육

일제의 식민지 교육정책은 식민지화의 일환으로 수행되었고 그 기본노선은 동화교육을 통하여 우리 민족을 일본인 화하는데 있었다. 일제 식민지 교육의 기본 방향은 안으로는 기만정책이었고 밖으로는 한국인의 무력화였다. 즉, 동조동근론(同祖同根論)의 합리화를 시도하면서 통제와 탄압을 통해 교육침략을 감행한 것이다.

이런 일제의 교육 침략에 대항하여 우리 민족은 교육구국운동을 전국적이고 거족적으로 전개하였다. 그러므로 주권 상실기의 교육을 이해하기 위해서는 일제의 교육침략이라는 측면과 우리 민족이 주도한 교육구국운동의 전개라는 측면을 동시에 보아야 한다. 이 시기의 교육을 세 단계로 구분하여 살피는 것이 도움이 될 것이다.

제1단계 : 식민지교육의 추진기(1910년~1919년)
제2단계 : 식민지교육의 본격화기(1919년~1938년)
제3단계 : 황국신민화 교육정책기(1938년~1945년)

(1) 일제의 교육정책

① 식민지 교육의 추진기

이 시기의 일제 식민지 교육정책은 일본 통치자들에 의한 소위 '제국신민의 교육'이 강력히 추진되었다. 일제는 우선 제1차 식민지 교육정책을 발표하고 조선인들의 국권회복을 위한 활동을 무력으로 저지하고, 민족정신을 말살하기 위한 식민지 교육정책을 발표하였다. 우선 무단헌병경찰 제도를 택하였고 한민족 사상의 배제를 본지로 하는 식민지 교육 체제를 정비하기 시작하였다.

이렇게 해서 나타난 것이 조선교육령(1911년), 사립학교규칙(1911년), 교원시험규칙(1916년), 서당규칙(1916년), 각급학교의 제 규칙(보통학교·고등보통학교·고등여자보통학교·실업학교 및 전문학교 규칙) 등 수많은 법령과 규칙이었다.

조선교육령은 1911년 8월 전문 30조로 공포되었으며, 일제 식민지 교육의 기본 지침이라고 할 수 있다. 이 법령은 제1장 강령에서 식민지 교육의 대강을 명시하고 있으며, '교육에 관한 칙어 취지에 따라 충량한 일본 신민 양성을 본의로 삼고, 교육은 시세(時勢)와 민도(民度)에 맞도록 할 것'이라고 천명하였다.

그리고 조선교육령은 한국인에게 시행할 교육을 대별하여 보통교육, 실업교육, 전문교육으로 한정하였으며 교육목적을 다음과 같이 기술하였다. 첫째, 보통교육은 보통의 지식, 기능을 교수하여 특히 신민의 성격을 함양하며 일본어를 보급함을 목적으로 한다. 둘째, 실업교육은 농업·공업·상업에 관한 지식과 기능의 보급을 목적으로 한다. 셋째, 전문교육은 고등의 학술과 기술을 교수함을 목적으로 한다.

또한 일제는 식민지하의 교육제도를 복선형으로 만들어서 조선인과 일본인을 차별하였다. 우선 학교이름과 수업연한에 있어서 일본인의 학교는 소학교(6년), 중학교(5년), 고등여학교(5년)로 하였는데 비해, 한국인에게는 '보통'이라는 말을 붙여 보통학교(3~4년), 고등보통학교(4년), 고등여자보통학교(3년), 간이 실업학교(수업연한 규정 없음), 전문학교(3~4년)라 하였다. 이런 차이는 일본인에게 쉽게 복종하는 '시세와 민도'에 맞는 교육을 실시하기 위한 차별의식에 기인한 것이라 할 수 있다.

교육과정상에 있어서도 일제는 보통교육의 목적을 '국민된 성격의 함양과 일어의 보급'에 둠으로써, 우리말을 조선어로 격하시켜 학교교육에서 소외시켜 나갔으며 일어를 국어로 승격시켜 한국인에게 강요하였다. 이런 취지에 따라 보통학교 초 학년에서부터 조선어 및 한문을 제외한 모든 교과서가 일본어로 간행된 것은 물론, 교내생활에서도 일어 사용을 강요하였다. 고등보통학교나 고등여자보통학교의 규칙에서도 "국어는 국민정신이 머무는 곳이며 또한 지식 기술을 습득하는데 불가결한 것으로 어떤 교과목에 있어서나 국어의 사용을 정확히 하고 그 응용을 자제케 할 것을 기하여야 한다"고 규정하였으며, 고등보통학교의 시간배정에 조선어 및 한문은 3시간인데 반해 일어는 7시간으로 배정되어 있었다.

조선교육령에 나타난 식민지 교육의 기본 방향은 ㉠ 충량한 일본 신민의 양성, ㉡ 시세와 민도에 맞는 교육, ㉢ 일본어 보급에 있었다고 하겠다.

일제는 사립학교에 대해서도 탄압을 가중하였다. 일제가 한반도를 강점한 후, 제일 우려한 것은 한국인의 배일사상이었다. 따라서 배일사상의 근원지가 되고 있는 사학을 간섭한 것은 어떻게 보면 지극히 당연한 일이라 할 수 있다. 일제는 1908년에 사립학교령을 공포한 후, 1911년 사립학교규칙을 제정하였으며 그것도 모자라 1915년 개정 사립학교규칙을 공포하여 민간인 사학과 선교계 사학을 철저하게 감독하고 탄압하였다. 이런 탄압의 결과로 1910년 1,973여 개에 달하였던 사립학교들이 1919년에 이르러서는 1,230개교가 폐쇄되고 불과 742개의 사립학교만이 명맥을 유지하고 있었다.

② 식민지교육의 본격화기

1910년 이후 10여년 동안 이루어진 일제의 식민지정책은 한계성을 드러내고 말았다. 우리 민족의 줄기찬 저항은 3·1운동을 정점으로 하였으며, 일제는 한반도 통치에 대한 정책의 변화를 가져오게 되었다. 당시 한국인의 민심동요를 막고 식민지 교육의 실리를 되찾는데 목적을 두고 일제는 교육정책의 일대 전환을 꾀하였다.

소위 문화정치라는 미명하에 교육제도의 변화는 중앙교육행정기구의 개편과 각 학교규칙의 개정으로 나타났다. 총독부는 관제 개편에서 내무부에 속했던 학무국을 독립시키고 그 아래 학무과, 편집과, 종교과를 설치하여 학무국을 강화시켰다. 또한 종전의 교육과정 편성에서 실과 위주라는 한국인의 불편을 완화하기 위해 외국어를 필수과목으로 인정하고 과학, 법제, 경제 등을 추가하여 일본 내의 학교와 관련을 맺을 수 있도록 하였다.

1922년 총독부는 조선교육령을 전면 개정하여, 형식상 '내선공학'(內鮮共

學)과 '일시동인'(一視同仁)을 내세워 일본과 동일한 수업연한으로 학제를 개편하였다. 여기에서 학교제도를 살펴보면, 보통학교 4~6년, 고등보통학교 5년, 고등여자보통학교 3~5년, 실업학교 3~5년, 전문학교 3년 이상 등 종래의 각급 학교 수업연한을 융통성 있게 늘려 형식상으로는 일본의 학제와 동일한 수준으로 맞추었으며, 사범학교(남자 6년, 여자 5년)와 대학(예과 2년, 학부 3~4년)을 신설하여 구색을 갖추도록 하였다.

하지만 내면적으로는 한반도 내에 거주하는 일본인을 위한 학제와 한국인을 위한 학제를 따로 마련하여 전자를 일본어를 상용하는 자를 위한 제도, 후자를 일본어를 상용하지 않는 자를 위한 제도라고 구별함으로써 사실상 일본인과 한국인을 차별하는 교묘한 술책을 실시하였다.

당시 일제의 문화정치하에서 이루어진 동화교육의 실상을 다음과 같이 정리해 볼 수 있다.

첫째, 조선어 말살 정책이었다. 조선어의 교육목적을 일상생활 용어로서 독해하는 정도로 그 비중을 축소시켰으며 조선의 역사를 아예 배정하지도 않았다. 고등보통학교의 경우 주당 시간 수에 있어서 일본어 7시간, 일본역사 3시간이지만, 조선어 시간은 한문과 합쳐서 3시간이고 조선역사는 1시간도 없었다. 하지만 이것도 1920년 11월 12일 그때까지 필수과목으로 되어 있던 조선어를 선택과목으로 만들어 그야말로 형식적 운영에 그치게 만들었다.

둘째, 충성스러운 봉사자의 양성이었다. 보통학교를 1933년까지 1개 면에 1개교씩 설치하여 겉으로는 문치에 힘쓰는 것 같이 하면서 안으로는 식민지 산업의 수요와 군비 확장에 따른 저급의 산업보조원과 봉사자를 양성하려고 하였다.

셋째, 동화교육의 추진자를 양성하기 위해 남녀 사범학교를 신설하고 1932년에는 2년제 단기학교인 간이학교를 설립하여 일본어 사용이 가능한 저급의 노동인력을 양성하려고 하였다.

넷째, 1924년 경성제국대학을 창설하여 고등교육에 대한 조선인의 요구를 교묘하게 회유하려고 하였다. 정치, 경제, 이공계 등 정작 필요한 여러 학과의 설립을 기피 내지 축소하여 법문학부와 의학부만을 설치하였다. 계몽된 민족지도자의 양성을 극력 기피해 온 일제는 당연히 한국인들에게 고등교육의 기회를 봉쇄해 나간 것은 주지의 사실이다.

③ 황국신민화 교육정책기

일제는 1937년 중일전쟁을 일으킴으로써 한반도는 병참기지화 되고 말았다. 그리고 4년후인 1941년에는 태평양전쟁을 발발시킴으로써 식민지정책을 더욱 강화시켜 나갔다. 전시동원체제는 경제적 측면뿐만 아니라 인적 동원에서도 지원병 제도나 노동보국대와 같은 제도를 만들어 조선의 청년들을 전쟁터로 군사시설에 강제 동원시켰다.

1938년 南次郎 총독은 "국세에 알맞고 세운에 맞는 길은 국체명징(國體明徵), 내선일체(內鮮一體), 인고단련(忍苦鍛鍊)의 3대 교육방침을 철저히 실시하여 국민된 지조 신념의 연성을 기준으로 하지 않으면 안된다"라고 하여 식민지교육의 교육방침을 밝혔으며, 또한 당시 총독부 학무과장이었던 八木信雄은 "지나사변의 궁극적 목적은 동아적년의 화근을 근절하고 동양의 영구한 안정을 확보하기 위한 새로운 질서의 건설에 있다. … 조선은 실로 흥아목적 달성의 근간이 되어 있으며 대륙전진의 병참기지로서 군사, 경제상의 임무를 완전히 수행할 뿐 아니라 사상과 문화방면에 있어서도 대륙진출의 기지적 임무를 수행하지 않으면 안되며, 근본적으로 그 결실을 가져오기 위해서는 통일된 교육방침에 의한 황국신민화의 교육에 기대하지 않으면 안된다."라고 강변하였다.

일제는 1937년 10월 2일 소위 '황국신민의 서사'를 아동용과 성인용의 두 종류로 제정하여 학생은 물론 모든 한국인에게 강제로 외우고 경의를 표하게 하였으며, 1939년에는 황국신민서사 지주를 남산에 세워 모든 사람들로 하여금 이를 보고 읽게 하였다. '황국신민의 서사' 내용은 다음과 같다(차석기, 1983: 346).

아 동 용
1. 우리들은 대일본제국의 신민이다.
1. 우리들은 마음을 합하여 천황폐하에게 충성을 다한다.
1. 우리들은 인고단련하여 훌륭하고 강한 국민이 된다.

성 인 용

1. 우리는 황국신민이다. 충성으로써 군국에 보답하련다.
1. 우리 황국신민은 서로 신애협력하여 단결을 굳게 하련다.
1. 우리 황국신민은 인고단련력을 길러 황도를 선양하련다.

또한 일제는 1938년 3월에 조선교육령을 개정하여 조선어를 선택교과로 만들어 학교교육에서 완전히 제외시켰다. 1940년 2월에는 창씨개명을 선포하여 창씨하지 않은 자는 모든 학교에 입학할 수 없도록 만들었으며, 교직에도 임할 수 없도록 강제하였다.(김경식·조규남, 1992: 222)

1941년부터 전시에 부응하기 위한 교육개편에 착수한 일제 당국은 우선 전문학교에 대하여 동년 11월 학칙을 개정하여 수업연한을 4년제에서 1년 단축하여 3년제로 변경하였다. 이것은 대동아공영권 확립 및 직장봉공에 매진케 한다는 구실로 한국 청년들을 징병해 가기 위한 방책이었다. 1943년 3월에는 중학교 이상의 모든 학교에 대하여 수업연한을 단축하는 것을 골자로 하는 조선교육령의 전면 개정을 단행하였다. 이것이 이른바 제4차 조선교육령으로, '황국의 도에 따른 국민연성'에 목적을 둔 것이다.

태평양전쟁 종전 직전인 1945년 5월 일제는 학생들의 결전태세를 확립하기 위한 전시교육령을 공포하여 최후의 모습을 드러내었다. 전시교육령의 주요 내용은 다음과 같다.

제1조   학도는 진충(盡忠)으로서 평소 연성한 교육의 정화를 유감없이 발휘하는 것을 본분으로 한다.
제2조   교직원은 솔선수범하여 학도와 더불어 전시의 긴요한 요무에 이바지 한다.
제3조   학교는 교직원 및 학도로서 학도대를 조직한다.

(2) 민족교육운동

① 민립대학 설립 운동

우리나라에서 근대적 대학의 설립은 이미 1900년대에 들어서면서 시작되었다. 숭실학교는 주권 침해기인 1907년에 이미 정부로부터 대학으로 인가받아 대학부를 가지고 있었고, 주권 상실기인 1910년에는 이화학당이 대학부를 개설하였으며, 1915년에는 카나다 선교회와 연합으로 현 연세대학교의 전신으로 대학부를 설치하고 있었다. 하지만 1915년 '개정사립학교규칙'과 함께 '전문학교규칙'이 공포 시행됨으로서 이들 학교는 각종 학교로 격하되었다.

1920년대에 들어서서 한국인이 한국인 손으로 대학을 설립하려는 운동이 전국에서 일어났다. 민립대학 설립운동이 바로 그것이다. 이것은 주권침해기로부터 한국민이 내적으로 끈질기게 성장시켜 온 교육구국의 발로이며, 또한 3·1운동을 기점으로 일제에 대한 한국인의 각성된 민족 정신을 집결시킨 것이다. 일제는 한국민의 고등교육에 대한 욕구를 꺾기 위해 1922년 제2차 조선교육령을 공포하여 제12조에 '전문교육은 전문학교령에, 대학교육 및 예비교육은 대학교령에 의한다'라고 규정하였으며, 민족지도자 양성을 염원하는 한국민들을 기만한 것이다.

민립대학 설립운동은 1920년대에 적극적으로 전개된 것이지만, 그 시초는 1910년까지 소급된다. 구한말 국채보상운동이 1910년 일제에 의해 한반도가 강점됨으로써 무산되었지만, 그 때까지 모금된 600만원을 기금으로 대학설립을 위한 민립대학 기성회를 조직하여 일제 당국에 설립인가를 신청하였지만 좌절되었다. 1920년대에 들어와서 민립대학 설립운동은 적극적으로 전개되었으며, 조선교육회가 주도하였다. 조선교육회는 1920년 6월 23일 한규설, 이상재 등을 중심으로 재경 사회유지가 다수 참가하여 설립한 조직으로, 한국인의 민족적 자각을 촉구하고 교육을 통해 민족적 역량을 배양함으로서 장차 국권회복을 목적으로 하였다. 이 단체는 당시 사회에서 크게 일어난 교육진흥 운동의 중추적 조직이었다.

조선교육회는 순전히 한국인의 재력과 노력으로 민족교육을 일으켜야 한다는 주장하에서 1922년 1월 이상재를 대표로 발기인을 구성 '조선민립대학 기성준비회'를 결성하였다. 1923년 3월 29일 서울 YMCA에서 민립대학 기성회 발기총회가 열리고 사업계획과 민립대학 발기취지서를 발표하였다.(동아일보 1922. 12. 16 사설 참조) 민립대학 설립계획의 요지를 보면 다음과 같다.

제1기에는 자본금 400만원으로 5만평의 대지매입과 10동의 교실·대강당을 신축하고, 개설학과로는 법과·문과·경제과·이과의 4개학과를 둔다.

제2기에는 자본금 300만원으로 공과 및 이과의 기타 학과를 신설한다.

제3기에는 자본금 300만원으로 농과와 의학과를 신설한다.

발기 취지서를 보면, 당시 상황에서 교육이 급선무임은 물론이지만 특히 고등교육의 중요성을 역설하면서 과거 서구의 대학과 문화창달의 예를 들었고 우리 한 국민도 대학을 설립하여 세계 속의 민족문화의 일원으로 어깨를 나란히 하자고 역설하였다. 이어서 우리의 생존을 유지하고 문화의 창조와 향상을 기하는데 모든 동포형제가 참여하자고 절규하였다. 실로 민립대학 설립운동은 한국인의 학문적 갈증과 지도자 양성에 대한 민족적 요구의 반영이었다.

하지만 민립대학 설립운동은 중도에서 좌절되고 말았다. 1923년과 1924년에 걸쳐 일어난 대홍수가 민립대학 설립기금 모집에 어려움을 제공하기도 하였지만, 일제 당국의 끈질긴 방해와 압제가 주된 원인이었다. 민립대학 설립운동을 좌절시킨 총독부는 민심수습이라는 기만책으로 1922년 제2차 조선교육령에 의거 1923년 12월 경성제국대학창설위원회를 설치하고 다음해 경성제국대학 관제를 공포하고 경성제국대학을 설립하였다.

② 야학운동

일제강점기의 야학은 비록 비정규 교육기관이었지만, 우리 민족의 순수하고도 자율적인 노력에 의해 설립된 교육기관이었다. 당시의 야학운동은 전국적으로 이루어졌으며 주로 비정규 민중교육에 끼친 영향이 컸기 때문에, 민족주의의 입장에서 본다면 정규학교보다 더 중차대한 민족사적 의의를 지닌 교육활동이라고 볼 수 있다.

여기서 말하는 야학은 당시 노동야학, 농민야학, 민중야학, 청년야학, 여자야학, 부인야학, 강습소, 야학회, 야학당, 야학교, 야학원 등으로 노동자, 농민이나 그들의 자녀나 부인들을 가르쳤던 민중교육기관을 망라해서 표현한 것이다. 한국의 야학으로 최초의 것은 강동진에 따르면 1907년에 설립된 마산 노동야학이지만, 조동걸에 따르면 1906년에 세워진 함흥군 주서면 신중리의 보성야학이다(강동진, 1970: 6 ; 조동걸, 1983: 218).

야학운동이 본격적으로 발전하게 된 것은 3·1운동 직후인 1920년대부터이다. 1920년대는 일제가 3·1운동의 영향으로 종래의 무단정치를 버리고 보다 더 교활하고 기만적인 문화정치라는 통치방식으로 바꾼 시기인데, 노동야학이나 농민야학 등은 이 시기 이후부터 늘어난 공립보통학교에 대항하면서 설립되기 시작하였다. 더구나 이 시기는 국민들이 민족문제나 사회문제에 많은 관심을 보였던 시기였으며, 농민이나 노동자들의 정치적 각성과 운동이 무엇보다 중요하다고 느꼈던 시기였다. 이 당시 많은 선각자들은 종래와 같은 교육방식, 즉 기존의 사립학교나 서당으로서는 일반민중들을 교육시킬 수 없다고 보고 대중 교육기관의 설립을 모색하게 된 것이다. 이런 이유로 1907년 마산에서 시작되어 1910년대에 전국적으로 하나 둘씩 생겨나기 시작했던 야학이 1920년대부터는 전국 각지에 대량으로 생겨나게 되었다.

야학운동이 활발하게 이루어지게 된 또 다른 동인은 1920년대에 자연발생적으로 나타난 노동쟁의, 소작쟁의를 통해 많은 경험을 쌓게 된 노동자, 농민들의 의식이었다. 반일투쟁에서 승리하려면 무엇보다도 먼저 자신들이 각성해야 한다는 사실을 그들은 깨닫게 되었으며, 그것을 위해서는 먼저 교육이 필요하다는 점을 각성하게 된 것이다. 1920년대에 전개된 야학운동은 이런 노동자, 농민들의 주체적 각성과 당시의 지식인들이 가졌던 대중교육에 대한 올바른 인식이 서로 결합되어 나타난 것이다.

이미 3·1운동 당시에도 농민과 노동자들의 참여도는 매우 높았는데, 이 당시 형무소 입감자의 직업별 분포도에서 농민이 차지하는 비율은 58%로 1위, 노동자는 3.85%로 4위였다. 참고로 학생은 11.21%로 2위를 차지하고 있었다.(노영택, 1979: 61) 무능하고 무지하게만 여겨졌던 농민이나 노동자들이 입감자의 60% 이상을 차지하였다는 사실은 이들의 자각이 그만큼 폭 넓게 이루어졌음을 보여주는 증거이다.

기독교나 천도교뿐만 아니라 보수적 민족주의자들도 농민, 노동운동을 전개하였다. 종교기관에서 이런 운동을 전개한 목적은 물론 선교하기 위한 것이었지만, 결과적으로 농촌개선 및 구제, 농민과 노동자계몽 등에 이바지하여 민족의 실력을 양성하는 일에 일조하게 된 것이다.

이광수도 "조선인의 최대다수인 농민과 노동자의 문맹을 타파하는 것이 민족운동의 기초가 될 것은 말할 것도 없다. 금일에는 농촌개발문제가 중대하다는 인식이 보급되어 예수교회에서도 이 문제에 상당히 주력하게 되었고 기타 농촌을 대상으로 하는 단체와 정기간행물이 많이 나오게 되었다."(노영택, 1979: 61에서 재인용)라고 하면서 당시 일반민중을 위한 교육의 중요성을 강조하고 나섰다.

이런 야학의 기능으로서 가장 중요한 것은 초등교육기관으로서의 기능이었으며, 교육과정은 비교적 간단하였다. 수업연한은 보통 1년이었고, 지극히 초보적인 교육을 실시하였다. 조사된 136개 야학의 주요 교과목을 살펴보면 다음과 같다. 괄호 안의 숫자는 교과를 채택한 야학의 수이다.

조선어(115), 산술(105), 작문(75), 일어(70), 주산(54), 습자(43), 강화(28), 한문(26), 토론(23), 서간(22), 농민독본(11), 역사(10), 농업(7), 농민잡지(7), 시사(6), 수선(6), 지리(5), 창가(3), 노동독본(3), 교리(2), 국어(2), 그리고 한 곳에서만 채택되었던 교과목은 필기, 수양독본, 이과, 사회, 과학, 도화이다(주영흠, 1994: 219).

야학에서 사용되었던 교과서 가운데 이성환의 『농민독본』을 살펴보면, 상권은 조선어 교본이었고 중권은 애국적 교양독본으로서 다음과 같은 순서로 단원들이 구성되어 있다. 제1과 양반과 농민, 제2과 노동신성, 제3과 지혜와 권세, 제4과 허식의 탈, 제5과 조혼의 폐, 제6과 위생과 건강, 제7과 자유, 제8과 평등, 제9과 조선농민사.

제7과 자유편을 보면 다음과 같은 구절이 있다. "인생은 자유의 세상을 찾는다. 사람에겐 천부의 자유가 있다. 머리에 돌이 눌리우고 목에 쇠사슬이 걸린 사람은 자유를 잃은 사람이다. 자유의 세상을 우리가 찾는다."(조동걸, 1983: 33에서 재인용) 이 글은 당시 야학의 민중계몽뿐만 아니라 항일 애국적 성격을 보여주는 대표적인 글이다.

③ 학생운동

일제의 식민지 교육정책과 민족교육에 대한 탄압은 처음부터 학생계층의 커다란 반발과 저항감을 가져왔다. 조선의 청년 학생들은 일제의 식민지 노예교육정책과 민족교육에 대한 탄압을 반대하여 동맹휴학을 비롯한 각종 반일 해방투쟁을 전개하였다.

1912년 이후 평양고등보통학교를 비롯한 전국의 수많은 학생들은 일제의 식민지 노예교육을 반대하는 동맹휴학을 단행하였으며 그것은 점차 전국적인 규모로 확대되어 나갔다. 학생들의 동맹휴학은 1910년대 후반기로 들어서면서 민족의 자주권을 찾기 위한 애국적 민중들의 각종 반일 투쟁과 보조를 같이 하면서 대중적인 반일투쟁으로 발전해 나갔다. 3·1운동시에는 학생들이 민중의 선도적인 전위역할과 교량역할을 담당하였다. 평양에서는 숭실학교, 평북 의주의 양실학교, 전북 군산의 영명학교, 함북의 성진 보신학교, 전남 광주의 숭일학교, 부산의 일신여학교 학생들이 반일시위의 선두에서 투쟁하였다.

학생들의 반일시위투쟁은 우선 일제가 발표한 자료를 보더라도 대단하였다. 실업학교를 포함하는 중등 및 전문학교가 3·1운동에 참가한 수는 220개교이며 학생 수는 12,880명에 달하였다. 3·1운동을 계기로 급격하게 고양된 학생들의 반일 해방투쟁에 조선총독부는 1920년 각 지방당국자와 공립학교장들에게 다음과 같은 지령을 내렸다(차석기, 1994: 302-303).

" … 종래에는 불온의 행동을 한 학생에 대하여 관대하게 처리하여 그들이 자각하도록 하였으나, 금후까지는 조금도 고치지 않고 다시 모여 행위를 할 때는 그 주모자에 대하여 퇴학을 명령하는 등 교칙에 비추어 엄중히 처리하도록 하라. 미리 생도 및 부형에게 이를 경고하여 위반하지 않도록 하고 다시 동맹휴학과 같은 것은 사전에 예방함은 물론 만약 불온의 행동을 감행할 때에는 3일 이내에 사실을 조사하여 감독관청의 지휘를 받도록 하고, 먼저 학교의 처지가 성의 없다고 인정될 때에는 지체없이 학교 또는 그 관계자 처분을 신청하도록 하라. … "

일제 강점기에 학생들의 동맹휴학이 크게 변화를 가져온 것은, 1926년 6·10만세운동 이후부터이다. 6·10만세운동의 격문을 통해 학생들이 요구한 사항을 살펴보면 다음과 같다. ㉠ 노예교육의 철폐, ㉡ 조선역사의 교수, ㉢ 학교내 조선어사용, ㉣ 학생회 자치허용, ㉤ 언론 집회의 자유이다. 1921년부터 1928년 사이 동맹휴학과 관련되어 처벌된 학생 수는 7,560명에 이르고 있다. 처벌내용을 보면 퇴학이 1,560명, 정학이 4,753명, 근신이 485명, 견책이 4명이었다. 또 경찰처분을 받은 총 학생 수는 865명으로 이 중에서 형이 집행된 학생은 172명이나 되었다.

6·10만세운동 때 나타난 격문 중에는 '조선인교육은 조선인본위', '보통교육은 의무교육으로', '보통학교용어는 조선어로', '중등이상 학생의 집회는 자유로', '대학은 조선인 중심으로' 등이 있었다. 이처럼 이 운동은 3·1운동

후 일본식민지 통치에 대항하여 학생층 전체가 결집되어 주도한 반일적이며 계획적이고 조직적인 학생운동의 시초였다.

6·10만세운동과 1929년의 광주학생운동과 같은 학생들의 전위적이고 행동적인 저항이 민족운동의 저조함을 만회할 수 있었으며, 교육구국운동의 중요한 계기와 역할을 충실하게 담당하였다고 볼 수 있다. 그리고 이런 학생운동은 1945년 광복 때까지 민족운동의 진통과 시련의 과정에서 객관적 저력과 배경이 될 수 있었다.

(3) 교육사상가

① 안창호(1878~1938)

도산 안창호는 평안남도 강서 출신의 독립운동가요, 민족의 교육자였다. 그는 어렸을 때 한학을 수학하였으며 갑오개혁 다음해 상경하여 구세학당을 졸업하였고, 졸업후 기독교에 입문하였다. 그는 독립협회에서 활동하였으며 이상재, 윤치호, 이승만 등과 함께 만민공동회를 개최하였다. 1899년에 향리인 강서에 점진학교를 세웠고, 1907년에는 평양에 대성학교를 설립하였다. 1913년에는 미국에서 민족혁명 수양단체인 흥사단을 결성하였으며, 3·1운동 이후에는 상해에 망명하여 임시정부의 요직을 두루 맡았고 독립신문을 창간하였다. 도산은 1938년 60세의 일기로 세상을 떠날 때까지 철저한 애국 교육운동을 전개시켰다.

도산은 교육을 통해 민족의 혁신과 민족의 개조를 이룩하려고 노력하였다. 자기개조는 인격의 혁신이며 민족의 혁신이라고 하면서, 4대 정신 무실·역행·충의·용감(務實·力行·忠義·勇敢)에 의해 가능해진다고 보았다. 특히 무실역행에 있어서, 무실이란 참되기를 힘쓰자는 것이고 역행이란 행하기를 힘쓰는 즉 실천궁행하자는 것이다. 그의 교육사상을 세 가지로 정리해 본다.

첫째, 인격혁명이다. '그대는 나라를 사랑하는가 그러면 먼저 건전한 인격이 되어라'하면서 국민 한사람 한사람의 인격혁명을 외치고 있다. 그는 기회 있을 때마다 자주독립을 쟁취하기 위해서는 인격의 힘이 있어야 한다고 강조하였다. 자기개조는 곧 인격혁명이며 여기에서 바로 자주독립의 기초가 선다고 보았다.

둘째, 무실역행이다. 그가 본 무실역행은 거짓과 공론이 없는 참된 나를 만들고 참된 민족을 개조하는데 필요한 대책이라고 하였다. 도산의 인격이 바로 무실역행이었다. 무실역행을 다시 풀자면, 부단의 노력이며 또한 수양이다. 그는 자율적인 도덕성을 중시하였고 이런 도덕성은 예의를 통해서 나타나는 것이며, 예의는 개인의 반복 실행을 통한 습관형성이 아니면 자리잡을 수 없는 것으로 믿었다. 그러므로 우리 민족의 바른 도덕성과 실천적 행동은 고행과 수련에 의해서만 형성될 수 있다고 본 것이다. 도산은 스스로 이와 같은 과정을 걸었다고 볼 수 있다.

셋째, 점진주의이다. 점진공부는 도산의 학습태도요, 학문하는 자세였으며 그의 생활신념이었다. 그는 일찍이 고향에 세운 학교의 이름을 점진학교라고 하였다. 자기 생활을 남에게 의존하는 것이 아니고 스스로가 개척하여 점진적으로 생활의 향상을 기하자는 뜻이다. 점진주의는 그가 직접지은 점진학교의 교가에서 그 정신이 잘 나타나 있다.

점진 점진 점진 기쁜 마음과
점진 점진 점진 기쁜 노래로
학과를 공부하되 낙심말고
하겠다 하세 우리 직무를

도산의 이런 점진주의는 그의 학교 설립에서도 잘 나타난다. 즉 '점진학교' 설립 이후 곧 이어 '대성학교'를 설립하였는데, 이것은 '점진적으로 대성하는 인물을 양성할 수 있다'는 그의 교육원리에 따른 것이다.

② 이승훈(1864~1930)

남강 이승훈은 조실부모하고 7세에 한문서당도 중도 포기해야 할 정도로 어려운 소년기를 보냈다. 하지만 성실 근면하였던 남강은 24세에 자수성가하여 선각자적인 실업가로 자리를 잡았다. 그는 40대에 도산선생을 만나 구국대열에 들어섰으며, 평생을 애국사업과 교육사업에 헌신하였다.

그는 1907년 8월에 초등학교인 강명의숙을 세웠고, 같은 해 12월에 중등학교인 오산학교를 설립하였다. 1911년에는 신민회 사건과 105인 사건으로

옥고를 치루었으며, 출옥후 신학을 공부하고 목사가 되었으며 3·1운동 당시에는 민족대표 33인의 한 사람으로 3년형을 선고 받았다. 1923년에는 조선교육협회 임원이 되어 민립대학 설립기성회를 추진하였으며, 1927년에는 안재홍, 이상재, 한용운 등과 더불어 신간회를 발기·결성하여 일제에 대항, 민족투쟁을 전개하기도 하였다.

남강의 일생을 지배한 것은 겸허하고 맑은 서민정신이었다. 서민정신이 그를 이 땅과 백성에 대한 사랑으로 이끌었고, 헌신하게 하였으며, 그것이 다시 신민회·오산학교·제주도 유배·105인 사건·기독교 신앙·독립선언으로 나아가게끔 한 불멸의 상을 역사 위에 아로새겼다.

남강의 일생을 통하여 살펴 본 교육적 의의는 다음과 같다.

첫째, 그는 민족과 서민을 발견하였다. 그는 고난의 민족, 버림받은 서민의 생활 향상에 전심전력하였던 것이다. 남강은 학생들을 모아 놓고 '부지런하라, 나라와 겨레를 사랑하라'는 훈화를 즐겨 하였다.

둘째, 그는 자기헌신을 몸소 실천하여 모범을 보였다. 남강은 시종일관 지성(至誠)의 인간이요, 나라와 민족과 교육을 위한 사랑의 화신이며 구원의 청년으로서 쉼없이 향상하고 끊임없이 진리와 정의를 추구하여 敬·愛·聖을 실천한 구현자였다.

셋째, 그는 교회, 학교, 산업을 공동전선으로 파악하고 서로 유기적인 교호작용에 힘을 집중하였다. 남강은 교회를 통해 민중의 신앙을 깨치고, 학교를 통해 교육을 일으키고, 산업을 통해 나라를 근대화하는데 삶의 목적을 두었다.

남강 이승훈은 서민과 홍망성쇠를 같이 하면서 민족성을 계몽하려고 노력하였다. 그는 가난한 계층을 중산층으로 끌어올리는 일이 중요하다고 보고, 이를 위한 국민교육에 그의 전 생애를 바쳤다.

3. 서구교육의 전개

1) 19세기의 서구교육

(1) 유럽의 교육사조

① 국민교육제도의 수립

서구 계몽주의 시대부터 융성하기 시작한 근대과학은 산업혁명으로 발전하여 유럽사회 전반에 큰 영향을 미쳤다. 종래의 가내 수공업이나 소기업이 자본주의와 결합하여 거대한 자본시장을 출현시켰던 것이다. 생산의 증가는 필연적으로 다량의 원료구입을 필요로 하고 이를 위해 서구 열강은 제국주의적 경제정책을 취하게 되었다.

19세기 유럽사회의 진보에 따라 교육의 필요성은 더욱 분명해졌으며, 유럽의 각국은 교육을 국가의 의무로 생각하여 국민교육제도의 수립에 힘쓰게 되었다. 프랑스, 독일, 영국의 경우를 살펴본다.

첫째, 프랑스의 국민교육제도는 나폴레옹 시대에 수립되기 시작하였다. 나폴레옹은 1806년 전국을 몇 개의 교육구로 나누고 각 교육구의 장은 프랑스대학 총장이 임명하게 하였으며, 프랑스대학 총장은 황제가 임명하였다. 7월 혁명 후 1833년 교육부장관 기조(Guizot)의 재임시 전국에 공립초등학교 설치를 명하는 법률이 제정되었다. 가난한 자는 수업료가 면제되었으며, 초등학교 졸업자에게 직업교육을 가르치기 위해 고등초등학교가 설립되었다. 1830년 말에 여자초등학교와 취학 전 어린이를 위한 유아학교가 설립되었다.

제2공화국 시절에 초등교육의 의무화가 계획되었고 제3공화국 시절에 의무교육이 결정되었다. 즉, 1881년 초등학교의 수업료를 폐지하고 그 이듬해에 6세에서 13세까지 어린이의 의무교육이 결정되었다. 1886년에는 교원의 임명권과 교육내용의 선정권 등을 교육부 장관이 완전히 장악하였으며 동시에 사립학교의 감독권을 강화시켰다. 프랑스는 1, 2, 3공화국을 통해 초등교육, 중등교육, 고등교육의 체제를 정비함으로써 중앙집권적인 국민교육제도를 수립하였다.

둘째, 독일은 국가의 발전은 교육에 기초한다고 생각하고 국민교육제도를 빨리 채용하였다. 독일의 경우도 프랑스와 같이 중앙집권적 국민교육제도를 채용하였지만 보수적이고 귀족주의적 성격이 현저하였다.

프러시아가 나폴레옹에 의해 유린되자, 피히테(Johann Gottlieb Fichite, 1762~1814)는 베를린대학의 대강당에서 『독일국민에게 고함』이란 유명한 연설로 독일국민의 애국심을 고취시켰다. 그 결과 국가부흥을 위한 교육진흥책이 강구되었으며, 초등교육이 크게 발전하였다. 프레드릭 3세는 피히테나 훔볼트(Wilhelm von Humbolt)의 충고를 받아들여 민주적 교육제도를 채용하면서, '어느 계층의 어린이라도 능력에 따라 평등하게 상급학교로 진학할 수 있다'고 하여 교육의 문호를 개방하기 시작하였다. 하지만 학제는 귀족주의적 사고에서 계층간의 구별을 당연시하는 복선형 학제를 채택하였다.

빌헬름 1세는 교육을 국가통일의 유효한 수단으로 이용하였고, 빌헬름 2세는 교사들에게 사회주의와 투쟁할 것을 요구하였다. 이처럼 19세기말 독일의 교육은 국왕 및 국가에 대한 충성심 배양을 목적으로 하는 고도로 중앙집권화된 교육체제를 수립하였다.

셋째, 영국에서는 초등교육기관이 종교단체나 자선단체에 의해 설립되었으며, 19세기에 들어와 그런 교육기관들이 획기적으로 발전하였다. 일요학교(Sunday school), 조교학교(Monitorial school), 유아학교(Infant school) 등이 증설되고 이들 학교지원을 위한 협회가 많이 결성되었다.

19세기 중엽에 이르러 국민교육은 공공재정으로 운영되어야 한다는 주장이 고조되기 시작하여 전국공립학교연합회(National Public School Association)가 결성되었다. 이 계획은 보수파의 반대로 고민하다가 포르스터법(Forster Act)으로 실현되었다. 이에 따르면, 전국을 몇 개의 학구로 나누고 각 학구에 교육위원회를 둔다. 위원회는 공립학교를 설립하고 세금과 수업료로 그 경비를 충당하지만, 빈한한 자는 수업료를 면제한다.

19세기 영국의 학교는 종교단체에 의해 설립된 사립학교와 교육위원회에 의해 설립된 공립학교가 양립되어 있었다. 프랑스와 독일이 중앙집권적인데 반해 영국은 유연성이 있는 교육제도를 채택하였다. 영국의 모든 학교가 지방공공단체의 감독을 받게 된 것은 1906년부터이다.

② 교육사조의 발달

18세기 루소의 자연주의 교육사상과 19세기 여러 철학사상이 유럽의 교육에 큰 영향을 미쳐 다양한 사조를 발전시켰다. 그 가운데 중요한 사조로는 심리학적 교육이론, 과학적 교육이론, 사회학적 교육이론이다.

첫째, 심리학적 교육이론의 특징을 정리해 보면 다음과 같다.

㉠ 자연주의 교육원리를 발전시켰다. 교육은 형식적 지식의 획득을 위한 인위적 행위가 아니라 인간성 속에 감추어진 제 능력의 계발(unfoldment)이라는 주장이다. 심리학적 교육이론은 이런 주장을 과학적 형식으로 표현하고 그 원리를 교실에 구체적으로 실현시키기 위해 노력하였다.

㉡ 노력과 흥미를 조화시켰다. 노력(effort)은 전통적인 구교육의 핵심개념이고 흥미는 새로운 신교육의 핵심개념이다. 이처럼 서로 대립되는 개념들을 조화시킴으로써 구교육과 신교육을 화해시키고자 하였다.

㉢ 심리학에 기초를 둔 교육을 강조하였다. 인간성에 관한 새로운 연구가 설득력을 얻게 되면서, 교육의 기본원리를 파악하기 위해서는 인간의 내면적인 심리세계를 탐구해야 한다는 주장이 강하게 나타났다. 그 결과 교육방법에 관한 연구와 교육실천의 개선에 크게 공헌하게 되었다. 실물교수, 직관교수가 이론화되었다.

㉣ 어린이에 관한 지식을 존중하고 초등교육에 대한 관심이 고조되었다. 교육심리학 연구가 활발해짐으로써 종래의 교육에서는 결여되었던 어린이에 관한 지식이 폭 넓게 확산되었으며, 교육실천에 있어서 바로 이런 지식이 기초가 되었다. 또한 어린이에 관한 지식의 확산이 초등교육에 대한 관심을 고조시켰다. 전통교육에서 무시되었던 어린이교육이 이제 교육이론 연구나 실천행위의 중심이 되었다.

㉤ 교육을 '개인의 자연스러운 발달과정'이라고 봄으로써 보편교육을 촉진시켰다. 교육은 개인의 발달과정이라는 주장은 심리적 교육이론의 기본 가설이다. 이는 페스탈로치(J. H. Pestalozzi)의 '교육은 개인의 제 능력을 조화롭게 발달시키는 일'이라는 주장에서 잘 나타나 있다. 또한 교육이 개인의 발달과정이라면 그것은 모든 인간이 겪게 되는 보편적 과정이므로, 누구나 인간이면 예외 없이 교육의 혜택을 누려야 한다는 주장과 맥을 같이

한다. 이런 교육의 경향성이 보편교육을 촉진시키는 계기가 된 것은 두 말할 나위도 없다.

둘째, 과학적 교육이론의 특징을 정리해 본다.

㉠ 실제적이고 현실적으로 도움을 줄 수 있는 지식을 선호하게 되었다. 실제적으로 인간의 행복을 보장해 줄 수 있는 지식이야말로 실질적인 가치를 가지는 것이며, 그것은 실증적인 과학을 통해 이룩될 수 있다. 따라서 실제적인 교과내용과 자연현상에 관한 지식의 중요성이 인정되었다.

㉡ 전통적인 자유교양교육의 의미를 재정립하게 되었다. 당시의 교육학자들은, 고대의 것에 필적할만한 문학과 예술이 흥하고 새로운 과학이 창조되고 있다고 하면서 인간의 교양을 목표로 하는 자유교양교육을 새롭게 정의해야 한다고 주장하였다. 이전처럼 실생활로부터 유리된 교과를 기준으로 할 것이 아니라 실생활과 직접 관계되는 교과를 중시해야 된다고 강조함으로써 교과의 폭을 넓혀 나갔다.

㉢ 교양교육과 직업교육을 화해시켰다. 근대 산업사회의 성립으로 종래의 귀족주의적인 교육방식을 고집할 수 없게 됨으로써 교양교육의 의미는 재수정되지 않을 수 없었다. 노동의 고귀성을 교육의 의미로 환원시키는 연구가 활발하게 이루어지면서 교양교육과 직업교육이 화해하게 된 것이다.

셋째, 사회학적 교육이론의 특징을 정리해 보면 다음과 같다.

㉠ 교육을 개인의 사업으로만 한정시키지 않고 사회의 사업이라는 인식을 확산시켰다. 교육은 인간 사회의 유지, 발전에 필수적인 기반이 된다는 사실을 사회학적 이론을 통해 인식하게 되었다. 말하자면 교육의 사회적 기능과 사회의 교육적 기능을 재인식하게 된 것이다. 사회화(socialization)의 교육적 의미에 초점을 맞추는 연구가 활발하게 이루어졌다.

㉡ 사회적 입장에서는 교육의 의미를 훌륭한 시민양성으로 인식하게 되었다. 이런 교육적 경향이 처음에는 주로 정치적 의미로 해석되었지만 이후에는 경제활동의 효율성을 부가하게 됨으로서 직업교육을 촉진시켰다.

㉢ 교육을 사회개혁의 근본수단으로 이해하게 되었다. 인간의 사회적 의미는 물리적, 공간적 접근에 의해 나타나는 것이 아니라, 인간의 공통된 목적을 의식하는 공동체적 결합을 통해 흥미를 느끼고 각자의 활동을 규제하고 교류하는 가운데서 조성되는 사회성에 있는 것이다. 사회적 환경과의

상호작용 가운데 이루어지는 교육을 통해 사회가 개혁되고 재창조되는 것은 지극히 당연한 일이다.

③ 19세기 유럽의 학교

첫째, 19세기 독일, 프랑스, 영국의 대학을 살펴본다. 독일의 대학은 훔볼트와 같은 교육개혁가들의 노력으로 연구의 자유를 확립하고 대학의 독립을 확보하였다. 19세기초 대학에서는 철학, 고전, 역사학 등이 주요 교과영역으로 자리를 차지하고 있었지만 곧이어 수학과 자연과학이 이전의 학문영역을 압도하기 시작하였다.

프랑스의 대학은 이와는 전혀 다른 방향으로 나아갔다. 프랑스혁명 중에 파리대학은 다른 대학들과 같이 사실상 유명무실해졌다가 1896년에 비로소 재건되었다. 19세기의 프랑스 대학은 교육부 장관의 엄중한 통제하에 있었으며, 학생들의 출석은 강제되어 있었다. 과학에 관한 연구는 대학보다 오히려 외부기관에서 많이 행해졌다.

영국의 대학은 19세기에 들어와서 생기를 되찾았으며, 옥스퍼드나 캠브리지대학에서는 여러 가지 개혁을 단행하였다. 그러나 과학연구나 대학의 자율성이라는 측면에서 독일의 대학보다는 상당히 뒤떨어져 있었다. 당시 영국의 대학에서는 전통적인 학문영역으로 인정받고 있는 고전연구를 주로 할 것인가 아니면 새롭게 대두된 과학연구를 장려할 것인가에 관한 논쟁이 활발하게 전개되었다.

둘째는 19세기 유럽 중등학교의 동향이다. 중등학교는 전통적으로 인문주의 교육이 우세하였다. 그 근저에는 고전적 소양이 있는 사람이야말로 참으로 교양인이라는 시각이 변함없이 우세하였기 때문이다.

독일에서는 김나지움(Gymnasium)이 중등학교의 전형이었으며 라틴어, 희랍어, 수학, 역사, 지리, 종교 등을 주요 교과로 하였다. 김나지움의 교과로 과학을 추가하고 외국어를 도입하려고 시도했던 진보적 지식인들의 의도는 실패하고 말았다.

프랑스에서는 리세(Lycee)가 중등학교의 전형이었다. 리세의 주요 교과들도 독일의 김나지움과 유사하였으며, 라틴어와 수학이 특히 강조되었다. 프랑스의 경우도 마찬가지로 19세기 후반, 자연과학과 외국어의 도입 역시 실패로 돌아가고 말았다.

영국에서는 인문계학교인 퍼브릭 스쿨(public school)이 중등학교의 전형이었다. 교과목은 고전중심이었고 전통적인 인문학의 전수를 목표로 삼았다. 민주적이고 실제적인 교육개혁의 요구가 크게 확산되었지만, 퍼브릭 스쿨의 사회적 위신을 무너뜨리지 못하였다.

셋째는 초등교육의 확대를 살펴본다. 초등교육에 있어서 페스탈로치의 영향은 스위스를 비롯하여 독일, 오스트리아, 러시아 등지에 확산되었다. 많은 학교에서 페스탈로치 교육방법을 채택하여 신교육의 발판을 구축하였다. 독일에서는 페스탈로치의 영향으로 초등학교의 교과를 종래의 3R's와 함께 자연, 지리, 음악, 미술 등을 첨가시켰다.

19세기초 프랑스에서는 초등교육의 목적을 국가와 교회에 충실한 시민양성을 목적으로 하였기 때문에, 교과목을 3R's와 종교 및 도덕교과로 한정시켰다. 그러나 중기에는 종교교과의 비중이 줄어든 대신 역사, 자연, 음악, 미술 등의 교과들이 편입되었다. 19세기말에는 세속적인 면이 중시되고 종교적인 면이 위축되었다. 교과목으로 3R's, 도덕, 지리, 역사, 과학, 수학, 음악, 미술 등이었으며 특정한 교리교육은 금지되고 일반적인 종교성은 도덕교과에 포함시켰다.

영국의 초등학교의 경우 교과과정의 통일을 기하지 않았으며 대체로 3R's와 종교교과가 일반적이었다. 일요학교나 조교학교도 거의 동일하였다. 공립학교에서의 종교교육은 1870년 포르스터법에 의해 금지되었다.

(2) 미국의 교육사조

① 공교육제도의 확립

19세기 미국교육의 최대 공헌은 공교육제도의 확립이라고 할 수 있다. 민주사회에 있어서 모든 어린이는 자신의 능력을 충분히 발달시킬 수 있는 교육의 기회를 제공받지 않으면 안 된다. 그런 기회는 개인의 행복뿐만 아니라 동시에 국가의 발전을 위한 것이다. 따라서 중산계층의 자유주의자, 종교인, 인도주의자, 도시노동자 등이 초등교육의 의무화를 지지하였으며 보수주의자, 대 기업가, 귀족주의자 등은 반대하였다. 기업가들은 자신의 부가 빈곤자의 교육비로 사용되는 것을 환영하지 않고 수익자부담의 원칙을 고수하였으며, 일부 종교단체는 공립학교의 세속성이 사회의 종교적이고 도덕적인 기초를 위태롭게 한다고 보고 반대진영에 섰다. 하지만 시대적 요청에 따라 공교육제도는 성립되었다.

미국 공교육제도의 원형은 1642년에 공포되었으며 현대 공교육제도의 원리를 내포한 매사츄세츠 교육령(Messachusetts School Law)이다.(차석기, 1981: 95-96) 하지만 이런 교육정신을 제도화·구체화시킨 것은 호레이스 만(Horace Mann)이 중심이 된 19세기의 공립학교운동이었다. 북부와 중부에서는 공립학교제도가 그 기반을 빨리 잡았지만, 남부에서는 훨씬 뒤떨어졌다. 남북전쟁 등으로 흑인의 교육은 대단히 부실하였고 1900년이 될 때까지 남부에는 강제 출석법도 없었으며, 어린이의 반수 이상이 학교에 다니지 못하는 상태였다. 하지만 미국의 공교육제도는 유럽에 결코 뒤떨어지지 않았으며, 특히 영국보다는 일보 앞섰다고 볼 수 있다.

미국에서도 처음에는 영국과 같은 학제를 받아들여 초등학교는 일반 서민을 위한 교육기관으로, 중등학교는 상류계층을 위한 교육기관이었다. 그러나 학교의 구별이 계층의 구분을 영속화시키고 민주주의의 이상에 어긋나는 것이라고 인식하여 단일학제를 수립하게 된 것이다.

또한 유럽에서는 남녀 분리주의를 채택하여 여학생을 위한 여학교를 따로 설립하였다. 하지만 미국에서는 이런 정책을 지지하지 않고 남녀공학제를 실시하였다. 미국에서도 처음부터 남녀공학제를 실시한 것은 아니지만, 여성의 자각과 사회적 지위가 향상됨에 따라 남녀공학학교가 남녀분리학교를 압도하게 되었다.

그리고 미국에서는 공립학교에서 종교교육을 실시하지 않는 소위 교육과 종교의 분리 원칙을 일찍부터 수립하였다. 의무교육제도는 인종사회의 통합과 외국이민의 미국인화를 위해 대단히 중요하다는 인식이 널리 확산되어 1852년 매사츄세츠주에서 이 제도를 채택한 이후 많은 주들이 받아들여 1900년까지는 거의 모든 주들이 의무교육제도를 채택하였다.

② 미국의 학교

미국의 초등학교는 처음에는 독립건물이 없어 빈집이나 지하실을 이용하기도 하였으며, 별도의 학교건물이 있다 해도 대개는 단급학교(one room school)에 불과하였다. 이후 초등학교는 4, 5세에서 8, 9세의 어린이를 수용하는 초등학교와 10세에서 14, 15세의 어린이를 가르치는 중간학교로 분리되었다. 19세기 말에 이 두 학교가 통합되어 1학년에서 8학년까지의 초등학교가 된 것이다.

종래의 초등학교 교과는 주로 3R's에 한정되어 있었지만, 19세기에 이르러서는 많은 교과들이 도입되었다. 다양한 교과의 도입은 페스탈로치의 영향이지만 읽기, 쓰기, 철자법, 문법, 수사, 작문, 산수, 지리, 역사, 음악, 미술, 체조 등 다양한 교과들이 채택되었다. 다양한 교과의 도입은 페스탈로치의 영향이지만, 이런 교과들은 여전히 부차적 지위에 머물러 있었다.

미국의 중등학교로는 18세기부터 계속되어 온 아카데미(Academy)가 가장 유명하다. 최초의 아카데미는 프랭클린(Benjamin Franklin, 1706~90)의 헌신적 제안으로 필라델피아에 설립되었으며 1753년 주 정부로부터 인가받았다.(주영흠, 1995: 148) 원래 아카데미는 대학에 진학하지 않는 자에게 실제적인 교과를 가르칠 목적으로 설립되었으나 대학진학 준비과정을 함께 개설하게 되었으며, 나중에는 대학진학 준비과정이 주가 되었다. 이러한 아카데미를 대신해서 생활준비를 위한 중등학교(High School)가 나타나게 되었다.

아카데미는 1850년을 정점으로 쇠퇴하기 시작하였으며 중등학교가 이를 대치해 나갔다. 최초의 중등학교는 보스톤에 설립된 영어학교(English High School)이었다. 1874년 카라마주 판례(Kalamazoo case)에 따라 공립중등학교 설립과 유지를 위해 과세의 합법성이 인정됨으로서, 중등학교가 급속하게 증설되었고 1900년까지 그 수는 6,000여 개교에 달하였으며, 전체 중등학생 연령층의 80%를 수용하게 되었다.

남북전쟁 이후 실업교육이 진흥되고 실제적인 교육이 중시되면서 중등학교에서는 다양한 교과를 가르치게 되었다. 그 결과 필연적으로 교과목을 선택하는 제도가 채용될 수밖에 없었고 학생이 이수해야 할 교과를 일률적으로 규정하는 것도 불가능하게 되었다. 교과가 매우 다양해지므로 교과간에 경중의 차가 생기지 않을 수 없게 되었으며, 역시 대학진학에 필요한 교과가 가장 중시되었다.

1892년 미국교육협회(N.E.A)에 의해 구성된 '중등학교 교과에 관한 10인위원회'는 대학입학 요건을 일정하게 하고 중등학교의 교육과정을 표준화할 필요에서 다음 해에 보고서를 제출하였다. 주요 내용을 살펴보면 다음과 같다.

첫째, 대학입학 요건은 대학마다 다르기 때문에 통일을 기할 것.

둘째, 중등학교에 6년 과정을 둘 것. 초등학교의 한정된 4년 과정을 기초로 해서 만족할 만한 중등학교의 프로그램을 만든다는 것은 불가능하다. 지금 중등학교에서 가르치고 있는 교과 즉 대수, 기하, 자연과학, 외국어 등은 지금보다 빨리 가르쳐야 한다. 따라서 중학교의 기간을 현재보다 2년 먼저 시작하고 초등학교를 8년에서 6년 과정으로 해야 한다. 말하자면 8 · 4 학제를 6 · 3학제로 바꾸어야 한다는 권고이다.

셋째, 중학교 졸업에 필요한 네 개의 과정으로서 고전어과정, 라틴어과정, 근대어과정, 영어과정을 설치하고 어느 과정을 택하더라도 중학교 졸업이 되도록 할 것.

넷째, 학습의 등가사정원칙(等價査定原則)에 따라 중등교육의 양적 평가 즉 어느 교과라도 같은 정도까지 교수를 받은 경우에는 다른 어떤 교과와도 꼭 같은 가치가 있도록 해야 한다.

다음에 설치된 '대학입학요건위원회'에서도 중등학교의 연한문제가 논의되었으며, 1899년 보고에서 제7학년에 시작하는 6년제 중학과정을 주장하였다. 이와 같이 19세기말에는 초등학교 8년, 중학교 4년 즉 8 · 4학제가 되었으며, 20세기에 들어와서는 6 · 3 · 3학제가 되었다.

③ 19세기 미국의 교육개혁가들

당시의 미국 교육개혁가로는 호레이스 만(Horace Mann, 1796~1859)과 헨리 버나드(Henry Barnard, 1811~1900)를 들 수 있다.

호레이스 만은 매사츄세츠 주 출신의 교육행정가이며 정치가였다. 브라운대학 졸업 후 변호사와 주 의회 의원으로 재직하다가 1837년 매사츄세츠 주의 초대 교육감이 되어 초등교육의 진흥에 크게 공헌하였다. 그는 일반 민중교육의 중요성을 주지시키고 공교육제도의 확립에 진력하였다.

그는 처음으로 주립 사범학교를 설립하여 우수한 초등학교 교사를 확보하였으며, 교사의 자질 향상이 중요하다고 생각하여 교사검정의 강화와 무능교사의 축출, 교사임용 기준의 향상, 교사강습의 강조 등의 의견을 제시하기도 하였다. 그는 미국교육사에 있어서 '보통교육의 아버지'라고 칭송을 받고 있다.

그가 1838년에서 1846년에 걸쳐 펴낸 『교육연보』는 교육문제에 관한 연구자료를 수집하고 편집한 것으로서 미국교육계에 좋은 지침서가 되었다. 특히 『교육연보』에서 교사의 자질뿐만 아니라 교수법의 개선, 도서관의 필요성, 공교육이 노동의 생산적 가치에 미치는 영향, 페스탈로치 교수법 소개, 교육과 범죄의 관계, 장애 어린이교육 등에 관하여 논하였다. 그의 부인 메리(Mary Mann)도 교육에 이해가 깊었으며, 여동생 엘리자베스(Elizabeth)는 미국에서 최초로 영어 사용 유치원의 개설자로 유명하다.

버나드도 호레이스 만과 함께 공교육제도를 수립하는데 공헌이 큰 교육행정가였다. 코네티컷 주 출신으로 예일대학에서 법률학을 전공하면서 교육에 많은 관심을 기울였다. 졸업 후 교직에 있다가 1835년부터 1837년까지 유럽각지를 시찰하면서 학교행정 비교와 페스탈로치 교수법을 연구하였다. 귀국후 코네티컷 주의 초대교육감이 되어 교사강습회 개최, 학교도서관 설립, 교육잡지 발간, 야간학교 설립 등 교육개선에 노력하였다.

그는 1843년에 로드아일랜드 주의 초청을 받아 6년간 그곳의 교육발전에 힘썼고, 1851년 다시 코네티컷 주의 교육감이 되었으며 사범학교를 신설하여 교장을 겸임하였다. 1855년에는 '미국교육진흥회'를 창설하고 『미국교육잡지』를 발간하였다. 전 31권으로 된 이 잡지는 각권이 800면 이상의 방대한 것으로 일종의 교육백과전서와 같은 성격을 가졌다. 1858년에는 위스콘신학대학의 총장으로 일하였으며, 1867년 미연방정부내에 교육부(Department of Education)가 창설되자 초대장관으로 취임하면서 19세기 미국의 교육발전에 크게 기여하였다.

2) 20세기의 서구교육

(1) 유럽의 교육사조

① 공교육의 발달

20세기의 세계정세는 유럽 각국으로 하여금 국민교육의 필요성을 더욱 통감하게 하여 중앙집권적이고 체계적인 교육제도를 지향하게 만들었다. 교육은 국가의 중요한 기능이며 정부의 중대한 의무라고 생각하여 정치와 가장 밀접한 관계하에 두고 정치의 중요한 부분으로 고려하게 되었다.

프랑스는 20세기에 들어와 정치적 동요에 따라 교육도 함께 변화하였다. 제3공화국하에서는 중앙집권적 교육제도가 계속 유지되었으며, 복선형 학제도 여전히 존속하였다. 하류계층의 자제들을 중등학교에 입학시키려는 시도가 때때로 있었으나 큰 성과를 얻지 못하였으며, 다만 이들을 위해 고등초등학교와 실업학교가 마련되었을 뿐이다. 2차대전후 민주주의의 물결이 프랑스에서의 통일학교운동을 부추겼다. 계급적 학제를 타파하고 '상하 계층을 불문하고 모든 학생이 동일 학교로'라는 이념에 입각하여 통일학교운동이 전개되었다. 무상교육을 초등학교 수준에서 단계적으로 높이기 위해 많은 노력을 기울였다.

제4공화국은 교육개혁에 열의를 가지고 의무교육 연한의 연장과 실업학교와 중등학교의 증설을 시도하고, 모든 청소년에게 중등교육과 고등교육의 혜택을 제공하기 위해 많은 노력을 기울였다. 또한 지나친 중앙집권적인 교육체제를 개선하여 교육의 지방분권화를 꾀하였다.

독일의 경우, 제정시대의 중앙집권적인 복선형 학제가 지속되었다. 처음부터 하류계층은 민중학교(Volksschule)에, 상류계층은 김나지움의 준비단계인 예비학교(Vorschule)에 입학하게 만들었다. 의무교육은 6세에서 14세까지로 정하고 초등학교에서도 되도록이면 남녀를 분리시켰다. 1차대전 이후 바이마르공화국에서는 교육의 민주화 경향이 현저하게 나타났다. 독일교육의 중앙집권적이고 귀족주의적인 성격을 타파하기 위해 6세에서 9세까지 모든 어린이를 위한 4년제 기초학교(Grund-schule)를 설치하고 다음 4년간 고등반(Oberstufe)에서 실업교육과 진학준비교육을 행하였다.

중등학교로는 실업학교(Realschule), 독일고등학교(Deutsche Oberschule), 고등학교(Aufbauschule)가 세워지고 여학생에게도 같은 학교들이 설립되었다. 이처럼 바이마르공화국은 모든 어린이에게 동일한 교육기회를 제공하기 위해 문호를 개방하였으며 교육에 관한 지방의 권한을 증대시키고 지방의 필요에 따라 교육정책의 수립을 용이하게 만들어 주었다.

오랫동안 교육을 가정의 일로 생각했던 영국도 공교육제도를 수립하였다. 1902년 발포어법(Balfour Act)을 통해 종래의 교육위원회를 폐지하고 신설된 지방정부에 공교육의 권한을 이관하였다. 여기에서 교육의 공공적 관리원칙이 수립되었으나 종래의 종교계 사립학교의 운영에는 간섭하지 않았다. 1918년 피셔법(Fisher Act)은 14세까지 어린이에 대한 의무교육을 결정하고 공립초등학교의 무상교육을 실시하였다. 그리고 지방정부는 초·중등교육의 의무화를 위해 과세할 수 있는 권한을 가졌으며, 중앙정부의 지원을 받게 되었다. 1944년의 교육법(Education Act)은 2차대전후 영국의 교육민주화의 초석이 된 법령이었다. 중앙정부에 새로 교육부가 설치되어 지방정부에 대한 교육감독권을 장악하였으며, 지방정부의 초·중등교육은 교육부의 승인을 받아서 시행하도록 교육부의 권한을 강화시켰다. 사립학교에 대한 교육부의 권한도 강화되어 재정지원, 교직원의 임면, 학교시찰 등의 권한을 확대시켰다.

영국의 초·중등학교를 관리 및 유지의 주체라는 관점에서 다음과 같이 분류할 수 있다.

첫째, 공립학교(county school) : 지방교육당국에 의해 전적으로 관리되고 유지된다.

둘째, 독지가 설립학교(voluntary school)

㉠ 보조받는 학교(aided school) : 운영 경비의 반액이 보조된다.

㉡ 감독받는 학교(controlled school) : 경비는 지방교육당국이 전액 부담하고 교사의 임면도 설립자 측의 동의를 얻어 지방교육당국이 이를 행한다.

셋째, 소액보조학교(assisted school) : 경비를 다소 보조받을 뿐이다.

넷째, 독립 학교(independent school) : 영국의 전형적인 사립학교인 퍼브릭스쿨(public school)로서 일체 지원이나 보조를 받지 않는다.

② 20세기 유럽의 학교

첫째, '상류계층을 위한 중등교육'이라는 유럽의 전통은 20세기에 들어와서도 지속되었다. 영국에서는 일반서민을 위한 공립학교가 제도적으로 확립되고 발전되었으나, 그것은 이튼(Iton school)과 같은 퍼브릭스쿨을 모방하는 것이 대체적 경향이었다. 그 가운데서도 공립 중등학교가 고전적이고 귀족적인 퍼브릭스쿨의 교육방식을 모방하였다. 영국에서 지도자양성 교육기관으로 명성이 높은 퍼브릭스쿨은 오늘에 이르러서는 여전히 상류계층을 위한 교육기관이지만 예비학교 출신자들뿐만 아니라 일반 초등학교 출신자의 입학도 허용하고 있으며, 가난한 영재를 위한 장학제도도 확대시키고 있다.

영국에는 초등학교와 공립중등학교를 거쳐 대학에 진학하는 일반과정이 있지만, 다른 한편에서는 예비학교에서 퍼브릭스쿨을 거쳐 옥스퍼드나 캠브리지 대학으로 진학하는 상류계층의 진학과정이 병립되어 있다.

유럽의 중등학교에서 고전교과를 고집하고 근대교과의 도입을 거부한 경우 가운데 프랑스가 가장 심하였다. 프랑스에서는 고전이 교양인을 양성하는 일에 있어서 가장 중요한 수단이라고 확신하였다. 따라서 프랑스에서의 교과교육개혁은 고전교과를 기초로 하면서 근대교과를 도입하는 형태로 진행되었다. 4공화국은 전통적인 아카데믹한 중등학교에다 기술을 가르치는 중등학교를 양립시켰다.

독일의 전통학제는 기본적으로 4년제 기초학교(Grundschule)를 마친 후, 5년제 초등학교 고등반(Volksschule, Oberstufe)이나 6년제 중간학교(Mittelschule) 또는 9년제 중등학교(Gymnasium)에 진학할 수 있는 세 가지 코스로 되어 있다.

둘째, 20세기에 들어서면서 유럽의 초등교육은 모두 의무교육으로 제도화되었다. 하지만 그 운영방식은 나라마다 역사·문화적 배경에 따라 사뭇 다르게 이루어졌다. 영국은 교육에 대한 국가의 지배권을 크게 확대하였지만, 지방의 교육을 존중하여 교육과정을 통일시키기 위한 어떤 규정도 만들지 않았다. 따라서 초등교육과정의 운영은 다양하게 이루어졌으며, 교과의 선택이나 시간 배정은 지방이나 학교에 따라 서로 달랐다.

하지만 프랑스의 경우는 교육과정의 통일이 엄격하게 이루어졌다. 교과서의 종류와 내용은 교육부에서 엄격히 규제하고 구두나 필답에 의한 국가시험이 모든 초등학생들에게 과해졌다.

독일에서는 제정시대의 권위주의적이고 주지주의적인 교육에 대한 반발로서 공화국시대에는 개인의 자유와 학생의 흥미 그리고 교과의 통합을 강조하는 진보적 교육에 열중하였다. 이런 아동중심교육이 나치정권에 의해 다소 위축되기도 하였지만, 2차대전 종전후 독일은, 민주적인 교육개혁을 착실히 진행시키고 있다.

③ 아동중심 교육사상가

20세기 유럽의 대표적인 아동중심 교육사상가는 엘렌케이(Ellen key, 1849~1926)와 몬테소리(Maria Montessori, 1870~1952)이다.

엘렌케이는 스웨덴의 자유주의 정치가의 딸로 태어나 학교교육보다는 부모의 가정교육을 통해 지식을 쌓았고 자기세계를 구축하였다. 입센(Henrik Ibsen)과 니체(Friedrich Nietzsche)의 영향을 받아 생명철학에 많은 관심을 가졌다. 오랫동안 스톡홀름의 여학교에서 교사로 일하면서 사회교육 방면에 크게 활동하였고 명성을 떨쳤다. 1899년 출판된 그녀의 명저 『어린이의 세기』(Das Jahrhundert des Kindes)는 아동중심교육사상의 형성에 많은 영향을 미쳤다.

엘렌케이 교육사상은 생명의 발전에 대한 신념에 기초하고 있다. 이를테면, 어린이 생명의 자유로운 발전을 조성하는 일을 교육의 사명으로 보고 종래의 교육은 어린이 외부로부터 교육을 강제로 부과함으로써 어린이 내부로부터의 자발적인 성장을 저해하는 경우가 많았다고 지적하였다. 이런 저해요인 때문에 그녀는 심지어 '교육하지 말라'고 까지 충고하였다.

엘렌케이에 따르면, 먼저 어린이 생명의 표현인 개성이 누구를 해치지 않는 한 조금도 금지하지 않는 것이 좋다. 교육은 어린이가 자기 안에서 성장하는 아름다운 세계를 정신적으로 외면적으로 창조해 내는 일인데도 불구하고, 어른들은 오히려 이것을 방해하고 간섭하며 심지어 교정하려고 한다. 그 까닭은 어린이에 대한 몰이해와 애정의 결핍 때문이지 그 이외는 아무 것도 아니다. 어른들의 교육방식은 어린이를 평화롭게 두지 않으며, 이것이야 말로 교육의 최대 결함이라고 볼 수 있다.

엘렌케이는 "어린이 교육의 최대 오류는 아직도 여전히 어린이를 하나의 추상개념으로 그리고 교사의 손에 의해 마음대로 만들어지고 개조되는 하나의 무기물처럼 취급되고 있는 점에 있다"라고 주장함으로써 아동중심주의가 교육의 휴머니즘 운동으로 전개되는데 결정적인 역할을 담당하였다. 엘렌케이는 어린이를 목적으로 보았으며, 어린이의 생명에 대한 끝없는 외경을 기초로 아동중심 교육사상에 도화선을 지폈다고 볼 수 있다.

몬테소리는 이태리에서 출생하여 로마대학에서 의학을 공부하였으며 1896
년 이태리 최초의 여성의학박사가 되었다. 1900년 로마대학에 재 입학하여
실험심리학과 교육학을 공부하였다. 교육학에서는 주로 페스탈로치와 프뢰
벨(Froebel, 1782~1852)에 관해 연구하였다. 1907년 '어린이의 집'을 개설하여
빈민 어린이들을 지도하였다. 이곳에서 그녀는 기존의 교육이론과 아동관에
얽매이지 않고 어린이의 자연의 모습 그대로를 관찰하면서 자신의 교육사상
을 구체화시켰다.

몬테소리 교육의 원리와 방법은 자유, 정리된 환경, 감각교육의 중시 등
세 가지로 정리될 수 있다. 자유의 원리는 어린이의 자기발전에 적합한 환
경, 즉 '어린이의 집'의 시설을 전제로 한 것이다. 여기에서 몬테소리는 다
음과 같은 이상적인 환경조건을 제시하였다.

㉠ 작업실을 중심으로 담화실, 식당, 욕실, 그늘이 있는 뜰

㉡ 어린이 중심의 각종 비품, 즉 가볍고 움직이기 쉬운 의자, 책상, 교구
정리함, 칠판, 융단 등.

㉢ 담화 실에는 회화, 유희, 음악 등을 위해 피아노가 있으며 꽃 화분으
로 장식하고 식당에는 어린이 손이 닿는 낮은 장을 준비할 것.

㉣ 측정기를 두고 어린이의 신장, 체중을 재고 기억하게 할 것.

이처럼 정비된 환경에서 어린이는 각자의 흥미와 능력에 따라 여러 가지
작업을 스스로 선택하여 행할 수 있다. 이때 강제성은 금물이며 설사 어린
이가 잘못 행동한다고 해도 교사는 결코 간섭하지 않는 것을 원칙으로 한다.
어린이의 자기교육(self-education)을 장려하는 것이 몬테소리의 기본입장이다.

몬테소리에 의하면, 교육의 임무는 어린이의 환경을 정리해서 어린이의
자기 발전을 조성하는 일이다. 교사는 어린이의 자유와 활동을 존중하고
어린이의 발달과정을 관찰·측정하고 보호해야 한다. 어린이에게 명령이나
금지는 피해야 하며, 어린이의 작업활동을 격려하고 특히 어린이의 감각훈
련을 중요하게 인식해야 한다. 어린이에게는 발달단계에 따라 질서에 대한
민감기, 감각에 대한 민감기, 언어에 대한 민감기가 있으며 발달단계마다
민감기의 특성에 잘 맞도록 환경을 정비하고 활동을 계속할 수 있도록 교
사가 잘 조성해 주어야 한다고 보았다. 몬테소리에 있어서 교사는 권위주
의자이며, 간섭하는 감독자가 아니라 과학적 눈을 가진 향도자이다. 여기서

향도자란, 어린이가 주위의 사물에 주의를 빼앗기거나 자력으로 거기에서 빠져 나올 수 없을 경우, 어린이에게 일회적으로 개입하여 교육이 지향하는 자기 창조의 길로 인도해 주는 역할을 말한다.

몬테소리 교육방법의 원칙은 "주도면밀하게 정비된 환경에서 어린이의 감각, 근육, 신체 그리고 정신의 전체활동이 자유롭게 발현될 수 있도록 자극하여 지금까지 어둠 속 착란상태에 방임되어 있던 어린이를 각성시켜 잘 정돈된 교구에 의해 스스로 자기교육이 될 수 있게 격려하는 일"이다.(김재만, 1983: 371)

(2) 미국의 교육사조

① 진보주의 교육의 아버지 파커

듀이(John Dewey, 1859~1952)는 파커(Francis W. Parker, 1837~1902)를 진보주의 교육의 아버지라고 불렀다. 파커는 16세에 시골 초등학교 교사가 되었으며, 1862년에는 남북전쟁에도 참가하였다. 숙모의 유산으로 그는 호레이스 만의 선례를 쫓아 유럽을 여행하면서 교육연구에 전념하였다. 독일의 베를린대학에서 강의를 들었으며 폴란드, 스위스, 이태리, 프랑스의 학교를 두루 시찰하면서 새로운 교육방법을 배웠다.

귀국 후 파커는 매사츄세츠 주의 퀸시의 교육감으로 취임하였으며, 바로 교육개혁에 착수하여 낡은 방법과 커리큘럼을 파기하였다. 기존의 교과서 대신 교사가 고안한 교재, 잡지, 신문을 교실에 도입하였으며 산수는 공리나 공식보다는 사물을 가지고 귀납적으로 가르치고, 지리는 지역사회의 견학에서부터 시작되었다. 따라서 커리큘럼에서는 전통적인 방법보다는 관찰과 서술 그리고 이해가 먼저 강조되었으며, 이를 거친 후에 비로소 전통적인 학습방법이 도입되었다. 이 개혁은 대성공을 거두었으며, 퀸시방법(Quincy system)으로 세상에 알려지게 되었다.

파커는 1883년 시카고의 쿡 카운티 사범학교(Cook County Normal School at Chicago)의 교장으로 취임하였다. 그는 여기에서 어린이를 교육과정의 중심에 두는 아동중심교육의 원리와 커리큘럼의 개선작업에 몰두하였다. 이에 그는 '지상의 모든 학교는 어린이의 가정이요, 천국이 아니면 안된다'는 신념에 기초하여 학교가 '모범적인 가정이요, 완전한 사회이며 배아적 민주제도'가 되도록 조직하였다. 이로써 형식주의적인 교육은 타파되고 새로운 교육이 싹트기 시작하였다.

파커는 교육이론가라기 보다는 교육실천가였다. 그는 교수법에 관해서는 페스탈로치로부터, 아동관에 관해서는 프뢰벨로부터, 교육원리에 관해서는 헤르바르트로부터 많은 영향을 받았다. 그는 미국교육을 초기의 선험적 교육으로부터 과학적이고 실증적 교육으로 전환시켰으며, 유럽 교육사조에의 의존으로부터 미국교육을 확립시키는 일에 교량 역할을 맡았다고 볼 수 있다. 파커는 브레인여사(Mrs. Emmons Blaine)의 재정적 후원으로 1901년 시카고에 파커스쿨(Francis W. Parker School)을 설립하였으며 미국 신교육의 요람으로 만들었다.

② 듀이의 실험학교

시카고 대학의 교수로 재직하고 있었던 듀이는 1896년 실험학교를 개설하였다. 그는 '학교가 어떻게 하면 교육행정, 교과선택, 교수방법, 훈육 등을 통해 학생들이 자신의 능력을 발달시키고 요구를 만족시키면서 공동사회를 이룩할 수 있을 것인가'를 발견하는데 설립목적을 두었다.

듀이의 실험학교는 다음과 같은 가설에 기초하고 있었다.

첫째, 생활경험 자체가 교육의 기초이다.

둘째, 학습활동은 사회적 활동의 산물이다.

셋째, 학습은 개인의 사려 깊은 활동으로서 새로운 상황에 대응할 수 있는 능력을 기르는 것이다.

넷째, 학교교육은 한편으로는 협동을 통해, 다른 한편으로는 과학적 방법을 가지고 사회의 발전에 유익한 영향을 미치는 것이다.

듀이의 실험학교에는 4세에서 14세까지의 어린이들이 재학하고 있었으며, 4, 5세 어린이 교육은 가정교육의 연장이라고 보았다. 하루 일과는 회화, 구성작업, 이야기, 노래, 유희 등이며 모든 활동을 자기주변의 가까운 일부터 점차 의미를 확대해 가도록 배려하였다. 어린이는 이런 활동을 통해 가정과 사회의 생산이나 소비의 관계를 이해하고, 산업사회의 본질적인 상호의존성을 이해하게 된다고 보았다.

교사는 어린이의 활동 가운데서 학습의 기회를 포착하기 위해 물리학, 화학, 생물학, 지리학 등 과학적 지식에 높은 식견을 지니고 있어야 한다. 교사는 충분한 과학적 지식과 어린이의 경험을 활용하는 통찰력이 요구된다. 실험학교의 어린이들은 단순히 사물의 관찰자로부터 점차적으로 이론적 연구자로 성장해 간다. 그리고 이 어린이들은 협동학습과 독립학습을 동시에 가지므로 자기의 생각을 분명하게 표현할 수 있게 되었다.

이런 실험교육을 통해 듀이는 다음과 같은 초등교육의 커리큘럼에 관한 원리를 발견하게 되었다. 즉, 커리큘럼에는 세 가지 종류의 교과목이 있음을 알게 된 것이다. 첫째는 목공, 재봉, 요리 등의 활동작업으로서 어린이들이 일상생활에서 경험하는 교과들이다. 둘째는 역사나 지리와 같은 사회생활의 배경을 다루는 교과들이다. 셋째는 읽기, 쓰기, 문법, 산수와 같은 지적 발달과 지적인 연구의 형식이나 방법과 관련된 교과들이다. 어린이들이 첫째에서 둘째로 그리고 셋째로 나아가는 과정에서 듀이는 과학적이고 진보적인 커리큘럼의 전개를 관찰하게 되었던 것이다.

③ 진보주의 교육협회

듀이 실험학교의 성공은 미국 각지에 진보주의 학교의 설립을 촉진시켰다. 예를 들면 존슨(Marietta Johnson)의 조직학교(Organic School), 미리암(Junius Meriam)의 미주리대학 실험학교, 프랫(Caloline Pratt)의 놀이학교(Play School), 스미스(Eugene R. Smith)의 파커스쿨(Parker School) 등이다. 또한 공교육에 있어서도 새로운 교육원리에 입각하여 학교교육을 개선하려는 움직임이 나타나게 되었다. 이런 진보주의 교육운동은 1919년 워싱턴에서 진보주의 교육협회(Prograssive Education Association)를 결성하게 되었다(김재만, 1983: 277).

진보주의 교육협회의 7대 강령을 소개하면 다음과 같다.

첫째, 어린이를 자연적으로 발달시키기 위한 자유(freedom to develop naturally)

둘째, 모든 활동의 동기로서의 흥미(interest as the motive of all work)

셋째, 교사는 감독자가 아닌 안내자(the teacher a guider not a task-master)

넷째, 어린이 발달의 과학적 연구(scientific study of pupil development)

다섯째, 어린이의 신체적 발달에 미치는 여러 가지 영향에 대한 주목

(greater attention to all that affects the child's physical development)

여섯째, 어린이 생활욕구에 부응하는 학교와 가정의 협력(cooperation between school and home to meet the needs of child life)

일곱째, 진보주의 학교는 교육운동의 선도자(the progressive school a leader in educational movement)

진보주의 교육협회의 초대 회장에는 하버드 대학의 총장이었던 엘리옷(Charles Eliot)이 선출되었으며, 1924년 기관지 『진보주의 교육』(Progressive Education)이 창간되었다. 이 교육잡지는 처음에 연 3회 발간되었으나 나중에는 연 4회 발간되었다. 초창기에는 특이 창조적 표현이 주제가 되었고, 1926년에는 미술, 1927년에는 문학, 1928년에는 음악, 1931년에는 연극이 각각 특집으로 마련되었다. 이런 특집을 통해 '어른들의 완성된 기준에 대립되는 모든 창작 예술을 통한 어린이들의 자기표현 형식'이 소개되었다. 이것이 소개되면서 미국교육의 표준 참고서가 되어 버렸으며 진보주의 교육의 이해를 돕게 되었다.

④ 지역사회학교(community school)

1929년 미국을 엄습한 경제대공황은 교육에 심각한 영향을 미쳤다. 이 공황은 세계적인 규모로 장기간에 걸쳐 일어났기 때문에 1932년에 약 5,000여 농촌의 학교들이 폐쇄되는 소동이 일어났고, 1933년에는 14,000여명의 교사 증원이 필요한데도 도리어 14,000여명의 교사를 감원시키지 않으면 안되었으며 교사의 봉급은 25%에서 50%까지 삭감되는 실정이었다.

대공황으로 개인주의적 교육관은 노도처럼 밀려오는 불황의 여파에 휩싸이고 말았으며, 개인이 보다 잘 교육되는 것이 바로 사회발전과 연결된다는 낙천주의는 통용될 수 없었다. 진보주의 교육도 그 초점을 '개인'에서 '사회'로 방향전환을 시도하였다.

교육에 있어서 사회적 입장을 강조한 카운츠(George R. Counts)는 1932년의 진보주의 교육협회 연차대회에서 "만약 진보주의 교육이 진정 진보적이 되려면 스스로 이런 경제적 계급의 영향에서 해방되어 사회문제에 정면으로 대처하지 않으면 안된다"라고 주장함으로써 새로운 사회질서의 확립을 위해 학교는 지도적 역할을 수행해야 한다고 강조하였다.

이런 사정과 주장이 공감을 얻어 학교 안과 밖에서 '지역사회의 생활을 개선하기 위해 학교를 활용하자'는 운동이 일어났다. 이것이 바로 지역사회 학교운동의 시작이었다. 이런 운동은 테네시와 미시간에서, 루이지애나와 하와이 등지에서 일어나기 시작하였다. 뉴욕 벤자민 프랭클린 고등학교에서는 학교와 지역사회의 유대를 강화하기 위해 '학부형회', '성인교육반', '청년지도반', '친목단체', '주택위원회', '지역보건소' 등과 같은 각종 위원회가 운영되었다. 학교가 지역사회의 문제를 해결하기 위한 중심지로서 중재역할을 수행하게 된 것이다.

노동자들이 많은 지역의 학교에서는 근로자문제 협의, 협동 조직의 문제 연구, 공청회 실시, 회의진행법 강의, 연극 등을 통해 주민들의 실질적인 문제에 접근하였다. 서부 버지니아의 아서데일(Arthurdale)과 켄터키의 제퍼슨(Jefferson county) 같은 곳에서는 '지역사회 학교는 모든 사람들의 학교이며, 자기 자녀를 위해 주민 스스로 만드는 것'이라고 믿게 되었다.

켄터키의 제퍼슨에는 로저클락 벨라드 기념학교(Roger Clark Ballard Memorial School)가 대표적인 지역사회 학교였다. 이 학교는 농부, 낙농가, 소매상인, 자본가, 운수업자, 실업가, 의사, 목사, 변호사 등 문자 그대로 주민에 의한 학교였으며 '지역사회의 생활이 바로 수업의 내용'이라고 하였다(김재만, 1983: 279-80).

올센(Edward G. Olsen)은 지역사회 학교의 원리를 7가지로 규정하였다.

첫째, 지역사회 주민들의 삶의 질을 향상하고

둘째, 지역사회를 학습의 장으로 활용하며

셋째, 학교를 지역사회의 중심으로 보고

넷째, 인간 생활의 주요 과정과 문제를 중심으로 커리큐럼을 구성하며

다섯째, 학교정책이나 프로그램의 작성에 일반 주민을 포함시키고

여섯째, 학교가 지역사회의 조정자가 되며

일곱째, 모든 인간관계 가운데서 민주주의를 실천하고 촉진시킨다.

올센은 『학교와 지역사회』(School and Community)에서 미국의 학교가 학구적 학교(academic school)에서 진보주의 학교(progressive education)로 그리고 다시 지역사회 학교(cmmunity school)로 옮겨왔다고 보았다. 특히 그 내용에 있어서는 학구적 학교의 서적중심(book-centered)에서 진보주의 학교의 아동중

심(child-centered)으로, 그리고 지역사회 학교의 생활중심(life-centered)으로 발전과정을 거쳤다고 하였다.

올센에 따르면, 학구적 학교는 서적식 지식(book knowledge)에 초점을 맞추었기 때문에 어린이의 흥미(child interest)에 중심을 두는 진보주의 학교에 길을 양보해야만 했으나, 진보주의 학교는 다시 지금 충족되어야 할 인간의 욕구(human need)에 중점을 둔 지역사회 학교에 그 자리를 양보하지 않을 수 없었다. "서적중심의 학교에서 아동중심의 학교를 지나 생활중심의 학교로 옮기는 것, 이것이야말로 20세기 초반 40년간의 교육사상과 교육경험의 진보였다"고 주장한 올센의 말에서 지역사회 학교가 등장한 사상적 배경을 짐작할 수 있다(안상원, 1989: 305).

●함께 볼 만한 비디오

1. 춘향면 (임권택/이효정, 조승우/한국)
2. 쉬리(강재규/한석규, 김민식/한국)
3. JSA(박찬욱/이병헌, 송강호/한국)
4. 행복은 성적순이 아니잖아요(강우석/이미연, 허석/한국)
5. 브래이브 하트(Brave Heart)(멜깁슨/멜깁슨, 소피 마르소/미국)
6. 잔다르크(뤽베송/밀라 요보비치, 존 말코비치/미국)
7. 아라비아 로렌스(데이비드 린/피터 오툴, 오마 샤리프/미국)
8. 태양의 제국(스티븐 스필버그/존 말코비치, 크리스챤 베일/미국)
9. 잉그리쉬 페이션트(엔서니 밍겔라/크리스틴 스콧 토머스/미국)
10. 영국의 섬머힐(Summerhill)(MBC 세계의 교육, 그 현장을 가다/한국)

▲읽어 볼 만한 책

1. 고려대학교 교육사철학연구회 편(1994). 민족교육의 사상적 조망. 서울: 집문당
2. 김만규(1988). 조선교육사 I, II. 서울: 거름신서.
3. 박영규(1996). 한 권으로 읽는 조선왕조실록. 서울: 들녘.
4. 성내운(1985). 분단시대의 민족교육. 서울: 학민사.
5. 송건호(1984). 한국현대인물사론. 서울: 한길사.
6. 안기성(1984). 한국근대교육법제연구. 고려대학교 민족문화연구소.

7. 오천석(1964). 한국신교육사. 서울: 현대교육총서출판사.

8. 주영흠(2001). 서양교육사상사. 서울: 양서원.

9. Carr, E.H(1989). 역사란 무엇인가. 곽복희 역. 서울: 청년사.

10. Bloom, Allan(1989). 미국 정신의 종말. 서울: 범양사.

■함께 토론해 볼만한 주제

1. 역사적 관점을 통시적인 것과 공시적인 것으로 나눌 수 있다. 그러면 교육현상을 연구할 때 갖추어야 할 역사적인 시각은 균형잡힌 것이 좋을 것이다. 이에 관해 논의해 보시오.

2. 교육사에 있어서, 역사적 사실을 인식하는 것과 역사적 진실을 이해하는 것은 어떤 차이가 있는지 논의해 보시오.

3. 역사의 전개과정에서 나타나는 교육인구의 확대는 여러 관점에서 그 의미를 해석할 수 있다. 이를 체계적으로 정리해 보시오.

4. 국권 상실기 일본 식민지 교육정책이 우리 교육에 미친 영향과 그 잔재가 무엇인지 논의해 보시오.

5. 국수주의와 사대주의를 이겨낼 수 있는 교육적 방안에 관해 논의해 보시오.

6. 교육적 세계관이 혁명적 세계관과 어떻게 다른지 논의해 보시오.

7. 교육실천 분야에서 교육사 연구를 통해 얻을 수 있는 이점은 무엇인지 논의해 보시오.

1. 교육철학의 제 문제

1) 교육철학의 개념

(1) 어원적 의미에서의 철학

'철학'이라는 말은 philia(사랑)와 sophia(지혜)의 합성어인 그리스어 philosophia에서 유래하였으며, '지혜를 사랑함'(愛智)을 뜻한다. 참된 지혜를 사랑하고 추구하는 일이 철학의 기능이라면, 철학자는 지혜를 가진 사람이기보다는 지혜를 사랑하고 존중하며 이를 추구하는 사람이다.

역사적으로는 philosophia라는 명사보다 philosophein이라는 동사가 먼저 사용되었으며, 헤로도투스(Herodotus, 484~430 B.C.)가 『역사』(Historiae)에서 이 동사를 처음으로 사용하였다. 피타고라스(Pythagoras, 582~500 B.C.)가 이보다 앞서 philosophos(철학하는 사람)를 사용했다는 설이 있기도 하다. 소크라테스(Socrates, 469~399 B.C.)는 궤변론자(sophist)와 철학자(philosophos)를 구별하였는데, 전자는 단순히 가르치거나 자랑하기 위해 많은 지식을 소유하고 있는 사람(智者)이지만, 후자는 세계와 인생에 관한 지혜를 추구하는 사람(賢者)이라고 하였다.

'철학'의 뜻을 좀더 자세히 살펴보면, '지혜'에 중점을 두느냐 '사랑'에 중점을 두느냐에 따라 철학의 의미가 달라질 수 있다. 소크라테스나 플라톤 (Plato, 427~347 B.C.)에 있어서 철학은 '사랑으로서의 철학'이다. 자기의 무지를 깨닫고 보다 나은 지혜를 얻기 위해 끊임없이 반성하고 노력하는 것, 이것이 바로 인간의 참된 모습이며 철학 함이라는 것이다. 이에 반하여 아리스토텔레스(Aristotle, 384~322 B.C.)는 '지혜로서의 철학'을 강조하였다. 그에 따르면, 철학은 지혜의 탐구라기 보다는 오히려 탐구된 지혜, 즉 '객관적 지식의 체계'를 뜻한다. 아리스토텔레스의 철학은 요즘 우리가 사용하고 있는 과학(science)이라는 말에 가깝다고 볼 수 있다.

아리스토텔레스는 모든 학문의 근본원리를 탐구하는 형이상학을 제1 철학이라고 불렀다. 근대에 와서 뉴턴(Issac Newton)이 물리학에 관한 그의 저서에 '자연철학'이라는 이름을 붙인 것은 너무나 잘 알려진 사실이다. 이처럼 철학의 두 가지 의미는 철학사를 통해 묘하게 얽혀 있다. '사랑으로서의 철학'이 주체성을 존중하는 데 반해 '지혜로서의 철학'은 객관성을 강조하는 경향을 살펴볼 수 있다.

또한 지혜(sophia)라는 말이 아리스토텔레스에게는 참된 지식(episteme; 眞知:과학)을 의미하였다. 그러므로 '지혜로서의 철학'은 사실상 '참된 지식으로서의 철학'이다. 그렇다고 해서 지혜와 지식을 혼동하거나 동일시해서는 안 된다. 지식은 지혜를 창출하는 재료는 될 수 있지만 지혜 그 자체가 될 수는 없기 때문이다.

인간이 있는 곳에 철학이 있고 철학이 있는 곳에 인간이 존재한다는 말이 나올 만큼 철학은 인간의 삶과 깊은 관계에 있다. 따라서 넓은 의미로 철학을 해석한다면, 누구를 막론하고 인간은, 그것이 체계적이든 아니든, 전문적이든 아니든 간에 인생과 우주, 예술과 도덕, 그리고 교육에 관한 어떤 형태의 철학을 그 나름대로 지니고 있다. 이것이 바로 그 사람의 인생관, 세계관, 예술관, 도덕관, 교육관을 형성하는 것이며 체계를 구성하고 유지할 수 있다면 그것들은 각각 철학으로 성립되는 것이다.

(2) 기술적 의미에서의 철학

철학은 지혜를 사랑하는 일이다. 하지만 단순히 지혜를 사랑한다고 해서 철학자가 되는 것은 아니다. '활동으로서의 철학'과 '태도로서의 철학'을 통해 철학의 기술적 의미를 정리해 본다(Marler, 1975: 5-11).

① 활동으로서의 철학

첫째, 철학은 종합하는 일(synthesizing)이다. 철학은 인간이 자기의 여러 사상들을 통일시키거나 자신의 열망과 경험을 해석하는 일에 기초가 되는 삶에 대한 종합적이면서도 지속적인 견해를 확립하려는 소망과 필요성 때문에 생겨난 것이다. 종합하는 자로서 철학자는 인류의 세분화된 지식을 하나의 통일된 세계관으로 연결하고 종합하려고 노력한다.

둘째, 철학은 사색하는 일(speculating)이다. 철학의 사색적 차원은 인간 지식의 제한성에 기인한다. 인간행동의 근거를 제시해 주는 과학적으로 입증된 자료는 아직도 충분하지 못하다. 더구나 과학은 인간과 우주적 실존의 가장 중요한 면들을 연구 영역으로 쉽게 수용하지 못하고 있다. 철학의 사색 기능은 이미 아는 것으로부터 미처 알지 못하는 미지의 세계로 나아가게 하며, 또한 아직도 규정되지 않은 것을 확신을 가지고 연구할 수 있게 하는 것이다. 사색 활동을 가로막는 방해꾼은 맹목적이고 교조적인 사고와 불가지론적 사고방식이다.

셋째, 철학은 규정하는 일(prescribing)이다. 철학에 있어서 규정활동은 인간 행동에 관한 가치 기준을 수립하기 위한 것이다. 규정한다는 말은, 일반적으로 미학적 판단이나 도덕과 관련된 상황에서 사람들이 어떻게 행동하거나 반응해야 하는가를 말해 준다는 뜻이다. 그러므로 규정 활동의 본질은 선과 악, 옳고 그름, 아름다움과 추함이라는 말의 뜻을 규정하는 일이다. 이런 의미의 철학은 가장 가치 있고 가장 고귀한 것이 무엇인가를 결정지어 주는 원리를 발견하고 조명하는 일에 초점을 맞춘다.

넷째, 철학은 분석하는 일(analyzing)이다. 철학에 있어서 분석활동은 주로 언어사용과 관련된다. 분석활동에 있어서 철학자는 논증시 논리의 사용을 철저히 음미하며 자유, 자율, 선함, 지성, 동기, 학습, 아동중심, 자연 등과 같이 중요한 개념들을 다양한 상황에서 그 의미를 평가하기 위해 자세하게 살핀다. 분석철학자들에 따르면, 개념이나 명제들이 가지는 의미를 우리가 오해하는 가장 근본적인 원인은 삶의 다양성에 있다고 본다. 20세기에 이르러 많은 철학자들은 철학의 다른 활동보다는 분석활동에 중점을 두고 있다. 하지만 이런 현상은 철학을 일상적인 삶과 무관한 것으로 간주하고, 철학이 지니는 의미와 가치를 편협한 것으로 만들어 버렸다.

② 태도로서의 철학

철학자들은 자신들의 과업 수행에 특정한 사고방식을 도입한다. 철학적 지성을 지닌 사람들의 특징으로 자기인식(self-awareness), 폭 넓은 이해 (comprehensiveness), 집중적 통찰(penetration), 신중한 유연성(flexibility)을 들 수 있다.

첫째, 자기인식은 개인적 편견이나 선입견 등에 관해 가능한 한 보다 정직한 입장에 서겠다는 자세를 말한다. 어느 누구도 가치 중립적 입장에 있는 사람은 없으며, 인간 존재의 가장 힘들고 어려운 활동 가운데 하나는 자기 자신의 성향을 파악하는 일이다. 인간 자신의 안경 색깔을 올바르게 파악하기 전까지는 세계에 관한 올바른 관점을 갖는 일을 시작할 수는 없다. 자기인식을 통한 지식 행위는 철학의 필수조건이다.

둘째, 폭 넓은 이해는 특정한 주제와 관련되는 자료들을 편협한 시각에서 바라보지 않고 다양한 원천으로부터 가능한 한 폭 넓게 수집하려는 경향성을 말한다. 이런 태도는 현상을 부분적으로 보지 않고 전체적으로 보려고 한다는 점에서 철학의 종합하는 기능과 관계가 깊다.

셋째, 집중적 통찰은 능력과 시간 그리고 정열이 허락하는 대로 문제를 깊이 있게 그리고 집중적으로 다루려는 인간의 건전한 욕구이다. 이런 태도는 기본원리나 해결방안을 찾아 나서면서 피상적인 것으로 만족하려는 성향을 타파하는 자세이다.

넷째, 신중한 유연성은 고지식한 엄격함이나 맹목적 집착과 반대되는 개념이다. 유연성은 기존의 문제를 새로운 시각에서 인식할 수 있도록 허용하는 마음의 자세이다. 그리고 신중한 유연성은 충분한 증거를 가지고 문제를 재구성하려는 의지와 어떤 관점에 대해 여러 각도에서 바라볼 수 있는 능력을 모두 포함하고 있다. 하지만 유연성을 우유부단함이나 결정을 내릴 수 없는 무능력과 혼동해서는 안 된다. 충분하게 증거를 살핀 후, 가장 합리적인 판단이 무엇인가를 조심스럽게 결정하고 그 결정을 기꺼이 수용하는 자세가 바로 신중한 유연성이다. 이런 자세는 비판적이고 창의적인 사고(critical and creative thinking)와 의미를 같이 한다.

(3) 교육철학의 의미와 과제

① 교육철학의 의미

교육철학의 의미를 앞에서 살펴 본 철학이라는 말뜻에 그대로 적용해 본다면 '교육에 관한 지혜를 사랑하는 일'이 될 것이다. 국내·외 교육철학자들이 분석한 교육철학의 의미를 다음과 같이 살펴본다.

피닉스(P. H. Phenix)는 교육철학을 '철학적 방법과 견해를 교육이라고 불리우는 분야에 적용하는 것'(Phenix, 1958: 14)이라고 하였고, 브로우디(H. S. Broudy)는 '교육문제를 철학적 수준에서 조직적으로 논의하는 것'이라고 규정하면서 교육철학의 임무는 '실재, 지식, 선, 미와 같은 철학적 기초를 이루는 심층에 이르기까지 중요한 교육의 논점을 탐색하는 것' (Broudy, 1963: 19)이라고 하였다.

김정환은 교육철학을 '철학의 여러 기능을 구사하여 교육현상 일반 및 교육학을 체계적으로 분석, 연구, 구축하는 학문'이라 하였고(김정환, 1980: 31), 또한 이돈희는 교육적 신념으로서의 교육철학과 탐구행위로서의 교육철학을 구별하였다. 전자는 '누구 누구는 교육철학을 가지고 있다'라는 문맥에서 나타나는 것이고 후자는 '누구 누구는 교육철학을 한다'라는 표현에서 나타나는 것이라고 하였다(이돈희, 1976: 3).

위에서 보듯이 교육철학은 '철학의 여러 기능을 구사하여(철학적 방법) 교육현상의 기본 문제들을 철학적 수준(전체적이고 보편적 입장)에서 체계적으로 분석하고 연구하는 학문'이라고 정의될 수 있다. 말하자면, '교육철학은 철학적 방법으로 철학적 수준에서 교육의 본질을 추구하는 학문'이라고 말할 수 있다. 여기서 철학적 방법이란, 교육의 문제를 그 전제와 그것이 내포하고 있는 의의(意義)의 분석은 물론이고 교육의 문제를 논의하는데 따르는 모순점을 발견하고 또한 그 논의에서 사용되는 용어의 의미를 명백히 밝힘으로써 논점의 상이한 견해를 비판하고 비교하는 일을 말한다. 그리고 철학적 수준에서 교육의 본질을 추구한다는 말은 감정적이고 무비판적 입장에서 벗어나 보편적이고 전체적인 수준에서 교육문제의 핵심에 이르기까지 탐색하는 태도를 가리킨다.

② 교육철학의 과제

교육철학에서 문제삼는, 즉 다루어야 할 과제는 다음의 세 가지 근본 문제로 요약된다.

㉠ '교육이란 무엇인가'를 살피는 연구 영역이다. 이는 교육 작용의 성격을 탐구하는 문제로서 교육현상의 본질을 다루는 연구이다.

㉡ '교육이 목적하는 바가 무엇인가'를 살피는 연구 영역이다. 이는 교육의 목적을 탐색하는 연구로서 교육활동의 의미라든가 이유가 추구된다.

㉢ '교육의 목적을 어떻게 하면 실현시킬 수 있을까'를 살피는 연구영역이다. 이는 교육의 방법 또는 목적 실현의 방법을 탐색하는 연구로서 교육과정의 추구 방법이 문제가 된다.

이상에서 교육철학의 연구과제로 무엇을(what), 왜(why), 어떻게(how) 교육할 것인가를 다루는 교육의 근본 문제를 제기하였다. 여기서 제기된 교육의 근본 문제는 개개인이 지닌 교육에 대한 신념이나 가치관에 따라 다양하고 독특하게 해석될 것이다. 그렇다면 교육의 문제에 관한 철학적 논의는 인류 역사와 더불어 계속될 것이다.

앞에서 정리해 본 세 가지 과제와 관련되는 교육철학의 임무는 다음과 같다. 첫째, 교육문제의 전제나 내포된 의의를 분석하는 일. 둘째, 교육문제에 관한 논의 속에 모순점을 발견하고 검토하는 일. 셋째, 교육문제 속에 포함된 개념의 정의와 의의를 논의하는 일. 넷째, 여러 가지 학문의 출처에서 주장되는 이론이나 논의를 통합하여 하나의 종합적인 교육이론으로 체계화하는 일. 다섯째, 철학적 판단은 사실의 판단이 아니라 당위적 판단이며, 교육의 목적론적이고 방법론적 이론과 관련되는 일체의 가치판단의 논거를 구하는 일이다.

2) 교육철학의 학문적 관계

(1) 철학과 과학

일반적으로 철학은 어떤 사상(事象)을 전체로서 이해하고 파악하려고 한다. 이에 반하여 과학은 사상의 일부분만을 대상으로 문제삼는다. 그러므로 과학의 연구 대상은 사상의 특수 영역에 한정된다. 또한 과학은 사상의 '있는 그대로'를 파악하는 일을 목적으로 하는데 비해, 철학은 사상이 '마땅히 있어야 할 모습'을 고찰한다. 따라서 과학은 존재를 문제삼고 철학은 존재와 더불어 그것의 가치나 당위를 문제삼는다.

과학은 사실의 발견과 그것의 객관적 기술과 설명을 임무로 하지만, 철학은 사실의 발견과 함께 그 사실이 내포하고 있는 가치와 당위를 문제삼고 그것이 진정 있어야 할 모습을 파악하려고 한다. 그러므로 과학은 정밀한 측정으로 어떤 사상을 수량적으로 기술하고 표현할 수 있지만, 철학은 그런 문제 보다는 가치평가에 관심을 기울일 뿐이다. 선과 악, 올바름과 그릇됨, 아름다움과 추함, 진실과 위선, 행과 불행, 유리함과 불리함 등에 관한 판정은 과학에서는 관심이 없지만 철학에서는 주요 관심대상이다.

또한 철학과 과학의 관계는 목적과 수단의 관계이다. 인간 행동의 양면, 즉 왜(why)의 문제와 어떻게(how)의 문제가 있다. 전자는 철학의 영역에 속하고 후자는 과학의 영역에 속한다. 철학이 결정한 목적이나 가치 또는 이상을 실현하기 위해 지식이나 도구를 과학이 제공하고, 철학은 보다 나은 것을 지향하는 사랑과 보다 나은 것을 선택하는 지혜를 가지고 인류를 위해 과학이 발견한 것을 활용하고자 한다. 이런 의미에서 본다면 철학과 과학은 목적과 수단의 관계에 있으며 또한 서로 의존적이고 상보적 관계에 있다고 볼 수 있다.

앞에서 살펴본 것처럼 철학이 전체와 목적의 학문이라면, 과학은 사실과 존재 그리고 부분과 수단의 학문이다. 또 철학은 모든 사상에 대한 가치를 평가하는 기능을 가지고 있는데 반해 과학은 사상을 수량적으로 측정하는 수학적 조직의 기능을 가지고 있다. 철학이 원리의 학이라면 과학은 대상의 학이다.

(2) 교육철학과 교육과학

먼저 교육철학과 교육과학의 관계에서 잘못된 이해를 정리해 본다.

첫째, 교육과학은 구체적이고 교육철학은 추상적이라는 오해이다. 이는 교육의 내용면에서 살핀 오해이다. 교육철학의 문제는 구체적인 교육사태

중에서 현실적 모순을 밝히고 장애를 제거하는데 있다. 이런 오해는 문제 사태를 잘못 파악한데 기인한다고 볼 수 있다.

둘째, 교육과학은 분석적 방법을 이용하고 교육철학은 종합적 방법을 사용한다는 오해이다. 이는 교육의 방법면에서 본 오해이다. 하지만 이런 주장으로 교육과학과 교육철학이 구별되지 못한다. 양자 모두 교육문제의 성격에 따라 두 가지 방법을 함께 혼용하고 있기 때문이다.

셋째, 교육과학은 귀납법을, 교육철학은 연역법을 사용한다는 오해이다. 이것도 정당한 구분이 아니다. 교육과학은 가설을 증명하는 단계에서는 귀납법을 사용하지만 가설을 이끌어내는 단계에서는 연역법을 사용한다. 교육철학에서 이루어지는 가치평가는 두 가지 논리가 모두 적용된다.

교육철학과 교육과학의 관계에 대한 올바른 이해를 위해 철학과 과학의 관계를 적용해 볼 수 있다. 교육과학은 존재를 문제삼아 있는 그대로의 사태를 기술하고 설명함으로서 궁극적으로는 교육현상에 관한 어떤 법칙을 발견해 내려고 한다. 이에 반하여 교육철학은 교육의 과정을 통하여 실현하고자 하는 목적이나 가치를 규명하고 탐구하는 학문이다.

따라서 교육과학은 교육에 관한 사실을 결정하고 증명하는 일을 문제삼지만, 교육철학은 그 사실을 해석하고 비판하고 평가함으로서 교육이 마땅히 있어야 할 목적과 이상을 설정하는 일을 문제삼는다.

그러므로 교육과학은 교육철학이 밝힌 목적이나 이상을 실현시킬 수 있는 방법과 수단을 구하지만, 교육철학은 교육과학이 올바른 방향으로 나아갈 수 있도록 길잡이 역할을 한다. 교육철학은 교육과학에 의해 발견된 교육적 사실에 기초하여 비로소 전개되며, 교육과학의 근본전제를 비판하고 또한 새로운 기초를 교육과학에 제공함으로서 교육의 시각을 넓히고 동시에 심화시킬 수 있는 근원을 찾고자 한다. 여기에서 교육철학의 임무가 도출되는 것이다.

(3) 교육철학과 일반철학

교육철학의 성격은 일반철학과의 관계를 비교·분석함으로서 더욱 분명해질 수 있다. 교육철학과 일반철학과의 관계가 어떤 것인가에 대해서는 아직도 통일된 견해가 없다. 교육철학이 일반철학의 한 분야인 응용철학이

냐 아니면 독자적 연구대상과 영역을 가진 자주적 학문으로 보느냐에 따라
교육철학의 성격과 연구방법이 달라지기 때문이다.

교육철학을 응용철학으로 본다면 교육철학은 교육에 관한 철학(philosophy
of education)이지만, 자주적 학문으로 본다면 교육철학은 교육적 철학
(educational philosophy)이 되는 것이다. 이를테면, 전자는 교육철학을 철학의
한 분야로 보고 철학이론의 연장선상에서 살피는데 반해 후자는 교육이 철
학을 규정하는 것으로 보는 입장이다. 여하튼 교육철학은 일반철학과 서로
공통성을 지니는 동시에 차별성을 가지면서 상호 관련되어 있다. 교육철학
은 철학이 가지고 있는 독특한 성격을 보이고 있으면서 동시에 교육 특유
의 문제와 성격을 나타내고 있다. 교육철학의 이런 특수한 성격 때문에 교
육철학을 영어 표현으로 philosophy of education 또는 educational philoso-
phy 등으로 표시하고 있다.

이제 교육철학과 일반철학의 관계를 세 가지 입장에서 정리해 본다.

첫째, 교육철학은 철학과 논리적 관계에 있다고 전제하는 입장이다. 말하
자면 교육철학의 문제들은 일반철학의 내용으로부터 연역해 낼 수 있다는
입장이다. 이 입장은 교육철학을 철학이론의 연장으로 본다. 그러므로 철학
은 교육의 문제에 대해 논리적으로 우선하기 때문에, 그 문제에 대답은 형
이상학, 인식론, 윤리학, 미학과 같은 철학에서 추론하여 이끌어 낼 수 있
다는 입장이다.

둘째, 철학은 교육의 문제들을 분석하고 해명하는 기능, 즉 비판적이고
명료화하는 기능으로 이용될 수 있을 뿐이며 일반철학의 내용은 직접 연결
될 수 없다는 입장이다. 이 입장은 철학의 내용을 그대로 교육에 적용하는
것은 부당하며 단지 철학의 방법만을 교육에 적용하는 것이 올바른 교육철
학의 임무라고 보는 입장이다. 그 예가 분석철학의 영향을 받은 교육철학
자들의 입장이다.

셋째, 교육철학은 교육이 지니는 특수한 문제영역 때문에 자주적인 학문
의 위치를 차지하며, 철학을 포함한 다른 학문들은 참조하는 기제로서만
이용될 수 있다고 보는 입장이다. 그러므로 교육과 철학의 관계가 논리적
관계라기 보다는 창조적 대화의 관계라고 할 수 있다. 이 입장은 교육철학
의 성격을 자주적이라고 본다. 여기서 자주적이라는 말은 다른 학문과 상

관하지 않고 홀로 존립할 수 있다는 뜻이 아니라, 독자적인 문제의식과 독
자적인 문제해결의 논리가 존재한다는 뜻이다.

역시 교육철학은 일반철학의 응용학이 아님을 분명히 하고 싶다. 이런
주장은 물론 교육철학이 자주적 성격과 독자적인 문제의식을 지니고 있다
는 입장에 서 있다. 교육철학은 단순한 교육기술로서의 실천학문의 범주에
서 맴돌지 않고 독자적인 철학의 방법과 수준에서 교육현상을 체계적으로
분석하고 연구하는 학문으로 본다는 주장이 설득력을 가질 수 있다.

3) 교육철학의 연구방법

(1) 교육철학의 성격

인간교육은 인간을 대상으로 하는 인격적인 도야 작용이지 결코 맹목적
인 지식의 축적이나 식물의 재배 행위와 같은 것이 아니다. 교육행위는 가
치문제로부터 자유로울 수 없기 때문에 모든 교사는 교육철학적 소양이 요
구된다. 그러므로 교육철학에 관한 식견이나 소양도 없이 교사가 교직에
몸담는 다는 것은 불행한 일이 아닐 수 없다.

이런 시각에서 교육철학의 기능을 다음과 같이 정리해 본다.

① 다양한 교육현상에 대하여 보다 근원적인 것이 무엇인가에 대한 질문
을 던지며, 그 해답을 찾고자 한다.

② 교육과 관련된 삶을 총체적 시각에서 살피며, 개개의 사실들간의 상
호관련성을 파악할 수 있게 한다.

③ 교육이론과 실제사이의 관계와 그 간격을 살피면서 교육이론의 비일
관성과 모순을 개선해 나가며, 교육의 실제를 지도한다.

④ 교육에 관한 연구와 실천행위에 보다 나은 전망을 시사해 준다.

⑤ 교육에 관한 기존의 사고에 비판적 사고를 제공해 준다. 모든 일에
대하여 '왜?'라든가 '어떤 관점에서?', '어떤 맥락에서?' 등과 같은 문제를 제
기하는 근본 태도를 길러준다.

솔티스(Jonas F. Soltis)는 '교사를 위한 교육철학의 필요성'을 다음과 같이
정리하였다.(한국 존 듀이연구회 편, 1982: 36-37)

첫째, 교육철학은 합리적 사고력을 계발한다. 합리적 가치가 존중되는 사

회에서 교사는 학생에게 이성을 깨우치고, 건전한 논의 방식을 발전시키고 이성적 인격을 키워야 할 책임이 있다. 교육철학의 주요기능은 활발한 사고기술의 훈련이다. 즉 비판적·반성적·합리적 사고의 훈련이다.

둘째, 교사가 가르치는 지식이란, 결국은 철학의 문제 즉, 지식의 성격, 구조, 방법, 목적, 가치 등과 결부된다. 모든 교과지식이 교육철학과 관련되는 것은 아니라 하더라도 교육철학은 교사가 교육문제를 이해하는 일에 많은 도움을 주고 있다.

셋째, 교육철학은 두 가지 면에서 교육에 대한 통찰력과 지혜를 제공해 준다. ㉠ 플라톤(Plato)에서 듀이(John Dewey)에 이르기까지 교육 고전의 연구를 통해 위대한 사상가들의 교육이론 속에 포함되어 있는 문화유산을 접하게 함으로써 교육에 관한 깊은 혜안과 시사점을 마련해 준다. ㉡ 분석철학자들의 연구를 통해 교육에서 사용하는 애매한 개념들, 예를 들면 '자율성', '교육의 기회균등', '자유', '인간교육', '지식위주의 교육' 등의 가치나 의미를 명백하게 한다.

넷째, 교수(teaching)는 인간적이고 도덕적인 관계 위에 있다. 교수에 있어서 윤리적인 차원을 밝히고, 교사로 하여금 직업윤리에 민감하고 비판적인 자기각성을 가지도록 하는 것이 교육철학의 기능이다. 교사와 학생간의 권리와 복종의 관계, 교육 주체자의 의무와 도덕적 원리, 선과 악의 의미 등을 탐구하는 일은 교사의 중요한 책무이다.

(2) 교육철학의 연구방법

일반적으로 모든 학문분야에서 채택하고 있는 연구방법으로는 귀납법(inductive method), 연역법(deductive method), 환원법(reductive method) 등 세 가지이다. 첫째, 귀납법은 개별적이고 특수한 경우로부터 출발하여 보편적이고 일반적인 결론에 이르는 추리의 과정을 뜻한다. 그것은 개개의 사실 뒤에 공통적으로 지배하는 법칙을 밝혀내는 방법을 지칭하는 것으로, 자연과학에서는 이 방법에 의존하는 경우가 많다.

둘째, 연역법은 귀납법과는 반대로 보편적이고 일반적인 진술에서 개별적이고 특수한 경우로 진행되는 추리의 형식을 뜻한다. 그것은 논리적으로 정립된 보편적이고 일반적인 법칙에서 형식논리에 의거하여 개별적이고 특수한 법칙을 이끌어내는 추리방법을 말한다. 일반적으로 사회과학에서 많이 활용하고 있다.

셋째, 환원법은 현실적 사상(事象)을 계기로 하여 그 근저에 숨어있는 원리를 사색의 도움으로 탐구하는 추리의 과정을 뜻한다. 그것은 추론을 일련의 직관으로 환원시키는 방법을 가리킨다.

근대 이후 모든 학문들은 자신의 특수한 연구대상에 따라 알맞은 연구방법을 채택하고 있다. 철학은 그 연구 대상의 성격상 세 가지 방법을 절충적으로 사용하고, 교육철학은 이 셋을 종합적으로 사용하지만 그 중에서도 연역추리에 더 많은 비중을 두고 있다. 교육철학은 사실적인 지식보다는 원리적인 지식에 보다 관심을 집중하고 있기 때문이다.

모든 학문의 연구방법이 그렇듯이 교육철학의 연구방법도 고정되거나 통일된 것이 없다. 주된 관심사가 무엇이고 어떤 자료를 이용하는가, 어떤 관점에서 연구하는가에 따라 다르다. 이런 까닭에 교육철학의 연구방법을 유형별로 분류해 본다.(김정환·강선보, 1998: 27-30)

① 열전적 방법, 과거의 위대한 교육사상가나 실천가의 생애, 업적, 사상, 교육사적 의의 등을 시대별로 구분하면서 연구해 나가는 방법이다. 이런 연구 중에서 가장 대표적인 것은 울리히(R. Ulich)의 『교육사상사』(History of Educational Thought, 1968)이다. 그는 이 문헌에서 플라톤, 아리스토텔레스, … 화이트헤드에 이르는 30여명의 인물을 연구하여 소개하고 있다.

② 원리적 방법, 교육의 여러 작용이나 영역의 지도원리를 망라하는 연구이다. 예를 들면, 교육의 목적, 내용, 방법, 체제 등에 관한 원리를 밝히고자 하는 연구이다. 대표적인 것은 페스탈로치(J. H. Pestalozzi)의 『겔트루드의 자녀교육법』(Wie Gertrud ihre Kinder lehrt, 1801)이다. 전 14장으로 구성된 이 문헌은 편지 형식으로 되어 있으며 지육, 덕육, 체육의 원리가 잘 다듬어져 있다.

③ 사상사적 방법, 교육사상의 흐름을 고대에서부터 현대에 이르기까지 시대적 특질을 들면서 서술하는 연구 방식이다. 대표적인 것은 메들린(W. K. Medlin)의 『서양교육사상사』(The History of Educational Ideas in the West, 1964)이다. 그는 이 연구 문헌에서 고대 지중해 문화에 있어서의 교육, 중세의 문화와 교육, 문예부흥과 종교개혁을 통한 교육이념의 변화, 17, 18세기

의 새 교육이념의 발흥, 현대의 국민교육의 이념 등을 다루고 있다.

④ 비교적 방법, 역사적이거나 현대적인 각 철학파의 교육이념을 상호 비교하면서 서로가 지닌 특색을 부각시키며 장점만을 추출하여 절충적으로 새로운 것을 모색하는 방법이다. 대표적인 것은 브라멜드(T. Brameld)의 『문화적 전망에서 본 교육철학』(Philosophy of Education in Cultural Perspective, 1955)이다. 그는 이 문헌에서 진보주의, 본질주의, 항존주의의 특색을 각각 논하고 그 셋을 절충한 자신의 문화재건주의의 이념을 시사하고 있다.

⑤ 본질추구적 방법, 교육의 본질이 무엇인가를 추구하는 방법이다. 대표적인 것은 슈프랑거(E. Spranger)의 『교육학의 전망』(Paepagogische Perspektiven, 1950)이다. 이 문헌은 몇 편의 논문으로 구성되어 있는데, 특히 주목해야 할 논문은 "교육의 근본원리"(Grundstil der Erziehung)이다. 슈프랑거는 교육이 ㉠ 속세근접적이어야 하느냐 아니면 절해고도적이어야 하느냐, ㉡ 자유계발적이어야 하느냐 아니면 훈련편달적이어야 하느냐, ㉢ 발달추종적이어야 하느냐 아니면 선도추구적이어야 하느냐의 근본문제를 따지면서 양자택일을 거부하고 변증법적 통일을 지향하였다.

⑥ 분석철학적 방법, 교육학을 보다 체계적이고도 과학적인 학문으로 건설하기 위해 이것을 분석철학적 방법으로 접근하는 방법이다. 대표적인 것은 아참볼트(R. D. Archambault)편의 『철학적 분석과 교육』(Philosophical Analysis and Education, 1972)과 솔티스(J. F. Soltis)의 『교육개념분석 입문』(An Introduction to the Analysis of Educational Concepts)이라 할 것이다. 우리나라의 경우, 정범모의 『교육과 교육학』(1968)이 교육학의 방법론을 의식하면서 쓴 흔적이 역력히 보이는 저작이며, 이돈희의 『교육철학개론』(1983)은 이런 분석철학적 방법론으로 쓴 저작이다.

⑦ 주제적 방법론, 하나의 연구문제에다 교육의 모든 문제를 응고시키는 방법이다. 이런 접근방식으로 쓰여진 문헌은 오천석의 『발전한국의 교육이념탐구』(1973)가 있다.

⑧ 절충적 방법, 위의 연구방법들을 적절하게 절충하는 방법이다. 대부분 교육철학 연구가 이렇게 되어 있으나 그 가운데에서도 대표적인 것은 부르바허(J. S. Brubacher)의 『교육문제사』(A History of the Problems of Education, 1966)이다. 이 문헌은 교육의 각 영역에서 드러나는 여러 문제들을 역사적,

이념적, 인물별로 살펴본 것이다.

2. 교육철학의 기능

1) 교육철학의 탐구방법

(1) 과정으로서의 교육철학

교육이론을 탐구하는 방식에는 과학적 접근방식과 철학적 접근방식을 생각할 수 있다. 과학이론은 사물 혹은 현상을 기술하고 설명하며 또한 예측하고 통제할 수 있는 원리를 추구한다. 이에 반하여 철학이론은 사물 혹은 현상을 분석하고 평가하며 사변하고 통합하는 지적 활동으로 이루어진다. 그러므로 과학행위는 사물과 현상을 기술, 설명, 예측, 통제하는 기능을 가지며 철학적 탐구는 분석, 평가, 사변, 통합의 기능을 지닌다.

교육철학의 사변적, 평가적 그리고 분석적 기능을 살피기에 앞서, 교육철학의 두 가지 측면, 즉 '결과로서의 교육철학'과 '과정으로서의 교육철학'부터 먼저 살펴본다. 우리가 흔히 일상생활에서 철학이라고 할 때, 그것은 결과로서의 철학을 의미한다. 가령 관념론, 실재론, 프라그마티즘, 실존주의 또는 진보주의, 본질주의, 항존주의, 재건주의 등이 바로 그것이다. 그러나 과정으로서의 철학은 철학 활동, 즉 '철학 함'을 의미한다.

(2) 철학의 기능

앞에서 언급한 교육철학의 세 가지 기능은 '결과로서의 철학'이 아니고 '과정으로서의 철학'이다. 우선 피닉스(Philip H. Phenix)가 정리한 철학의 기능을 고찰해 본다(Phenix, 1958: 441-45).

첫째, 언어 분석(analysis of language)이다. 언어를 사용할 때, 엄선해서 올바르게 사용해야 함에도 불구하고 함부로 사용하는 경우가 많다. 예를 들면, '안다'는 것은 무엇을 뜻하며 '경험'은 무엇을 의미하고 '사물'은 무엇을 가리키는가 등을 밝혀야 한다는 말이다.

둘째, 전제를 분명히 하고 그것을 꾸준히 비판하는 일(clarification and

criticism of assumption)이다. 우리가 만약 '초록색'을 논할 때, 거기에는 여러 가지 색의 개념과 감각적 지각의 과정 그리고 그것을 지각하는 인간 존재가 전제되어 있다.

셋째, 방법의 연구(study of method)이다. 가능하다면 모든 학문은 수학의 방법처럼, 구체적으로는 유크리드의 기하학의 공리처럼, 조직화·체계화되어야 할 것이다.

넷째, 합리적 근거에 의한 신념의 정당화(justification of beliefs)이다. 가치에 관한, 우주의 진행과 완성에 관한, 정치체제에 관한 그리고 여러 학문영역의 연구방법에 관한 각자의 입장이 철학적 근거에 의해 합리화·정당화될 수 있다.

다섯째, 지금까지 축적된 많은 지식을 분석적 관점 또는 통합적 관점에서 조정하는 일(coordination of knowledge)이다.

여섯째, 규범적 이상과 전망을 밝히는 일(expression of vision)이다.

이제 교육철학의 기능을 사변적 기능, 평가적 기능, 분석적 기능으로 나누어서 고찰한다.

2) 교육철학의 사변적 기능

(1) 통합적 기능

어떤 의미에서 보면 철학한다는 것은 사색하는 과정이다. 물론 사색이 철학자의 전유물은 아니라 할지라도 어떤 문제에 해답을 얻기 위해 사색에 잠긴다면, 철학한다고 볼 수 있다. 그러므로 철학의 최대 기능은 사색활동에 있다. 철학자는 인간의 여러 문제나 우주의 질서에 관해 사변적 추론을 한다. 이런 행위를 철학의 사변적 기능이라고 한다. 사변적 기능은 우주의 본질과 우주에서의 인간의 위치를 찾아내려는 기능이다.

사색을 통해 철학자는 인간문제나 사회문제에 대하여 새로운 가설을 수립하거나 전망을 제공한다. 이런 인간의 정신적 기능을 우리는 사변적이라고 한다. 그러므로 교육철학의 사변적 기능은 교육이론이나 문제에 관하여 함의를 제공하는 정신적 기능을 가리킨다. 다시 말하면, 교육의 이론과 실천에 있어서 문제해결의 새로운 방향이나 가치를 제언하는 사고과정을 뜻한다. 여기서 제언한다는 말은 단편적이고 비논리적이며 비체계적인 것은 물론 아니고, 분석적 기능과 평가적 기능을 기초로 하여 개별적인 교육사항이나 내용을 하나의 통합적인 지식의 체계로 재구성하고 종합하는 행위를 말한다.

따라서 사변적 기능으로서의 교육철학은 교육이론이나 실천에서 제각기 따로 분리되어 있는 개별적이고 단편적인 여러 사실들을 하나의 유기적인 체계로 조직하고 통합하는 일을 주된 임무로 한다. 사변철학(speculative philosophy)은 부분적인 사실이나 경험보다는 모든 지식이나 경험에 적용되는 전체성이나 체계성에 대한 탐구, 즉 사고나 경험의 전 영역에서의 정합성을 발견하고자 한다.(Kneller, 1971: 2)

이런 의미에서 보면 사변적 기능은 교육철학의 여러 기능 가운데 가장 핵심적 기능에 속한다. 하지만 사변적 기능 그 자체만으로는 기능을 발휘하기 힘들고 다른 기능과 마찬가지로, 평가적 기능과 분석적 기능을 기초로 하여 성립된다. 가령 '바람직한 인간교육의 방향'이라는 문제를 생각한다면, 먼저 '인간교육'이라는 개념을 명백히 분석해야 할 것이고 또한 인간교육을 어떤 방향으로 이끌어가야 바람직한가에 대한 평가가 이루어진 후에야 사변이 가능하기 때문이다.

(2) 교육적 아이디어 창출기능

이제 구체적으로 사변적 기능의 의미를 살펴보자. 이돈희에 따르면, 사변적 기능은 어떤 이론적, 실천적 문제를 해결하기 위하여 새로운 가설·생각·제언을 성립시키고 제시하는 행위를 뜻한다(이돈희, 1983: 43). 따라서 사변적 기능이란 추구해야 할 새로운 가치를 제언하고 문제해결의 새로운 방향을 모색하기 위한 새로운 아이디어를 창출하는 사고행위를 말하는 것이다.

만약 우리가 어떤 행위의 결과가 주는 의미가 무엇인가를 생각할 때 또는 어떤 연구의 결과로 얻어진 이론이 다른 이론과 어떤 관계를 가지는가를 생각할 때 다른 대안이 있는가를 생각한다면, 우리는 사변적 행위를 하고 있는 셈이다. 이런 사변적 기능을 교육이라는 문제, 즉 교육이론이나 실천에 적용함으로써 교육에 대한 새로운 아이디어를 창출해 내고자 한다면, 그것은 곧 교육철학의 사변적 기능인 것이다. 교육의 문제나 정책에 관해 새로운 가설을 수립하거나 제언을 하고 이를 해결하기 위한 새로운 방법을 생각한다면, 그것은 교육철학의 사변적 기능에 충실하고 있는 것이다.

이처럼, 사색은 새로운 아이디어의 창출이다. 이를 위해 소크라테스(Socrates)는 한 겨울 찬 얼음 위에 맨발로 서서 밤새도록 사색에 잠겼으며, 데카르트(R. Descarte)는 생각하기 위해 독 안에 들어갔고, 칸트(I. Kant)는 생각하는 시간을 얻기 위해 규칙적으로 산보를 하였다.

3) 교육철학의 평가적 기능

(1) 가치판단 기능

우리 삶의 모든 영역에는 평가적 기능(evaluative function)이 포함되어 있다. 크게는 국가·사회적인 삶 작게는 개인적 삶의 모든 국면에 평가적 기능이 작용하고 있다. 교육사태에 있어서 평가적 기능은 더욱 그러하다. 평가적 기능은 어떤 사태에 대한 가치판단 또는 평가의 행위이다. 말하자면, 판단의 근거가 되는 기준을 세우고 이를 비판하는 행위를 평가라고 한다. 신문이나 잡지 등에 나오는 교육평론, 문학평론, 경제평론 등은 모두 평가적 기능의 좋은 예이다.

평가적 기능은 문자 그대로 가치판단 행위이기 때문에 있는 사실을 있는 그대로 기술하고 설명하는 과학적 탐구행위와는 의미를 달리한다. 과학적 탐구는 가치판단을 삼가고 가치 중립적 자세를 취할 것을 요구한다. 과학적 탐구는 객관적 기술이나 설명에 관심을 두어야지 주관성이 개입되는 가치판단을 해서는 안 된다는 말이다. 평가적 기능은 철학적 탐구의 주된 관심사이다.

예컨대 '흥부는 놀부보다 지능지수가 높다'라는 문장과 '흥부는 놀부보다 착한 어린이다'라는 문장에서, 전자는 과학적 탐구에 속하는 사실의 기술 또는 설명이고 후자는 철학적 탐구에 포함시킬 수 있는 가치판단의 행위, 즉 평가적 기능의 행위이다.

(2) 원리를 밝히는 기능

이제 평가적 기능을 정의해 보면, '주어진 어떤 준거(criterion), 기준(standard)

혹은 규준(norm)에 비추어 어떤 실천, 이론, 주장, 원리의 만족도를 밝히는 행위'이다.(이돈희, 1983: 41) 말하자면, 평가적 기능이란 이론이나 주장, 명제, 원리, 실천상황 등을 어떤 기준이나 준거에 의해 판단하는 기능을 말한다. 교육문제에 관한 평가적 기능도 역시 교육적 합리성의 여부를 어떤 준거에 따라 밝히는 것이라 할 수 있다.

예를 들면, '교직의 자율성은 이루어지고 있는가'라는 문제와 '장학금은 성적 우수자에게 지급해야 하는가 아니면 경제적으로 어려운 자에게 지급해야 하는가'라는 문제를 생각해 보자. 이 두 문제는 모두 어떤 기준에 의한 판단을 요구하고 있다. 그러므로 기준을 세우는 일, 즉 '교직의 자율성이 어느 수준에 있어야 하는가' 라는 문제는 기준 설정의 문제로 평가적 기능을 요구하며 또한 '장학금 지급의 목적이 무엇인가'의 문제도 역시 평가적 기능을 요구한다고 볼 수 있다.

위에서 살펴본 바와 같이 교육철학의 평가적 기능은 교육에 관련된 이론이나 주장, 명제, 원리, 실천의 문제 등을 어떤 기준, 준거 또는 규준에 의거하여 판단하는 행위를 뜻한다. 하지만 평가적 기능도 사변적 기능과 분석적 기능의 도움 없이는 가능하지 못하며, 이 세 가지 기능은 상호 밀접한 관계에 있음을 알아야 할 것이다. 평가적 기능을 연구자에 따라서는 규범적 기능(prescriptive function)이라고도 한다. 규범철학의 의미를 가치판단, 행동판단, 심미적 감상 등에 대한 규준을 탐구하는 학문이라 한다면 평가적 기능을 규범적 기능이라고 명명한 타당성을 인정할 수 있다.

4) 교육철학의 분석적 기능

(1) 논리와 의미를 밝히는 기능

분석적 기능(analytic function)은 20세기의 새로운 철학으로 각광받고 있는 분석철학의 방법론을 말한다. 분석철학은 크게 논리실증주의와 언어분석주의로 나누어진다. 논리실증주의에서는 어떤 명제가 검증의 원리에 따라 직접적이든 간접적이든 간에 반드시 검증되어야 한다는 논리적 분석을 강조하는 입장이고, 언어분석주의는 일상적으로 사용하고 있는 언어의 의미를 명료화함으로써 언어의 애매성과 모호성을 제거 또는 감소시키는 철학적 방법론이다. 논리실증주의의 강조점이 논리의 추구에 있다면 언어분석주의는 의미의 추구에 있다.

분석적 기능은 이런 철학적 방법론을 중시하는 기능이다. 말하자면, 이론적 혹은 일상적 언어의 의미를 명백히 하며 논리적 모순이나 모순된 표현을 가려내어 각종의 판단기준을 밝히는 행위를 말한다. 그러므로 분석적 기능은 언어의 의미와 거기에 구축된 논리적 관계를 명백히 함으로써 각종의 가치 기준을 밝히는 행위를 말한다.

이처럼 분석적 기능은 주어진 문장만으로는 개념의 애매성, 모호성 또는 동어반복 때문에 그 뜻이 명확하지 않을 경우 진술된 개념들의 논리적 모순을 밝혀 그 의미를 명백히 한다. 분석적 기능은 무엇을 분해하는 기능이 아니며 언어의 의미를 분명하게 하는 기능임을 유념해야 한다.

우리 주변에는 철학의 분석적 기능을 요청하는 애매 모호한 어휘들이 많이 사용되고 있다. 가령 민주주의, 기회균등, 자유교육, 인간화, 주체성, 중년기, 사춘기, 도심지 등이 그것이다. '중년기', '사춘기', '도심지'라는 표현은 모호한 말이다. 언제부터 언제까지가 사춘기인지, 어디서부터 어디까지가 도심지인지 그 경계가 대단히 모호하다는 말이다. 동어반복의 경우도 많이 있다. '민주주의를 통해서만 시민의 자유가 실현된다'는 표현은 동어반복이다. 민주주의라는 개념 속에는 이미 시민의 자유라는 의미가 내포되어 있기 때문이다. 또한 논리적 모순인 경우도 얼마든지 예를 들 수 있다. 가령, '이 장비로는 절대로 움직일 수 없는 그리고 어떤 힘에 의해서도 움직이지 않는 바위를 움직일 수 있다'는 표현은 모순이다.

(2) 교육적 진술을 밝히는 작용

앞에서 살핀 것처럼, 애매모호하거나 동어반복인 또는 논리적 모순인 표현들은 분석적 기능을 거침으로써 비로소 그 의미를 명확하게 만들 수 있다. 불분명한 개념의 의미를 명확히 밝히고 논리적 모순을 제거하는 일련의 분석, 검토 과정은 바로 분석적 기능이 수행되는 셈이다.

그러므로 분석적 기능은 개념의 애매성을 제거하고 모호성을 감소시켜 그 의미를 분명히 하며, 진술들의 동어반복이나 모순을 밝혀 그 관계를 명백히 하는 것을 뜻한다. 이런 정의를 교육에 관련시켜 본다면, 교육철학의 분석적 기능은 분명하게 규정된다. 즉, 교육철학의 분석적 기능은 교육이론, 교육적 사고 또는 교육실천에 사용되는 개념, 술어, 명제들의 애매성을 제거하고 모호성을 감소시켜 그 의미를 명백히 하고 논리적 모순을 가려내어 진술이나 전제를 분명하게 밝히는 작용이다.

이상에서 살핀 교육철학의 분석적 기능도 역시 사변적 기능, 평가적 기능과 함께 상호 보완적인 관계에 놓여 있다. 분석적 기능은 사변적 기능과 평가적 기능을 전제로 자신의 기능을 올바르게 나타낼 수 있다는 말이다.

3. 교육철학의 연구

1) 형이상학과 교육

(1) 형이상학의 개념

형이상학(metaphysics)은 실재(reality)의 본질을 다루는 철학의 연구영역이다. 이 말은 그리스어 'metaphysika'에서 유래하였으며 '물리세계를 넘어선 것'(beyond-physics)이라는 뜻을 지녔다. 또한 동양에서는 중국고전『주역』의 '形而上者를 道라하고 形而下者를 器라 한다'라고 기록된 말에서 유래하였다.

아리스토텔레스는 학문의 연구 순서로서 자연과학(천문학, 동물학, 식물학 등) 다음에 제1 철학을 배우는 것이 마땅하다고 지적하였다. 제1 철학이란 모든 존재의 밑바탕에 있다고 여겨지는 근본원리를 연구하는 학문을 가리킨다. 제1 철학은『주역』에 표현된 形而上者인 道를 의미한다면, 자연과학은 形而下者인 器에 해당한다고 볼 수 있다. '도'는 형이상자이므로 추상적이고 이념적인 눈에 보이지 않는 학문이라면, '기'는 형이하자이므로 구체적이고 경험적인 눈에 보이는 학문이 될 것이다. 경험적인 자연과학의 뒤에 공부하는 도가 바로 형이상학이라면, 그것의 위치는 모든 학문의 기초가 될 것이다.

'궁극적으로 실재하는 것은 무엇인가? 그것은 정신인가 아니면 물질인가?'라는 의문이 형이상학 연구에서는 처음으로 제기되는 질문이다. '눈에 보이는 세계가 그대로 실재하는 것인가? 그대로 실재하는 것이 아니라면 실재의 근원은 무엇인가? 인간은 이 우주 안에서 어떤 의미와 위치를 가지는가?

등등의 의문이 제기된다. 이런 문제제기에 대한 제1 원리를 찾는 학문이 바로 형이상학이다.

이런 문제에 대한 나름대로의 해답을 가지고 있다면, 그것이 바로 세계관이요 인생관이 된다. 그러므로 교육철학의 시작은 형이상학에서 출발한다고 볼 수 있다. 교육현상은 반드시 세계의 의미와 인간의 본질을 밝힘으로서 비로소 이해될 수 있기 때문이다.

세계와 인간의 궁극적 실재는 무엇인가에 대한 해답으로 혹자는 정신이라 하고, 혹자는 물질이라고 한다. 또는 정신과 물질 모두라고 하기도 한다. 우주의 근원적 실재를 정신이라고 보든 물질이라고 보든, 이 중 하나만으로 성립된다고 규정하는 주장을 일원론(monism)이라 하고, 정신과 물질두 가지 모두 성립한다고 보는 주장을 이원론(dualism)이라고 한다. 그리고세 가지 이상의 많은 실재를 인정하는 주장을 다원론(pluralism)이라고 부른다. 또한 우주의 궁극적 실재를 정신이나 관념이라고 보는 자들을 유심론자(idealist), 물질이라고 주장하는 자들을 유물론자(materialist)라고 한다.

한 개인이 어떤 인생관, 세계관을 가지느냐 하는 것은 그 개인은 물론그 사회의 발전을 위해서도 대단히 중요한 일이다. 교육실천에 임하는 자들은 더욱 그러하다. 모든 교육자들은 우주와 인간의 본질에 관한 나름대로의 신념을 가지고 교육에 임한다. 이런 신념이 체계화를 이룬다면 그것은 인생관, 세계관으로 발전할 것이다.

교사가 일원론 자냐 이원론자냐 또는 유심론자냐 유물론자냐에 따라 교육목적의 설정, 내용의 선정, 방법의 채택에 많은 영향을 미쳐 상이한 교육작용이 이루어질 것이 분명하다.

(2) 형이상학의 연구영역

형이상학에 관한 이해는 실재의 본질과 관련된 질문을 검토함으로써 가능하다. 자연과학자들처럼 보다 구체화된 질문을 다루는 사람들조차도 형이상학적 문제를 회피할 수 없다. 형이상학적 체계가 가설 영역에서 많은 영향력을 행사하기 때문에, 현대 과학의 기초를 이룬다는 사실을 간과해서는 안 된다. 형이상학적 주제들은 과학자들에게 세계관을 개발하고 가설을 창출하게 하는 이론적인 준거의 틀을 제공해 준다.

과학이론은 궁극적으로 실재와 관련되어 있으며 과학철학은, 교육철학이 교육활동의 기초를 형성하는 것과 마찬가지로, 과학 실험의 기초가 된다. 창조론이나 진화론을 적극적으로 주장하는 과학자가 있다면, 그는 실험적 사실을 넘어서서 형이상학자로서의 모습을 보여주는 것이다.

형이상학적 질문이 가능한 연구 영역은 다음과 같이 네 가지 분류될 수 있다(Knight, 1980: 16-17).

① 우주론적 연구영역이다. 우주론은 질서 정연한 우주의 기원, 본질 그리고 발달에 관한 연구와 이론들로 구성된다. '우주는 어떻게 시작되고 발전되었는가'하는 것이 우주론적 질문이다. 이런 질문에 대해 많은 사람들은 다양하게 답변해 왔으며, 그 답변들은 우연한 사건이라는 주장과 신의 섭리라는 주장사이의 어느 한 위치를 차지하고 있다. 어떤 주장은 역사의 무작위성이나 우연성에 기초하고 있지만, 어떤 주장은 역사의 시작과 끝이 있다고 보는 목적론적 성격(teleological approach)을 띠고 있다.

② 신학적 연구 영역이다. 신학은 신의 개념과 본질을 다루는 종교 이론의 한 영역이다. '신은 존재하는가? 존재한다면 그는 유일자인가 아닌가? 신이 선하고 전능하다면 어떻게 악이 존재하는가? 선과 악은 정말 존재하는가, 존재한다면 그것들은 신과 어떤 관계인가?' 이런 질문들은 인류역사 속에서 계속 제기되어 왔으며 다양한 답변들이 이루어졌다.

무신론자(atheist)는 신이 없다고 주장해 왔으며, 범신론자(pantheist)는 신과 우주를 동일하게 보면서 모든 것이 신이고 신이 모든 것이라고 주장해 왔다. 이신론자(deist)는 신을 자연법칙과 도덕법칙의 창조자로 보지만 인간세계와 자연세계로부터 분리되어 존재한다고 주장한다. 유일신론자(theist)는 창조자로서 인격적인 신을 믿어 왔다. 다신론자(polytheist)들은 신을 복수존재로 이해해야 한다고 주장한다.

③ 인류학적 연구 영역이다. 철학의 인류학적 연구 영역은 다른 인간학과는 달리 인간이 연구의 주체이면서 동시에 연구대상이라는 점에서 독특한 범주를 이룬다. 이 영역에서는 다음과 같은 질문들이 제기된다. '몸과 마음의 관계는 무엇인가? 몸과 마음은 서로 상호 작용하는가? 마음이 몸보다 더 근본적인가 아닌가? 인간의 도덕적 상태는 어떠한가? 인간은 도덕적으로 선한 상태로 태어나는가 아니면 악한 상태로 태어나는가? 인간은 어

느 정도까지 자유로운가? 인간은 자유의지를 가지고 있는가? 인간의 사고
와 행동을 결정하는 것은 환경적 요인인가 유전적 요인인가? 인간은 영혼
을 가지고 있는가, 그렇다면 그것은 무엇인가?' 사람들은 이런 질문에 관해
다양한 입장을 가지고 있으며 이런 입장은 그들의 정치적, 사회적, 종교적,
교육적 활동에 반영된다.

　④ 존재론적 연구 영역이다. 존재론(ontology)은 존재의 본질이나 의미를
연구하는 영역이다. 이 영역에서 제기되는 질문은 다음과 같다. '실재는 물
질 또는 물질적 에너지에서 발견되는가 아니면 영이나 영적 에너지에서 발
견되는가? 실재는 한 가지 요소로 구성되어 있는가 아니면 다수로 구성되
는가? 실재는 그 자체로 질서 있고 합리적인가 아니면 인간에 의해 질서
있게 만들어질 뿐인가? 실재는 고정되고 안정된 것인가 아니면 변화가 주
된 모습인가? 실재는 인간에 대해 우호적인가 아니면 적대적인가?'

(3) 교육적 함의

　과거 역사를 살펴보면 형이상학의 우주론적, 신학적, 인류학적, 존재론적
연구들이 종교와 정치, 경제와 학문활동 등에 많은 영향을 미쳤다는 사실
을 알 수 있다. 인간의 삶은 어디서나 형이상학적 문제에 대한 대답을 설
정하고 그것에 근거하여 일상 생활을 영위한다. 우리는 인간의 본질과 기
능에 대한 형이상학적 선택으로부터 도피할 수 없다.

　교육은 다른 어떤 활동보다도 형이상학의 영역을 회피할 수 없다. 학교
교육 프로그램이 환상이나 상상에 근거하기 보다는 실재에 기초하고 있기
때문에, 궁극적 실재에 관한 연구인 형이상학은 어떤 교육 연구에 있어서
도 중심 역할을 한다. 세계와 인간에 관한 다양한 형이상학적 신념 체계들
은 서로 다른 교육제도와 상이한 교육방법을 이끌어 낸다.

　궁극적 실재의 본질, 신의 존재, 역사 속에서 신의 역할, 신의 창조물로
서 인간의 본질 등에 관한 형이상학적 신념체계는 교육의 값어치를 결정하
고 지향점에 많은 영향을 미치고 있다. 우리 인간의 내면세계는 이런 형이
상학적 신념에 의해 동기가 부여되며, 그것은 곧 교육환경을 조성하고 교
육실천을 가능하게 하며 교사와 학생의 관계나 교육과정의 모색 등 많은
교육적 문제에 직·간접으로 영향을 미치고 있다.

예를 들면, 학생을 바라보는 시각 즉 학생관을 결정하는 일에 형이상학적 신념체계가 직접적으로 관여하고 있음을 알 수 있다. 학생을 단순히 잘 발달된 동물이나 정교하게 꾸며진 기계와 같은 존재로 보느냐, 아니면 아직 성숙되지는 못했지만 자유의지를 지닌 인격적 존재로 보느냐 하는 문제는 형이상학적 가치문제로 환원시킬 수 있을 것이다. 학습자를 교육의 또 다른 주체로 보느냐 아니면 단순한 객체로 보느냐 하는 시각은 교육철학을 통해 다듬어져야 할 문제이며 보다 더 구체적으로는 형이상학적 연구를 통해 가져야 할 안목이 될 것이다.

2) 인식론과 교육

(1) 인식론의 개념

인식론(epistemology)은 지식의 이론(theory of knowledge)이다. 인식론은 지식의 기원, 구조, 방법, 확실성, 타당성 그리고 인식능력의 한계 등을 연구하는 철학의 연구 영역이다. 인식론이라는 말은 그리스어인 episteme(진지)와 logos(이성, 연구)의 합성어이다. 이 개념은 페리어(J. F. Ferier)가 존재론과 함께 철학의 2대 영역 중 하나를 지칭하는 명칭으로 사용한데서 비롯되었다.

인식론은 한마디로 '무엇이 진리인가'(what is truth?), '무엇이 지식인가'(what is knowledge?)를 추구하는 탐구라 할 수 있다. 인식론의 기원은 고대 그리스의 플라톤까지 소급할 수 있으나, 철학의 중심 과제로 문제삼게 된 것은 록크(John Locke, 1632~1704)의 『인간오성론』(An Essay Concerning Human Understanding)이 그 효시이다.

지식의 기원에 관한 연구는 인식론의 첫 번째 과제이다. 이에 관한 학설은 대체로 세 가지로 정리될 수 있다. 경험론(empiricism)과 합리론(rationalism) 그리고 비판철학(criticism)이 그것이다.

① 경험론

경험론은 지식의 기원을 인간의 감각경험에 두고 있다. 경험적 지식은 인간 경험의 본질을 이룬다. 한 개인은 시각, 청각, 후각, 미각, 촉각이라는 오관을 통하여 각가지 인상을 수용하게 된다. 이런 인상을 통하여 주변 세계를 인식하게 된다는 주장이다. 인간에게 감각적 지각은 즉각적이면서도 보편적이며, 지식의 기초를 형성한다.

감각자료(sense data)의 존재를 부정할 수는 없다. 현대인들은 그것을 실재를 대표하는 가치를 지니는 것으로 받아들인다. 하지만 이런 입장을 무분별하게 수용할 수는 없을 것이다. 우리의 감각이 불완전하여 신뢰성을 결여할 수도 있기 때문이다. 우리 인간이 가지는 편견이나 미숙함 또는 신체적 이상 등으로 감각 인식을 왜곡시키고 제한시킬 수 있기 때문이다. 우리 인간들은 자신의 감각 영역을 확대시키는 여러 과학장비들을 발명하였지만, 감각 인식의 신뢰성 여부를 확인할 수 있는 인간 지성의 전체적인 효과를 정확하게 측정할 수는 없기 때문에 감각 인식이 절대적일 수 없다. 지식의 확실성 여부는 여전히 연구과제이다.

② 합리론

합리론은 지식의 기원을 인간의 이성에 두고 있다. 합리론은 인간의 사고나 논리를 지식의 중심요인으로 본다. 그러므로 인간의 감각은 지식의 소재를 제공하는데 지나지 않다고 보고 있다. 지식은 시공간 속에 갇혀 있는 사물의 특수한 상태를 감각적 지각 속에서는 구할 수 없다고 본다. 지식은 어디까지나 통일된 개념으로 구성되는 하나의 원리를 말한다. 잡다한 감각 인상에 통일성을 부여하여 지식을 구성하는 것은, 말하자면 감각이나 경험에서 완전히 독립된 인간의 지성 또는 이성이다.

합리론은 인간에게는 감각만으로 전해 줄 수 없는 우주에 관한 여러 진리들을 확실하게 알 수 있는 능력이 있다고 주장한다. 예를 들면, X와 Y가 같고 Y가 Z와 같다면, X는 Z와 같다는 사실이다. 이 진술이 옳다는 것은 어떤 실제적 사건이나 경험과는 무관하게 알 수 있다. 따라서 합리론은 인간이 감각경험 없이도 논박될 수 없는 자명한 진리에 도달할 수 있는 능력을 지니고 있다고 주장한다.

합리론을 대표하면서 인식론적 견지에서 지식의 기원을 문제삼은 철학자는 데카르트(R. Descarte), 스피노자(B. D. Spinoza), 라이프니츠(G. W. Leibniz) 등이다. 특히 데카르트는 그의 기본명제인 '나는 생각한다, 고로 나는 존재한다'(cogito er go sum)를 주장함으로써 인간 의식의 자명성을 강조하였다.

③ 비판철학

비판철학자 칸트에 의하면, 지식은 감각경험과 인간의 이성적 활동 모두를 그 근원으로 한다. 지식의 구성에 있어서 먼저 감각경험을 통하여 인식의 대상, 즉 직관의 자료가 부여된다. 여기서 사물을 직관한다는 것은 단순히 사물을 외부로부터 수동적으로 수용하는 것이 아니라 이성의 적극적인 간섭이 개입하는 것이다. 말하자면 직관의 형식이 작용하고 있는 것이다.

모든 인식의 대상은 시간과 공간에 의해 부여되며, 이것들은 인식의 대상을 파악하는 이성의 선험적 형식이며 경험과 같이 나타난다. 경험 이전에 존재하면서 경험을 가능하게 하는 조건으로서의 선험적 형식을 통해 대상이 파악되는 것이다. 그리고 직관을 통해 부여된 여러 자료들을 통일하는 것은 오성의 사유작용이며, 오성이 여러 직관 내용들을 통일하는 것은 순수한 오성의 개념들, 즉 범주(category)에 의한다. 이런 오성의 사고작용을 통해 직관 내용은 하나의 조직이 부여되며 여기에 처음으로 인식이 성립된다.

인식은 경험과 더불어 나타나지만, 경험의 가능 근거로서 경험에 선행하는 직관이나 오성의 선험적인(apriori) 형식의 존재를 비판철학은 주장한다. 따라서 비판철학은 선험론을 주장하며 칸트(I. Kant)가 대표적인 철학자이다.

(2) 인식론의 연구영역 : 지식의 유형

① 명제적 지식(propositional knowledge)

명제적 지식은 '…라는 것을 안다'(knowing that)로 표현되는 지식을 말한다. 명제적 지식이 문장으로 표현될 때는 대체적으로 참 또는 거짓을 구분할 수 있는 형태로 나타난다. 명제적 지식은 또한 사실적 지식, 논리적 지식, 규범적 지식 셋으로 분류된다.

첫째, 사실적 지식(factual knowledge)은 '물은 100° C에서 끓는다' '지구는 태양의 주위를 돈다'와 같이 사실 혹은 현상을 기술하거나 설명하는 지식이다. 사실적 지식은 다시 경험적 지식(empirical knowledge)과 형이상학적 지식(metaphysical knowledge)으로 분류된다. 먼저 경험적 지식은 '남산은 서울에 있다'와 같이 문장을 구성하는 단어들의 의미가 객관적으로 이해되고 경험적으로 검증될 수 있는 지식을 말한다. 이에 반하여 형이상학적 지식은 그렇지 못하다. 예컨대, '신은 의로운 자를 구원한다'와 같이 일상적인 경험세계를 초월한 초자연적, 초현실적 세계에 존재한다고 믿어지는 대상을 가리키는 개념을 포함하는 지식을 뜻하고, 그런 문장을 형이상학적 문장이라고 부른다.

둘째, 논리적 지식(logical knowledge)은 형식적 지식(formal knowledge)이라고도 한다. '미혼 성년 남자는 총각이다'와 같이 문장을 구성하는 요소들이 보여주는 의미상의 관계를 나타내는 지식, 즉 언어나 기호의 의미가 가지는 다른 언어나 기호의 의미와의 관계가 표현되는 지식이다. 이런 지식은 사실적 지식과 같이 경험세계에 관한 지식이 아니고 개념과 의미에 관한 지식이며, 논리적 모순이 없어야 성립되고 타당한 추리에 의해 결론으로 이끌 수 있는 지식이다. 따라서 논리적 지식이 성립될 수 있는 조건은 무모순의 조건과 일관성의 조건이다.

논리적 조건은 일반적으로 분석적 문장(analytic sentence)으로 표현된다. 분석적 문장이란 분석적 지식의 예, 즉 '처녀는 혼인하지 않은 여자이다'와 같이 문장을 구성하는 단어들의 의미상의 관계로 진위가 분별되는 진술, 이른바 분석적 진술로 표현되는 문장을 말한다. 그러므로 논리적 지식은 새로운 사실을 알려준다기 보다는 문장을 구성하는 요소들의 의미상의 관계를 나타내는 지식일 뿐이다. 수학적 지식은 논리적 지식의 범주에 속한다고 볼 수 있다.

셋째, 규범적 지식(normative knowledge)은 '민주주의는 가장 바람직한 정치제도이다'와 같이 평가적 언어를 포함하는 진술로 구성되는 지식이다. 따라서 가치판단이 개입되며, 이런 판단은 반드시 준거를 통해 정당화되는 지식에 기초해야 한다. 이런 이유로 규범적 지식은 평가적 문장으로 표현된다. 하지만 규범적 지식은 어떤 가치판단의 준거에 의해 정당화되지만, 모든 준거들의 준거인 최종준거에 대한 합의가 이루어지기는 대단히 어렵다는 문제가 남아 있음을 알아야 한다.

② 방법적 지식(procedual knowledge)

지식을 '과정으로서의 지식'과 '결과로서의 지식' 두 가지로 구분할 수 있다. 방법적 지식은 '과정으로서의 지식'과 관계된다. 방법적 지식은 '나는 피아노를 칠 줄 안다', '나는 수영을 할 줄 안다'와 같이 어떤 과제의 절차와 방법을 아는 것을 말한다. 명제적 지식은 그 명제가 진임을 아는 것이지만, 방법적 지식의 관심은 하나의 과제가 지니고 있는 절차와 방법에 있다. 따라서 방법적 지식은 'knowing how'의 지식이다.

다음은 방법적 지식의 조건을 살펴본다. 방법적 지식에 있어서 앎을 주장할 수 있는 조건은 한 과제를 수행하는 일에 있어서 지켜야 할 규칙 혹은 원리에 익숙해지는 것이 요구된다. 여기서 익숙하다는 말은 명제적 지식을 알듯이 그 명제가 진임을 알고 있다고 성립되는 것이 아니다. 여기서 말하는 것은 기술이나 기능과 같이 인간의 성향이나 능력에 관계되는 것이다. 그러므로 방법적 지식에 있어서 앎의 조건이란, 행위의 성취에 대한 정확성을 의미한다고 볼 수 있다.

(3) 교육적 함의

오랫동안 학교교육에서 실현하고자 하는 이상이 지·덕·체의 구현에 있다고 하면 지식에 관한 올바른 견해는 교육실천에서 더욱 중요하게 부각된다. 우리의 교육현실이 지식에 관한 올바른 이해도 없이 지식위주의 교육이라면서 주입식 교육이 이루어지기도 한다. 어떤 지식이 가치로운 지식인지? 어떤 지식이 나에게 유용한 지식인지? 그 지식의 획득과정은? 그 지식의 기원은? 그 지식의 성격은? 그 지식의 종류는? 등에 관한 명확한 규명을 통해 올바른 지식관을 가지는 것이 인간교육에 대단히 중요한 요인으로 작용한다.

지식과 교육과의 관계 특히 지식교육에서 문제되는 것은 지식을 성립시키는 조건에 대한 이해와 그것의 활용이다. 모든 지식은 모두 지식으로 성립되는 것이 아니라 조건을 만족시켜야만 지식으로 성립될 수 있다. 그것이 명제적 지식에 있어서는 신념조건, 진리조건, 증거조건 그리고 방법조건이다. 우리는 어떤 의미에서 이런 지식의 조건을 만족시키기 위해 교육적 노력을 쏟고 있는 것이다. 그러므로 교사가 가르치는 지식이 과연 지식의 조건을 만족시키고 있는가 없는가를 반성하는 곳에 지식교육의 유익함이 있을 것이다. 지식교육이 지식의 성립 조건을 고려하지 않고 무조건적으로 이루어진다면 아마도 그것은 맹교(indoctrination)에 불과할 것이다.

3) 가치론과 교육

(1) 가치론의 개념

가치론이란, '무엇이 가치로운가'라는 질문에 대한 답을 추구하는 철학의 한 영역이다. 가치에 관한 인간의 관심은 인간이 가치 지향적인 경향성을 지닌 존재라는 사실에 기인한다. 인간의 삶은 어떤 것을 선호하고 바라고 염원하는 성향을 가지고 있다. 인간의 사회적 삶은 어떤 특정한 가치체계에 기초하고 있다. 형이상학과 인식론의 문제에 대한 상이한 입장들이 서로 다른 가치체계를 결정하고 있으며, 이는 실재나 지식에 관한 개념 인식을 바탕으로 하여 가치체계가 성립되기 때문이다.

모리스(charles Morris)는 우리 인간이 말만 앞세우고 실제적으로 그렇게 행동하지 않는 종류의 가치를 '인식된 가치'(conceived value)라 하고 자신이 가치 있다고 말한 것을 그대로 행동으로 옮기는 것을 '작동된 가치'(operative value)라고 불렀다.(Morris, 1956: 10-11) 교육에서 두드러지는 가치문제는, 인간의 말과 행동을 규정하고 밝히는 것보다 인간이 반드시 추구해야 할 것이 무엇인가를 결정하는 일이다.

가치론은 형이상학이나 인식론과 마찬가지로 교육과정에 중요한 위치를 차지하고 있다. 교육행위 가운데 대단히 중요한 것은 선호의 감정을 계발하는 일이다. 교육을 통해 학습자가 올바른 일을 좋아하고 그릇된 일을 싫어하게 된다면 바람직한 일이 아닐 수 없을 것이다. 교사는 교실에서 자신의 도덕적 자아를 감출 수 없으며, 교실은 교사와 학생의 가치관이 서로 얽혀 있는 가치론의 극장이 될 것이다. 교사는 계속해서 자신의 가치구조를 모방하고 동화시키는 예민한 감수성을 가진 학생들에게 상당한 수준에 이르기까지 자신의 행동을 통해 교훈 한다.

가치론에는 윤리학과 미학이라는 두 가지 중요한 연구영역이 있다.

(2) 가치론의 연구영역

① 윤리학(ethics)

윤리학은 도덕적 가치와 행위에 대한 연구영역이다. 그것은 '나는 무엇을 해야만 하는가', '모든 사람을 위한 선한 삶은 무엇인가' 그리고 '무엇이 선한 행위인가' 등과 같은 질문에 대한 해답을 추구한다. 윤리학 이론은 올바른 행위를 위한 올바른 가치를 제공하는데 관심을 가진다.

1952년 카운츠(George Counts)는 서구사회가 너무도 기술의 발달에 도취되어, 인류의 발전을 기술적인 측면에서 이해하려는 경향을 지니고 있다고 경고하였다. 그는 계속해서 "오늘날 우리는 슬프게도 이 같은 발전이 이해와 가치의 영역에서, 태도와 충실한 덕목의 영역에서 심각한 재구성이 동시에 수반되지 않을 경우 고통과 비극을 초래할 수 있음을 배우고 있다"고 지적하였다.

윤리개념은 여러 형태로 학생들에게 소개될 수 있다. '가치'라는 말은 물품, 상태, 사건, 인간, 행위 등 넓은 의미의 어떤 대상에게 주어져 있는 값어치를 말한다. 매매나 교환의 대상이 되고 생활과 직결되는 물품의 가치를 해명하는 일은 경제학의 주제이다. 또한 자연과 예술작품을 대상으로 하는 감상, 평론 등 미학이 관계하는 것도 가치이다.

'가치 있다'라는 말은 '좋은 것'이라는 뜻이다. 가치란 선을 행하고 따라서 선한 것을 형성하며 훌륭하다는 뜻이다. 그러므로 문화가치란 문화재의 본질이라고 할 수 있다. '선한 것', '좋은 것', 그리고 '훌륭한 것'의 종류와 구조를 규명하는 것이 윤리학의 과제이다. 더 구체적으로 윤리학에서 제기되는 기본 질문들을 소개하면 다음과 같다.(Knight, 1980: 30)

ㄱ 윤리 기준과 도덕적 가치는 절대적인가 상대적인가?
ㄴ 보편적인 도덕적 가치는 존재하는가?
ㄷ 목적은 항상 수단을 정당화하는가?
ㄹ 윤리적 권위의 기초는 누구인가 또는 무엇인가?

② 미학(aesthetics)

미학은 미와 예술의 창조 및 그것의 감상을 통제하는 원리에 대하여 연구하는 가치론의 영역이다. 미학은 넓은 의미에서 예술의 이론적인 면을 다루기 때문에 실제 예술 활동이나 그것에 대한 비평과 혼동해서는 안 된다. 미학은 상상력이나 창조능력과 밀접하게 관련된 연구영역이기 때문에 개인적이고 주관적인 성향을 띠고 있다.

미학적 가치평가는 일상생활의 일부로서 결코 회피할 수 없는 것이라는 사실을 우리는 인식해야 할 필요가 있다. 미학적 경험은 새로운 의미를 파악하는 능력이고 감정의 고양이며 지각능력을 함양시켜 준다. 미학적 경험은 어떤 의미에서 보면 지성적 이해의 세계와 관련되어 있지만, 또 다른 의미에서 본다면 그것은 인지영역을 뛰어넘어 감정과 정서에 초점을 맞춘 정서의 영역과 관련된다. 미학적 경험은 합리적 사고가 가지는 한계성과 인간 언어의 약점을 극복하게 해준다. 그림이나 노래, 이야기 등은 논리적 논증을 통해서는 결코 생겨날 수 없는 인상을 만들어 준다.

인간은 미학적 존재이며 윤리적 가치를 회피할 수 없듯이 학교, 가정, 교회에서 가르치지 않을 수 없는 분야이다. 학교에서 미학의 중요성은 일반적으로 음악이나 미술, 문학 수업과 관련된다. 미학이 형식교육 가운데 창의력과 감상력의 계발 그리고 학생들의 정서 고양에 중요한 것임에는 틀림없지만, 미학적 경험은 이런 형식적 경험보다 훨씬 광범위할 것이다. 미학은 교육환경이나 교육적 분위기와도 관계 있으며, '무엇이 아름다운가?' 그리고 '무엇을 좋아해야 하는가?'라는 질문은 교육을 지원해 주는 미학적 바탕을 형성한다. 좀더 구체적으로 미학에서 제기되는 기본적인 질문을 소개하면 다음과 같다.

㉠ 예술은 모방이어야 하는가 아니면 개인의 창조적 상상력의 산물이어야 하는가?

㉡ 예술의 주제가 선한 것만을 다루어야 하는가 아니면 추한 것도 포함되어야 하는가?

㉢ 좋은 예술이란 무엇인가? 어떤 기준에 의해 '아름답다', '추하다'라는 말을 할 수 있는가?

㉣ 예술은 사회적 기능과 메세지를 가져야 하는가 아니면 그 의미는 언제나 작가 자신의 개인적인 것으로 남아야 하는가?

㉤ 예술은 예술 그 자체를 위해 존재해야 하는가 아니면 실제적인 의미를 가져야 하는가?

㉥ 미는 예술작품의 대상 안에 내재되어 있는가 아니면 그것을 바라보는 자의 눈에 의해 생겨나는가?

(3) 교육적 함의

　문화는 인간에 의해 창조된다. 인간은 끊임없이 자연에 손을 대어 그것을 가치롭게 변형시켜 문화를 창조한다. 인간이 창조한 문화는 곧 인간이 표현한 가치의 집합체이다. 인간은 역사를 거듭하면서 계속해서 보다 나은 가치를 추구해 오고 있다. 우리 인간은 주어진 현실의 가치체계에 안주하지 않고 보다 이상적인 새로운 가치체계를 그리며 동경한다. 이것은 인간만이 사유능력을 지닌 존재이고 또한 가치와 진리에 대한 감각을 갖고 있기 때문이다. 인간은 사유의 작용과 가치에 대한 감각을 통하여 다른 동물이 가지지 못하는 문화를 보존하고 또한 창조하면서 살아간다. 인간이 창조한 문화는 인간이 표현한 가치의 결정체이다.

　인간은 사회라는 삶의 공동체 안에서 문화 속에 내재되어 있는 복잡한 가치체계 가운데에서 삶을 영위하고 있다. 우리 인간은 복잡한 사회생활 가운데서 어떻게 올바른 가치를 보존하고 유지하며 또한 창조하느냐를 가르치고 배우는 일이 교육의 대단히 중요한 기능임은 두말할 것도 없다. 교육에서 가치교육을 외면하거나 제외한다면 교육 자체가 성립될 수 없다는 것은 주지의 사실이다. 교육을 바람직한 인간 형성의 작용이라고 본다면 '바람직한'이라는 표현 자체가 이미 가치지향임을 뜻하는 말이다.

　교육과 가치의 뗄 수 없는 관계는 교육실천에서 더욱 분명하게 나타난다. 이를테면 교육목표를 설정하는 일, 과제물을 제출하고 처리하는 일, 학업 성취도를 평가하는 일, 생활지도의 방향을 결정하는 일, 학급을 경영하는 일 등은 어떤 의미로든 가치판단을 내리고 있는 행위인 만큼 교육적 가치와 관련되지 않는 것이 없다. 이것이 교육의 가치론적 기초가 절실히 요구되는 소이이며, 또한 교사의 가치론적 소양을 요구하는 이유 가운데 하나이다.

　가치형성을 위한 교육의 이론적 구조는 관점에 따라 여러 가지로 기술할 수 있겠지만, 대략 두 가지로 묶어서 생각할 수 있다. 하나는 도덕적 사고를 형성하기 위한 교육이고, 다른 하나는 도덕적 사고에 따라 행동하는 교육으로 나눌 수 있다. 전자는 도덕적 사고만 함양시키면 가치 형성이 가능하다는 전통적인 주지주의적 가치관의 입장이고, 후자는 함양된 사고를 사고로서만 머물게 하지 않고 그것을 행동에 이르기까지 연결시켜야 한다는 입장이다.

'덕은 지식이다'라는 명제처럼 도덕적 사고의 함양이 곧 가치 형성이라는 전자의 주장이 많은 윤리학자들에게 회의를 느끼게 하는 사례가 속출하고 있다. 윤리교과에서 만점을 받은 학생이 반드시 훌륭한 도덕적 행동을 한다는 보장은 없다. 도덕적 사고는 도덕성의 필요조건으로만 끝나지 않고 행동으로까지 연결되어야 한다. 도덕교육의 문제는 단순히 도덕적 사고의 함양에만, 또는 도덕적 행동에만 있는 것도 아니고 양쪽을 모두 조화시키는 노력을 통해서 해소될 수 있을 것이다.

....

●함께 볼 만한 비디오

1. 조용한 아침의 나라(한국 1920년대의 풍물)
   (노베르 베어/독일/분도 시청각 종교교육 연구회)
2. 모던 타임스(찰리 채플린/찰리 채플린/미국)
3. 글래디에이터(리들리 스콧/러셀크로우, 조아퀸 피닉스/미국)
4. 기사 윌리엄(브라이언 헬겨란드/헤쓰 레저, 마크 애디/미국)
5. 전망 좋은 방(제임스 아이보리/다니엘 데이 루이스/영국)
6. 아름다운 세상을 위하여(미미레더/캐빈 스페이시, 헬렌헌트/미국)
7. 쉰들러 리스트(스티븐 스필버그/라이엄 닐슨, 벤 킹슬리/미국)
8. 포레스트 검프(로버트 저메스키/톰 행크스, 게리 서니즈/미국)
9. 아름다운 비행(캐롤 발라드/안나 파킨, 제프 다니엘스/미국)
10. 티벳에서의 7년(장자끄 아노/브레드 피트, 데이비드 둘리스/미국)

▲읽어 볼 만한 책

1. 최현 역(1992). 플라톤의 국가론. 서울: 집문당.
2. 정태시 역(1986). 죽음의 수용소. Victor Frankle. 서울: 제일출판사.
3. 유인종·주영흠 공역(1991). 교육철학을 위한 사색. 서울: 양서원.
4. 강영계(1984). 철학에 이르는 길. 서울: 서광사.
5. 정진일(1994). 동양의 지혜·서양의 지혜. 서울: 양영각.

6. 김광수(1997). 논리와 비판적 사고. 서울: 철학과 현실사.
7. 김은산 역(1988). 행복한 학교 서머힐. A.S.Neill. 서울: 양서원.
8. 김정환(1988). 현대의 비판적 교육이론. 서울: 박영사.
9. 이규호(1983). 사람됨의 뜻. 서울: 제일출판사.
10. 남기영 역(1996). 프랑스 고교철학: 인간학·철학·형이상학. Andre Vergez·Denis Huisman. 서울: 정보여행.

■ 함께 토론해 볼만한 주제

1. 교양인(well-educated person)과 만물박사의 차이를 생각해 보시오.
2. 개인의 인격을 향상시키기 위한 교육과 사회 전체의 보존과 발전을 위한 교육은 갈등을 일으키기 쉽다. 이 두 교육이 조화를 이룰 수 있는 가능성은 없는지 논의해 보시오.
3. 정신적 가치를 중시하는 교사와 물질적 가치를 중시하는 교사가 있다면, 어느 쪽을 지지하겠는가? 이런 가치들은 통합되지 못하고 항상 분리되는 것인지에 관해 논의해 보시오.
4. '지식위주의 교육'이라는 냉소적 표현이 있다. 참된 지식교육과는 어떤 점에서 다른지를 논의해 보시오.
5. 반성적 사고가 창조적 사고와 동일한 것인지 논의해 보시오.
6. 형이상학이 왜 교육이론의 가설 영역이 되는지 논의해 보시오.
7. 교육실천 분야에서 교육철학을 통해 얻을 수 있는 이점은 무엇인지 논의해 보시오.

제 4 장
교육을 위한 심리

1. 발 달

　인간의 발달은 다양하게 정의될 수 있는데, 먼저 허록(Hurlock)은 크기의 변화(changes in size), 비율의 변화(changes in proportion), 낡은 특징의 소멸(disappearance of old features) 및 새로운 특징의 획득(acquisition of new features)의 과정을 발달이라고 규정하였다. 그리고 코프카(Koffka)는 '유기체와 그 기관이 양에 있어서 증대되고, 구조에 있어서 정밀화되며 기능에 있어서 유능화되는 것'을 발달로 정의하였는데, 여기에서 양적 증대란 키가 크고 몸무게가 늘어나며 사용하는 어휘수라든가 사고력·기억력·지각력·창의력 등이 증가되는 것을 말하며, 그리고 구조의 정밀화란 어린이가 처음 태어났을 때는 정신활동이나 전체적인 행동특성이 거칠고 어색하지만 점차 세련되어 가고 각 기관이 정밀화되는 것을 말하며, 끝으로 기능의 유능화란 신체적·정신적 기능이 보다 정확해지고 효율화되어 가는 것을 말한다.

　그런데 이러한 발달은 아무렇게나 진행되는 것이 아니라, 일정한 원칙에 의해 이루어진다. 따라서 인간의 발달은 예측할 수 있고, 또한 적절히 통제·조절할 수 있다. 발달의 원리에 대하여 살펴보기로 한다(오만록, 2000).

　첫째, 발달은 유전(성숙)과 환경(학습)의 상호작용에 의해서 이루어진다. 개체의 발달은 단순한 유전적인 요인에 의한 것만도 아니고 또한, 환경적인 요인에 의한 것만도 아니다. 즉, 발달은 개체의 내부적인 힘인 유전적인 요인과 외부적인 힘인 환경적인 요인이 서로 상호작용한 결과로서 나타난다. 따라서 발달은 성숙과 학습의 산물인 것이다.

둘째, 발달은 분화의 과정을 밟으면서도, 일정 시점에서는 통합의 과정을 거친다. 발달은 초기의 전체적이고 미분화된 기관 또는 기능이 점차 부분적이고 특수적인 기관 또는 기능으로 분화되어 가는 동시에, 그 분화된 기관 또는 기능들이 전체적으로 종합되어 하나의 새로운 체제로 통합된다. 예를 들면, 전체적이고 미분화된 신체기능이 점차 뛰는 능력, 달리는 능력, 던지는 능력, 받는 능력 등으로 점진적으로 분화된 다음, 이들은 통합되어 농구나 축구를 할 수 있게 된다. 이러한 과정은 정신기능에서도 마찬가지이다.

셋째, 모든 발달은 일정한 순서와 방향으로 진행된다. 신체 및 운동기능의 발달은 물론, 언어나 지적인 발달에도 이러한 원리가 적용된다. 특히, 발달은 두-미(頭-尾)의 방향(cephalo-caudal direction)으로 발달한다. 예를 들면, 태아는 머리가 다리부분보다 먼저 발달하고, 팔이 다리보다 먼저 발달한다. 그리고 발달은 근처-원처(近處-遠處)의 방향(proximal-distal direction)으로 이루어진다. 예를 들면, 중추신경에서 말초신경의 방향으로 발달한다. 또한, 발달은 전체활동-특수활동의 방향(mass-specific direction)으로 진행된다. 예를 들면, 근육운동도 대근육운동에서 점차 소근육운동으로 발달해 나간다.

넷째, 발달은 그 영역이나 기능에 따라 최적의 시기를 가지고 있으며, 따라서 이러한 결정적 시기를 놓치면 발달에 심각한 장애가 올 수도 있다. 인간의 발달은 장기적으로 보면 점진적으로 이루어지나, 특정 시기 예컨대, 유아기에 한정시켜 보면 발달은 다분히 불규칙적임을 알 수 있다. 이것은 발달의 영역이나 기능에 따라 가장 적당한 발달을 보이는 시기가 있음을 의미한다. 이는 일정한 성장·발달에는 최적의 시기(optimum period)가 있음을 뜻한다. 즉, 발달에는 결정적 시기(critical period)가 있다는 것을 의미한다. 그러므로 결정적 시기에 있어서의 장애는 영구적인 결함이나 결손을 초래한다.

다섯째, 발달은 연속적이고 점진적으로 이루어진다. 체중이나 신장 등의 신체적 발달뿐만 아니라 정서와 같은 심리적 발달은 연속적이며 점진적으로 이루어진다. 발달의 속도는 시기에 따라 어느 정도의 차이를 보이지만, 결코 비약적인 발달이란 있을 수 없다. 이는 어느 일정 시점에서의 발달이 그 기초가 되어 그 후의 발달이 이루어진다는 의미를 내포하고 있다. '발달의 기초성'이 강조되는 것도 이러한 이유에서이다.

여섯째, 발달은 개인에 따라 차이를 보인다. 모든 인간은 보편적인 순서에 따라 발달한다. 그러나 개개인의 발달을 자세히 살펴보면 개인차가 있음을 발견할 수 있다. 이러한 개인차는 발달에 있어서 개인간 차(inter-individual difference)와 개인내 차(intra-individual difference)가 존재함을 의미한다. 특히, 개개인을 두고 볼 때 발달의 속도나 정도 또는 질은 동일하지 않다. 아울러, 발달에는 성차(性差)도 있음을 발견할 수 있다. 이러한 사실들은 교육에 있어서 개별지도의 필요성과 중요성을 뒷받침하고 있다.

일곱째, 발달은 그 영역들간에 상호관계성을 갖는다. 개인의 신체적·인지적·사회적·정서적·도덕성 영역의 발달간에는 아무런 관련성이 없는 것처럼 보이지만, 각 영역들은 상호간에 긴밀하고도 유기적인 관련성을 맺고 있다. 그러므로 특정 영역의 발달에 장애가 나타나게 되면, 이는 다른 영역의 발달에도 부정적인 영향을 미친다. 따라서 각 영역간의 조화로운 발달이 이루어지도록 해야만 원만한 인간발달이 가능하며, 전인으로서 발달이 이루어지게 된다.

여덟째, 발달은 초기 단계일수록 그 중요성이 높다. 생의 초기단계인 영유아기·아동기까지의 발달은 비교적 급속한 속도로 이루어질 뿐만 아니라, 이후의 모든 단계의 성장·발달을 좌우한다. 예컨대, 어린 시기에 부모와 따뜻하고 적절한 대인관계를 형성하지 못하면 이후에 타인과의 원만한 대인관계를 형성하지 못해, 적응곤란을 겪게 된다. 이렇게 볼 때 초기의 가정환경과 유아교육의 중요성은 아무리 강조되어도 지나치지 않다.

1) 신체·운동기능발달 영역

먼저, 신체발달 중에서 골격발달을 보면, 영·유아의 골격은 성인의 골격에 비하여 작을 뿐만 아니라 비율·형태·구성에 있어서도 다르다. 골격의 성골화는 출생 직후부터 시작되나, 일반적으로 영아기부터 뼈의 조직이 연골에서 경골화되어 가며, 뼈의 크기와 수도 증가하고, 그 구성조직도 변화해 간다. 영아 뼈의 연한 조직을 명백히 볼 수 있는 곳은 두개골이다. 영아의 두개골은 여섯 개의 천문(숫구멍)을 가지고 있으며, 그 중 2개는 외부에서 관찰가능한 것으로, 대천문과 소천문이라고 부른다. 대천문은 앞이마 위에 위치하는데, 생후 1.5~2년 사이에 닫힌다. 그리고 두정골과 후두골 사이에 있는 소천문은 훨씬 작기 때문에 생후 4~8개월에 닫힌다. 이러한 숫구멍들은 두개골의 뼈와 뼈 사이를 이어주는 결체조직에 의하여 형성되고 있으며, 두개골을 유연하게 함으로써 출생 당시 산도를 통과하기 쉽게 하는 역할을 한다.

경골화작용은 12~13세경에 거의 완료되나, 이같은 과정은 신체부분에 따라 각기 다르며, 개인에 따라서도 조금씩 차이를 보인다. 그리고 대체로 영·유아기의 뼈는 연골이므로 부러진다하여도 회복이 빠르며, 영구적인 손상은 나타나지 않는다. 그러나 연골이 갖는 심각한 결점은 그 모양이 쉽게 변형된다는데 있다. 예를 들면, 오랫동안 뒤로 눕혀둔 아이는 머리의 뒷부분이 약간 둥그렇게 발달되는 대신 편평해지며, 앉거나 서 있을 때 불량한 자세가 오랫동안 지속되면 자세가 약간 굽게 되고, 그 결과 시간이 흐름에 따라 굽은 상태가 고정되어 버린다.

그리고 근육섬유의 수는 출생시 성인이 가지고 있는 것과 같으나, 그 조직의 크기나 길이는 작다. 처음 1년 동안 영아는 신체의 수의근이 완전히 조정되지 않아서 신체활동에 빨리 피곤을 느끼기도 하나, 동시에 회복도 빠르다. 근육발달은 3~4세 동안 계속적으로 증가하여 5~6세가 되면 근육을 구성하는 근섬유의 굵기가 증가하고 근력도 강해짐에 따라 체중의 75%를 차지하게 된다. 그리고 이러한 근육의 발달도 골격과 마찬가지로 신체부위나 개인에 따라 차이를 보인다. 예를 들면, 머리와 목부분의 근육이 다리부분의 근육보다, 대근육이 소근육보다 더 빨리 발달하며, 여아가 남아보다 더 빨리 발달한다. 또한, 여아의 근육은 남아에 비해 대체로 지방이 많은 대신, 수분이 적으며 근육조직이 적고 가벼우며 짧다.

한편, 운동기능의 발달은 주로 중추신경, 골격 및 근육의 발달정도에 의존한다. 이러한 운동기능의 발달은 두 가지 기제로 진행되는데, 그 한 가지는 미분화된 전체적인 운동이 보다 섬세하고 더 기능적인 행동으로 분화되는 것이며, 또 다른 하나는 여러 분화된 행동들이 하나로 통합되는 것이다. 운동기능의 발달은 크게 이행기능(locomotion)의 발달과 사물조작기능(operation)의 발달로 나누어 볼 수 있다. 먼저, 이행기능을 보면 영아는 주위 사람과 사물들에 관하여 관심을 갖기 시작하며, 그 대상에 가까이 가려고 하며 주위환경을 탐색하려고 한다. 몸을 움직이는 것은 이러한 영아의 호기심을 만족시키며, 영아의 신체발달과 더불어 인지적·사회적 관심을 높여 주게 된다. 그리고 사물조작기능은 손운동뿐만 아니라 팔운동까지 포함되는데, 손운동은 시각능력과 또한 관련되게 된다. 즉, 눈과 손이 서로 협응(協應)되어야 물건을 잡거나 조작할 수 있게 된다. 이는 또한 지적 능력과도 밀접한 관계를 가지며, 신체 각 부위와 감각기관과도 밀접한 관계를 가지고 발달한다.

이상의 이행기능과 사물조작기능의 발달은 성숙에 의해서 자연적으로 나타나기도 하지만, 여기에 적절한 연습이나 훈련 또는 교육활동이 병행되면 보다 촉진될 수 있다. 다시 말하면 걸음마 연습을 시킨다든가, 달리기·균형잡기·기어오르기·공던지기·블럭쌓기·젓가락잡기·그리기·옷입고 벗기 등에 대한 적절한 지도를 받고 연습하게 되면 전반적으로 운동기능의 발달이 보다 촉진될 수 있다.

2) 인지발달 영역

인지(cognition)란 넓게 볼 때 인간의 지적 또는 정신적 사고과정이라 할 수 있는데, 여기에는 주위자극이나 사물 또는 사상(事象)에 대한 지각·기억·개념형성·사고·문제해결 등이 포함된다. 또한, 인지에는 언어도 포함된다. 그러므로 인지발달에 대하여 살펴보기 위해서는 지각·기억·사고·문제해결·개념형성·언어 등의 발달에 대하여 살펴보아야 하나, 여기에서 피아제(Piaget)의 인지발달이론에 대하여 살펴보기로 한다.

인간의 인지발달에 대한 체계화는 피아제에 의해서 이루어졌다. 피아제는 가장 탁월한 유기체론적 인지발달이론을 정립하였는데, 그는 본래 '지식(인지)이 어떻게 발생하는가'라는 인식론에 관심을 가졌기 때문에 그의 이론을 발생학적 인식론(genetic epistemology) 또는 발달적 인식론이라고 부른다. 그는 개체발생과정에서 지식이 획득되어지는 과정을 분석함으로써 인간의 인지발달의 성격을 밝히고자 노력하였다.

그에 의하면 인지발달은 주위의 제반 환경과의 상호작용을 통한 적응(순응)과정에 의해서 이루어지는데, 이러한 적응과정은 '동화'(assimilation)와 '조절'(accomodation)이라는 두 가지 하위과정에 의해 '평형화'(equilibrium)가 이루어지는 과정인데, 이는 인지구조(도식; 이해의 틀; schema)를 조직해 가는 원천이 된다. 즉, 인간은 외적 자극이나 지식 또는 정보를 소화·흡수함으로써 인지구조를 발달시키게 된다. 이러한 인지구조는 인간이 생래적으로 가지고 태어나는 것이 아니라, 환경과의 상호작용을 통하여 형성되고, 경험이 누적됨에 따라 점차 조직화됨으로써 지능이 분화·발달되어 간다.

여기서 '동화'는 새로운 자극·정보·지식을 기존의 인지구조에 의하여 받아들이는 것을 의미한다. 다시 말하면 외계의 대상을 기존의 인지구조를 통하여 이해하는 것을 말한다. 반면, '조절'은 새로운 자극·정보·지식을 기존의 인지구조로 소화·흡수하지 못하는 경우가 있는데, 이때 기존의 인지구조를 변경하여 그것을 받아들이는 것을 말한다. 이러한 과정을 통하여 인지구조는 더욱 분화·발달하게 된다.

인간은 새로운 사태에 직면하게 되면 필요에 따라 이러한 동화와 조절의 과정을 통하여 적응하게 되는데, 이때 내적 상태나 환경적인 요소인 외적 상태로 인하여 혼란과 갈등을 겪기도 한다. 이러한 불균형상태(인지적 부조화; cognitive dissonance)는 적절한 동화와 조절의 과정을 통하여 균형상태로 바뀌게 되는데, 이를 '평형화'라고 한다.

피아제에 의하면 일련의 이러한 과정을 통하여 인지발달은 계속적으로 이루어지는데, 여기에는 ① 성숙(maturation), ② 물리적 경험(physical experience), ③ 사회적 상호작용(social interaction), ④ 평형화 등이 영향을 미친다. 이 결과, 인간의 미성숙한 사고수준에서 점차 성숙한 사고수준으로 발달하게 된다. 인지발달은 질적으로 명확히 구분되는 네 단계 즉, 감각운동기(感覺運動期), 전조작기(前操作期), 구체적 조작기(具體的 操作期), 형식적 조작기(形式的 操作期)를 밟아 이루어지게 된다(Piaget, 1970). 개인의 경험과 문화의 차이로 인해 한 단계의 발달이 성취되는 연령에는 차이가 있을 수 있으나, 발달 단계의 계열은 불변한다.

(1) 제1단계 감각운동기(sensory-motor period: 0~2세)

신생아들은 외부세계에 대처하기 위해 빨리, 쥐기 등과 같은 감각운동적 인지구조들을 조직화한다. 그렇기 때문에 생후 초기 어린이들의 인지활동은 감각적이고 운동적인 것에 제한된다. 예를 들면, 갓난 아이에게 엄마의 젖을 입에 대주면, 그는 이미 가지고 있던 감각운동적 인지구조의 기능에 의해 빨아 삼키게 됨으로써 처음으로 단맛을 맛보게 된다. 이 때 아이는 엄마의 젖과 단맛 사이의 관계를 인식하는 새로운 감각운동적 인지구조를 생성한다.

이렇게 하여 점차 시간이 흐름에 따라 타고난 단순한 반사적인 행동은 점차 복잡한 협응된 감각운동적 행동으로 발달하며, 그 자체가 습관화된다. 즉, 언어가 아직 발달하지 않은 영아는 지각과 환경탐색을 통하여 개념형성의 기초를 구축하며, 운동기능이 활달해짐에 따라 세상을 이해하고 조직하는 감각운동지능이 점차 발달하게 된다. 영아기에 발달하는 감각운동지능 중 가장 중요한 것은 '울면 엄마가 젖을 준다'와 같은 현상들간의 인과관계를 인식하는 것이다. 영아는 반복적인 경험과 실험을 통하여 이러한 현상들간의 예언적 관계를 학습하게 된다(김동배·권중돈, 2000). 그리고 영아는 대상불변성(object permanence)에 대한 개념도 형성하게 된다.

이러한 인지구조의 발달과정은 결국 사고의 발달과정이 된다. 생후 1년 6개월을 전후하여 표상능력이 생기면서부터 간단한 문제해결이 가능해지며, 기억하고 상상하는 능력이 발달하기 시작한다.

감각운동기에는 곧 감각적이고 운동적인 활동이 인지발달을 촉진시키므로, 이 때는 풍부하고 다양한 감각적 경험과 운동적 활동을 제공하여 인지발달을 촉진시키는 것이 무엇보다 중요하다.

(2) 제2단계 전조작기(preoperational period : 2~6세)

전조작기는 대략 2세에서 6세까지를 말하는데, 이는 다시 전개념기와 직관적 사고기의 하위단계로 구분된다.

① 전개념기(preconceptional period: 2~4세)

전개념기는 이전의 감각운동기에서 지배적이었던 자기만족의 행동형태가 사회적인 행동으로의 전환을 가져오는 시기이다. 이제까지 감각운동적 행동에만 의존했던 것은 차츰 새로이 습득한 언어와 대치해 나가게 되고, 언어와 그 이외의 다양한 상징적 능력이 발달하게 된다.

이 시기의 가장 특징적인 것은 언어의 발달인데, 인지적 발달은 언어의 발달을 촉진시키는 데 가장 중심적인 역할을 한다. 이 시기의 어린이는 자신이 경험하는 환경을 평가하며 또 재평가하는 일을 시작하고, 상징적인 유희에 참가하기 시작한다. 어린이는 어떤 사물을 인식함에 있어서 실물 대신에 정신적 대치(mental substitution)를 형성할 수 있으며, 지금 눈앞에 없는 것도 생각할 수 있게 될 뿐만 아니라, 어떤 표상에 의미를 붙일 수 있게 된다. 예를 들면, 나무막대기에 대하여 새로운 표상 즉, 기관총이라는 의미를 부여하여, 친구들과 전쟁놀이를 한다든가, 세발자전거로 자동차놀이를 할 수도 있는데, 실제로 기관총이나 자동차가 없음에도 불구하고 그에 대한 표상형성이 가능하며 그 형성된 표상에 의미를 부여할 수 있다. 이는 곧 이 시기의 어린이들이 표상능력(表象能力)을 가지고 있음을 의미한다.

② 직관적 사고기(period of intuitive thought : 4∼6세)

이 시기의 어린이는 개념화능력이 확대되고, 보다 복잡한 사고나 표상작용이 가능해진다. 또한 어린이는 사물을 유목으로 분류할 수는 있으나 전체와 부분을 관련지어 사고하거나 둘 이상의 특성을 동시에 고려하여 사고하는 데는 완전하지 못하다. 즉, 유목화능력(類目化能力)이나 집합(set)의 개념은 아직 불완전하다. 이 단계의 어린이는 아직도 직관적인 사고에 의하여 사물을 판단하고 이해하는 경향이 있다. 그렇기 때문에 물체의 양(量), 수(數), 길이, 면적, 부피 등에 대한 보존개념이 아직 획득되지 못한 상태에 있다. 이것은 유아들이 아직 가역적 사고(可逆的 思考)를 할 수 없기 때문이다. 예컨대, 공같이 둥근 같은 크기의 진흙덩어리 두 개를 보여주고, 그 양이 같은가를 질문하면 유아들은 거기에 동의한다. 그후 그들 앞에서 그 중의 하나의 진흙덩어리를 소시지 모양으로 길쭉하게 늘어뜨린 다음, 다시 그 양이 동일한가를 물어보면 그들은 소시지 모양의 진흙덩어리가 더 많다고 대답한다. 따라서 이 시기에는 아직 보존개념이 형성되어 있지 않다고 말할 수 있다.

이 전조작기의 특징들을 종합적으로 정리해 보면 다음과 같다. 첫째, 상징적인 활동이 증가하게 된다. 즉, 비언어적인 상징행동과 언어의 급격한 발달이 이루어진다. 특히, 언어의 사용빈도가 급속히 증가되며, 어휘도 광범하게 사용된다. 둘째, 사고와 언어가 아직도 자아중심적인 상태에서 벗어나지 못하고 있으나, 사회적 행동이 증가함에 따라 이러한 자아중심적 사고와 언어는 점차 감소된다. 그러나 전반적으로 볼 때 여전히 자아중심성은 강한 편이다. 셋째, 직관적 사고를 하기 때문에 양이나 수 등의 보존개념과 유목화의 능력이 제대로 형성되어 있지 못한 시기이다. 이는 가역적 사고가 아직 불가능함을 의미한다. 넷째, 모방은 단순히 모방하는데 그치지 아니하고, 모방의 대상에 대한 의미를 파악하려고 하는 의식적인 노력을 하게 된다. 다섯째, 도덕적 사고와 판단이 아직 도덕적 현실주의(도덕적 실재론·타율적 도덕성)에 머무르고 있으며, 행위를 판단하는데 있어 그 의도(동기) 보다는 결과를 중시한다. 여섯째, 물활론적(物活論的)인 사고를 한다. 일곱째, 꿈을 실재의 세계라고 생각한다.

(3) 제3단계 구체적 조작기(period of concrete operation : 6~11세)

여기에서 조작이란 아동이 머리 속에서 문제를 해결하는 행위를 말하는데, 구체적 조작기에는 어떤 구체적인 상황이나 사물을 통하여 지각이 이루어진 다음, 그것에 근거한 지적 조작만이 가능할 뿐, 추리적 사고는 아직 이루어지지 못한다. 또한, 논리적 사고도 단순할 뿐만 아니라, 그것도 구체적인 대상을 통해서만 가능하다.

그러나 구체적 조작기에서는 사물이나 현상의 여러 다른 차원 또는 측면을 서로 관련짓기 시작하며 보존개념 즉, 불변성의 원리(principle of invariance)를 깨닫게 된다. 위에서 예를 든 두 가지의 진흙의 양을 묻는 질문에 대하여 이 단계의 어린이는 '소시지 모양의 진흙덩어리를 아까와 같은 공모양으로 만들면 똑같이 될 테니, 결국 다른 모양의 진흙덩어리의 양은 동일하다'는 것을 쉽게 추리한다. 어린이는 진흙의 모양은 달라졌지만 진흙의 양은 불변한다는 것을 알게 된 것이다. 이러한 추리가 가능하기 위해서는 아동들이 ① 진행되어 온 과정을 거꾸로 되밟아 가면 원상태에 도달할 수 있다는 가역성(reversibility)의 원리, ② 공모양의 진흙을 소시지 모양으로 만들 때 공의

높이가 줄어든 것은 소시지의 길이가 길어짐으로써 서로 상쇄되었기 때문에 진흙의 양이 변하지 않는다는 보상성(상보성)의 원리, ③ 진흙의 모양새에 상관없이 그 양은 동일하게 유지된다는 동일성의 원리 등에 대한 개념을 이해할 수 있어야 한다.

이 시기의 특징들을 종합적으로 정리하면 첫째, 구체적 사물이나 대상을 활용하면서 논리적 사고(귀납적 사고)를 하게 된다. 둘째, 자기중심적인 사고 및 언어로부터 사회화된 사고 및 언어로 발달함으로써 탈자기중심성이 성취된다. 셋째, 유목화능력이 발달한다. 넷째, 미래의 가능성에 대한 사고(추리)는 대상에 대한 직접적인 구체적 경험이 없이는 일어나기 어렵다. 다섯째, 보존개념이 획득되고, 가역적 사고가 가능하게 된다. 보존개념이 획득되기 위해서는 가역성, 보상성 및 동일성의 원리에 대한 이해가 뒷받침되어야 한다. 여섯째, 도덕적 상대주의(도덕적 상대론·자율적 도덕성)의 관점에서 도덕적 사고와 판단을 할 수 있으며, 행위를 판단하는데 있어 결과보다는 의도(동기)를 중시한다.

(4) 제4단계 형식적 조작기(period of formal operation : 12세 이상)

인지발달의 최종단계인 이 시기는 대체로 12세경부터 시작되는데, 이 때의 사고는 구체적인 대상물을 떠나서 자유롭게 이루어질 수 있다. 앞 단계인 구체적 조작기에 있는 아동은 지각된 실제의 대상만을 분류하고 조작할 수 있는 반면, 형식적 조작기에 있는 아동은 일반적인 법칙을 생각해 내고 가상적으로 가능한 대상에 대한 조작을 할 수 있게 된다. 즉, 구체적 조작기에는 지적 조작이 '여기-지금'(here & now)에 국한되고 시행착오적 문제해결방법을 사용하게 되지만, 이 단계에서는 '눈에 보이지 않는 것과 미래'(remote & future)에까지 사고가 가능하며 가설적·연역적 문제해결방법을 활용할 줄 알게 되며 또한, 조합적 사고(combinational thinking)를 할 수 있게 된다. 이 시기는 감각적 경험이나 구체적인 내용 없이도 논리적으로 사고할 수 있게 되어, 높은 수준의 적응을 할 수 있게 된다.

이 시기의 특징들을 종합적으로 정리해 보면 첫째, 이 시기의 사고체계는 고도의 평형상태에 도달해 있으며, 융통성 있고 능동적이어서 복잡한 문제를 능률적으로 다룰 수 있게 된다. 둘째, 특정의 사물이나 현상이 내재해 있는 무수한 가능성을 상상할 수 있으며, 구체적 현실을 초월하여 사고를 진행시킬 수 있다. 셋째, 추상적인 것을 포함한 논리적인 사고가 가능하다. 문제해결을 위하여 가설을 세워 귀납적 추리를 할 수 있으며, 삼단논법(syllogism)과 같은 연역적인 추리를 할 수 있다. 넷째, 도덕적 상대주의와 자율적인 도덕성이 보다 발달한다. 다섯째, 사상(events)의 인과관계를 제대로 파악할 수 있다.

3) 성격발달 영역

성격(personality)이라는 말은 일상생활에서 가장 빈번히 사용되고 있는 용어 가운데 하나인데, 그에 대한 개념정의는 학자마다 각기 다르다. 먼저, 올포트(Allport)는 성격이란 환경에 대하여 독특한 방법으로 적응하려는 개인의 정신신체적 체계(psychophysical system)의 역동적 조직이라고 하였으며, 길포드(Guilford)는 성격을 모든 능력의 집합체이며 개인의 일반적 특징 그리고 적응과정에 따른 행동양식이라고 정의하였다. 또한, 메이(May)는 성격이란 사회에 있어서 개인의 역할과 상태를 규정하는 모든 성질의 종합이라고 규정하였다. 이상을 종합해 볼 때 성격은 개인의 성질·특성·가치·환경에 적응하는 방법과 같은, 한 개인의 독특하고 일관적인 심리적 특성들의 전체라고 말할 수 있다.

이러한 성격발달은 아주 복잡한 과정이며, 신체운동적·인지적·정서적·사회적·도덕적 발달들과 상호관련을 가지면서, 하나의 전체로서 발달해 간다고 할 수 있다. 그리고 성격발달은 유전적인 요소와 환경적인 요소가 상호작용한 결과로서 이루어진다고 볼 수 있다.

(1) 프로이트(Freud)의 정신분석적 성격이론

프로이트에 의하면 정신(마음)은 의식·전의식·무의식으로 구성되어 있는데. 이 중 무의식이 인간의 행동이나 사고에 영향을 미치게 된다. 이러한 무의식은 억압된 본능에 의해서 형성되며, 이는 꿈이나 신경증적 증상, 실수 또는 실언으로 나타난다. 한편, 성격은 원아(원초아; id), 자아(ego), 초자아(superego)의 세 체계로 구성되어 있는데, 이러한 각 영역은 고유의 기능·특성·구성요소 등을 가지고 있으나, 서로 밀접하게 관련되어 있다. 인간의 행동은 결국 이 세 체계간의 상호작용에 의해서 나타나게 된다. 먼저, 원아는 쾌락의 원리(pleasure principle)에 의해 움직이므로 본능적 충동에 의해 지배되는 성격의 부분이며, 자아는 원아의 충동 중에서 비합리적이고 반사회적인 것을 억압하고 현실적으로 가능한 방법으로 만족을 얻게 하는 성격의 부분으로서, 이는 현실의 원리(reality principle)에 의해 지배된다. 끝으로, 초자아는 이상의 원리(ideal or perfection principle)에 의해 지배되는 인간행동의 도덕적 규제를 맡는 성격의 부분으로, 이상과 완벽을 추구한다(조복희 외, 1998).

프로이트는 적응적인 성격이란 이러한 세 가지 성격요소가 균형을 유지하고 있는 상태라고 가정하였다. 건강하게 적응하려면 원아가 끊임없이 충동의 즉각적인 만족을 추구하는 상황에서 초자아는 도덕이나 양심에 비추어 이를 제지하려는 힘을 발휘하는 가운데서, 자아가 현실조건을 고려하여 이를 합리적으로 만족시키는 균형상태가 유지되어야 한다. 그러나 이러한 과정에서 필연적으로 세 요소간의 갈등상태가 나타나게 된다. 이때 어느 한 요소의 힘이 너무 강하면 자아가 그 힘에 대해 위협을 느끼게 되며, 불안을 경험하게 된다.

어느 요소의 힘에 의해 불안이 야기되었는지에 따라 불안의 종류는 세 가지로 나뉘어진다. 먼저, 신경증적 불안(neurotic anxiety; 원아불안)은 원아가 원인인 불안으로서 개인이 자신의 본능적 충동을 통제하지 못하고 압도되어 처벌받는 행동을 하게 될 것이라는 위협 때문에 경험하는 정서이다. 그리고 현실불안(reality anxiety; 자아불안)은 자아에 관련되는 불안으로서 현실적인 위험이 외부에 실제로 존재할 때 자아가 위협의 신호로서 경험하는 정서이다. 그러므로 이러한 불안을 객관적 불안(objective anxiety)이라고도 한다. 마지막으로, 도덕적 불안(moral anxiety; 초자아불안)은 도덕적 행위의 내적 기준에 도달하지 못한 데 대한 죄책감이나 자기비난감, 양심의 가책을 경험하는 정서이다.

이러한 불안들은 근본적으로 원아의 본능적 압력(원아에 의한 무의식적인 성적 또는 공격적 소망)과 그에 대한 초자아에 의한 처벌의 위협 사이에서 생겨나는 갈등의 결과이다. 그러므로 불안은 무의식세계에 있어서의 위험의 존재에 대한 신호로 이해될 수 있다. 이러한 신호에 대한 반응으로서 자아는 의식세계로 떠오르는, 수용할 수 없는 생각과 감정들을 막기 위하여 방어기제(defence mechanism)를 동원하게 된다. 이러한 방어기제에 대해서는 뒤에서 논의하기로 한다.

한편, 프로이트는 다윈(Darwin)의 적자생존론의 영향을 받아, 인간의 기본 본능을 성욕(sex; eros)과 공격욕(aggression; thanatos)으로 구분하면서, 인간의 행동에 있어서의 본능의 역할을 강조하였다. 성욕은 넓은 의미로 보면 삶의 본능으로 볼 수 있으며, 공격욕은 달리 표현하면 파괴본능·죽음의 본능이라 할 수 있는데, 이 공격욕이 외부로 향하면 타인이나 사물에 대한 공격이나 파괴행동으로 나타나고, 내부로 향하면 자해행동이나 자살행동으로 연결될 수 있다.

프로이트는 성욕의 에너지를 리비도(libido)라고 하였는데, 이는 일생을 통하여 정해진 일정한 순서에 따라 상이한 신체부위에 집중하게 되는데, 이 신체부위를 성감대(erogenous zone)라고 하였다. 그는 이러한 성감대의 연령적 변화에 따라 성격발달을 다음과 같이 다섯 단계로 나누어 설명하였다.

① 구강기(구순기; oral stage)

이 시기는 출생 때부터 1.5세경까지를 말하는데, 이 때의 주된 성감대는 구강이며, 성격의 세 체계 중 원아(id)가 발달하는 시기이다. 그러므로 이 때 즐거움의 근원은 빨기, 깨물기, 삼키기, 입술을 움직이는 것 등이다. 특히, 유아는 구강(입, 혀, 입술 등)을 통하여 엄마젖을 포함한 사물을 빠는 데에서 성적 욕구를 충족하며, 자신에게 만족과 쾌감을 주는 인물이나 대상에 대하여 애착관계를 형성하게 된다. 그리고 후에 이가 나면서부터 유아는 초기에 구강에 와닿는 것을 빨므로써 수동적으로 쾌감을 받아들이던 이전의 방식에서 벗어나, 이젠 음식을 포함한 사물을 깨물어 씹는 데서 쾌감을 느끼며, 쾌감을 주는 그 대상을 적극적으로 추구한다. 이 시기에 있어 중요한 타인은 부모 특히, 어머니라고 할 수 있다. 따라서 어머니는 유아가 수유활동과 섭식행동을 통하여 충분한 만족을 얻도록 해주어야 한다. 그 과정에서 충분한 피부접촉(skinship)을 포함한 애정을 주는데 많은 주의를 기울여야 한다. 특히, 모유에 의한 수유가 유아의 신체적 및 심리적 발달에 긍정적인 영향을 주는데, 이는 유아로 하여금 어머니의 따뜻한 피부와의 접촉을 통하여 안정감과 포근함을 느끼게 하는 데도 도움을 준다.

프로이트에 따르면, 각 단계마다 유아가 추구하는 만족을 충분히 얻을 수 있어야 다음 단계로의 이행이 순조롭게 이루어진다. 만일 충분한 만족을 얻지 못해 욕구불만이 생기거나 또는 과잉만족이 생기면, 유아는 지나치게 거기에 집착함으로써 다음 발달단계로 넘어가지 못하고 그 시기에 고착(fixation)되어 버린다. 다시 말하면, 과소충족에 의한 욕구불만과 과잉충족에 인한 몰두경향은 다음 발달단계로의 발달을 방해하는 고착현상을 나타내게 하며, 그 결과 각 단계마다 바람직하지 못한 특징적인 성격유형이 형성된다.

만일 구강기에 강압적인 인공수유를 한다든가, 혹은 수유시간을 너무 엄격히 통제함으로써 젖을 먹는 데 있어서 욕구불만을 느끼게 되면, 먹기를 거부하는 구강적 분노를 보이는 성격적 특성을 보이며, 유아는 이에 고착되어 훗날에도 이러한 성격은 계속된다. 또한, 젖을 너무 오래 먹거나 손가락 빨기에 탐닉하게 되는 경우에도 고착현상이 일어난다.

유아가 구강기에 고착되게 되면 나중에 커서도 손가락 빨기, 껌을 지나치게 모질게 씹는 행동, 과식이나 과음, 과도한 흡연, 수다스러운 성격, 이야기 중 항상 남의 아픈 부분을 꼬집어내어 상대방의 감정을 상하게 하는 성격, 기분이 언짢은 경우 무엇이든 먹고 싶어하는 성격 등과 같은 구강적 성격특징을 그대로 유지한다. 이러한 구강적 성격특성은 크게 두 가지 유형으로 나누어 지는데, 그 하나는 소극적인 구강기적 성격이고, 또 다른 하나는 적극적인 구강기적 성격이다. 둘 다 의존적이고 유아적인 성격특성을 공통적으로 가지면서도, 전자는 보다 순종적이며 애정요구적인 것이 특징인 반면, 후자는 애정을 요구하는데 있어 보다 공격적인 방식을 취하는 것이 특징이다.

② 항문기(anal stage)

1.5세 이후부터 3세까지 말하는데, 이 시기는 성격의 세 체계 중 원아와 자아가 발달하는 시기이다. 이 시기는 배설물을 보유하거나 배출하는 데에서 만족이나 쾌감을 얻기 때문에 이 때 대소변 가리기 훈련이 이루어지는데, 이로써 유아는 처음으로 그의 본능적 충동을 외부로부터 통제받는 경

험을 하게 된다. 즉, 유아는 부모로부터 자신의 쾌감을 연기하는 훈련을 받게 된다. 여기에서 유아 자신의 요구와 부모의 요구(사회의 요구; 사회적 통제)가 대립되는데, 여기에서 원만한 해결이 이루어져야 한다. 그러기 위해서는 적절한 대소변 가리기 훈련이 필요하다.

여기에서 부모가 대소변 가리기에 대하여 무관심하거나, 그것이 시기적으로 너무 늦게 되어, 유아가 자신의 요구만을 일방적으로 지나치게 내세우게 되면, 후에 자신과 부모(사회)의 관계에서 자신의 요구만을 지나치게 주장하거나 부모와 타인 및 사회에 대하여 일방적인 요구를 하는 등 완고하고 고집이 센 성격을 갖게 되며, 그의 요구가 좌절되면 반항적인 행동을 하거나 반사회적인 행동을 하게 된다. 또한, 이러한 느슨한 대소변 가리기 훈련은 과다한 욕구충족을 불러일으켜 성인이 된 다음에도 여러 면에서 단정하지 못한 성격을 갖게 한다. 즉, 집안의 청소상태, 책상서랍, 심지어 자신의 호주머니 속까지도 지나치게 지저분한 상태를 유지한다. 이러한 성격을 항문기적 폭발성격(anal explosive personality)이라고 한다.

한편, 부모가 대소변 가리기 훈련을 너무 빠른 시기에 시작하거나 지나치게 엄격하게 하거나 또는 실수를 전혀 용납하지 않게 되면 유아는 심각한 좌절경험을 갖게 됨으로써 부모(사회)의 입장이나 주장에 항상 수동적으로 복종하고, 사회생활에서 자아의식이나 주체성을 갖지 못하게 된다. 이렇게 되면 타인의 부당한 요구에 대해서도 거부의사를 밝히지 못하거나 사회의 요구에 맹목적으로 복종하게 되어 타인이나 사회와 적절한 관계를 유지하지 못하게 된다. 부모가 엄격하여 억압적으로 대소변 가리기 훈련을 시키게 되면 유아는 성인이 된 뒤에도 고착현상을 보이게 된다. 이 시기에 고착된 결과로서 형성되는 항문기적 성격은 대소변이라는 더러운 대상으로부터 정반대로 강박행동적 청결·정돈·질서 등에 지나치게 신경을 쓰는, 이른바 반동현성으로 말미암아 결벽증 또는 완벽증 등의 항문기적 강박성격(anal compulsive personality)을 갖게 된다.

그런데 대소변과 관련된 쾌감은 그 배설을 참고 있을 때 생기는 항문근육(괄약근)의 수축에서 오는 쾌감과 대소변배설을 하고 난 후의 근육이완에서 오는 쾌감의 두 종류가 있다. 이 시기에 전자의 쾌감에 몰두하는 고착이 일어날 경우에는 돈이나 기타 물질에 대해 집착하는 수전노와 같은 인색함을 갖는 성격특성이 형성되고, 후자에 몰두하는 고착이 일어날 경우에는 낭비벽이 심한 성격을 갖는다.

이와 같은 사실들을 종합해 볼 때 이 시기의 대소변 가리기 훈련은 매우 중요한 의미를 가짐을 알 수 있다. 부모가 대소변 가리기 훈련을 적절하게 해주면 유아는 스스로 자신의 의지와 노력을 통하여 무엇인가를 잘할 수 있다는 생각을 갖게 되어, 생산성과 창의성을 발달시킬 수 있게 된다. 이러한 점을 고려해 본다면, 유아기의 대소변 가리기 훈련의 실제는 인간이 생산성과 창의성의 발달에 유의한 영향을 미친다고 할 수 있다.

③ 남근기(성기기; phallic stage)

남근기는 대략 3세 이후부터 6세까지를 말하는데, 이 시기는 성격의 세 체계인 원아, 자아 및 초자아가 지배하게 된다. 이 단계에 이르면 주된 성 감대는 항문으로부터 성기로 옮아가게 된다.

프로이트는 이 남근기 동안에 나타나는 가장 중요한 국면으로서, 남자아이들에게는 오이디푸스 콤플렉스(oedipus complex)가 나타난다고 주장하였다. 오이디푸스 콤플렉스란 남아가 이성의 부모인 어머니에 대하여 성적인 애정과 접근하려는 욕망(근친상간적 감정)을 느끼는 것을 말한다. 프로이트에 의하면 남아는 이 시기에 자기 어머니에게 성적으로 애착을 느끼게 되는 반면, 아버지를 어머니의 애정쟁탈의 경쟁자로 생각하여, 적대감을 가지게 된다고 한다. 어머니에 대한 이러한 욕망과 아버지에 대한 적개심은 아버지와의 삼각관계로 파악될 수 있다. 이때 아이는 그의 우세한 경쟁자인 아버지가 자기를 해칠 것이라고 상상한다. 이러한 상상은 자신의 성기가 제거당할 것이라는 공포 즉, 거세불안(castration anxiety)을 유발할 수도 있는데, 이러한 불안은 다른 신체부분의 상실이나 손상으로 비유되어 표현되기도 한다. 이 시기에 아이는 거세불안을 감소시키기 위해서 어머니에 대한 성적 욕망과 아버지에 대한 적개심을 억압하며 동시에, 어머니가 인정하는 아버지의 남성다움을 갖기 위한 기제로서 아버지에 대해 동일시(모방)를 하게 된다. 이렇게 함으로써 오이디푸스 콤플렉스는 극복될 수 있다. 이때의 동일시는 아버지처럼 행동하거나 혹은 아버지의 태도, 사고, 가치, 도덕성 등을 자기 것으로 내면화하고자 하는 노력으로 나타난다. 이러한 동일시

과정을 통하여 남아는 어머니에 대한 성적 욕구를 간접적으로 해결하며, 아버지로부터 올 수 있는 공격에 대한 불안도 동시에 해결하게 된다. 그 결과, 남아는 적절한 남자의 성역할을 습득(학습)하게 되며, 아버지의 도덕률과 가치체계를 내면화하게 되고, 이로 인하여 양심과 자아이상을 발달시켜 나가게 됨으로써 초자아를 발달시키게 된다.

한편, 프로이트는 위와 같은 심리적 현상이 여자아이들에 있어서도 마찬가지로 나타난다고 생각했는데, 여아가 아버지에 대해 가지는 성적 애착과 접근의 소원을 엘렉트라 콤플렉스(electra complex)라고 명명하였다. 그러나 이 경우는 남자아이들에게서와 같이 콤플렉스가 강하지는 않으며, 이것이 나타나지 않을 수도 있다는 것이 프로이트의 주장이다.

여아의 경우는 남근이 없으므로 남아와 같은 거세불안을 갖지 않는 데 반하여, 자기에게 없는 남근에 대한 부러운 감정 즉, 남근선망(penis envy)을 갖는다고 한다. 이때 여아는 아버지에 대한 성적 욕망과 어머니에 대한 적대감을 억압하는 동시에, 현실적으로 아버지에게 접근하기 위해서는 어머니와 같은 여성이 되어야 한다는 생각에서 자신의 어머니를 동일시하게 된다. 여아는 어머니를 동일시의 대상으로 삼아 어머니의 행동, 태도, 사고, 가치 등을 모방함으로써 적절한 여자의 성역할을 습득하고 초자아를 발달시키게 된다.

다른 단계에 있어서와 마찬가지로, 아이가 어떤 원인으로 해서 이 단계에 고착하게 되면 남근기적 성격이 형성된다. 적극적인 남근기적 성격은 과시적이고 거만하고 공격적이며 방종스러운 것이 특징이며, 소극적인 남근기적 성격은 오만하면서도 겸손하다. 이와 같이 오이디푸스 콤플렉스나 엘렉트라 콤플렉스가 동성의 부모를 동일시함으로써 잘 해결되지 않으면 계속적인 갈등이 무의식 속에 남게 되어, 앞으로의 성격에 결함을 주게 된다. 예를 들면, 남근기 동안에 동성의 부모를 동일시하는 과정을 순조롭게 경험하지 못하면, 성정체감(gender identity)이 제대로 형성되지 못하거나, 나중에 동성연애자가 되는 경우가 있다.

④ 잠복기(latency stage)

오이디푸스 콤플렉스와 엘렉트라 콤플렉스를 극복한 후 아이들은 일종의 평온한 시기인 잠복기에 들어서게 되는데, 이는 대략 6세부터 시작하여 11세까지 계속된다. 프로이트에 의하면 이 시기의 아이는 성적 욕구에 대한 관심은 잠재되고, 앞의 세 단계에서 가졌던 욕구들을 거의 잊게 된다. 따라서 이 시기는 위험한 충동이나 환상이 잠재되어 버리기 때문에 비교적 조용한 시기가 되며, 이때에도 원아, 자아, 초자아에 의해서 지배가 되며, 이전 단계와 같이 계속 동성의 부모를 동일시하게 된다.

그러나 이 시기는 인지적 발달면에서 보면 결코 소극적인 조용한 시기가 아니다. 이 시기의 아이들은 주위환경에 대한 강한 호기심을 가지며, 그에 따라 지적 탐색활동에 열중하게 된다. 그리고 이 시기의 아이들은 운동이나 게임 및 사회적 행동에도 많은 에너지를 투입하게 된다.

⑤ 생식기(genital stage)

사춘기가 시작되면서 성적 에너지는 다시 분출되어 이전 시기에 잠재되었던 충동이 무의식에서 의식세계로 떠오르게 되며 또한, 이 시기의 청소년은 그러한 충동을 현실적으로 수행할 수 있는 능력을 갖추게 된다. 이 시기에 이르면 이성에 대해 진정한 관심을 가지고 성숙한 사랑을 할 수 있게 된다. 이때는 이전의 오이디푸스 콤플렉스와 엘렉트라 콤플렉스에서 자유로워지기를 바라며, 이러한 욕구가 부모로부터 이탈하여, 경우에 따라서는 부모를 미워하는 표출양상으로 나타나기도 한다.

프로이트에 의하면 잠복기까지는 자기 자신의 신체에서 성적 쾌감을 추구하고 자기애착적인 경향을 보이는 데 반하여, 사춘기에 접어들면 비로소 이성으로부터 성적 만족을 얻으려고 하는 이성애착적인 경향을 보인다. 따라서 사춘기 이후를 이성애착시기라고 한다. 이 시기까지의 순조로운 발달을 성취한 사람은 타인(사회)에 대한 관심이 높고, 협동적인 태도를 갖게 된다. 따라서 생식기적 성격을 지닌 사람은 이타적이고 원숙하다고 할 수 있다. 그러나 모든 사람이 이성과 성숙한 사랑을 이룰 수 있는 것은 아니다. 만일 남근기를 성공적으로 거쳐 나오지 못한 경우에는 권위에 대한 적대감이 해소되지 않고 동일시에 있어 혼란이 있기 때문에 이 시기에 자신의 성적 에너지를 원만하게 처리할 수 없게 된다. 이로 인하여 권위에 대한 반항, 비행 또는 이성에 대한 적응곤란이 나타나기도 한다.

(2) 인본주의적 성격이론

프로이트를 주축으로 하는 정신분석학이나 환경적인 영향을 강조하는 행동주의 심리학과는 입장을 달리하는 심리학의 한 주류가 바로 인본주의 심리학인데, 여기에서는 자유의지의 존재로서 각 개인의 주관적 체험을 강조한다. 그러므로 인본주의 심리학은 개인이 세상을 어떻게 지각하고 해석하느냐에 주로 관심을 갖기 때문에 현상학적 이론이라고도 한다. 또한 '자아'라는 개념을 아주 중요시하기 때문에 자아이론이라고 부른다. 이러한 인본주의 심리학을 대표하는 학자로는 매슬로우(Maslow), 로저스(Rogers)를 들 수 있다.

먼저, 매슬로우는 처음에는 프로이트의 정신분석이론을 공부하고 깊은 감명을 받았으나, 그는 그 이론이 비정상적인 신경증 환자들을 관찰한 자료로 인간의 발달을 규명하려 했기 때문에 어린이들을 무의식적 욕구에만 지배를 받는 어쩔 수 없는 존재로 보았다는 사실을 발견하였다. 그래서 그는 프로이트처럼 비정상적인 사람을 관찰하여 이론을 체계화하지 아니하고, 아주 잘 적응된 인간을 관찰하여 이론을 구성하고자 하였다. 그 결과, 잘 적응된 어린이들은 무의식적 욕구에 따라 행동하고 성장·발달하는 것이 아니라, 그들 스스로 성장을 즐기고 새로운 것을 학습하고 능력을 키워나가며 발달한다는 것을 발견하였다. 또한, 그는 인간이 환경의 조건에 따라 느끼고, 자신의 지각결과에 근거하여 인간은 스스로 자기의 행동을 선택한다는 점도 확인하였다. 따라서 인간은 수동적 존재가 아니라 스스로를 형성할 수 있는 능동적이며, 창의적인 존재라는 것을 강력하게 주장하였다. 매슬로우의 이론에 인본주의(humanism)라는 이름이 붙은 이유도 이와 같이 인간의 자율적이고 자발적인 의지를 강조한 데 있다.

한편, 로저스의 이론은 개인중심적이며 정신적 문제를 가지고 있는 환자 치료에서 시작되었다는 점에서 정신분석이론과 유사하나, 정신분석이론과 달리 로저스의 자아이론은 사람들은 타인에 대해서보다 자기 자신과 자신의 문제에 대해 더 많이 알고 있다는 기본아이디어에서 출발하였다. 로저스는 이러한 아이디어를 자신의 성격이론에 연결시켰다. 그에 의하면 인간은 자신을 보호하고 유지시키며 자신의 능력을 개발하기 위한 선천적 경향을 가지고 있고, 자신의 사적인 세계 내에서 이러한 선천적인 경향을 계발하며 자신의 경험을 비추어 가치를 평가한다.

　로저스에 의하면 유아는 성장해 감에 따라 점차 자신의 존재와 기능에 대해 알게 된다. 그리고 나서 유아의 사적인 세계의 일부분은 '나'와 구분되고, 이는 의식적인 자아(self)가 된다. 자아에 대한 유아의 깨달음은 자기가 자신의 몸이나 자신의 사적 세계의 어떤 부분을 통제한다고 느낄 때 시작한다. 동시에 유아는 유쾌한 것과 불쾌한 것에 대한 가치평가를 하기 시작한다.

2. 학 습

　현대의 대표적인 학습이론인 행동주의 학습이론의 관점에서 보면 학습이란 '경험이나 훈련 또는 연습에 의한 비교적 영속적인 행동의 변화'라고 규정할 수 있다. 이는 생득적 반응경향성에 의한 행동변화와 구별될 뿐만 아니라 성숙에 의한 행동변화와 약물복용이나 피로 등에 의한 일시적인 행동변화와 구별된다. 이러한 학습의 개념을 보다 쉽게 이해하기 위해서 도식으로 나타내면 〈그림 4-1〉과 같다.

그림 4-1　**학습의 의미**

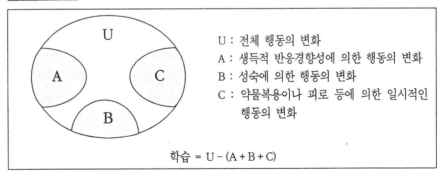

U : 전체 행동의 변화
A : 생득적 반응경향성에 의한 행동의 변화
B : 성숙에 의한 행동의 변화
C : 약물복용이나 피로 등에 의한 일시적인
　　행동의 변화

학습 = U − (A + B + C)

　여기에서 보는 바와 같이 전체 행동변화(U) 중에서 ① 생득적 반응경향성에 의해 나타나는 행동변화(A), ② 성숙에 의해 나타나는 행동변화(B), ③ 약물복용이나 피로 등에 의한 일시적인 행동변화(C)를 제외한 나머지의 행동변화만이 학습에 의해서 일어난 것이라고 말할 수 있다(Hilgard & Bower, 1981).

한편, 인지주의 학습이론에서 보면 학습은 환경과의 상호작용을 통한 유기체의 '인지구조의 변화'라고 할 수 있다. 여기에서는 인간을 학습에 대한 자발적 경험, 문제해결을 위한 정보탐색, 새로운 학습을 달성하기 위해 기존의 내용을 재구성하거나 재배열하는 능동적인 존재로 인정한다. 즉, 인간을 환경변화에 의해 수동적으로 영향받는 존재가 아니라 능동적으로 선택하고 결정하고 연습하고 주의집중하고 기억하는 정보처리적인 존재라고 본다. 이러한 과정을 통해 결과적으로 그의 인지구조의 변화가 일어나게 되는데, 이를 학습이라고 규정한다.

1) 행동주의 학습이론

학습을 '자극(stimulus)에 대한 반응(response)의 결합'으로 보는 행동주의 학습이론으로는 고전적 조건화이론·시행착오 학습이론·작동적 조건화이론 등이 있지만, 여기에서는 대표적인 이론인 작동적 조건화이론에 대하여 살펴보기로 한다.

파블로프(Pavlov)의 고전적 조건화이론은 단순히 자극에 의해서 유발되는 수동적인 반응(不隨意的 行動)에 관심을 갖는 데 반해, 스키너(Skinner, 1953)의 작동적 조건화이론(operant conditioning theory)은 스스로 방출한 능동적인 반응(隨意的 行動, 作動的 行動, 操作的 行動)에 관심을 가졌다. 스키너는 유기체가 자발적으로 방출한 행동은 뒤따라오는 후속자극의 성질에 따라 그 발생빈도가 달라질 수 있다고 주장하였다. 즉, 작동적 행동은 뒤따라오는 후속자극(강화자극, 강화물)에 의해 증가되기도 하고 또한, 감소·제거되기도 한다는 것이다. 예를 들면, 아동이 어떤 행동을 했을 때 긍정적인 후속자극이 수반되면 그 행동은 다시 일어날 확률이 높아진다. 반대로, 어떤 행동에 불쾌한 부정적인 후속자극이 수반되면 그 행동은 점차 감소되어 결국 제거된다. 이처럼 특정행동에 어떤 후속자극이 수반되느냐 하는 것은 앞으로의 그 발생에 영향을 미치게 된다. 이와 같이 후속자극에 의해서 어떤 행동을 조절하는 과정을 작동적 조건화라고 한다.

작동적 조건화이론은 쥐와 비둘기 등의 동물실험 결과를 토대로 체계화되었는데, 대표적으로 쥐를 대상으로 한 실험을 소개하면 다음과 같다. 실험상자 속의 한쪽 벽에 지렛대를 장치하여 쥐가 이것을 누르면 먹이접시 위에 자동적으로 먹이가 나오도록 장치를 한 다음, 쥐를 그 상자 속에 집어 넣었다. 쥐는 이리저리 왔다갔다 하다가 우연히 지렛대에 발을 얹게 되면 먹이가 제공되고 그것을 먹게 된다. 이러한 과정을 수회 반복하게 되면 마침내 쥐는 바로 자신의 지렛대 누름반응에 의해 먹이가 제공된다는 것을 알게 되어, 쥐는 지렛대를 눌러 먹이를 얻는 행동을 학습하게 된다. 여기에서 '지렛대'를 누르는 행동은 조건반응이 되고, 제공되는 먹이는 후속자극 (강화자극)이 된다. 쥐의 '지렛대' 누름반응은 그에 따른 후속자극인 '먹이'에 의해 학습되었다고 볼 수 있다.

스키너 이론의 핵심인 강화는 어떤 조작을 줌으로써 조건화가 강해지거나 또는 반응이 일어나는 확률이 증가되는 과정을 말하는 것이다. 그는 이것을 근거로 하여 프로그램(program) 학습을 고안하였다. 또한, 이러한 이론은 행동수정(behavior modification)에 응용되었다. 아동의 바람직한 행동을 유지·촉발시키는 방법으로서 정적 강화, 부적 강화, 행동형성법, 차별강화, 용암법(溶暗法), 간헐강화(間歇强化), 토큰(token)강화 등과 바람직하지 못한 행동을 감소·제거시키는 방법으로서 벌, 소거(소멸), 상반행동의 강화 등의 원리를 제공하였다.

2) 인지주의 학습이론

인지주의 학습이론에는 형태주의 심리학자인 퀼러(Köhler), 레빈(Lewin) 등에 의해서 주장되는 학습이론들이 포함된다. 형태주의 심리학에서는 학습활동을 요소로 분할해서 파악하는 것이 아니라 전체와의 구조 속에서 파악하고자 한다. 여기에서는 전체 속에서 바로 요소들의 관계가 성립되므로 전체 속에서 요소들의 기능에 관심을 가져야 한다는 점을 강조하며 인지과정 즉, 학습과정을 정보처리적 과정으로 파악한다. 인지주의 학습이론에는 통찰학습이론, 장학습이론, 기호-형태 학습이론 등이 포함되나, 여기에서는 통찰학습이론에 대하여 살펴보기로 한다.

통찰학습이론(insight learning theory)은 퀼러가 주장한 학습이론으로, 형태주의 심리학에 근거한 인지주의 학습이론이다. 퀼러에 의하면, 학습은 시행착오가 아닌 통찰과정으로서, 학습자는 문제해결에 대한 모든 요소를 생각해 보고 문제가 해결될 때까지 여러 가지 방법을 생각하게 된다. 이 과정에서 학습자는 문제해결에 대한 통찰(insight)을 얻는다. 학습자는 목표를 포함하는 문제사태를 이해하고 그것을 분석하여 전체적으로 인지함으로써 주어진 문제사태를 목표달성을 위한 행동과 결부시켜서 재구성 또는 재구조화 함으로써 결과적으로 인지구조를 변화시키게 된다.

학습과정 속에는 인지의 분화와 통합, 문제사태의 인지와 재구조화가 진행되면서 동시에 심리적 이해력이 발로되는 것이다. 이러한 심리적 과정을 쾰러는 통찰이라 불렀다. 즉, 통찰이란 '상황을 구성하는 요소간의 관계를 파악하는 것'이다. 결국 학습이란 학습자의 통찰과정을 통한 인지구조의 변화라고 볼 수 있다.

쾰러가 통찰학습이론을 체계화하는 데는 침팬지를 대상으로 한 실험이 도움을 주었다. 그는 천장에 바나나(목표)를 매달아 놓고 방안구석에 크기가 다른 나무상자와 막대를 넣어 두었다. 그랬더니 참팬지는 시행착오나 조건반사의 과정을 거쳐 바나나를 따먹는 것이 아니라 통찰과정을 통하여 바나나를 중심으로 방안 전체의 요소들을 파악한 뒤, 그 요소들을 활용하여 바나나를 따먹는 것을 관찰하였다.

이 실험을 통해 쾰러는 학습이란 통찰에 의한 문제해결의 과정이라는 것을 확신하였다. 주어진 문제사태를 인지하여 통찰을 통하여 주어진 문제사태를 재구조화함으로써 문제를 해결하는 과정을 아하경험(aha experience)이라고 하였다. 그리고 이러한 문제해결과정에서 얻어진 통찰학습능력은 다른 문제사태로 전이(transfer)된다고 주장하였다. 이러한 사실들을 토대로 쾰러는 다음과 같은 결론을 내렸다. 첫째, 문제의 해결은 단순한 과거 경험의 집적이 아니고, 그의 경험적 사실을 재구성하는 인지구조변환의 과정이다. 둘째, 통찰은 탐색적인 과정을 통해서 이루어지는데, 그 탐색은 단순한 우연만을 위주로 하는 시행착오와는 다르다. 셋째, 통찰은 주어진 문제장면의 상황에 의해 좌우되는데, 장면 전체가 잘 인지되거나 파악되면 그 문제해결이 용이하다. 넷째, 통찰에 의한 학습은 과제의 종류에 따라 차이가 있으며, 학습자의 개인차에 따라서도 차이가 있다.

3. 적 응

1) 적응과 부적응의 의미

적응은 개인이 대인관계에 있어서나 주어진 제반 환경사태에서 적절하고
조화있는 행동하는 것을 말하는데, 이는 정상적인 사회활동을 하게 할 뿐
만 아니라 자기 스스로도 만족을 느끼게 한다. 즉, 적응은 개인이 환경의
변화에 잘 맞추어 나가는 것이며, 이에 따라 개인은 자기 자신이나 환경에
대하여 만족감을 느끼게 된다.

반면, 부적응이란 욕구불만이나 갈등에 놓이게 되는 것을 말한다. 여기에
서 욕구불만이란 어떤 장애로 인하여 욕구가 충족되지 않은 데서 생기는
정서적 긴장상태를 말하며, 갈등이란 대립되는 두 개 이상의 욕구가 동시
에 만족될 수 없는 심리적 상태를 말한다. 개인은 이러한 욕구불만이나 갈
등에 직면하게 되면 스트레스(stress)를 받게 되어, 생리적인 반응으로서 식
욕부진·소화불량·두통 등이 나타나고, 심리적인 반응으로서 긴장·불안
·초조·우울·분노 등이 나타날 수 있다. 이러한 상황에서 개인은 무언가
하도록 동기화된다. 스트레스를 관리 또는 극복하는 과정을 대처(대응;
coping)라고 하는데, 여기에는 대체로 두 가지 방법이 있다. 그 중 한 방법
은 스트레스를 야기시키는 문제(상황) 자체에 초점을 두고 개인이 그 문제
를 면밀히 분석·평가하여 해결적인 행동(노력)을 하거나 스트레스에 의해
유발된 자신의 정서를 인식하여 그것을 적절한 방식으로 해소시키는 것인
데, 이를 '직접적 대처'라고 한다. 반면, 다른 한 가지 방법은 소극적으로
대처하는 방법으로, 이는 스트레스를 일으키는 상황과 그 원인을 확인하여
보다 적극적으로 해결하려고 하기 보다는 그로 인해 야기된 자아(ego)의 위
축이나 불안 또는 긴장을 감소·제거하려고 노력하는 것을 말하는데, 이를
'방어적 대처'라고 한다.

2) 욕구와 갈등

욕구(need)는 유기체 안에서 생겨나는 결핍현상이나 과잉현상이 원인이
되어서 일어나는 것으로서, 이는 행동을 일으킬 수 있는 잠재력(potentiality)

이 된다. 여기에서 직접적으로 행동을 일으키게 하는 것을 동인(動因; drive)이라고 한다.

먼저, 욕구에는 생리적인 욕구와 사회심리적 욕구가 있다. 먼저, 생리적 욕구는 신체적 유기체적·일차적 욕구라고도 하는데 섭식·배설·수면·휴식·성행동에 대한 욕구가 여기에 해당된다. 그리고 사회심리적인 욕구는 이차적 욕구라고도 하는데, 이것은 다시 정서적 욕구, 사회적 욕구, 자아적 욕구 등으로 나누어진다. 이 중 정서적 욕구는 안정감, 고통이나 공포의 기피, 긴장해소의 욕구 등을 의미하며, 사회적 욕구는 애정, 소속, 독립, 성취, 인정(승인)의 욕구 등을 말하고 끝으로, 자아적 욕구는 자아실현, 성공감, 자기개성유지의 욕구 등을 말한다.

한편, 매슬로우(Maslow)는 인간의 욕구를 생리적 욕구, 안전의 욕구, 애정 및 소속의 욕구, 자존의 욕구, 자아실현의 욕구, 인지적 욕구 및 심미적 욕구로 구분하면서, 인간은 점차 높은 수준의 욕구충족을 원한다는 욕구위계설을 주장하였다, 즉, 매슬로우는 인간의 욕구를 생리적 욕구(식욕·수면욕·갈증·성욕 등의 유기체적 욕구), 안전의 욕구(위기와 위협으로부터의 보호, 공포·불안·무질서로부터의 자유, 구조·질서·법·제약으로부터의 벗어나고 싶은 욕구), 애정 및 소속의 욕구(타인과의 만족스러운 관계, 집단에 소속하고 싶은 욕구), 자존의 욕구(자신감 성취감을 맛보고 타인으로부터 인정받고 싶은 욕구), 자아실현의 욕구(자신의 발견과 잠재력을 실현하고 싶은 욕구), 인지적 욕구(모르는 것을 이해하고 탐구하고자 하는 욕구), 심미적 욕구(질서·조화·미적 감각 등을 추구하려는 욕구)로 구분하였는데, 이들간에는 위계적 관계가 있다는 욕구위계설을 주장하였다.

매슬로우는 인간의 욕구구조를 배고픔과 갈증, 성욕 등과 같은 기본적인 생리적 욕구에서 안정의 욕구, 애정 및 소속의 욕구를 거쳐서 자존의 욕구(유능감 및 자긍감, 타인의 인정), 그리고 자아실현의 욕구에서 다시 인지적 욕구로, 끝으로 심미적 욕구에까지 오르는 위계적 관계로 나타냈다. 여기에는 더 낮은 욕구가 강력할 뿐만 아니라, 만족을 먼저 요구한다. 그보다 상위의 욕구들은 행동에 영향을 덜 주지만, 보다 더 뚜렷하게 인간적이다. 일반적으로 볼 때 적어도 하위의 욕구가 부분적으로 만족되어야 상위의 욕구가 추구될 수 있다.

그림 4-2　　매슬로우가 주장한 욕구의 위계

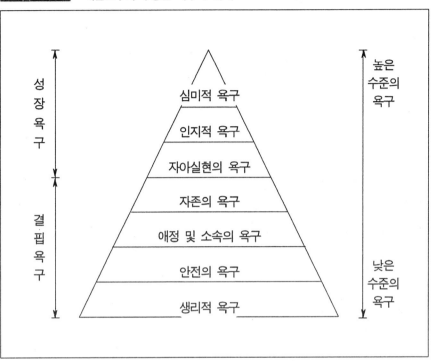

그런데 여기에서 생리적 욕구·안전의 욕구·애정 및 소속의 욕구·자존의 욕구를 결핍욕구라고 할 수 있는데, 이러한 욕구들은 충족되지 않으면 그 충족동기가 강해지고, 일단 충족이 되면 그 욕구는 감소된다. 반면, 자아실현의 욕구·인지적 욕구·심미적 욕구를 성장욕구, 즉 메타욕구(meta need)라고 하는데, 이러한 욕구들은 충족되면 동기가 감소되는 것이 아니고, 오히려 더 많은 충족을 위해 동기가 강해진다.

만약 어떤 개인이 하위의 욕구에 얽매이는 삶을 유지한다면 그것을 결핍동기화된 삶이고, 상위의 욕구만족까지를 추구하는 삶을 살아간다면 그것은 메타동기화된 삶이라고 할 수 있다. 사람들이 개인적·사회적 장애 때문에 메타동기를 충족시키지 못하거나 실패하게 되면 욕구불만, 불안, 긴장 등을 경험하게 되는데, 이를 메타병(meta pathology)이라고 한다.

한편, 갈등이란 대립하는 두 가지 또는 그 이상의 욕구가 동시에 존재함으로써 그 충족을 쉽게 할 수 없는 심리적 상태를 말한다. 이 개념은 주로

레빈(Lewin)에 의하여 발전된 장이론(field theory)에서 유래되었다. 여기에서
는 인간의 행동은 유기체와 그 유기체를 둘러싸고 있는 환경(심리적 환경)과
의 상호작용의 결과에 의해 결정된다고 본다.

갈등의 종류는 일단 목표선택의 긍정적·부정적 가치에 따라 네 가지로
구분될 수 있다. 첫째, 접근-접근 갈등(approach-approach conflict, + + 유의성)
은 상충되는 두 개의 긍정적인 욕구가 동시에 추구될 때 겪는 갈등상태를 말
한다. 이것은 힘이 비슷한 상충되는 두 개의 긍정적인 유인자극 사이에서 느
끼는 심리적 상태를 말한다. 예를 들면, 공부도 하고 싶고, 동시에 친구들과
함께 놀고 싶은 경우이다. 둘째, 접근-회피 갈등(approach-avoidance conflict, +
- 유의성)은 상충되는 긍정적인 욕구와 부정적인 욕구가 동시에 추구됨으로
써 겪게되는 갈등상태로, 긍정적 유의성과 부정적 유의성간의 갈등을 말한
다. 예를 들면, 시험에는 합격하고 싶으나, 공부는 하기 싫은 경우이다. 셋째,
회피-회피 갈등(avoidance-avoidance conflict, - - 유의성)은 상충되는 두 개의
부정적인 욕구가 동시에 추구됨으로써 겪게되는 갈등상태를 말한다. 이 갈등
은 부정적 유의성간에 일어나는 이른바 딜레마(dilemma)상태이다. 예를 들면,
학교에 가기도 싫고 벌도 받기 싫은 경우이다. 넷째, 이중 접근-회피 갈등
(double approach-avoidance conflict)은 각각 긍정적 및 부정적 가치를 모두 포함
하고 있는 두 대안적 목표 중에서 하나를 선택해야 하는 경우를 말한다. 예
를 들면, 한 학생이 두 대학에 합격했으나, 그 중 한 대학은 학과의 전망은
좋으나, 납부금이 비싼 사립대학이고, 나머지 한 대학은 명성이 있으나, 지리
적으로 멀리 떨어져 있는 경우 이 중 한 대학을 선택하는 것은 그만큼 어려
워진다.

한편, 갈등의 종류는 그 원천에 따라서 세 가지로 구분해 볼 수 있는데,
내적 욕구들간의 갈등, 외적 압력(기대)들간의 갈등, 내적 욕구와 외적 압력
간의 갈등이 바로 그것이다. 먼저, 내적 욕구들간의 갈등의 예를 들어보면,
열심히 공부하여 좋은 성적을 얻고도 싶고, 동시에 예쁜 여자친구와 다정
하게 데이트도 하고 싶은 경우가 여기에 해당된다. 그리고 외적 압력들간
의 갈등의 예로는 아들에게 아버지는 운동선수가 되라고 하고, 어머니는
예술가가 되라고 서로 상충된 압력(기대)을 가할 때 겪게되는 갈등을 들 수
있다. 마지막으로, 내적 욕구와 외적 압력간의 갈등의 예로는 청소년이 성

적으로 성숙해 있지만, 결혼할 때까지 성행동을 억제해야 할 경우를 들 수 있는데, 이는 개인의 내적 욕구와 외부적으로 주어지는 사회적 압력(기대)과 같은 외적 압력간의 갈등이라고 말할 수 있다.

3) 적응을 위한 노력

(1) 직접적 대처

직접적 대처는 부적응(스트레스)과 관련하여, 그것을 직접적으로 해결하려고 노력하는 합리적인 대처방법을 말한다. 그런데 이러한 직접적 대처는 다시 문제중심적 대처(problem-focused coping)와 정서중심적 대처(emotion-focused coping)로 나누어 볼 수 있다.

먼저, 문제중심적 대처는 부적응을 야기시키는 상황을 분석·평가하고, 그것을 변화시키기 위하여 어떤 문제해결적 행동을 하는 것을 말한다. 다시 말하면, 부적응상태를 인지적으로 확인·평가하고 그것을 해결하는 데 필요한 건설적인 자원으로 심리적 자원(개인의 특성·능력·장점), 사회적 자원(유용한 정보활용, 가족이나 친구의 도움), 생물학적 지원(신체운동, 이완기법으로서 명상·바이오 피이드백 훈련·음주나 흡연·마구 먹는 것·실컷 우는 것·속생각을 털어놓는 것·육체적 노동·유머 구사·음악감상·성행위) 등을 활용하여 부적응상태를 해결하는 대처전략을 지칭한다. 그러므로 여기에는 문제를 규정하여, 대안적 해결책들을 구상하고, 그 대안들을 이득과 손실의 관점에서 비교하여 그 중 최선안을 선택·실천하는 구체적인 방안이 포함된다.

반면, 정서중심적 대처는 부적응에 의해 유발된 자신의 정서(감정)를 인식하고, 그것을 표현하는데 초점을 둔 대처방법을 말한다. 이는 부적응상태 자체를 변화시키기 보다는 그 상황에서 경험하는 정서적 고통을 감소시키는 노력으로 나타난다. 그러므로 여기에는 분노, 불안과 공포 등의 표현이나 회피·퇴각·최소화·거리두기·선택적 주의·긍정적 비교·사건의 긍정적 의미찾기 등의 전략이 포함된다.

이상에서 부적응에 대한 직접적 대처방안으로서 문제중심적 대처와 정서중심적 대처에 대하여 논의하였다. 전통적인 대처이론가들은 대처방법을 더 효과적인 대처와 덜 효과적인 대처로 구분하였는데, 일반적으로 문제중심적 대처가 정서중심적 대처보다 더 효과적인 것으로 간주된다. 그러나 우리는 부적응 상황에 직면하게 될 때 일반적으로 이 두 가지 대처방법을 종합하여 절충적으로 사용하는 것이 보통이다.

(2) 방어적 대처

사람이 부적응, 즉 욕구불만 또는 갈등상태에 빠지게 되면 위축된 자아(ego)를 방어하는 행동, 즉 자신의 위치를 튼튼히 유지하고자 하는 행동을 하게 되는데, 이것을 방어기제(defense mechanism)라고 하는데, 여기에는 여러 가지 방법들이 포함된다.

첫째, 보상(compensation)은 정신적·신체적 부족이나 열등감을 방어하기 위하여 자신의 다른 장점이나 특기를 내세우는 행동을 말한다. 예를 들면, 신체적 매력이 없는 사람이 화려한 옷을 입는다든지, 공부에 자신이 없는 아이가 운동에 전념하는 것 등이 여기에 해당된다.

둘째, 합리화(rationalization)는 어떤 행동이 억압되었을 때 사회적으로 용납할 수 있는 이유(평계)를 들어 그 상황을 해명함으로써 위축된 자아를 보호하는 것을 말한다. 여기에는 신 포도(sour grapes) 기제와 달콤한 레몬(sweet lemon) 기제가 있다.

먼저, 신 포도 기제는 이솝우화에 나오는 '여우와 포도'에서 유래한 것으로, 자신이 바라던 대상을 얻지 못할 때 그 가치를 깎아 내림으로써 마음의 위안을 얻는 것을 말한다. 그리고 달콤한 레몬 기제는 자신이 어차피 받아들여야 할 대상이나 현실에 대하여 그 가치를 높게 평가함으로써 마음의 위안을 얻는 것을 말한다.

셋째, 투사(projection)는 자기 자신의 결점이나 실패의 원인을 다른 사람이나 사물에게 돌리거나, 다른 사람도 그러한 결점이 있다고 주장함으로써 위축된 자아를 방어(옹호)하는 것을 말한다.

넷째, 동일시(identification)는 자기 자신보다 강하거나 우월한 타인의 특성을 자기 것으로 내면화함으로써 자신의 단점이나 나약함을 은폐하려는 것을 말한다. 따라서 동일시는 다른 사람의 특성을 끌어내어 자기 자신의 인격(personality) 속으로 잠입시켜 자기화한다.

다섯째, 승화(sublimation)는 억압당한 욕구충족을 위해 대신 사회문화적으로 가치있는 방향으로 노력함으로써 그 욕구를 간접적으로 충족시키는 것을 말한다. 자신의 곤란을 극복하고 정신적으로 갈등을 해결하여 긴장을 해소시키기보다는 더 고귀하고 가치있는 생산적인 활동에 헌신하는 것을 말한다.

여섯째, 반동형성(reaction formation)은 사회적으로 용납될 수 없거나 수치스러운 욕망이나 경향성이 남에게 발각되지 않도록 하기 위하여 그러한 욕망 또는 경향성과는 반대되는 태도나 행동을 취하는 것을 말한다. 예를 들면, 계모가 전처자식을 대단히 증오하면서도 사랑하는 척하는 경우, 또는 부당한 방법으로 치부한 사람이 겉으로 양심이나 도덕 또는 애국을 부르짖는 경우를 말한다.

일곱째, 치환(대치; displacement)은 어떤 대상에게 향했던 태도나 요구 또는 공격적 행동을 다른 대상으로 옮기는 것을 말한다. 여기에는 공격의 대치와 애정의 대치가 있다. 먼저, 공격의 대치는 선생님으로부터 꾸중을 들은 학생이 그 울분을 동생에게 푸는 경우이며, 애정의 대치는 어머니의 사랑을 제대로 받지 못한 학생이 애정의 감정을 여교사에게 옮겨서 애착하는 경우이다.

여덟째, 고립(isolation)은 자신이 열등감을 느끼거나 자신감이 없는 경우 다른 사람과의 접촉을 피해서 자기의 내적 세계로 들어가 현실의 불만족으로부터 도피하려고 하는 기제이다. 예를 들면, 대학시험에 실패한 학생이 자기방에서 나오지 않음으로써 남과 마주치는 것을 피하거나, 대학을 졸업했는 데도 취업을 하지 못한 사람이 동창모임에 나가지 않는 것이 여기에 해당된다.

아홉째, 퇴행(regression)은 욕구충족과정에서 현실에 대처할 능력이 없다고 생각되거나, 자신이 없을 때 어린 유아적인 행동양식으로 되돌아가는 것을 말한다. 이것은 고착과 구별된다. 고착은 유아가 특정 발달단계에 머무는 상태, 즉 새로운 행동을 획득하지 못하고 이전의 발단단계의 행동수준에 머무르는 것을 의미하나, 퇴행은 생의 초기에 성공적으로 사용했던 생각이나 감정 또는 행동에 의지하여 자기 자신의 불안이나 위협을 해소하려는 것을 말한다. 예를 들면, 동생이 생기게 되면 어린 동생에게 관심이 많아진 부모의 사랑을 되찾기 위해서 유치한 행동을 하거나, 딸이 아버지에게서 용돈을 탈 때 어리광을 부리는 것 등이 여기에 해당된다.

열번째, 억압(repression)은 자기의 욕구가 쉽게 달성될 수 없을 때 그러한 욕구를 의식세계에서 무의식세계로 돌림으로써 열등감이나 불안 또는 긴장을 해소하는 것을 말한다. 그러나 억압된 욕구나 충족은 사회적이든 개인적이든 용납이 되지 않기 때문에 겉으로 나타나지 않을 뿐 그 에너지가 완전히 없어지는 것은 아니다.

열한번째, 백일몽(day-dream)은 현실적으로 도저히 충족할 수 없는 욕구나 소원을 대신 상상의 세계에서 만족을 얻으려고 하는 것을 말한다. 이것은 누구나 이용하는 수단으로 일종의 정신적·정서적 휴식이다. 예를 들면, 대학시험에 실패한 학생이 마치 그 대학에 합격한 것처럼 상상하면서 앞으로의 대학생활을 마음 속으로 설계하는 것을 말한다.

열두번째, 이지화(理知化; intellectualization)는 스트레스나 욕구불만을 주는 상황을 이성적 또는 인지적으로 대함으로써 그 상황과 거리를 두는 것을 말한다. 흔히 이런 종류의 기제는 일상생활 중에서 생사의 문제를 다루는 사람들에게서 많이 나타난다. 예를 들면, 항상 고통에 찬 환자들과 접촉하는 의사들은 실제로 질병 또는 죽음에 대한 두려움이 많지만, 이를 떨쳐버리고 자기 일에 몰두하기 위해서는 그 환자들의 질병상태에 대한 감정이나 태도는 억제하면서 그것을 연구의 대상이나 의학적으로만 대하려고 한다.

열세번째, 부인(부정; denial)은 특정의 외적 현실(현상이나 사건)에 직면하기가 너무 불쾌하거나 통제 또는 극복이 전혀 불가능할 때 그 사실을 인정하지 않는 것을 말한다. 예를 들면, 어쩔 수 없이 죽게 된 아이를 가진 부모는 그 아이의 질병을 잘 알고 있고 또, 그 결과를 예견할 수 있음에도 불구하고 전혀 심각하지 않다고 하면서, 그 심각성을 부인하는 것을 말한다.

열네번째, 공격(aggression)은 욕구불만의 원인이 되는 사람이나 사물에 대해서 공격적인 태도나 행동을 취함으로써 긴장을 해소하려고 하는 기제이다. 즉, 욕구불만의 대상이나 그것을 유발시킨 사람이나 사물에 대하여 공격적인 태도나 행동을 취하는 것을 말한다. 여기에서 직접적인 공격기제는 폭력이나 폭행, 싸움 등의 행동으로 나타나며, 간접적인 공격기제는 조소, 비난, 폭언 등의 행동으로 나타난다. 이러한 공격은 자기 자신에게 향하기도 하는데, 심하면 자살행위로 나타난다.

●함께 볼 만한 비디오

1. She's all that.(감독: 로버트 이스코브, 주연: 프레디 프린즈 주니어, 레이첼 레이 쿡)
2. Shrek(감독: 앤드류 아담슨, 목소리 주연: 마이크 마이어스, 카메론 디아즈)
3. Angel Eyes(감독: 루이스 만도키, 주연: 제니퍼 로페즈, 짐카비젤)
4. The Children of Heaven(감독: 마지드 마지디, 주연: 아미르 파로크 파쉬마인, 바하레 세디키)
5. Campus Legend 2(감독: 존 오트만, 주연: 제니퍼 모리슨, 매튜 데이비스)

▲읽어 볼 만한 책

1. 김명희 · 이경희 공역(2000). 다중지능이론의 이론과 실제. 서울 : 양서원.
2. 오만록(2000). 교육의 이해. 서울 : 형설출판사.
3. 임규혁(1998). 학교학습 효과를 위한 교육심리학. 서울: 학지사.
4. 심우엽(2001). 교육심리학. 서울 : 교육과학사.
5. 박소현 · 김문수 공역(1999). 학습과 행동. 서울 : 시그마프레스

■함께 토론해 볼만한 주제

1. Piaget의 인지발달이론이 교육의 실제에 주는 공헌점과 그 한계점에 대하여 생각해 보고, Vygotsky의 인지발달에 대한 관점에 대하여 논의해 보자.
2. 최근 EQ가 중요하게 인정되고 있는 이유에 대하여 생각해 보자.
3. 학교교육장면에서의 학생체벌에 대한 논쟁이 뜨겁다. 체벌사용에 대한 옹호입장과 반대입장의 타당성에 대하여 논의해 보자.

제 5 장

교육과 사회

세대를 위한 교육학개론

　　교육은 사회 구성원들 간에 벌어지는 인간 상호작용의 한 형태이며, 사회 현상 중의 하나이다. 또한 사회는 교육이 이루어지는 현장일 뿐만 아니라 교육활동의 지원없이는 한시도 그 체제를 유지해 나갈 수가 없다. 이처럼 사회에서 유지되는 모든 인간관계에는 교육적인 의도, 즉 사회의 교육성이 내포되어 있으며, 또 다시 교육의 목적·내용·과정 등은 사회적 과정을 통해 결정되고 유지되는 교육의 사회성이 있다. 따라서 교육과 사회 간의 유관성에 대한 올바른 이해 없이는 교육과 사회를 바로 이해할 수 없다.

　　교육과 사회에 관한 이 장은 크게 두 부분으로 나누어져 있다. 앞 부분은 교육과 사회에 대한 기본 관점에 대해 살펴보는 내용으로 구성되었다. 사회란 개인과 동떨어진 독자성을 지닌 실체로 보는 사회 실재론적 입장과 사회란 실제로 존재하는 실체라기 보다는 단지 개인들의 모임에 불과하다는 사회 명목론적인 입장에 따라, 그리고 사회란 각 부분이 유기적 관계를 유지하는 총합적인 틀이라는 기능론적인 입장과 사회구성원들간에 갈등적인 입장을 고수한다는 갈등론적 입장에 따라 교육에 대한 해석이 달라질 수 있음을 설명하였다.

　　이어서 뒷 부분에서는 교육과 사회와의 관계에서 논의되고 있는 중심 주제들을 선별하여 그 주요내용들을 제시하였다. 여기에서는 먼저 교육의 사회적 기능에 대해 살펴보겠다. 교육의 사회적 기능에는 문화전승과 사회통합을 중심으로 한 교육의 보수적 기능과 사회개혁 및 사회이동을 촉진하는 교육의 진보적 기능이 있다.

문화와 교육에서는 문화의 특성을 살펴보며, 문화 변동의 특징적 유형에는 어떤 것이 있는가 알아보았다. 아울러 특정한 문화의 유지와 변동에 교육이 어떤 기능을 수행하고 있는지에 대한 논의들을 소개하였다.

사회계층과 교육에서는 사회계층의 개념을 명확히 하고, 사회계층 구분의 기준들을 살펴보고 교육이 사회계층간 이동에 어떻게 기여하고 있는가에 대해 논의하였다.

교육과 교육기회균등에서는 평등관에 따라 교육의 기회균등관이 어떻게 변천되어 왔는가를 알아보았다.

대안적 교육활동에서는 최근 들어 학교교육에 대한 비판의 근거와 이에 대한 대안으로 제시되고 있는 새로운 교육 운동에 대해 살펴 보았다.

1. 교육과 사회에 대한 기본관점

1) 사회에 대한 기본관점

인간생활의 장인 사회에 대한 해석에는 상반된 두 가지의 입장이 있다. 그 중 하나는 인간생활로 인하여 사회가 성립된 것이라는 사회 명목론적 입장이며, 또 다른 하나는 사회가 먼저 존재하기 때문에 인간생활이 가능하다는 사회 실재론적 입장이다.

현대 사회가 고대 사회로부터 분명히 구별되는 것에서 알 수 있듯이 사회는 시간에 따라 변화한다. 이러한 사회 변화에 대한 해석에도 두 가지의 입장이 있다. 그 중 첫번째 입장은 사회변화는 사회구성원들간의 조정의 과정을 통해 이루어진다는 점진적 사회 변동론을 지지한다. 두번째 입장은 사회변화의 급진성을 주장하는 급진적 사회 변동론을 지지한다.

물론 사회에 대한 이러한 상반된 서로의 입장들에 따라 교육에 대한 해석은 다르게 내려진다.

(1) 사회 명목론

사회 명목론을 주장하는 사람들은 사회란 그저 개인들의 모임에 지나지 않는다는 입장을 견지한다. 사회는 개인의 목표를 증진시켜 주는 도구에 불과하고 단순히 개인들의 집합체이므로, 개인은 존재하지만 사회는 실재로 존재하지 않는, 명목에 불과하다. 전체 사회구조를 논의하는 것이란 무의미한 일이며, 사회적 집합체는 개인에 의해서 수행되는 조직적인 행위양식과 그 결과로서 다루어져야 하며, 따라서 사회의 기본 단위는 개개의 개인이 된다는 입장이다. 그러므로 사회 명목론적 입장에서 사회상을 탐구하려면 개인의 행위나 심리를 기본적으로 살펴 보아야 한다.

사회 명목론을 지지하는 입장에서 보면 각 개인은 언제나 조직으로부터 자유롭고 구속을 받아서는 안 되는 존재이다. 그렇기 때문에 다양한 사회 조직들, 예를 들면 가정, 회사, 정당 등은 처음부터 어떤 본질적인 특성을 갖고 있어서 이를 구성원들에게 강요하는 것이 아니라, 공유된 필요와 그에 따른 합의에 조직을 결성했고, 구성원들의 성향에 따라 그 조직의 특성은 언제나 바뀔 수 있다. 하지만 개인의 자유, 권리, 자율성을 최우선의 가치로 삼는 극단적 사회명목론의 입장에서는 모든 사회적 제도는 개인을 소외시키고 억압하여 타파해야 할 대상으로 삼는 무정부주의적인 색채를 띠기도 한다.

(2) 사회 실재론

한편 사회 실재론을 주장하는 사람들은 사회의 구성원으로서의 개인은 인정하지만 사회란 개개인의 산술적인 합을 뛰어넘는 그 이상의 독립적인 실체라고 주장한다. 따라서 사회는 개인의 외부에 실제로 존재하면서 개개인의 성질과는 전혀 다른 나름대로의 고유한 특성을 지닐 뿐 아니라, 오히려 개인들의 삶을 규제하고 좌우하는 구속력마저 갖고 있다는 것이다. 사회란 건축물에 있어서 벽돌·철골·시멘트 등과 같은 건축 자재가 양옥 또는 한옥이라는 전혀 다른 건물의 양식을 만들어 내듯, 부부관계, 친구관계, 고용주와 피고용주와의 관계들과 같이 사람들의 상호작용이 반복·지속되면서 일정하게 유형화되고 안정된 틀을 갖춘 결과이다. 여기에서 개인은 사회라는 보이지 않는 거대한 구조 속에 갇혀 있는 하나의 성원에 불과하다. 그러므로 사회 실재론적 입장에서 사회 현상을 탐구하려면 사회 조직이나 사회 집단 등과 같은 집합적 단위로서의 구조를 먼저 살펴보아야 한다.

사회 실재론적 입장에서 보면 개인은 전체 사회를 유지하기 위해 특정한 기능과 역할을 담당할 뿐이지 개인이 사회의 본질적 특성을 바꾸는 데 기여하는 바는 그다지 크지 않다. 사회에는 사람들의 사회 관계가 통일적이고 조직적 총체를 이루고 있는 사회적 구조가 이미 존재하고 있기 때문이다. 극단적 사회 실재론의 입장에서는 지나친 객관주의, 총체적 사회연대에 관심을 가져 개인은 전체를 위한 도구로 간주하려는 경향을 나타내 보인다.

(3) 점진적 사회 변동론

① 규범적 사회구조론

점진적 사회 변동론을 주장하는 사람들은 사회는 질서와 평형을 유지하면서 점진적인 변화를 이룩해 나가며, 사회에서의 질서유지나 평형상태는 주로 사회 속의 다수 사람들에 의해 공유되는 공동의 가치 또는 규범의 존재에 의해 성취된다고 지적하고 있다(김천기, 1998). 래드크리프 브라운과 말리노프스키 등은 사회는 유기체와 마찬가지로 그것을 구성하는 여러 부분과 기능들로 나누어져 있고, 각 부분과 기능들 간에는 전체를 위해 잘 조직된 방식(사회구조)이 있으며, 이러한 사회구조가 스스로의 질서와 안정을 유지하려 한다고 주장하였다.

이처럼 질서와 평형을 우선하는 사회에서 변화란 쉽게 일어날 수 있는 것이 아니다. 다만 사회 구성원들의 사회규범에 사회화 → 합의에 의한 새로운 가치와 규범의 창출 → 사회 구성원들의 새로운 가치와 규범에 대한 내재화의 과정을 거쳐 사회는 점진적으로 변화한다.

② 상호작용이론

사회는 개개인의 사회 구성원들이 갖는 자아개념의 수정을 통해서도 점진적으로 변화한다. 미드(G. Mead)와 쿨리(C. Cooley)는 상징적 상호작용 이론을 제시하면서, 사회 구성원들 간의 사회적 상호작용을 통한 자아발달로 사회의 변화가 점진적으로 성취된다고 하였다. 쿨리는 자아개념이란 고정된 것이 아니고 주위의 사람들과 상호작용을 통해 형성되며, 타인들이 곧 거울 역할을 한다는 '거울에 비춰진 자아(looking-glass self)'라는 개념을 소개하고 있다. 다른 사람들이 자기를 귀한 존재 혹은 열등한 존재로 보는 것에 따라 스스로 자아에 대한 긍정적 혹은 부정적 자아개념이 형성된다.

미드는 쿨리와 마찬가지로 사회적 상호작용을 통해 자아발달이 이루어지며, 이러한 사회적 상호작용을 통한 자아발달이 사회화의 과정이며, 사회변화는 이러한 개인의 점진적 사회화의 과정을 통해 점진적으로 일어난다는 입장에 견지했다고 볼 수 있다. 언어를 배우고 사회의 규범을 받아들이는 사회화된 개인의 자아(self)에는 사회적으로 형성된 객관적 자아(me-self)와 스스로 결정하고 능동적이고 주체적인 주관적인 자아(I-self)가 있다. 다시 말하면 'me-self'는 그 자신에 대해 타인들이 갖고 있는 인식된 자아이며, 'I-self'는 활동적인 반응자로서, 독립된 한 개인이다. 자아는 내면적으로는 주관적 자아와 객관적 자아 사이에서 외면적으로 일상생활 속에서 획득한 경험을 교환하는 가운데 변증법적으로 작용한다.

(4) 급진적 사회 변동론

① 급진적 구조주의

급진적 사회 변동론을 주장하는 급진적 구조주의론자들은 부의 소유와 영향력 행사 정도에 있어서 차이가 날 뿐만 아니라 서로 상반된 사회이념이나 가치를 지향하고 있는 다양한 집단이 서로 갈등과 대립을 빚고 있는 장으로 사회를 파악한다. 특별히 우위를 점하는 집단은 그렇지 않은 집단을 억압적인 힘의 행사를 통해 복종케 하거나 우월적 집단의 가치와 규범을 보편적인 것으로 받아들이도록 만들어 이들 집단 간에는 지배 계급과 피지배 계급이 형성되게 된다.

하지만 이러한 지배 계급과 피지배 계급간의 관계는 고정된 것이 아니다. 헤게모니(주도권) 혹은 사회·경제적 지위의 변화, 그리고 피지배 계급의 지배계급에 대한 합리적 투쟁의 결과에 따라 이들 계급간의 위상은 서로 뒤바뀔 수 있다. 결국 급진적 구조주의론자들은 기존 사회질서를 유지하는 데 기초가 되는 부, 권력, 영향력의 배분 상태에서 예기치 않은 변화가 일어나 사회가 급진적으로 변화한다는 입장을 견지한다.

② 급진적 인본주의

급진적 사회변동을 지지하는 또 다른 일단의 사람들이 급진적 인본주의자들이다. 이들은 민주주의가 발전함에 따라 개인의 능력과 재산권을 보장하는 자본주의가 성숙하게 됨을 지적하고, 일반적으로 자본주의가 발전하게 되면 인권이 보장되리라 믿고 있지만, 소수자의 능력(이 때 능력이 선천적인 것이라서 누구에게나 수긍될 수 있는 것인지에 대한 의문은 여전히 남아 있지만)에 따른 재산권의 보장이 과연 다수의 인권 보장에 부합되는가에 대해 의문을 제기하면서, 민주주의 인권 논리와 자본주의 재산권 논리는 상호 모순 관계에 있음을 지적하고 있다. 따라서 진정한 인권은 실증주의적 근거나 제도에 의해서 확보되는 것이 아닌, 자신과 진실된 의식간의 인지적 상호작용에 의해서 성취된다고 보고 있다. 따라서 개인의 가치와 인권은 제도적 개선에 의해서 확보되는 것이 아니라, 그 반대로 제도의 타파, 제도로부터의 해방으로만 가능하다. 제도의 발전은 이룩했지만 개인의 행복과 성취는 보장받지 못한 상태를 설명하는 것이 '허위의식'과 '소외'의 개념인데, 급진적 휴머니즘은 급진적 변동, 지배의 형태, 해방, 결핍 및 사회나 개인의 잠재가능성에 대해 설명을 시도하려는 경향을 띠고 있다.

(5) 패러다임(paradigm)

교육현상을 사회적으로 설명하고 이해하기 위해서는 먼저 과학적인 준거가 있어야 하며, 사회과학이 갖고 이러한 과학적인 준거를 패러다임 (paradigm)이라 한다. 패러다임을 우리말로 번역하며 '어떤 사물에 대한 기본 관점', '현상을 설명하기 위한 기본 틀'이라 할 수 있다.

앞에서 언급한 것처럼 사회 현상이나 본질을 파악하는 관점 하나 하나가 사회를 해석하는 패러다임이라 할 수 있다. 결국 패러다임에는 사회 현상이나 본질을 보는 시각에 따라 명목적(주관적)-실재론적(객관적) 범주와 급진적 사회 변동 - 점진적 사회 변동의 시각으로 구분되며 일반적으로 네 가지의 패러다임으로 대별될 수 있다. 이들 패러다임을 각각의 분류 준거에 따라 도표로 만들어 제시하면 다음의 〈그림 5-1〉과 같다(이현청, 1994).

그림 5-1 사회학적 패러다임

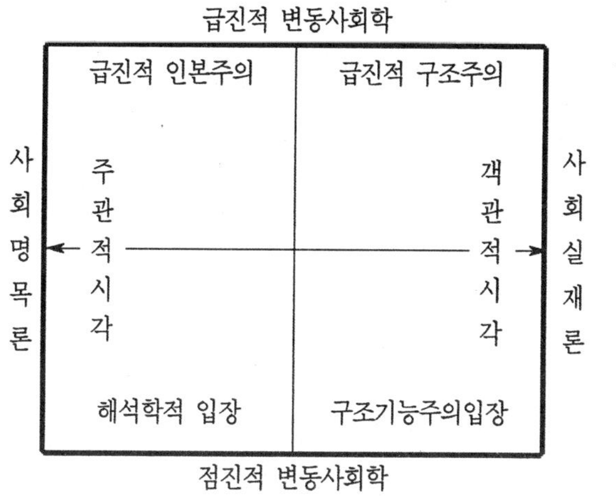

급진적 변동사회학

급진적 인본주의	급진적 구조주의
주 관 적 시 각	객 관 적 시 각
해석학적 입장	구조기능주의입장

사회명목론 ←→ 사회실재론

점진적 변동사회학

〈그림 5-1〉에서 예시된 바대로 네 가지의 패러다임은 그들의 독자적인 학문적 기초와 시각이 있기 마련이다. 이들 네 가지 패러다임은 또한 주된 이론이 있기 마련이고 방법론에 있어서도 차이가 있기 마련이다.

기능주의적 패러다임의 설정에 기여한 학자들은 뒤르껭(Durkheim), 파레토(Pareto), 꽁트(A. Comte), 스펜서(H. Spencer), 웨버(M. Weber), 짐벨(G. Sommel), 그리고 미이드(H. Mead) 등을 들 수 있으며, 주요 관심은 사회의 실제적 문제를 실증적으로 해결하는데 있었다. 그러므로 인간의 의식의 문제보다는 '객관적' 사회적 사실과 총체적 사회의 연대에 관심을 갖는 입장이다. 따라서 이들의 견해는 지위, 통합, 질서, 합치, 연대, 욕구만족 및 실재 등을 설명하려 하였고 실재론자, 실증주의자, 결정론자 및 규범적인 기능주의자의 관점에 서 있다.

해석학적 패러다임의 경우는 사회변동에 대한 점진의 관점에 서 있으면서도 기능주의적 관점과는 달리 '주관적' 견해를 나타내고 있는 특성을 지닌다. 해석학적 패러다임은 현실을 이해하려는 노력이라 볼 수 있는데 주로 개인의 의식과 주관적 관점을 중시하고 특히 개인적 경험을 중요시하는 명목론적, 반실증주의자, 의지주의 접근에 서 있다. 해석학적 관점은 본질적으로 정신적 본질을 강조하는 독일의 이상주의 사회철학에 기초를 두고 있으며, 독일의 낭만적 경향을 내포하고 있다. 해석학적 패러다임의 입장에 서 있는 학자로서는 딜타이(Dilthey), 웨버(M. Weber), 훗셀(Hursserl), 슐츠(Schultz) 등을 들 수 있다.

급진적 구조주의 패러다임은 급진적 사회변동과 객관적 관점을 수용하고 있는 사회학이론의 한 분석 경향이다. 이 패러다임은 기능주의 이론과 유사성이 많으면서도 사회적 통합이나 질서유지의 관점보다는 구조적 갈등, 지배의 형태, 대립과 결핍을 설명하려 한다. 이 패러다임은 마르크스의 이데올로기에 터해 있으며 마르크스의 이념을 계승 수용한 엥겔스(Engels), 레닌(Lenin), 플레크하노프, 부크하린(Bukharin) 등의 영향을 받았다. 그리고 급진적 사회변동의 패러다임을 발전시킨 학자로서는 플랑자(Poulantzas), 콜레티(Colletti), 알뛰세(L. Allthusser) 등을 꼽을 수 있다.

급진적 휴머니즘의 패러다임은 급진적 사회변동과 주관적인 견해를 수요하고 있다. 이는 주로 명목론자와 반실증주의자들에 의해서 주장되고 있다. 이 패러다임은 독일 이상주의자들의 전통을 이어받고 있는데, 특히 칸트와 헤겔 및 젊은 마르크스(Young Marx), 마르쿠제(Marcuse), 일리치(Illich) 등을 꼽을 수 있다.

2. 교육에 대한 기본관점

교육에 대한 기본관점은 앞서 언급한 사회에 대한 기본관점에 따라 다르게 내려질 수 있다. 즉, 구조기능주의 입장, 급진적 구조주의, 해석학적 입장, 급진적 인본주의에 부합되는 각각의 교육적 관점이 있을 수 있다. 여기에서는 구조 기능주의 관점, 급진적 구조주의, 해석학적 입장, 신교육사회학에서 사회와 교육문제를 어떻게 관련지어 생각하는지를 살펴 보았다.

1) 구조 기능주의 관점

교육과 관련한 구조 기능주의 이론의 중심 내용은 다음과 같이 요약될 수 있다(오영재 외, 1997).

첫째, 구조(structure)와 기능(function)이다. 사회는 이를 구성하는 작고 많은 부분들로 구성되어 있다.

둘째, 통합(integration)이다. 각각의 부분은 구조와 기능으로 상호보완하고 협동하여 전체의 목적을 수행한다.

셋째, 안정(stability)이다. 급진적 변화보다는 상대적인 안정을 지키려는 힘이 더 크게 작용한다.

넷째, 합의(consensus)이다. 사회의 구조와 기능에 있어서의 변화는 사회 구성원들 간의 합의에 기초한다.

앞선 중심 내용을 견지하고 있는 구조기능주의자들은 교육에 대해 다음과 같은 관점을 갖고 있다.

첫째, 교육이란 사회적 사실(social facts)을 전수하는 과정이다. 여기에서 사회적 사실이란 사회 구성원 개개인이 스스로의 의지와는 무관하게 받아들이는 가치, 규범, 행동양식 등을 말한다. 이러한 '사회적 사실을 잘 터득시키는 과정' 혹은 '사회적 사실을 잘 내재화시키는 과정'을 일컬어 사회화의 과정이라 한다.

둘째, 교육은 완전한 인간을 형성시키는 과정이다. 완전한 인간이란 지(logos), 정(pathos), 의(ethos)를 골고루 발전시킴으로써 성취될 수 있다.

셋째, 교육은 사회진출의 도구이며, 능력인을 양성하는 과정이다. 현대 사회가 지향하는 사회는 능력자 지배의 사회, 전문가 지배의 사회이다. 따라서 학교교육 과정은 그 수준에 적합한 능력자를 선발해서 최대의 직업적 능력을 개발하는데 초점을 두어야 한다.

넷째, 교육은 소비가 아니고 투자이며, 따라서 교육의 기회는 가능한 확대되어야 한다. 자본에는 현시적 자본과 잠재적 자본이 있을 수 있는 데, 현시적 자본은 양적으로 수량화된 제한된 자본이라면 잠재적 자본은 개발의 노력에 따라 무한하게 확대시킬 수 있는 무제한의 자본이다. 이러한 잠재적 자본에 해당하는 것이 인간자본이며, 이를 위한 개발의 노력이 사회 집단적으로 조직화된 과정이 교육과 훈련이다.

다섯째, 사회개혁은 학교교육의 개혁으로부터 출발한다. 학교는 사회와 유리된 조직이 아니라 그 자체가 축소된 사회(miniatured society)이기 때문에 학교에서의 개혁은 바로 사회의 개혁으로 연결될 수 있다.

이러한 교육에 대한 구조 기능주의적 관점은 ① 사회에서의 통합성과 합

의성만을 강조한 나머지 학교교육의 수동성과 규격화를 심화시켰으며, ②
집단 간에 상존하는 갈등, 예컨대 세대 차이, 지역 갈등 등을 간과하여 교
육을 통한 하사회화의 한계를 밝히지 못하고 있으며, ③ 교육을 통한 선발
과 사회이동의 촉진을 강조하면서도 교육에 의한 또 다른 신분사회(학벌주
의나 학력주의와 같은)를 도출해 내었고, ④ 사회의 변화보다는 현상유지를
지지하는 지나친 보수성을 견지하고 있으며, ⑤ 사회와 교육에 대한 분석
방법이 '사회는 어떻게 유지되고 있는가' 하는 과학적 접근이 아니라 '사회
가 어떻게 유지되어야 하는가'하는 당위적 접근이라는 비난을 면치 못하고
있다. 아울러 일단의 학자들에 의해서 사회구조의 개선 없이 학교에 투여
되는 교육재정은 그에 상응하는 교육효과를 언제나 보장하지는 않는다는
한계도 지적되고 있다(Coleman, 1966).

2) 급진적 구조주의 관점

교육과 관련한 급진적 구조주의 이론의 중심 내용은 다음과 같이 요약될
수 있다(오영재 외, 1997).

첫째, 사회 구성원들 사이에 갈등(conflict)은 일반적으로 나타나는 현상이
다. 갈등이 확산되어 집단간 권력투쟁이 지속되기도 한다.

둘째, 변동(change)이다. 사회는 안정이 아닌, 변화를 본질로 한다. 따라서
사회는 변화에 의해서 유지·발전된다.

셋째, 사회는 구성원들의 자발적인 동의가 아닌, 지배 계급의 힘에 의한 억
압(coercion)으로 유지된다. 억압에 대한 저항은 항상 존재하고 그 저항은 사회
의 급변과 분열로 이어진다. 그리고 이 같은 현상은 계속 순환하게 된다.

이러한 입장을 견지하고 있는 급진적 구조주의자들은 교육에 대해 다음
과 같은 관점을 갖고 있다.

첫째, 학교는 기존의 사회 지배 체제를 유지시켜 주는 확실한 장치이다.
이는 생산현장에서의 사회적 관계와 학교에서의 사회적 관계가 서로 대응
하는, 대응원리(correspondence principle)를 통해 알 수 있다(Bowles and Gintis,
1976).

둘째, 학교는 지배 엘리트(power elite)의 입장을 대변하는 곳이다. 학교는

불평등한 계급관계를 정당화시켜 주고, 순응적인 예비 노동자를 양성하는 기능을 담당함으로써 기존 지배 체제를 연장시켜 준다(Bowles and Gintis, 1976).

셋째, 사회진출은 기회의 균등성과 능력보다는 출신 가정의 사회·경제적 지위에 더 크게 의존한다.

넷째, 교육은 통합적 기능, 사회 평등화 기능, 전인적 발달 기능을 수행해야 한다. 하지만 현재의 학교는 기술-능력주의적 기능을 발휘하고 있을 뿐이다.

이러한 교육에 대한 급진적 구조주의 관점은 ① 집단의 결속력을 높이고 보편적 가치를 공유하게 하는 교육의 가치를 평가절하하고 있으며, ② 교육이 경제적 구조에 결정된다는 결정론에 빠져 있으며, ③ 사회를 가진 자(have's)와 못 가진 자(have-not's), 지배자(the ruling)와 피지배자(the ruled)의 이분법으로 해석하고 있으며, ④ 교육이 경제적 생산관계를 재생산한다는 것에 대한 실증적 증거가 명확하지 않다는 등의 한계점을 갖고 있다.

구조기능주의와 급진적 구조주의가 교육에 대한 관점에 있어서 갖는 공통점은 모두가 ① 교육을 정치·경제 구조의 종속변수로 보는 점이며, ② 교육가치가 외적 요인에 의해 결정된다는 입장을 취하고 있고, ③ 접근이 거시적이라는 점이다.

3) 해석학적 관점

교육과 관련한 해석학적 입장의 주요내용은 다음과 같이 요약될 수 있다.

첫째, 인간과 사회는 역사적 산물이다. 인간생활에서 느낌과 욕구를 무시한 칸트의 비역사적 접근 방식은 적절하지 못한 것으로 받아들인다.

둘째, 사회계급을 구분하는 요소에는 권력(power), 부(property), 지위(prestige)가 있다.

셋째, 사회변동의 원동력은 계급간 대립·갈등과 아울러 대화·타협이다.

넷째, 사회는 다양한 이익집단들이 주도권을 선점하기 위해 경기를 벌이는 경기장이다.

다섯째, 권력 집단의 주도권 행사에 있어서 정당성(정통성)은 지배 체제 유지의 근거가 된다. 이때 권력(power)은 '사회조직의 한 직위에 있는 자가 또 다른 직위에 있는 자에게 내린 명령이 명령 수령자의 의사와는 무관하게 실행될 수 있는 가능성'을 말한다. 달리 말하면 권력이란 다른 사람의 동의가 없을 때 조차도 그들의 행동을 강제하고 통제하는 능력이다. 이 때 권력은 합법적일 수도, 비합법적일 수도 있다. 명령 수령자가 지시자의 권력행사 내용에 대해 심리적으로 수긍하는 정도가 높을 때는 정당성(legitimacy)이 있다고 한다. 이처럼 명령이 합법적이라서 그것이 적용되는 사람들에게 의심 없이 받아들여지는, 다시 말하면 복종이 마땅하고 옳다는 신념 위에 정당화된 권력을 권위라 한다.

여섯째, 권위는 카리스마적 권위 → 전통적 권위 → 합리적 권위의 3단계를 거쳐 발전해 왔다.

Weber의 해석학적 접근에 의거하여 학교교육을 분석한 킹(R. King)의 연구 결과 'Organizational Change in Secondary Schools'(1982)에 주목할 필요가 있다. King은 72개의 중등학교를 대상으로 1968-69년에 조사한 후, 1978-79년에 다시 그 중의 45개교를 대상으로 같은 내용에 초점을 맞춰 재조사를 실시해 보았다. 그 결과 ① 학생들이 능력을 다양하게 평가받을 수 있는 시험이 더 확대 실시되었고, ② 교수활동 편의 위주의 학생분반 횟수가 줄어들었고, ③ 학생들에 대한 근접 학업활동 지도의 사례가 늘어났으며, ④ 학교에서 벌이는 형식적인 의례 행사가 줄어들었고, ⑤ 학교활동에서의 성차별이 줄어든 사실을 발견했다.

학교교육에서 일어난 이러한 변화는, 앞의 기능론자 혹은 급진적 구조주의론자들이 주장하는 바와 같이 결코 학교 밖의 여건이 바뀌어서 일어난 것이 아니라, 학교교육에 참여하고 있는 구성원들, 즉 교장, 교사, 학생들의 변화 노력에서 기인하고 있음을 킹은 발견했다. 예컨대 교장은 학교의 조직구조를 결정하고 유지하는 데 가장 큰 영향력을 지니고 있고, 학교의 교육목적과 교사와 학생들의 요구사항을 수렴하는 데 있어서도 특별한 권한을 갖고 있었다. 교장이 충분한 영향력을 발휘하기 위해서는 학교의 다른 구성원들로부터의 신뢰 확보가 전제되어야 했고, 신뢰확보는 교장의 지도력에 대한 정통성이 확보됨을 확인했다. 교사 역시 그들이 갖고 있는 전문성에 따라 교과목 지도와 수업환경 조성에 있어서 자율성의 범위를 확대시키고 있음을 발견하였다. 상급생들은 자신들의 직업적 진로 혹은 성숙성에 따라 학교에서의 선도부 활동을 점점 선호 대상으로 삼지 않게 되었고, 전체 학생의 의견을 수렴하여 교복착용을 강요하지 않는 학교가 늘어나기도 하였다.

이러한 학교교육 현장에서의 변화에 관련하여 킹은 "학교는 변화하는 것이 아니다. 다만 변화될 뿐이다. 특별히 상대적으로 더 많은 영향력을 갖고 사람의 의도적 행동에 의해서 학교는 더 크게 변화된다"라는 최종적인 결론을 내렸다.

결국 구조기능주의와 급진적 구조주의가 갖는 외부요인에 의한 결정론과 접근의 거시성이라는 한계를 극복하면서, 교육에 대해 새로운 접근을 시도하려는 해석학적 접근은 교육에 대해 다음과 같은 기본적 입장을 견지하고 있다고 볼 수 있다.

첫째, 교육은 각 집단의 이해관계를 정당화시켜 주는 수단이자 과정이다.

둘째, 교육은 각 집단의 정치적·경제적·사회적 지위를 유지시키는 수단이자 과정이다.

셋째, 교육조직은 외부 환경의 변화에 의해서 영향을 받을 뿐만 아니라 조직을 구성하고 있는 성원들의 의도에 따라 변화된다.

넷째, 교육은 특정 이익집단의 규범을 창출하여 보급하는 기능을 담당한다.

다섯째, 교육의 특성은 사회지배체제(권위)에 따라 변화되어 왔다. 이를 표로 요약하면 다음의 〈표 5-1〉과 같다.

교육에 대한 이러한 해석학적 접근은 ① 지식의 불확실성과 주관성을 지나치게 강조한 경향이 있으며, ② 분석방법으로 의존하는 민족학적 방법론이 상황에 따라 제한적으로 활용할 수밖에 없다는 한계를 갖고 있다.

표 5-1   사회지배체제(권위)에 따른 교육특성의 변화(한준상, 1981)

교육 지배체제 구성요건	카리스마적 지배체제	전통주의적 지배체제	합리적 지배체제
교육목적	영웅주의적인 자질 일깨우기	특수한 삶의 형태 가꿔주기	전문화된 기술을 훈련시켜주기
교육과정	의식(ritual)을 통한 각성화	삶의 규범, 인생의 윤리를 배양화	실용적 기술의 훈련화
교육내용	영웅적인 성격	특수 지위집단의 문화, 멋	전문화된 기술
교육평가방법	초인간적인 자질의 소유여부 점검	교양인으로서의 행세여부 점검	특수 기술 획득여부

4) 신교육사회학

1970년대 미국에서는 갈등이론이 활발하게 논의되었고, 같은 시기에 영국에서는 신교육사회학 이론이 등장하였다. 신교육사회학이라는 용어는 고버트(David Gorbut)에 의해 제안된 이후 널리 사용되게 되었다. 신교육사회학은 종래의 연구방법이 주로 학교 밖의 사회 구조와 학교 체제를 서로 연계하여 분석하는 거시적 접근이었음을 비판하고, 학교에서 진행되고 있는 교육의 과정과 내용에 초점을 맞춘 미시적 접근을 제시하였다. 즉 이제까지의 교육사회학이 사회의 외부 현상이라 볼 수 있는 교육기회분배 등에 집착한 나머지 학교 내부 현상을 등한시 하였음을 지적하고 학교에서 가르쳐지고 있는 지식의 사회성과 교사·학생간의 상호작용에 주된 관심을 기울였다.

그러므로 신교육사회학에서는 학교에서 무엇을 어떻게 가르치고 있으며, 학교에서 가르치는 지식이 어떻게 조직되고 있는지에 대해 질문을 하고 있다. 신교육사회학은 학교교육 내용은 사회적으로 통제된 문화전수의 한 방편으로 보며, 지식의 객관성, 중립성, 보편성에 의문을 제기하였다. 학교에서 가르치는 지식 자체에 관심을 가지며, 교육과정을 사회적·정치적 산물로 보았다.

신교육사회학은 많은 사회학 이론을 토대로 하고 있는데 문화인류학, 지식사회학, 현상학 등이 주종을 이룬다. 신교육사회학의 주요내용을 요약해 제시하면 다음과 같다(이현청, 1994).

첫째, 종래의 교육사회학의 입장이 사회구조내의 질서와 갈등을 중심과제로 삼아온 데 반해 신교육사회학에서는 교육과정에 대한 관심을 중요시함으로써 학교교육의 내적 과정에 대한 현상학적인 접근과 해석학적 관심을 수용하고 있다. 따라서 이전의 교육사회학이 거시적 관점으로 접근했다면 신교육사회학은 미시적 관점을 견지하고 있다.

둘째, 종래의 교육사회학이 가치중립적이거나 사회현상에 대해 객관적 이해를 해온 데 반해 신교육사회학은 가치중심적이며 주관적 이해와 이데올로기와 같은 내부적 요인을 강조한다.

셋째, 신교육사회학은 지식사회학적인 관점에 따라 지식, 특히 학교지식의 사회적 조직에 관심을 가지며 실체로서의 인간이 처한 상황에 따른 통제와 조작 등의 존재 구속성을 강조한다.

넷째, 교육이 이루어지고 있는 교실장면이나 학교생활에서의 상호작용을 중요시하여 교사와 학생, 교사와 학생, 그리고 교사와 학부모 및 지역사회의 제 요인들간에 이루어지는 상호관련성과 영향에 관심을 갖는다.

다섯째, 신교육사회학에서는 방법론에서 질적 방법을 활용한다. 신교육사회학자들은 과학적 실증주의를 배격하고 해석학적 방법론을 중요시한다. 따라서 사회학적 방법과 사회심리학적 방법을 토대로 하여 상징적 상호작용주의 및 현상학의 방법론 등을 활용하는 특성을 지닌다.

신교육사회학은 재생산 이론으로까지 발전하여 ① 경제적 구조와 학교교육을 연계시켜 설명하려는 경제 재생산 이론, ② 계급문화와 학교 교육의 이데올로기를 연계시켜 보려는 문화 재생산 이론, ③ 학교교육을 사회의 헤게모니 재생산으로 인식하고 있는 문화적 헤게모니 이론 등을 낳게 하였다. 이외에도 학습자와 학교 기관의 상대적 자율성에 입각한 비판적 저항 이론도 포함하게 되었다.

신교육사회학은 종래의 교육사회학 이론들의 시각을 탈피하고 새로운 방법론에 의한 미시적 관점을 취하여 학교 교육의 문제점을 이해하려는 점에서는 그 업적을 인정할 수 있다. 그러나 몇 가지 관점에서 신교육사회학은 비판을 받고 있는 것도 사실이다.

신교육사회학은 ① 문제 제기와 연구 가능성을 명료하게 시사한 것에 비해, 연구방법에 비경험적인 요소가 많고 재현가능성과 반증가능성은 약하며, ② 극단적 상대주의는 연구의 일관된 전제를 유지하기 어렵게 만들고 있으며, ③ 지나치게 사변적인 수준에 머무르고 있다는 한계를 지니고 있다.

3. 사회현상으로서의 교육의 이해

1) 교육의 사회적 기능

일반적으로 교육의 사회적 기능은 기존 사회의 유지와 문화 보존의 기능과 관련된 보수적 기능과 개인의 발전과 사회의 개혁과 관련된 진보적 기능이 있을 수 있다. 또한 학교교육이 담당하고 있는 사회적 기능에는 학교가 처음부터 의도하여 수행하는 것은 아니지만 현대 사회 속에서 중요한 기능들로 인정받고 있는 부수적인 기능이 있다. 여기에서는 교육이 갖는 보수적 기능, 진보적 기능, 그리고 부수적 기능 등에 대해 살펴보았다.

(1) 교육의 보수적 기능

어느 사회에 있어서나 교육은 그 사회의 구성원들이 공유하는 문화, 가치, 규범, 정치적 신념, 관습, 태도 등을 유지·발전시키는 기능을 담당하여 왔다. 특히 학교교육을 통해 사회성원들은 같은 가치와 규범, 그리고 문화를 습득함으로써 사회통합을 이루어내고, 사회 질서를 유지하기도 한다. 이처럼 특정 사회가 지닌 기존 질서의 유지와 사회·문화적 유산의 전수와 관련한 교육의 기능을 교육의 보수적 기능이라 할 수 있다. 이러한 교육의 보수적 기능에는 사회통제 및 통합의 기능, 사회화 기능, 문화 전달 및 창조 기능 등이 있다.

① 사회 통제 및 통합의 기능

교육은 사회 존속을 위해 일차적으로 사회를 통제하고 통합하는 기능을 수행한다. 이 때 교육이 갖는 사회 통제 및 통합이란 다양하고 이질적인 특성을 가진 사회 구성원들이 각기 독특한 역할을 발휘하여 전체적으로 모순이나 갈등없이 조화를 이루어 내면서 사회발전에 기여하도록 유도하는 기능을 말한다.

교육을 통한 통합 및 통제의 기능으로 학습자들은 바람직한 행동은 권장받게 되지만 비정상적인 행동이나 일탈적인 행동은 제재를 받게 된다. 그 결과 사회는 학습자들을 사회가 공인하는 방향으로 나아가도록 한다. 이러한 통합과 통제의 기능을 통해 사회 구성원들은 공통의 사회의식을 공유할 수 있다. 예를 들면 학교교육을 통하여 개인은 시간과 규율을 지키고, 순종성, 근면성 등의 생활태도를 배우며, 그 사회가 요구하는 중핵가치, 규범, 태도 등을 습득함으로써 사회일원으로서의 자격과 역할을 잘 수행할 수 있게 되는 것이다.

학교가 사회를 통합하는 방법은 여러 가지 형태가 있기 마련인데 대개 권위주의적 기법에서부터 인본주의적 방법에 이르기까지 다양하다 하겠다. 학교에서 활용되는 대표적인 방법 중의 하나는 훈육인데 훈육은 학교 내에서 사회적 통제를 하기 위한 수단이다. 이런 훈육의 방법은 개인의 개성신장이나 잠재적 능력개발 측면보다는 개인을 사회의 욕구와 기준에 부합하게 만드는 인간 정형화의 한 과정이라 할 수 있다.

② 사회화의 기능

인간은 태어날 때에는 사회적으로 백지와 같은 존재였으나 자라면서 그가 속한 사회의 문화를 자신의 것으로 받아들임에 따라 그 사회의 성원이 된다. 즉 자연적·비사회적 존재에서 교육을 통해 문화적·사회적 존재로 바뀌게 되는 것이다. 이처럼 한 개인이 자기가 속해 있는 혹은 속하게 될 집단의 기술, 지식, 태도, 가치 및 동기 등을 선택적으로 습득하여 이를 내면화(internalization)하고 자기 자신의 독특한 개성과 자아를 형성해 가는 과정을 사회화라 한다.

인간은 태어날 때에는 생물학적인 측면에서 서로 간에 별 차이를 갖고 있지 않다. 하지만 성장하면서 각자가 접하는 문화환경의 영향을 받아 한국인, 미국인, 일본인, 영국인 등으로 각각 다르게 사회화되어 완만한 사회적 탄생을 맛보게 되는 것이다. 그래서 사회는 모든 사람의 어머니이다라고 말할 수 있는 것이다.

일반적으로 사회화의 개념은 환경의 차이에 관계없이 이루어지는 성숙이나 발달과는 구분된다. 사회화의 과정에서는 환경이 개인에게 영향을 주며 동시에 개인도 환경에 영향을 미친다. 따라서 사람은 일생 동안 사회 환경과 상호작용을 계속한다. 이러한 의미에서 볼 때 사회화란 종래의 견해들과는 달리 전생애를 통해 지속되는 과정이며 사회적 집단과 개인에게 모두 긍정적인 기대를 줄 수 있는 공생적 과정(symbiotic process)이라 볼 수 있다(이현청, 1994).

학교에서의 사회화는 크게 두 가지 형태로 나누어 볼 수 있다. 하나는 인지적 사회화로서 특정의 지식이나 기술의 습득을 통한 사회화이다. 또 다른 하나는 행동과 실천을 통한 규범적 사회화이다. 우리나라 교육에서는 규범적·도덕적 사회화를 더 많이 강조하고 있지만 기대만큼의 실효를 거두지 못하고 있는 실정이다. 이는 규범적 사회화가 사회 구성원의 일반적 삶의 유형으로 제시되고 있기 보다는 형식적, 관념적으로 절차로 강조되는 이상 가치에 머물고 있기 때문이다. 그러므로 올바른 사회화를 위해서는 학교교육이 지식 중심, 입시 위주의 수업활동이 아니라 인간 지향적인 방향으로 이루어지지 않으면 안 된다.

③ 문화 전달 및 창조의 기능

문화란 사회 구성원들이 저마다 사고하고(thinking), 행동하고(doing), 그리고 소유(having)하는 독특한 양식을 말한다. 여기에는 가치, 태도, 규범 같은 비물질적인 것도 있고 비행기, 텔레비전 같은 물질적인 문화도 있다. 사람이 환경과의 상호작용 속에서 이루어내는 문화 유형을 그림으로 나타내면 다음의 〈그림 5-2〉와 같다.

문화는 본질상 후천적으로 학습되는 성질을 갖고 있다. 사회 구성원은 누구나 주체적인 입장에서 객체로서 자연 속의 물질적 환경과 부딪쳐 이를 소유하거나 사용하는 방법을 터득하게 된다. 물질환경에 대한 소유와 사용법을 나름의 상식과 경험으로 갖고 있을 때 이를 기능(skill) 혹은 기술(technique)이라 하며, 기술이 보편적인 지식으로 종합화를 이루었을 때, 이를 공학이라 한다. 아울러 사람은 주체적인 입장에서 사회환경을 접하게

3. 사회현상으로서의 교육의 이해   187

된다. 그래서 태어난 후 가까운 가족과 관계를 맺기 시작하여 설정된 관계에 따라 서로간 처신의 방법을 세우게 되고, 유지하는 관계와 상황에 따라 기대된 행동을 견지하게 된다. 아울러 관념적 세계(예를 들면 종교의 세계)가 있음을 알아차려, 이를 사색하고 조직하여 추상적 개념을 만들고 이를 일반화시켜, 결국은 특정한 이데올로기를 함께 형성하기도 한다. 이처럼 문화란 개인이 자연환경, 사회환경, 그리고 관념적 세계와 상호작용을 진행해 가면서 직접 만들어 내는 총체적 삶의 유형을 일컫는다(Prichard, 1973).

표 5-2   개인의 주체적 삶을 중심으로 본 문화 유형

행동의 객관화정도	관계의 보편화 정도		
주체적 입장	개인(Person)		
객체적 입장	자연환경 (Materials)	사회적 환경 (Others)	관념적 세계 (Meta-World)
주관적 행동	소유함(having) 사용함(using)	대접함(treating) 인연 둠(relating)	궁리함(thingking) 조직함(constructing)
주관적 지식	기술(technique)	관계형성(relations)	관념(ideas)
객관적 지식	공학(technology)	태도(attitude)	이념(ideology)
삶의 양식 = 문화 (total ways of life)			

문화전달 및 창조의 기능은 주로 사회의 교육기관이라 할 수 있는 가정과 학교에서 이루어지며, 그 특징은 세대간 전수(inter-generation transmission)이다. 세대간 전수란 사회적 유산으로서 문화가 생물학적인 유전에 의해서 아버지에게서 아들로 자연히 전달되는 것이 아니라 사회 구성원들의 끊임없는 상호작용을 통한 학습에 의해서 전달된다.

일차적으로는 사람은 태어난 후 가족 간의 상호작용을 근거로 한 가정교육을 통해서 기본적인 생활유형을 배우게 된다. 그리고 학교교육을 통하여 사람들은 각 사회집단의 문화유산을 습득하고 이를 계승하게 된다. 아울러 그 사회의 말과 글을 익히고 그것을 매개로 한 지식과 기본 기능을 습득하게 된다. 때로는 조상이 남긴 전통문화를 배우기도 하고 외부문화를 섭렵하

기도 한다. 그러한 과정은 학교교육의 경우에 현시적 교육과정(apparent
curriculum)을 통하여 이루어지기도 하고 또 잠재적 교육과정(hidden curriculum)
을 통하여 이루어지기도 한다.

한편 문화에 대한 인간의 관계는 늘 기존의 문화체계와 사회적 유산을
수동적으로 학습하고 문화화하는 것만은 아니다. 역사적으로 보아도 사회
구성원들의 노력에 의해 새로운 문화를 창조하여 발전한 사례를 우리들은
많이 찾아볼 수 있다. 이런 교육의 문화창조 기능은 교육의 능동적, 혁신적
기능에 속한다. 그렇게 볼 때 문화를 내적, 외적 자극에 대한 선택적 과정
이라고 정의하는 것은 정당한 것이라 하겠다(석태종, 1993).

교육은 한 사회의 앞선 세대가 가지고 있는 문화유산을 다음 세대에게
내면화시키고 동화시킴으로써 문화전달의 기능을, 그리고 미래의 행복과
발전을 지향하기 위하여 새로운 문화창조의 기능을 적절히 수행하도록 기
대 받고 있다 하겠다.

(2) 교육의 진보적 기능

교육의 진보적 기능은 보수적 기능이 현상유지와 질서유지, 존슨 및 통
합의 관점을 강조하는 데 반하여 사회이동과 사회개혁의 기능을 중요시하
는 교육의 기능이다. 교육의 사회적 기능에서 보수적 기능에 치중하게 되
면 사회의 발전과 개인의 성장을 가져올 수 없다. 따라서 교육의 기능은
보수적 기능과 진보적 기능이 적절히 조화와 병존을 이루어야 한다.

교육의 기능을 진보적 입장에서 보려는 카운츠(G. Counts), 브라멜드(T.
Brameld) 등과 같은 재건주의(reconstructionism) 학자들은 교육이 사회개혁을
촉진시키며, 사회적 이동을 결정하는 원동력임을 지적하고 있다. 이들은 교
육이 단순히 현존질서의 유지나 전통적 가치의 전수에만 그치는 게 아니라
보다 나은 사회로의 전환을 위한 개혁과 변화를 촉진하는 기능을 더 많이
수행하고 있음에 주목하고 있다. 따라서 학교는 학생들에게 사회개혁을 할
수 있는 지식, 기술, 태도, 신념을 형성해 주는 기능을 수행해야 하는 것이
다. 이것은 사회를 어떤 방향으로 변화, 개혁시킬 수 있는 학교교육의 진보
적인 기능이다.

① 사회개혁 및 변동의 기능

소위 학교교육을 통한 사회 근대화 혹은 사회발전을 강조하는 인클스 (Alex Inkeles) 등은 교육이 사회성원들의 인식과 가치 태도 등을 변화시킴으로써 사회개혁을 유도하는 기능을 수행한다고 보고 있다. 이런 점에서 학교는 근대적 가치관과 생활태도의 형성과 관계가 있다. 즉, 학교는 교육을 통해 사회성원으로 하여금 사회, 경제, 정치 및 지적인 면에서 근대적 가치관을 갖게 함으로써 사회개혁에 참여토록 하는 것이다. 또한 교육은 인간 사고의 근대화에 크게 기여하며, 과학적이고 합리적인 사고와 합리적인 생활을 영위할 수 있는 가치관과 태도 및 기능을 배양하기도 한다(이현청, 1994).

교육은 문화와 사회현상으로부터 영향을 받을 뿐만 아니라, 새로운 문화를 창조하는 능동적인 힘을 갖고 있기도 하다. 사회변동 내지 문화변화가 이루어지는 직접적인 요소는 과학·기술의 발달이다. 과학 기술의 발달이 사회 가치의 변화 및 창조의 과정을 거쳐 결과적으로 사회현상의 전 영역에 거쳐 변화를 유발하고 촉진하게 된다. 이러한 사회 및 문화발전의 과정으로 볼 때, 개인의 창의적인 능력과 과학적인 사고능력 그리고 개방적인 태도 등을 육성하게 하는 교육의 힘이 그 문화발전의 전 과정에 작용하게 된다. 이로써 문화변동의 유형인 문화전계 및 문화접변도 교육의 과정을 통해 이루어지며, 결국 교육은 문화변화와 문화창조에도 적극적이고 능동적으로 작용하는 요소가 된다.

또한 프레일리(P. Freire) 등은 교육은 사회성원들에게 비판적 사고를 배양시켜 줌으로써 사회를 개혁할 수도 있다고 보고 있다. 즉, 교육을 통해 자신의 주체성에 대한 의식, 계층화된 사회질서에 대한 인식이 가능하며, 사회모순에 대한 인식을 갖게 함으로써 새로운 질서의 도입을 위한 실천에 나서게 된다고 보고 있다.

② 사회이동의 촉진 기능

모든 사람(person)은 태어난 순간에는 능력, 자질, 가능성, 품성 등에서 큰 차이를 나타내 보이지 않는다. 하지만 타고난 외향적 특성의 발달과 환경에 따라, 그리고 성장 발전시키는 특성에 따라 사람은 저마다의 품성 혹은 인격(personality)을 갖게 된다. 그리고 사람은 스스로의 인격과 능력, 그리고 유지하는 사회적 관계에 따라 사회 그물망 속의 한 직위(position)를 차지하게 된다. 일단 사회에서 한 직위를 차지하게 되면, 사람은 그가 차지한 직위에 따라 차별적인(직위에 걸맞는) 사회적 보상(reward) 혹은 대접(treatment)을 받게 된다. 이처럼 직위에 따라 주어지는 보상의 결과 또는 영향력을 우리는 사회적 지위(social status)라 한다. 사회적으로 비슷한 지위에 있는 사람들은 쉽게 공동체 의식을 나누어 갖거나 비슷한 생활양식 혹은 문화를 공유하게 된다. 예를 들면 비슷한 취향의 음식을 먹고 즐기며, 비슷한 유행의 옷을 입으며, 서로 편안해 할 수 있는 특정 지역에 몰려 사는 것 등을 들 수 있다. 이처럼 서로 일체감(we-feeling)과 공동의 생활양식을 나누며, 필요에 따라서는 자신들의 이익을 위해 집단적 행동도 불사하는 사람들의 집단을 사회계급(social class)라 한다. 그리고 눈에 보이지는 않지만 계급에 따라 사회성원들이 서열화되어 있는 가상적인 상태를 일컬어 사회계층(social stratification)이라 한다. 개인과 집단의 사회적 지위 혹은 계급은 고정된 것이 아니라 상황에 따라 바꿀 수 있으며 바뀔 수 있는데, 이처럼 개인 혹은 집단이 불평등한 사회체계 속에서 위치가 변화되는 현상을 사회 이동(social mobility)이라 한다.

출신가문, 타고 난 성, 출신 지역 등에 따라 사회적 지위와 계급이 결정되었던 전통적 폐쇄사회(closed society)에 있어서 교육은 주어진 지위와 계급에 걸맞는 능력을 개발하고 윤리를 함양하는 것에 치중하였다. 하지만 오늘날에 있어서와 같이 개인의 능력에 따라 소속될 수 있는 사회적 지위 혹은 계급이 달라질 수 있다는 신념이 널리 공유되고 있는 개방사회(open society)에서 교육은 사회적 지위와 계급을 결정하는 승강기 역할을 하게 되었다. 개인이 얼마나 많은 교육을 받았는가, 그리고 교육 과정에서 어느 정도로 능력이 있는 것으로 인정을 받았는가 하는 것 등이 그의 사회경제적인 지위를 결정하는 중요한 요건이 되었다.

교육이 보수적 기능만을 수행할 때 그것이 사회의 수직적인 이동이든 수평적인 이동이든 원활하게 이루어질 수 없을 뿐만 아니라 전통 폐쇄사회에서와 마찬가지로 특정 계층이나 특정 지역 혹은 특정 집단을 재생산하는 기능을 수행하게 된다. 그러므로 교육을 통한 사회적 이동이 기능적으로 잘 이루어질 때, 소위 능력자 중심의 평등사회가 성취될 수 있을 것이다. 그러나 교육을 통한 사회이동만이 지나치게 강조될 때, 우리나라가 겪고 있는 것과 같은 입시 위주의 학교교육, 시험 지옥의 학교교육, 학력중심의 학교교육과 같은 교육 병리현상이 사회적인 문제로 대두되기도 한다.

③ 선발과 배치

학교교육이 수행하는 중요한 기능 중의 하나는 학생의 선발과 분배 기능이다. 이는 엄밀히 말해 보수와 진보의 기능 모두에 해당된다고 할 수 있다.

타고난 요인(ascribed elements)보다는 성취 요인(achieving elements)이 중요하게 받아들여지고 있는 능력위주의 개방사회에서 직위에 적합한 인재를 선발하여 배치하는 문제는 국가적 차원이나 개인적 차원에서 매우 중요한 문제이다. 왜냐하면 사회성원의 능력을 적절히 평가해서 그를 적재적소에 배치한다는 것은 중요하면서도 매우 어려운 일의 하나이기 때문이다. 과거의 폐쇄사회에서는 타고난 신분에 의해서 미리 사회적 배치가 이루어졌으나 오늘날의 개방사회에서는 그렇게 할 수가 없다.

개방사회에서는 능력에 따라 교육을 받을 수 있고, 사회적 선발에 있어 학교교육에서의 성취가 사회적 선발에 있어서 거의 절대적인 기준으로 활동되고 있다고 해도 과언이 아니다. 이는 사회적 선발의 준거가 되었던 신분 대신에 그 자리에 학교교육이 들어앉게 되었음을 의미한다. 사회적 선발 및 배치에 있어서 학교교육 수혜의 연한을 학교교육에서의 성취로 간주하여, 학교수학 연한을 학력(學力) 수준의 판단 기준으로 삼는 사회를 학력주의(學歷主義) 사회라 부른다. 높은 단계의 학교교육을 경험한 사람이 직업현장에서 더 효율적인 직무수행 능력과 더 높은 생산성을 가져다 줄 것이라는 사회 일반의 신념을 학력주의라 한다. 이로써 전문직이나 관리직에는 고학력자를 선발하고 미숙련 단순노동직에는 저학력자를 선발하여 배치한다.

교육의 사회적 선발기능을 보는 관점에는 두 가지의 상반된 입장이 있다. 구조기능주의 입장에서는 고학력자가 좋은 자리에 선발되는 것은 당연하고 정당하다고 보는 반면에, 급진적 구조주의(갈등주의) 입장에서 보면 학교교육이야말로 계급의 재생산밖에 아무 것도 하지 못하고 있다는 점을 지적하고 있다. 예를 들면 회사의 사원을 선발할 때, 특정의 국가시험을 치를 때 대학졸업자로 응시자격을 제한하는 것은 고학력화를 부채질하는 일이라고 맹렬히 비판한다. 이러한 비판적 입장은 학교교육의 경험 정도를 나타내는 졸업장이 학습자의 능력과 업적에 따라 경쟁적으로 성취되기 보다는 그가 속해 있는 가정의 사회·경제적 지위에 의해 후원적으로 주어진다는 점을 지적하고 있다.

교육이 갖는 사회적 선발기능은 학제 및 학교운영과 적지 않은 관계가 있다. 예컨대 일찍이 학교교육의 낮은 단계에서 장래의 직업적 진로를 결정하여 각각의 직업적 특성을 개발하기 위한 것으로 학교교육이 이루어지는 복선형 학교체제(dual system)에서는 어떤 학교를 졸업했느냐에 따라 그의 사회적 선발에 있어서 엄청난 차별이 생긴다. 반면에 가능한 종국적 학교교육 단계(terminal school education)에 이르기까지 동등한 교육과정을 경험하게 한 후, 각자의 직업적 적성에 맞춰 진로를 결정하게 하는 단선형 학교체제(single system)에서는 사회적 선발의 시기가 지나치게 오랜 기간동안 유보되어 그에 따른 사회적 비용이 상대적으로 더 많이 요구된다는 단점을 지니고 있다.

교육이 갖는 보수적 기능과 진보적 기능은 시대와 상황, 그리고 교육에 참여하는 주체에 달라질 수 있고, 또 달라져야 한다. 이현청은 이러한 교육이 갖는 기능이 사회와 개인, 그리고 상황에 따라 어떻게 받아들여지고 있느냐에 따라 전반적인 사회 안정성과 갈등성이 달라질 수 있음을 설명하고 있다. 이를 그림으로 나타내면 다음의 〈그림 5-2〉와 같다(이현청, 1994).

〈그림 5-2〉에서 제시된 바대로 교육의 사회적 기능은 사회적 욕구의 차원과 개인의 차원에서 생각해 볼 수 있다. 점선(……)은 사회와 개인간의 부적응 상황을 뜻하며, 실선(——)은 사회와 개인간의 조화의 상황을 나타낸 것이다. 교육의 사회적 기능 중 지나치게 보수적 기능을 강조할 경우 그리고 개인이 지나치게 진보적 사회화를 지향할 경우 교육이 올바른 기능을 수행한다고 볼 수 없다. 특히 급격한 사회변동을 경험하고 있는 사회의 경우가 이에 해당된다. 사회적 가치나 학교 교육내용은 보수적 성향인데 새로운 문화와 가치 기술 등을 이미 습득한 개인의 경우는 진보적 성향을 띠기 때문에 개인이 사회에 적응하기 어려워지게 되는 경우와 같다. 그러

므로 교육의 사회적 기능은 사회와 개인간의 조화뿐만 아니라 진보적 기능과 보수적 기능을 조화시킬 필요가 있다.

그림 5-2   사회와 개인차원에 따른 교육의 기능

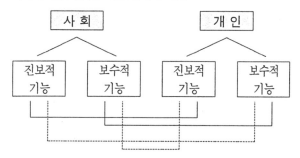

점선(┄┄┄) : 사회와 개인간의 부적응 상황
실선(──) : 사회와 개인간의 조화의 상황

(3) 교육의 부수적 기능

교육은 앞서 언급한 보수적 기능과 진보적 기능 이외에도 부수적인 기능을 수행하게 된다. 이 부수적 기능은 학교가 일차적 기능을 수행하는 과정에서 부수적으로 나타난 역할이라 할 수 있다. 이러한 교육의 부수적 기능에는 탁아소의 역할, 하류문화 전달의 역할, 그리고 결혼중매(match-making)의 역할, 학생문화의 형성 기능이 있을 수 있다.

오늘날에 있어서처럼 사회가 산업화되고 여성의 사회적 참여도 높아진 환경 속에서는 전통적으로 여성의 책임으로 간주되어 오던 자녀 양육의 책임을 학교가 나누어 갖게 되었다. 그래서 종전 학교가 지식만을 전달하는 기관이라는 인식에서 벗어나 학습자가 독립할 수 있을 때까지 일정기간 총체적으로 맡아 책임을 지는 교육복지기관이라는 인식이 널리 퍼지게 되었다.

학교는 학과학습 이외에도 과외활동을 통해 학습자들간 서로에 대한 이해를 높이고, 더 나아가서는 배우자를 선택할 수 있는 기회까지 제공하게 된다. 특히 전통적인 결혼관습에서 탈피하고 있는 산업사회에서 학교는 다른 2차적 사회집단과 함께 중요한 결혼의 중매 역할을 담당하게 된다.

그 외에도 학교는 중핵문화 뿐만 아니라 또래 집단들이 어울려서 집단나름의 문화를 만들어내어 교환하는 하류문화의 교환장 역할도 수행한다.

경우에 따라서는 학교교육이 목적으로 하는 중핵문화의 전달과 전달보다
는 학생들이 만들어내는 하류문화가 학교 내에서 우선하는 반문화(counter-
culture)의 기류를 형성하기도 한다. 이럴 경우 학교는 바람직한 사회적 기능
을 발휘할 수 없게 되기도 한다.

2) 교육과 문화

인간이 다른 동물과 구별되는 점이 있다면 그것은 인간이 문화를 창출하
고 문화를 즐기며, 문화를 유산으로 남긴다는 사실이다. 인간이 사회성원으
로서 인정을 받게 되는 것은 바로 이러한 문화의 과정에 참여하게 되면서
부터이다. 인간과 환경간의 상호작용을 통해 만들어진 문화는 그 자체로서
지속력을 갖고 있지만 교육이라는 활동을 통해 다음 세대에 보존되기도 하
고 새로운 형태로 변화하기도 한다. 아울러 사회가 점차 산업화되면서 대
중문화의 출현, 문화지체의 심화, 하위문화의 확산 등과 같은 현상이 교육
에 미치는 부정적인 영향은 점점 커지고 있다. 이처럼 교육을 통해 문화의
유지와 창출이 이루어지기도 하며, 일단 형성된 문화는 다시 교육의 목적
과 내용에 영향을 끼친다.

(1) 문화의 개념과 속성

문화의 관계를 올바르게 이해하기 위해서는 문화의 개념과 속성을 먼저
이해해야 한다.

① 문화의 개념과 종류

앞에서 이미 언급했지만 문화란 한 사회의 성원들이 후천적 학습을 통하
여 공통적으로 가지게 되는 행동양식과 사고 방식의 종합체로서 인간의 총
체적인 생활양식을 의미한다. 이 말에는 문화가 갖는 두 가지의 특징적인
의미가 내포되어 있다. 첫째, 문화는 인간 개인 행동의 생물학적인 측면을
제외한다는 점이다. 졸리고, 배고프며, 목마른 것과 같은 생리적 현상은 문
화의 범주에 들어가지 않는다. 둘째, 문화는 개인이 아닌 집단의 행위 양식
에 초점을 맞추고 있다는 사실이다. 한 개인이 음악을 들으며 공부하는 버

릇이 있다면 그것은 단지 개인적 습관일 뿐 문화라고 말할 수는 없다.

따라서 어떠한 인간 사회에도 그 나름대로의 문화가 있으며 사람들은 문화를 향유하면서 삶을 유지해 가고 있다. 아프리카의 미개한 원주민들조차도 그들 나름의 고유한 문화를 간직하고 있고 또 그 문화에 따라 살아가고 있다. 따라서 문화란 우리가 매순간 공기를 호흡하면서 이것의 존재 여부나 그 소중함을 느끼지 못하고 있는 것과 마찬가지로 문화는 모르는 사이에 개개인의 느낌, 일상적인 생활양식 등 모든 영역에 속속들이 영향을 미치고 있다.

문화는 일반적으로 물질문화와 비물질(정신) 문화, 중핵문화와 부분문화로 구분되기도 한다. 연필, 여객기, 자동차는 물질문화이며 이와 대조적으로 가치, 신념, 규범 등은 정신문화이다. 그리고 그 사회의 성인 다수 집단이 향유하며 상당한 정도의 지속성을 갖고 유지되는 문화를 중핵문화라 하고, 이와 상대적으로 중심이 되지 못하고 일부 소수집단에 독특하게 일시적으로 존재하는 문화를 부분문화 혹은 하위 집단문화라고 한다. 청소년문화, 흑인문화, 청년문화 등은 부분문화에 속한다.

문화는 그 내용에 따라 경험적 문화, 심미적 문화, 그리고 규범적 문화로 나누기도 하는데 예컨대 자동차 운전법, 우주선 제조법과 같은 기술적 지식은 경험적 문화에 속하고, 음악, 미술, 댄스, 문학같은 미에 관한 가치나 이념은 심미적 문화에 속하며, 규범, 제재, 선악의 기준은 규범적 문화에 속하게 된다.

② 문화의 속성

문화는 다음과 같은 속성을 지니고 있는 것으로 대부분의 학자들에 의해서 받아들여지고 있다.

첫째, 문화는 사회성원들이 함께 공유한다.

어느 위대한 사람의 독자적인 행동이나 사고 유형은 단지 개인적 습관일 뿐이지 문화로 간주되지는 않는다. 그러나 그것이 사회의 다른 성원들에 의해 공유되었을 때 우리는 그것을 문화라 부른다. 물론 어떤 가치나 규범에 대하여 사회 성원 모두가 합의하여 공유할 수는 없다. 예컨대 한국 사람들은 대부분 김치를 즐겨 먹지만 김치를 싫어하는 사람도 있다. 또 한국인이라고 해서 무조건 국악을 좋아하지도 않는다. 그렇지만 한국의 어느 식당을 가건 기본반찬으로 김치는 반드시 나오고 랩에 몰두해 있는 신세대의 청소년도 사물놀이의 장단에 따라 어느 정도의 흥을 돋우기도 한다. 김치와 한국적 장단은 한국인들의 공유된 문화이기 때문이다. 공유된 문화로 인해서 사회성원은 서로가 서로의 행동에 대해 예측할 수 있으며, 이로써 사회성원들 사이의 원활한 사회생활이 가능해진다. 하지만 이러한 문화의 공유성으로 인해 사회성원의 사고와 행동이 상당히 제한을 받기도 한다. 한국에 산업연수로 온 외국인 노동자가 한국 사회에 쉽게 적응하지 못하는 것은 한국 문화에 대한 공유성을 쉽게 나눠 갖지 못하기 때문이다.

둘째, 문화는 후천적으로 습득하고 학습하는 것이다.

문화가 공유되는 것이라 하여 유전적으로 물려받은 생물학적 특징까지 문화라고 하지는 않는다. 사람은 출생시 자연 그대로의 상태에 있다. 따라서 태어날 때부터 문화를 몸에 익히고 나오는 것은 아니다. 사람은 태어날 때 단지 문화를 배울 수 있는 능력만을 가지고 태어날 뿐이다. 문화는 사람의 성장과정에서 인간상호작용을 통해 학습되는 것이다. 이러한 문화 학습의 수단으로는 가정 교육, 친구들과의 놀이나 담소와 같은 비공식적 수단과 학교 교육이나 직업훈련을 통한 공식적 수단이 있을 수 있다. 결국 출생후 개인이 영위하는 사회생활의 맥락 속에서 문화를 습득(acquire)하는 것이며, 문화는 학습(learning) 과정을 통해 세대간에 전승(transmit)할 수 있다. 예를 들면 갓 태어난 아기는 말을 배울 수 있는 능력만을 갖고 태어났지 선천적으로 말을 할 수 있었던 것은 아니다. 그리고 그 아이는 1차적으로 가족간의 상호작용을 통해, 그리고 나중에는 좀더 체계화된 학교 교육 활동을 통해 언어라는 문화를 배우게 되는 것이다. 이때 아이가 접하는 1차적 문화 환경이 미국의 환경이면 영어를 먼저 배우게 될 것이고, 한국의 환경이면 한국어를 먼저 습득하게 될 것이다.

셋째, 문화는 세대에 걸쳐 전승되고 축적된다.

문화는 오랜 역사적 과정 속에서 인류가 창조해 낸 역사적 산물이며 사회경험의 집적물이다. 오늘날의 문화는 하루 이틀에 모두 이룩된 것이 아니라 인류문화를 통해 수세기 동안 축적되어 온 결과인 것이다. 따라서 문화가 이러한 인류역사의 축적물이라는 성질을 갖고 있기 때문에 사람들은 문화를 흔히 사회적 유산(social heritage)이라 부르는 것이다. 예컨대 쌀과 김치를 먹는 식생활, 명절이면 조상의 산소를 찾아가 예를 올리는 풍습, '춘향전'이나 '심청전'과 같은 고전 문학들이 오늘날의 우리에게 전승된 것은 바로 문화가 갖는 축적성이라는 속성 때문이다. 문화의 전승 과정에서 문화내용이 그대로 이어져 가는 것은 아니며, 한 세대가 만든 문화의 내용에 또 다른 문화가 쌓여 새로운 문화를 만들어 내기도 한다. 예를 들어 인공위성은 과학자들의 연구 결과가 세대를 거치면서 첨가되어 쌓여진 축적물이다. 이러한 문화의 축적은 언어와 문자, 그리고 교육과 같은 문화과정을 통하지 않고서는 불가능한 일이다.

넷째, 문화는 다양성을 지니고 있다.

사람들이 제 나름대로의 사고방식과 행동양식을 가지고 살아가듯이 문화역시 다양한 형태를 띠고 있다. 어떤 문화에서는 장례식 때 사람들이 검은옷을 입는가 하면, 또 어떤 문화에서는 흰 옷을 입는다. 죽은 자에 대한 애도의 표현방법이 각각 다르기 때문이다. 따라서 학자들은 문화를 연구할때 그 사회의 구체적 맥락을 고려하는 것이 매우 중요하다. 이와 같이 한문화의 고유성과 독창성, 역사성을 존중하고 타문화를 자기 시각에서 가치평가하지 않는 것을 문화상대주의(cultural relativism)라 한다. 흔히 문화의 다양성과 상대성을 무시하고 자기 민족 중심적으로 문화를 이해하려 할 때는문화우월주의에 빠질 수 있다.

다섯째, 문화는 서로가 유기성을 지니고 있다.

문화는 그 내용 각각이 별개로 떨어져 있는 것이 아니라 모두가 유기적연관을 맺으면서 체계적인 하나의 전체를 이루고 있다. 다른 영역의 문화와 아무런 관계없이 독자적으로 고유하게 존재하는 문화는 존재할 수 없다. 예를 들면 서양에서부터 발달한 '악수'문화는 단지 예절로서의 의미를 가진것이 아니라 '칼'이라는 무기 문화와 관련이 있다. 악수는 중세 기사들이 자신의 오른손에 칼을 들고 있지 않음을 나타내는 '선린우호'를 표현하는 수단이었다. 이렇듯 '악수'라는 예절 문화 이면에는 '칼'과 관련된 전쟁문화가숨어있는 것이다. 따라서 사회의 각 영역은 개별적인 것으로 보이지만 어느 한 부분에 변동이 생기면 다른 부분에도 영향을 끼치게 된다. 컴퓨터의발달이 끼친 영향은 단순히 정보관리와 사무능력의 효율성에 그치지 않고 정치, 경제, 심지어는 예술의 분야에 이르기까지 신기원을 이룩해 내고 있다 하겠다.

여섯째, 문화는 변화한다.

문화가 유지되고 전승되는 데는 어느 정도의 규칙성이 있으나, 고정불변의 것이 아니라 시간이 지나면서 점차적으로 변화한다. 따라서 변하지 않는 문화는 실제로 있을 수 없다. 다만 변화의 정도에 있어서 차이가 있을 뿐이다. 문화의 변동성을 잘 보여주는 예로 통신문화의 변화를 들 수 있다. 가장 원시적인 통신수단은 불이나 연기를 피워 멀리 떨어진 곳에 연락을 취하는 봉화였다. 그 다음 등장한 것이 편지이다. 그 뒤를 이어서 시간과 공간의 장벽을 극복하면서 발전되어 온 것이 유선전화 → 무선전화 → 핸드폰과 같은 전화 통신의 개선 과정이다. 이렇듯 사람들이 일상생활에서 직면하는 문제에 대해 새로운 방식으로 해결을 시도하면서 보다 더 효과적인 방식이 성원들에게 널리 확산되어 낡은 방식과 대체되는 과정에서 인류 문명은 발달되어 왔다.

(2) 문화의 내용

문화는 수많은 요소들로 구성되어 있다. 이 구성요소들을 음악의 연주곡목에 비유하여 인류학자들은 문화레퍼토리(cultural repertoire)라고 부르기도 한다. 사람들은 이 문화레퍼토리에 의하여 사고하고 행동하게 된다(석태종, 1993). 문화레퍼토리로서 가장 중요하게 꼽는 것으로는 가치, 규범, 상징, 언어, 이데올로기 등을 들 수 있다.

① 가 치

가치(values)란 옳고 그름, 선과 악, 바람직하냐 바람직하지 못하냐의 문제에 대해 보통 사람들이 가지고 있는 평가 기준이나 신념체계, 그리고 행동을 지배하는 중요한 감정의 체계를 말한다. 하나의 사회에는 그 성원들 사이에 공유된 가치가 있기 마련이다. 바로 이러한 문화적 가치에 의해서 한 사회의 성원들은 비슷한 행동양식을 보이게 된다.

운동 선수가 사회적 출세를 위해 대학에 진학할 것인가 아니면 대학에서의 수학 기간만큼 더 빨리 프로구단에 합류할 것인가를 선택하는 것은 고등학교 졸업을 앞두고 있는 운동선수의 가치 판단에 의해서이다. 우리의 모든 생활은 이와 같은 선택의 연속이며 거의 모든 선택은 가치에 따른 평가에 의해 좌우된다. 따라서 가치는 모든 집단의 생활영역에서 찾을 수 있으며, 각 영역에는 지배적인 가치가 존재한다. 예를 들면 정치적 영역에서의 지배적인 가치는 민주주의이며, 경제적 영역에서 지배적인 가치는 효율성과 더 많은 부의 축적이며, 시험장에서의 지배적인 가치는 선의의 경쟁이다.

사회집단과 각 영역에 따라 어떤 가치관을 갖고 있는가를 측정하기란 매우 어려운 일이지만 학자들은 모형을 만들어 이를 시도하고 있다. 지금까지 제시된 가치관의 모형으로서 널리 알려진 것은 클럭혼(F. Kluckhohn)의 가치지향설이론, 스핀들러(G. Spindler)의 가치구조이론 등이 있다.

② 규 범

사회 성원은 가치에 입각하여 주어진 상황에서 옳고 그른 것의 규칙을 만들고 그것을 체계화시켰다. 이런 행위규칙을 일컬어 규범(norms)이라고 한다. 규범이란 다시 말하면 사람들이 다른 사람과의 관계에서 따라야 할 규칙을 뜻한다. 규범에 따라 사람들은 특정한 상황에서 해야 할, 또는 해서는 안될 무엇을 제시받을 뿐만 아니라 상대방이 나의 말과 행동에 대해 어떻게 반응할 것인지를 예견할 수도 있다. 따라서 규범은 고도의 사회성을 가지게 된다. 가치가 추상적인 수준에서 행동의 방향을 설정해 준다면 규범은 행동의 구체적인 지침을 제공해 준다. 또한 가치에는 벌칙이 따르지 않는 반면, 규범을 위반할 때는 일정한 사회적 제재가 내려지게 된다.

규범에는 민습과 도덕과 같은 임의규범, 그리고 법과 같은 강제규범이 있다. 민습(folkway)은 식사 관행, 의복 관행, 예절이나 의식 등과 같이 한 사회가 전통적으로 지키는 관습이나 관행을 말한다. 밥을 먹을 때 수저를 이용하고, 한복을 입을 때 두루마기를 걸쳐 입는다거나 어른에게 고개를 숙여 존댓말을 써서 인사하고, 약속시간에 늦지 않는다는 것 등이 바로 민습에 해당하는 규범들이다.

도덕적 관습(mores)은 사회의 존속이라는 근본적인 가치를 위해 불가피하다고 인정되고, 따라서 반드시 지켜야 할 규범이다. 사람들이 이를 위반하면 사회 질서 자체가 붕괴될 위험까지도 내포한다고 믿고 있기 때문이다. 근친상간의 금지는 세계적으로 보편적인 도덕적 관습의 예라 할 수 있다. 민습과 도덕적 관습을 위반할 때에는 사회적 격리(행위자를 상종하지 않음)라는 제재가 대개의 경우에는 비공식적으로 먼저 내려진다.

법(laws)은 의식적으로 정하고 공식적으로 선포된 정당성에 입각하여 집행하는 규범이다. 사회가 복잡해지면서 규범의 위반 행위에 대해 개인적 혹은 집단적 보복에 수반되는 혼란과 부작용을 극복하기 위해서 정부나 국가 기관이 물리적 제재를 합법적으로 사용한다는 것이 법의 특성이다. 임의규범에 대한 사회적 제재는 사회 구성원들에 의해 수시로 그리고 비공식적으로 행사됨에 비해, 법은 제재의 기능을 가진 개인이나 조직에 의해 공식적으로 행사된다. 따라서 임의규범이 비제도화된 규범이라 한다면 법은 강제규범으로서 제도화된 규범이라 할 수 있다.

③ 상 징

상징(symbols)이란 무엇을 나타내는 대상물이나 몸짓, 소리, 색깔 또는 디자인을 말하는 것으로, 예컨대 십자가, 태극기 같은 것이 있다. 상징은 다분히 자의적이며 상대적인 성질을 갖는다. 따라서 상징에서는 의미부여가 매우 중요하다.

④ 언 어

언어(languages)는 집단의 산물이며 표준화된 의미를 가진 발음 형식으로서 사회적으로 구조화된 체계이다. 상징으로서 언어는 단순한 의사소통 이상의 기능을 수행한다. 비록 언어가 인간 사회의 산물이기는 하지만 일단 하나의 언어 체계로 정형화되면 이는 사회성원들의 생각과 행동에 영향을 미치는 관념화 기능을 수행한다. 즉 언어를 통해 개인의 욕구에 필요한 다양한 환경요소들을 서로 결합시킬 수 있다.

사회성원들이 어떤 언어를 사용하느냐에 따라서 대상 세계를 인식하는 방법과 이를 해석하는 관점도 달라진다. 언어는 어떤 집단의 관심에 의해서 발전되고 또 그 집단의 관심의 영역과 종류를 한정시키는 경향이 있기 때문이다. 예를 들면 아프리카의 많은 부족들에서는 '눈'에 해당하는 단어를 찾을 수 없는 반면, 에스키모의 언어 속에는 이를 설명하는 단어가 수십 가지가 넘는다고 한다.

무엇보다도 언어가 갖는 가장 큰 의미는 인간지식의 축적을 가능하게 해 주었다는 점이다. 만약 언어가 없었다면 인간의 문화적 축적은 가능하지 않았을 것이다. 언어에 의해서 문화가 창조되고 유지되는 것이기에 '언어는 문화 그 자체이다'라고 해도 무리는 아니다.

⑤ 이데올로기

이데올로기(ideology)란 사람의 사고특성의 일반적 태도, 특히 조직인의 구체적인 체제를 지원하는 이념이나 가치를 말한다. 신념체제로서의 이데올로기는 문화의 근본문제에 대한 방향 지시적 역할을 담당한다.

(3) 문화변동과 교육

문화는 학습되어 전승되는 것이지만 결코 항상 일정한 상태로 고정되어 있는 것이 아니다. 문화는 단절과 축적의 끊임없는 반복 가운데서 변화되어 간다. 문화요소가 갖고 있는 이러한 변화의 성질에 따라 문화가 변화하는 양태를 문화변동이라 한다.

문화변동의 유형에는 문화지체, 문화접변, 문화결핍 등이 있으며, 이들은 모두 교육에 의해서 발생하기도 하고, 이들은 또 다시 교육의 목적과 내용에 중요한 시사점을 던져주기도 한다.

① 문화지체와 교육

오그번(W. Ogburn)은 종교, 가치관 및 사회제도와 같은 비물질적인 문화는 도구나 기술 등 물질적 문화보다 전파와 변동의 속도가 일반적으로 느리다는 점을 지적하고 있다. 기술의 발달은 물질생활의 급격한 변화를 일으켰지만 물질적인 측면과 관련 있는 제도나 가치의 변화가 물질 변화 속도를 따르지 못하고, 기술발달이 계속되어 그 간격이 점점 커지는 현상을 문화지체(cultural lag)라 한다. 달리 말해서 문화지체란 문화의 구성부문간의 변동률의 차이로 말미암아 생기는 문화격차를 뜻한다. 예를 들면 자동차의 수는 늘어나는 데 반해 도로의 조건이 개선되지 않거나 교통 도덕과 같은 질서 의식이 확립되지 못했을 경우, 공장에서 보다 복잡해진 기계 때문에 산업재해가 계속 늘어가지만 산업재해를 보상하기 위한 사회보장제도가 확립되지 못할 경우, 의학의 발달로 노인인구는 늘어가지만 노인복지 대책이 미흡한 경우, 여자 대학생이 재학 중 결혼하는 사례는 늘어나지만 결혼한 학생에 대해서는 제적하도록 되어 있는 학칙이 그대로 존속되고 있는 경우 등이 모두 문화지체로 인해 야기되는 현상들이다.

오그번은 문화지체의 요인으로서 여러 가지를 지적하고 있으나 중요한 것으로는 기술, 지식, 경험같은 비물질 문화에 있어서의 발명이나 개혁의 결여, 그리고 비물질 문화의 문화적 타성과 문화 저항을 들고 있다. 어떤 요인에 의해서 일어나건 문화지체는 사회의 혼란과 긴장을 초래할 수 있으며 나아가 사회통제력의 약화, 문화와 퍼스낼리티의 상호관계성 단절, 그리고 사회를 와해시킬 수 있다는 주장도 있다.

교육은 한 사회의 문화유산을 매개하고 또 유지하고 전달한다. 그리고 교육은 문화지체 현상이 극심해지지 않도록 노력하고 이를 확보하지 않으면 안 된다. 이 말의 구체적인 의미는 사회 속에서 개인이 기술변화에 뒤떨어지지 않도록 교육은 뒤쳐진 문화를 어느 정도 조정해야 한다는 뜻이다. 따라서 교육이 문화지체에 대해 우선적으로 해야 할 일은 사회구성원들의 의식과 태도를 바꾸도록 하는 일과 새로운 지식을 습득하도록 돕는 일이다. 그리고 교육현장에서 앞서 있는 교육공학 기자재를 활용함으로써 현대사회의 테크놀러지에 학교환경이 보조를 맞춰 가는 것도 필요하다 하겠다.

② 문화결핍과 교육

문화결핍(cultural deprivation)이란 원만한 퍼스낼리티를 형성하는데 필요로 하는 생물학적 요인, 자연 환경적인 요인, 문화적 요인들 중에서 특별히 행동형성의 준거가 되는 문화적 요소가 부족하거나 박탈되어 있는 상태를 말한다. 문화결핍은 대개의 경우 출신, 가정, 사회, 경제적 지위가 상대적으로 낮은 것에서 비롯된다고 볼 수 있다.

문화결핍 현상이 교육에서 문제된 것은 1960년대에 흑인이나 소수민족 출신 하류층 아동들의 언어 박탈, 학업부진, 중도탈락, 비행이 증가하면서 부터이다. 대개의 경우 문화결핍자들은 대부분의 사물이나 사회현상에 대하여 부정적인 태도나 반감을 가지는 것으로 나타나고 있다. 최근 우리나라에도 초·중등학교 학생 중 많은 결식 아동과 심지어는 소년소녀 가장이 있으며, 그밖에도 많은 아동들이 고아원을 비롯한 기관시설에서 생활하며 공부하고 있는 실정이다. 이들이 다 문화 결핍자들이라 볼 수는 없으나 이것은 분명히 하나의 사회문제라 보지 않을 수 없다.

문화실조에 대한 교육프로그램이 더욱 적극적으로 개발될 필요가 있으며, 특히 학교 시설의 평준화를 위해 낙후 학교시설에 대한 교육재정의 투자가 요청된다.

③ 대중문화와 교육

현대사회는 대중사회로서 대중 문화적 특성을 지닌다. 대중사회란 종래와 같이 소수의 영향력 집단이 중심이 되는 사회가 아니라 대중이 중심이 되는 사회를 지칭하며, 이런 사회 속에서 대중이 향유하는 문화를 대중문화라 한다. 이 때 대중은 다양하고 이질적인 사람들의 집합이며, 사회적 공유성을 갖고 있으며, 서로가 서로를 모르는 익명성에 싸여 있으며, 분리 고립된 집단이며, 대개의 경우 대중매체를 통해 서로 상호 작용하는 집단을 의미한다. 또한 대중문화는 누구나 똑같이 향유할 수 있는 평등권이 보장되며, 신속하게 사회적 유대감 형성이 가능하다는 장점을 갖고 있는 반면에 매스매체에 의한 영향이 강하며, 근본적으로 시장성을 띠고 있으며, 비윤리적인 측면이 강하고, 생리적으로 유행성을 끼치며, 문화세계를 분열시키며, 저속하고 한시적이다라는 단점도 갖고 있다.

교육과 관련지어 볼 때 청소년 비행과 폭력증대의 원인은 사회적 특성에서도 기인하지만 대중문화, 특히 텔레비전의 비행이나 폭력묘사와 관련짓는 경우가 많다. 따라서 교육을 통해 문화발전이 이룩되기 위해서는 다음과 같은 과제가 선결되어야 할 것이다.

첫째, 교육은 문화발전의 방향을 제시해야 한다. 특히 오늘날과 같이 문화가 급격히 변화하는 시대에 있어서는 문화변동에 대한 명확한 방향제시가 있어야 할 것이다.

둘째, 교육은 문화전달의 기능을 충실히 수행해야 한다. 문화종속이나 문화적 국수주의를 경계하면서 외래문화를 비판적으로 수용할 수 있도록 노력해야 할 것이다.

셋째, 어떠한 문화라도 이를 주체적으로 받아들일 수 있도록 낮은 교육의 단계에서부터 문화에 대한 교육을 강화해야 한다.

교육을 통해 문화는 단순히 전달 전승되는 것이 아니라 시대와 상황에 맞게 새롭게 창조되기도 한다. 그리고 문화는 단순히 역사적이며 과거에 관련된 것만이 아니라 현재생활에 기능적으로 기여하기도 한다. 문화는 목표, 이념, 관습, 지식 등 서로 분리된 실체가 아니라 전체 유산과 생활양식의 통합이다. 교육의 기능은 단순히 과거의 문화를 잘 보존하고 전달하는 것만이 아니라 미래에 대한 가능성과 더불어 현재에서도 기능성을 나타내 보이지 않으면 안 된다. 궁극적으로 교육은 사회와 역사를 통합적이고도 전체적으로 볼 수 있는 눈을 문화에 제공하지 않으면 안될 것이다.

3) 교육과 사회계층

사람은 누구도 혼자 살아갈 수는 없고 함께 어울려 집단을 이루며 살아간다. 사람이 집단을 구성하는 데는 일정한 기준이 있다. 사회 성원은 서로가 갖고 있는 연령, 직업, 학력, 능력, 성별, 출신 지역 등에 쉽게 일체감을 갖기도 하며 또한 다른 집단과 쉽게 구분되기도 한다. 이처럼 인간사회는 어느 곳이나 사람을 여러 기준에 따라 구별하고 어떤 기준에 의해서든 이에 따른 여러 개의 층(strata)이 있기 마련이다. 사회계층의 문제는 20세기 중반 이후 미국의 워너, 파슨스, 밀즈 등의 사회학자들에 의해서 사회학 중심 영역으로서 논의되었으며, 근래에 들어와서는 교육사회학자들도 이를 그들 연구의 주요 관심대상으로 삼고 있다.

(1) 사회계층의 개념

사람은 누구나 일정한 사회적 지위를 가지고 있으며, 생활에 필요한 수입을 확보하기 위해 일정한 직업을 갖고 있다. 또 사회성원은 특정한 인종에 속하며 가족적 배경을 가지고 있다. 아울러 각 사람이 가지고 있는 능력이나 기술도 모두 다르다. 그리고 능력과 기술에 따라 주어지는 보수도 다르고, 사회적으로 내려지는 평가도 다르며 위신과 특권도 다르다. 이와 같이 위계적인 사회체제 속에서 직업, 배경, 개인의 능력, 기술 등에 의하여 사회적 특권, 위신, 이익 등이 사회적으로 불평등하게 분배되어 있는데, 이런 가운데서 서로 비슷한 위치에 있는 인구집단을 사회계층이라고 한다(K. Prichard, 1973). 사회계층과 비슷하여 자주 혼용되는 말이 사회계급이다. 사회계급이란 특히 재산, 교육, 직업, 사회적 지위 등이 비슷해서, 비슷한 생활습관, 태도, 행동, 가치관을 가지고 있는 사람들의 집단을 말한다. 사회계층은 사회계급에 비하여 포괄적인 개념으로서 모든 사회구성원들이 그들이 사회적으로 같고 지위가 어떤 객관적인 기준에 따라 서열화되어 있는 상태를 말하며, 사회계급은 집단적 응집력이 전제된 개념이므로 생산수단의 소유 그리고 지배수단 및 권력에 어느 정도 접근해 있느냐에 따라 결정되는 것이다. 현대사회의 모든 조직은 생산을 위한 분업, 능력발휘를 추구하기 위하여 관료제도의 도입과 아울러 계층조직의 형태를 취하는 것이 일반적이다.

사회계층은 보통 세습적 신분(caste), 이스테이트(estate), 사회계급(social class)으로 분류되면서 발전하였다(오영재 외, 1997). 첫째, 세습제 신분은 인도의 카스트제도에서 비롯되며, 출신성분에 따라 주어지는 폐쇄적이고 세습적인 계층으로서 가장 엄격하고도 경직된 형태로서 지위간 이동이 극히 어렵고 업적보다는 귀속적 요인을 중요시하였다. 둘째, 이스테이트는 토지소유와 관련되는 것으로서 중세 봉건제도가 좋은 예가 된다. 즉 토지의 소유 정도에 따라 사회적 지위가 결정되었다. 셋째, 사회계급이란 근대 산업사회에 있어서의 전형적인 계층형태를 말하는 것이다. 사회계급의 여러 특성 중의 하나로 특별히 강조되는 것은 사회계층의 결정이 경제적인 것, 즉 부와 수입이라는 형태에 기초하고 있다는 점이다.

(2) 교육과 사회계층

교육은 사회계층을 분류하는데 있어서 중요한 하나의 지표가 된다. 왜냐하면 교육이 구체적인 사회계급에서 요구하는 수입을 확보해 주며, 특정의 생활양식을 개발하는 데에 직접 또는 간접으로 기여하고 있기 때문이다. 의사나 변호사와 같은 전문직에 종사하는 사람들은 전문교육을 받지 않고는 그러한 위치를 차지하기가 거의 불가능하다. 만약 농촌 출신의 청소년이나 근로 계층의 우수한 자녀들이 성적이 우수하여 일류대학을 졸업하여 전문직에 종사하게 된다면 그런 경우 학교는 그의 사회적 상향이동(upward mobility)을 크게 도와주었다고 할 수 있다.

교육기회와 사회계층간의 관련성에 관한 지금까지의 연구물들이 대체로 수긍하고 있는 내용을 정리하면 다음과 같다(오영재 외 1997).

첫째, 교육에의 접근기회가 중·상류층일수록 높다.

둘째, 중·상류층일수록 학교교육에 대한 가치관과 교육열망이 높다.

셋째, 학습에 유리한 개인적 능력은 중·상류층일수록 높다.

넷째, 가정적 요인(예컨대 부모의 기대)은 중·상류층일수록 교육에 유리하다.

다섯째, 학교에서의 학업성적은 중·상류층 자녀일수록 높다.

4) 교육과 기회균등

인류가 가장 오랜 동안 간직해 왔던 꿈 중의 하나는 사회성원 누구나 자유롭고 평등을 향유할 수 있는 사회건설이다. 하지만 인간 누구나 자유로울 수 있는 사회의 건설이 여전히 큰 염원으로 남아 있는 것처럼 사회성원 모두가 평등하게 대접받는 사회의 건설 역시 아직 실현되지 않은 꿈으로 남아있다. 어쩌면 '모든 성원들이 완전히 자유롭고 평등한 사회'라는 말은 '캄캄한 태양'이나 '안정된 네모난 원'과 같이 논리적으로 모순일 뿐만 아니라, 경험적으로도 도저히 실현될 수 없는 이상일지도 모른다. 하지만 아직도 평등한 사회의 실현은 시지푸스의 신화처럼 여전히 인류 모두의 희망이자 도전의 대상으로 남아 있다.

교육을 통해 사회평등과 정의를 구현하려는 사회성원의 노력 역시 늘 있어 왔다. 그 결과 오늘날에는 적어도 선언적으로는 누구에게나 교육의 기회가 열려져 있다. 그러나 현실적으로 볼 때 누구나 제한 없이 교육을 받을 수 있는 것은 아니다. 교육의 기회가 어떻게 누구에게 분배되고 있느냐의 문제는 교육이라는 재화(goods), 그 중에서 사회적 재화(social goods)를 누가 차지하느냐 하는 면에서 중요한 관심의 대상이 되고 있다. 더욱이 교육기회라는 사회재화는 한번의 소비로 그 효용성이 끝나 버리는 단순소비재가 아니라 한번의 교육기회의 확보가 뒤따르는 다른 사회적 기회들, 예컨

대 우월적인 취업기회의 확보, 상대적으로 높은 봉급의 확보, 상층계급으로
의 진입 가능성 등과 같은 기회들을 우월적으로 확보할 수 있다고 볼 때,
이는 '빈익빈 부익부'의 연쇄효과를 가져올 일생의 자본이 될 수 있다. 결
국 교육기회의 확보가 사회적 지위 획득과 밀접하게 관련되어 있다고 볼
때 교육기회의 분배 상황과 분배 방식은 극히 중요한 사항이 아닐 수 없다.

(1) 교육평등관의 변천

인간은 누구나 교육을 받을 수 있는 권리를 갖고 있다는 신념이 사회적
으로 널리 공유되게 된 것은 그다지 오래된 일이 아니다. 교육 평등관이
변천되어 온 과정을 콜멘은 다음과 같이 네 단계로 정리하였다(Coleman,
1990).

첫째로 산업화 이전의 단계에 있어서는 교육은 가정의 책임이었기 때문
에 오늘날과 같은 학교교육에서의 평등문제는 관심 밖이었다. 둘째로 산업
혁명 이후의 초기 산업화시대에는 일반 국민교육의 필요성이 크게 대두된
시대로서 초등교육이 의무화되는 단계였고, 계급이 아직도 수용적이었기
때문에 하층 계급에 대한 교육은 그다지 큰 문제가 되지 않았다. 셋째로
제2차 대전 이후 미국과 사회주의 국가들을 선두로 모든 사람들에게 교육
의 기회가 허용되어야 한다는 평등관이 대두되게 되었다. 무상교육제도와
각종 교육 지원제를 통해 능력 이외의 요인에 의해서는 차별 받지 않는 교
육기회가 제공되었다. 넷째로 학교에 다닐 수 있는 기회를 마련해 주는 것
만으로는 부족하다는 인식이 퍼지게 되었다. 교육의 목적은 학교에 다니는
데 있는 것이 아니라 사회에서 살아가는 데 필요한 것을 배우는데 있으므
로 누구나 배울 수 있는 것을 제대로 배울 수 있도록 기회를 제공해야 교
육평등이 이루어지는 것이다. 학교를 졸업하고 사회에 진출하는 그 순간이
인생의 출발점이라면 누구나 같은 출발점에서 시작해야 하기 때문이다. 이
러한 콜멘의 교육평등관 발전에 기초해서 교육평등관이 발전되어 온 과정
을 구체적으로 살펴보았다.

① 교육기회의 허용적 평등

허용적 평등관은 교육기회가 성, 신분, 종교, 지역, 인종 등에 의해 차별

없이 모든 사람에게 동등하게 주어져야 한다는 관점이다. 주어진 기회를 향유할 수 있느냐의 여부는 개인의 능력과 판단에 달린 것이고 법이나 제도상으로 특정 집단에게만 기회가 주어지고 다른 집단에게는 금지되는 일은 철폐되어야 한다는 것이다. 그렇지만 모든 사람들이 모두 같은 수준의 교육을 받아야 한다고 보지는 않았다. 사람들은 각기 다른 수준의 능력과 다른 종류의 재능을 타고났다고 믿었기 때문이다. 결국 능력에 의한 교육기회의 차별은 정당화 되었다.

19세기 중반 이후 미국과 유럽에서 채택된 교육의 허용적 평등관은 6~8년의 초등교육을 보편적(universal)으로 실시하며, 의무교육(compulsory)으로 법제화하여, 공공(public) 세금으로 교육비를 충당하게 하여, 무상(free)으로 실시하는 교육의 형태로 만들어 놓았다. 또한 교육에 대한 국가적 차원의 관심이 고조되어 공교육비 예산이 증가됨에 따라 공교육 기간이 연장되었다(강희천, 1989).

이러한 교육의 허용적 평등관은 인간은 동등하다는 인간의 동질성(sameness)과 불편협성(impartiality)의 원칙을 강조한 것이며, 법적 평등(de jure equality)을 이루려는 노력의 결과라 할 수 있다.

② 교육기회의 보장적 평등

누구나 교육을 받을 수 있는 기회가 허용되었다 하더라도 능력있는 모든 사람이 교육을 받을 수 있게 된 것은 아니었다. 학교에 다니도록 허용되었다 해도 경제적 능력이 없는 하류계층의 자녀들은 교육을 포기할 수밖에 없었다. 이러한 교육평등을 실현하기 위해서는 취학을 가로막는 경제적, 지리적, 사회적 제반 장애를 제거해 주어야 가난한 집 출신의 능력 있는 자녀가 학교에 다닐 수 있음이 드러난 것이다. 즉 취학을 보장해 주는 대책이 필요하다는 데 생각이 미친 것이다.

제2차 대전 이후의 유럽의 여러 나라들은 보장적 평등정책을 추구하였다. 그 대표적인 것으로 영국의 '1944년 교육법'을 들 수 있다. 중등교육을 보편화하는 한편 무상화하고, 하층계급 출신의 취학 자녀에게는 일정액의 생계비(maintenance grants)를 지급하였다. 그리고 중등학교에서의 복선제가 지니고 있는 불평등한 요소를 제거하여 단선제로 전환하였다. 그리하여 누구나 어렵지 않게 중등교육까지는 받도록 하였다.

가정의 배경 및 거주지역에 관계없이 모든 학생들로 하여금 동일한 교육
기회를 갖도록 해야 한다는 당위성을 강조하는 이 보장적 평등관은 단지
입학의 기회만을 강조한 것이 아니라 실질적으로 동일한 수준의 교육 기회
에 접할 수 있게 해 줌으로써 실질적 의미의 교육 기회균등(de facto equality)
이 확보되었다.

③ 교육환경에서의 평등

보장적 평등 정책은 교육기회의 확대는 가져왔지만 계층간 분배구조를
변화시키지는 못했다. 교육기회가 확대되어 취학인구가 늘어나면 그만큼
평등해 질 것으로 기대했으나 교육기회의 확대가 곧 분배구조의 평등까지
는 미치지 못했다. 왜냐하면 교육기회의 새로운 증가분이 각 계층에 고르
게 집중적으로 분배되는 것이 아니라 오히려 상위계층부터 채워져 내려가
기 때문이었다.

이러한 보장적 평등 정책의 한계는 교육 환경(조건)의 불평등을 극복하지
못한 데 있음이 드러났다. 다같이 학교에 다니게 된 것만으로는 평등이 아
니라 학교의 시설, 교사의 자질, 교육과정 등에 있어서 학교간 차이가 없어
야 진정한 평등이라는 점이 보장적 평등 정책에서 간과되었던 것이다. 이
러한 학교의 교육여건과 교육이 진행되는 모든 과정이 평등하지 않으면 교
육평등은 실현되지 않은 것으로 받아들여지게 되었다. 그리고 실제로 초등,
중등교육에서의 취학이 보편화되자 학교간 차이가 새로운 문제로 대두되었
다. 학교에 따라 교사들의 질적 수준이 다르고, 시설이 다르고, 주변환경이
다른 것을 학부모들이 문제삼기 시작하였으며, 그러한 학교차이가 교육결
과에 차이를 가져온다고 믿었기 때문이다.

교육환경에서의 평등관은 ① 학교시설, 교사의 자질, 교육내용에서의 차
이를 극복해 주었고, ② 학교간 차이가 학생수준의 차이로 귀결되는 것을
차단하려는 노력을 기울였고, ③ 특히 우리나라 실정에서는 '고등학교 평준
화'를 통해 학생 누구나 동일 수준의 학교 시설 속에서 동등 수준의 능력과
자질을 갖춘 교사 밑에서 교육을 받을 수 있는 가능성을 열어 놓았지만,
④ 가정 배경에 따른 성적차를 극복하는 데 학교가 이렇다 할 영향을 미치

지 못한다는 한계를 노출시켰다.

'모두가 똑같다(sameness)'라는 평등의 개념을 허용적 교육 평등관에서는 입학자격과 동일한 교육과정의 부여라는 교육 외적 형태에만 중점을 둔 반면에 교육환경의 평등관에서는 '학업성적'과 직접적인 관련이 있다고 여겨지는 교육시설, 교사의 능력이라는 교육의 내적 형태에 강조의 초점을 두고 있기에 이 두 해석은 그 기본전제에 있어 근본적인 차이를 지니고 있었다(강희천, 1989).

④ 교육결과의 평등

모든 학생들의 동일한 취급과 학교시설의 평준화를 중심으로 해석되어 온 기회균등의 사상은 1960년대에 이르러 다시 한번 논란의 대상이 되었다. 이 경우 논란의 중심적 요지는 모든 인간이 학교교육 기회를 포함한 몇 가지 면에 있어 동등한 권리를 지녀야 함은 분명하다 할지라도 각 개인이 지니고 태어난 지능이나 학습 능력은 현격한 차이를 보이고 있는데, 이같은 차이를 무시하고 공교육 현장에서 모든 학생들을 똑같게만 취급한다는 것이 과연 교육에서의 평등을 실현시키는 최선의 방법이겠느냐는 회의로부터 비롯되었다. 평등의 의미를 '동일성(sameness)'으로만 이해하던 전통적 해석에 대한 도전이었다.

능력주의(meritocracy)라는 용어를 처음 만들어 낸 영(M. Young)은 '각 개인의 타고난 선천적인 능력의 차이를 무시한 채 공교육 현장에서 모든 아동을 똑같게만 취급하고 있기에, 결과적으로 선천적인 지능상의 불평등을 실질적인 경제, 사회적 불평등으로 변형시키고 있다'는 점을 비판하였다(A.H. Halsey and Jerome Karabel ed., 1977). 더 나아가 그는 능력주의가 천부적으로 낮은 지능을 지니고 태어났기에 낮은 사회적 지위밖에 오를 수 없는 사람들의 혁명에 의해 그 종말을 보게 될 것이라고 미래 사회를 예측하기도 했다.

선천적인 차별을 인정하고 이를 극복하기 위한 '역차별 정책', 즉 강자로부터의 양보와 약자에 대한 배려를 강구하지 않으면 진정한 인권은 확보되지 않으리라는 것이 결과의 평등론자들의 주장이었다. 이에 관련한 영의 입장은 다음과 같은 말에서 더욱 분명하게 찾아볼 수 있다. 그는 '신분주의 사회에서 불행히도 노예의 자녀로 태어나 일생 동안 노예라는 사회적 지위로 인해 고통받게 해야 했던 사회적 불평등이 바람직하지 못한 것이라면, 이와 같은 논리로 능력주의 사회에서 불행히도 낮은 지능을 지니고 태어난 아동들이 그 일생을 '무능력자'라는 사회의 평가로 인해 고통받게 된다면 이 같은 능력주의 사회 속의 불평등은 신분주의 사회 속의 불평등과 전혀 다를 바가 없지 않은가?'라고 반문한다(강희천, 1989, 재인용).

교육결과의 평등관은 상류계층의 집안에서의 자녀에 대한 '인성적(peroson-centered) 통제방식'이 하류계층에서는 '지위적(positional) 통제방식'으로 나타나서, 이는 결국 문화적 결핍 현상으로 귀결되고, 이러한 문화적 격차는 교육을 통해 극복해야 한다는 점에 초점을 두고 있다. 곧 교육 결과의 평등이란 모든 아동을 똑같게만 취급하는 것이라는 전통적인 해석을 넘어서서 선천적으로 혹은 가정 환경 측면에서 문화결핍의 취약점을 지니고 자라나는 아동들을 별도로 구별하여, 그 취약점을 보상할 수 있는 특별 기회를 별도로 마련해 주어야 한다는 것을 의미한다. 이 때 문화적 결핍 청소년에게 주어지는 보상을 영(M. Young)은 긍정적 차별(positive discrimination)로(강희천, 1989), 롤즈(John Rawls)는 보상적 평등주의(redemptive equalitarianism)라(오영재 외, 1997) 지칭하였다. 이러한 교육 결과의 평등관은 1960년대 미국의 '헤드스타트(Headstart)' 프로젝트와 영국에서의 '플라우덴(Plowden)' 특별 보상교육의 이념적 근거가 되었다.

결론적으로 교육 결과의 평등관은 ① 교육은 '학교 다니기(schooling)'가 아니라 '인간으로서 배워야 할 것을 배우는(learning to be human being)' 과정이며, ② 사람은 천부적으로 능력의 차이를 갖고 태어났으며, ③ 능력의 차이를 갖고 있는 사람을 똑같이 취급하는 것은 오히려 불평등의 구조를 고착화시키는 것이며, ④ 원초적인 불평등은 교육을 통하여 극복할 수 있다는 믿음에 기초하고 있다.

⑤ 사회개혁에 의한 교육평등

한편 마르크스주의자들은 교육평등이 교육체제의 문제가 아니라 교육제도가 관련하고 있는 사회구조의 문제라는 주장을 제기하고 있다. 이들은 자본주의 사회의 교육문제는 그 사회가 지니고 있는 모순의 반영이기 때문에 그 문제는 사회 자체의 모순이 해결됨으로써 해결된다고 주장한다.

이러한 교육 불평등은 사회 불평등의 반영에 불과하므로 사회가 평등해지기 전에는 교육도 평등해지지 않는다는 것이다. 교육평등화를 위한 조치는 그것이 비록 최선의 것이라 할지라도 사회에 현존하는 불평등 구조를 넘어설 수 없다고 주장한다. 따라서 사회개혁을 통해 모순적인 자본주의 경제 구조를 개선하는 것이 교육평등을 위한 최선의 방책임을 천명하고 있다. 그러나 이러한 주장은 경제결정론에 기울어져 있어서 교육평등 문제를 지나치게 단순화하고, 또한 교육의 평등문제를 교육체계의 밖으로 끌어냄으로써 교육으로부터 눈을 돌리게 만드는 잘못을 범하고 있다(오영재 외, 1997).

(2) 교육 불평등에 대한 이해와 대책

교육 불평등이란 그 성격상 추상적인 개념을 지니고 있기 때문에 구체적으로 그것이 무엇을 의미하여 또 그 요인은 어떤 것들이 있는가를 확인해야 그에 대한 대처가 강구될 수 있다. 지금까지 교육균등의 개념은 곧 교육불평등을 이해하기 위한 기본 틀로 받아들여져 왔다.

앞서 언급한 것처럼 콜멘은 교육균등의 개념 변천을 4단계로 구분하고 있다. ① 교육은 가정의 책임이었기 때문에 오늘날과 같은 학교교육에서의 평등문제는 관심 밖이었던 산업화 이전의 단계, ② 일반 국민교육의 필요성이 크게 대두되어 초등교육이 의무화되었던 산업혁명 이후의 초기 산업화 시대, ③ 미국과 사회주의 국가들을 선두로 모든 사람 사람들에게 교육의 기회가 허용되어야 한다는 평등관이 대두되게 된 제2차 대전 직후, ④ 결과의 평등관이 대두된 시기 등으로 구분하였다. 이처럼 콜멘은 교육평등관(사회정의론)이 시대에 따라 달라져 왔음을 보여주고 있다.

우리나라에서 교육기회균등을 보는 입장으로서는 김호권의 교육기회균등 3단계 '① 교육받을 수 있는 권리, ② 훌륭한 교육을 받을 권리, ③ 실제로 잘 배울 수 있는 권리의 수준'을 들 수 있고, 차경수의 다음과 같은 정의를 들 수 있다(오영재 등, 1997).

첫째, 사회계층이나 지역적 차이, 개성에 관계없이 교육기회가 평등하게 주어지는 것을 말한다. 이는 우리 사회에서 사회계층의 비율과 동일한 비율의 학생으로 학교가 구성되어야 함을 의미한다.

둘째, 학교 시설, 교육 과정 등에서 학교간 차이가 없어야 한다. 어느 학교에서 공부했느냐는 사실이 학생의 학업성취에 미치는 영향이 없어야 한다.

셋째, 학생의 학업성취가 부모의 직업과 관계가 없는 상태를 말한다. 부모의 사회경제적 지위에 영향을 받지 않고 학교에서 학업성취가 이루어져야 한다.

교육균등에는 다음과 같이 3단계가 있음을 종합하여 제시할 수 있다(오영재 외 1997).

첫째, 접근기회의 균등: 지역, 성, 계층, 인종간의 불평등하게 배분되어 있는 교육의 기회를 동등하게 확보하는 단계

둘째, 교육과정에서의 균등 : 학교간 시설, 교육비, 교육과정, 교사의 질 등의 투입요소를 균등하게 하여 학교간 격차를 최소화하는 단계

셋째, 교육결과의 균등: 출발점의 불평등을 적극적으로 보상하여 결과적으로 학업성취나 사회적 지위 획득을 균등하게 하는 단계

5) 평생교육과 대안 교육운동

1960년대 중반 이후로부터 기존 학교 제도에 대한 비판의 목소리가 높아지게 되었다. 비판은 크게 두 측면에 근거하고 있다. 그 중 하나는 기존의 학교 체제로서는 급변하는 사회변동, 지식·기술의 기하급수적 증가, 생활양식의 변화 등에 적절하게 대처할 수 없다는 점이다. 지금까지 일정한 시기에 제한된 대상자를 중심으로 한정된 내용과 방법으로 영위해 온 형식적 교육만으로는 교육에 대한 사회적 요구를 충족시킬 수 없게 된 것이다. 기존 학교 제도에 대한 비판의 또 다른 근거는 현재의 학교 교육이 과연 본질적인 의미의 교육 활동이냐 하는 자성에서 비롯되었다. 오늘날 우리 사회의 지배적 교육형태가 되어버린 학교교육은 인류 역사 속에서 오랜 동안 진행시켜 왔던 비형식적 교육활동에 비추어 본다면 오히려 짧은 것이며, 근대 이후 공공 학교교육은 일반 시민의 교육적 요구나 생활 향상에 대한 고려보다는 특정 지위집단이 그들의 영향력을 계속적으로 유지하기 위한 방편으로 발전시켜 왔다는 지적이다.

학교교육에 대한 이러한 두 가지의 비판적 입장에서, 전자는 학교교육을

포함하는 평생교육의 이념과 실천으로 발전되었고, 후자는 기존의 학교교육의 형태를 탈피하려는 대안적 교육운동으로 발전하였다. 이들 평생교육과 대안적 교육운동이 학교교육의 발전에 되돌려 끼친 영향은 대단히 큰 것이었다. 학교교육은 이들 두 흐름에 의해서 변혁과 발전의 계기를 마련할 수 있었기 때문이다. 이 부분에서는 학교교육에 영향을 끼친 평생교육과 대안적 교육운동에 대해 살펴보았다.

(1) 평생교육의 이념과 실천

① 평생교육이 대두된 배경

평생교육(life-long education)이라는 용어는 1965년 유네스코의 성인교육추진 국제위원회 랑그랑(P. Lengrand)이 처음 제안하였고, 1970년에 '생교육입문(Introduction to Life-long Education)'이라는 저서를 통해 그 이념을 분명히 하였다. 이어서 1972년 일본 토쿄에서 개최된 제3차 성인교육위원회 이후에 이 말은 국제적인 용어로 알려지게 되었다. 우리나라에서는 1973년 8월 춘천에서 "평생교육 발전 세미나"를 개최하여 평생교육의 개념정립과 우리나라에서의 평생교육 발전 방향을 모색하였다.

랑그랑이 새로운 교육체제, 즉 평생교육 체제 도입의 필요성을 유인하는 현대사회의 특징으로 다음의 몇 가지를 들고 있다. ① 현대의 급격한 사회구조의 변화와 인구증대, ② 과학적인 지식과 기술의 발달, ③ 민주화를 위한 정치적 도전, ④ 매스컴의 발달과 정보의 급증, ⑤ 경제적 수준의 향상과 여가의 증대, ⑥ 생활양식과 인간관계의 상실, ⑦ 이데올로기의 위기 등이다. 이와 같이 급격하게 변해가고 있는 현대사회의 여러 가지 문제를 능동적으로 해결해 가는 동시에 새로운 발전을 계획하고 추진하기 위해서는 사회의 모든 교육 역량을 총동원해야 할 뿐만 아니라 과거의 비능률적인 교육체제를 개편해야 함을 강조하고 있다. 따라서 평생교육은 사회와 문화의 변동, 과학기술과 의학의 발달, 산업 및 직업구조의 변화, 그리고 학교교육의 한계성으로 인한 교육 등에 의하여 필연적으로 요청된 것이다.

평생교육은 기존 학교교육이 새로운 사회발전에 적절히 대응하지 못하는 기능약화 내지는 상실에서 대두되었다. 학교교육이 갖는 구체적인 결함은

① 일정한 연령에 있는 청소년들에게만 제한, ② 교육내용이 사실적 지식으로만 구성, ③ 학교출석의 강요, ④ 교육과 생활의 분리 등을 들 수 있다 (Cropley & Dave, 1978).

1960년 후반부터 강력하게 대두되기 시작한 학교교육에 대한 비판과 불만은 평생교육 이념의 형성을 더욱 빠르게 진척시켰다. 학교교육에 대해 비판적 입장을 견지했던 학자들로서는 일리치(I. Illich), 라이머(E. Reimer), 프레이리(P. Freire), 실버맨(Silberman), 굿맨(Goodman) 등이 있다. 특히 일리치는 학교는 가르치는 것을 배우는 것으로, 상급학교 진학을 교육으로, 졸업장을 능력으로, 언어의 유창성을 새로운 것을 구안해 낸 능력으로 오해하고 있다고 비난하고 있다. 그는 말하기를 우리의 지식은 대부분 학교 밖에서 배운 것이며, 학생은 대다수 교사 없이 또는 교사와 관계없이 배우게 된다고 하였다.

평생교육은 이상과 같은 학교교육의 목적상실과 거기에 따르는 여러 가지 역기능으로 인한 교육의 위기를 극복하기 위해 필연적으로 대두되게 된 것이다.

② 평생교육의 의미

평생교육의 개념은 생(life), 평생(life-long), 교육(education)의 세 가지 요소의 의미를 파악해 봄으로써 이해할 수 있다. 생이라 함은 하나의 생명체가 살아 움직임을 뜻한다. 생명체의 특징은 성장에 대한 끊임없는 갈망을 갖고 있다는 점이다. 생명체 중에서 특별히 인간은 질적인 성장의 욕구를 갖고 있어 신체적인 성장뿐만 아니라 지적·정서적·도덕적 성장을 이루게 된다. 이것이 인간의 생의 과정이며 성장 과정인 것이다. 이와 같은 생의 과정, 성장의 과정이 바로 교육 그 자체이며, 평생교육의 근거가 된다. 평생교육은 사회성원들의 계속적인 자기갱신, 자기발전의 과정이며, 이는 시간적으로는 한 개인이 출생에서 무덤까지(from womb to tomb) 생의 주기를 포함하는 교육의 수직적 통합을 말하고, 공간적으로는 개인의 삶을 모두 포괄하는 수평적 통합을 의미한다. 이러한 통합의 개념 속에는 연령적 측면의 통합, 학교교육과 사회교육의 통합, 일반교육·직업교육·전문교육·교양교육 등의 교육내용 통합, 가정교육·학교교육·사회교육의 교육형태

의 통합, 가정·시민·직업·교양·사교·취미 등의 생활교육의 통합 등이
포함된다.

평생교육의 범주에 속하면서 개념상 비슷하거나 다른 의미를 지닌 용어
들을 알아둘 필요가 있다.

- 사회교육(social, adult education) : 일본, 인도, 동남아에서 사용되는 용어
  이다. 서구에서는 성인들을 대상으로 하여 직업생활, 여가, 오락, 교양
  등 보다 나은 삶을 살아갈 수 있도록 하기 위해 발전된 교육형태로 보
  통 성인교육이라고 한다. 우리나라의 사회교육법에 의하면 사회교육이
  란 학교교육을 제외하고 국민의 평생교육을 위한 모든 형태의 조직적
  인 교육을 말한다.

- 계속교육(continuing education) : 영국과 미국에서의 사회교육의 형태로서
  개념상 약간의 차이가 있다. 미국의 경우 이미 정규 학교교육을 마친
  졸업생에게 계속해서 교육받을 수 있는 기회를 제공한다는 뜻에서 계
  속교육이라 하고 있으며, 이는 주로 대학에서 실시한다. 영국의 경우
  further education이라 하는데, 1944년 교육법에 따라 의무교육을 마친
  사람들을 대상으로 전일제 혹은 정시제로 계속해서 교육받을 수 있는
  기회를 부여하는 것을 말한다. 미국과 영국 대학에는 등록학생 이외의
  외부인에 대하여 사회교육을 실시하는 계속교육센터(continuing education
  center)가 많이 개설되어 있다.

- 순환교육(recurrent education) : 경제협력개발기구(OECD) 등에 의해서 구
  상된 혁신적 교육프로그램으로, 한번 사회에 진출한 사람들을 다시 정
  규교육기관인 대학이나 직업훈련 기관에 입학시켜 재학습의 기회를 주
  어 직업적·기술적으로 자질향상을 도모하게 하는 교육이다. 우리나라
  의 정부·기업체의 간부들이 외국 유수 대학에서 단기간 위탁교육을
  받는 경우가 좋은 예이다.

- 생애교육(career education) : 평생교육과 거의 동일한 의미로 받아들여지
  는 개념이다. 그러나 이것은 진로나 일에 중점을 둔 프로그램이며, 주
  로 형식적 교육체제 내에서 행해지는 경우가 많다. 미국에서는 '일을
  할 줄 아는 진로교육'을 강조하는 의미에서 이런 용어를 사용한다. 학
  교에서부터 전생애를 통하여 진로 및 직업교육을 강조하는 개념이다.

③ 평생교육의 실천을 위한 체제 구축

유네스코가 위촉한 포로(Faure) 위원회는 1972년 평생교육의 실천과 진작을 위한 21개의 건의를 제출했다. 이 21개의 건의내용 중에서 몇 가지만을 소개하면 다음과 같다.

- 평생교육은 학습사회의 초석이다. 모든 사람이 전생애를 통하여 학습을 계속할 수 있도록 평생교육은 모든 나라 교육정책의 기본 원리가 되어야 한다.
- 교육구조의 개편이 이루어져야 한다. 교육은 모든 연령의 사람들을 대상으로, 각자의 필요에 따라 제공되어야 한다. 그러기 위해서는 교육수단, 교육기관, 접근 방법 등에서 변혁이 있어야 한다.
- 교육에 있어서 융통성과 자유가 확대되어야 한다. 교육기관이나 교육제도에 있어서 형식주의가 감소되어야 한다. 교육은 학습자가 추종하여 따라가는 길이 아니라 스스로가 학습하거나 습득한 길이다.
- 교육구조 내의 이동과 선택의 기회가 보장되어야 한다. 모든 교육제도는 학습자로 하여금 주어진 범위 안에서 최대의 선택이 가능하도록 여유와 범위를 넓혀 주어야 한다. 예를 들면 정규교육과 비정규교육 사이의 인위적이고 시대에 뒤떨어진 장벽은 제거되어야 한다.
- 취학전 교육이 강화되어야 한다. 취학전 어린이의 교육은 자유롭고 융통성 있는 형태로 조직되어야 하며, 가정과 지역사회가 서로 협력하여 이를 위한 재원을 마련해야 한다.
- 다양한 직업에 적응하는 교육이 되어야 한다. 직업과 생활을 위한 교육의 실제는 청소년으로 하여금 일정한 직종만을 훈련하는 일보다는 여러 다양한 직종에 적응할 수 있도록 준비시키며, 동시에 항상 변하는 생산방법과 노동조건에 보조를 맞출 수 있도록 하기 위하여 계속 그들의 능력을 발전시키는데 목적을 두어야 한다.
- 기업 및 산업체에서의 교육역할이 증대되어야 한다. 기업 및 산업체에서의 교육은 노동자의 직업훈련이나 기술훈련에만 그쳐서는 안 된다.
- 성인교육은 교육생애의 정점이다. 성인교육은 교육기회를 상실한 사람을 위해서는 보충교육이요, 새로운 환경에 적응하기를 원하는 사람이

나 이미 높은 수준의 교육을 받은 사람에게는 연장교육이다. 따라서 일생을 통한 교육의 과정에 있어서 성인교육은 정점에 해당한다.

- 자기학습의 가치가 더욱 강조되어야 한다. 교육에 있어서의 새로운 풍조는 개인으로 하여금 자기 자신이 문화적 진보의 주인이요, 창조자가 되게 하는 것이다. 모든 사람들이 스스로 학습할 수 있도록 새로운 시설과 환경(언어실습실, 정보센터, 자료은행, 시청각 자료실 등)이 마련되어야 한다.

유네스코가 제시한 새로운 교육체제의 구축 방안은 세계 여러 나라에 의해 채택되어 자국의 교육 개혁의 근간이 되고 있다. 예컨대 독일, 노르웨이, 미국, 뉴질랜드 등과 같은 산업 선진국에서는 교육개혁의 일환으로 성인교육법, 계속교육법, 평생교육법 등을 제정하였다. 또한 동남아시아의 태국, 인도네시아에서도 가정과 학교, 지역사회를 연결하는 종합지역사회교육(integrated community education)이 새로운 관계법규에 근거하여 전개되고 있다.

(2) 대안 교육운동

학교교육의 한계를 극복하기 위한 또 다른 교육개혁의 운동이 대안 학교 혹은 대안 교육운동이다. 대안 교육운동은 기존 학교에 대한 비판적 입장에 서서 아직은 '운동' 차원에 머무르고 있으나, 더욱 다양화되어 가고 다원화되어 가는 사회변화의 추세로 볼 때, 지역에 따라서는 기존 학교교육에 대한 '대체' 방안으로 부상할 것으로 본다. 여기에서는 특별히 우리나라에서 제기된 대안 교육 운동에 대해 살펴보겠다.

① 등장 배경 및 흐름

교육은 사람을 가장 사람답게 만드는 인간 상호작용이다. 그러나 교육적 현실이 모든 사람들에게 그렇게만 받아들여지지 않는다. 특히 상명하달식으로 위로부터 제도개혁 위주로 진행되는 교육개혁들은 교육 주체인 교사와 학생들이 각자의 자발성과 필요에 따라 상호 작용할 수 있는 기회를 박탈하고, 이들을 교육현장으로부터 소외시킨다. 급변하고 있는 교육 밖의 세계에 대처해서 기존의 학교 틀 안에서는 바람직한 교육이 이루어질 수 없다. 교육을 경쟁으로 인식하여, 학교는 그 모양새를 약간씩 바꿔가고 있을 뿐이지 그 본질에 있어서는 학생들에게 무조건 승리주의를 받아들이도록 강요하고 있다(서울평화교육센터 편, 1996).

교육 상황에 대한 이러한 인식에 기초해서 생겨난 것이 대안 교육운동이다. 대안 교육운동은 제도화된 학교교육을 통해서는 교육의 본질적 가치를 확보할 수 없다고 보고, 공교육체제가 아닌 새로운 형태의 교육을 실천하려는 밑으로부터의 교육개혁 운동이다.

우리나라에서 대안 교육운동의 흐름은 크게 '제도교육 밖'의 대안교육, '제도교육 속'의 대안교육, '제도교육 곁'의 대안교육으로 전개되고 있다.

'제도교육 밖'의 대안교육은 제도교육의 한계를 인식하고 그것을 넘어서는 대안적 사회를 구성하면서 새로운 교육을 시도하려고 한다. 이는 현재 학교의 공간을 인정하지 않고 제도권 밖에서 지역 특성에 맞는 작은 학교를 설립하려는 움직임이다. 사회체제에 대한 개별적 변화와 새로운 가치를 생산하는 '탈학교론'의 구상이다.

'제도교육 속'의 대안교육은 제도교육 가치를 방법적인 차원에서 새로운 교육방식을 도입하여 열린 학습을 시도하려고 한다. 이런 모형은 제도교육이 틀 속에 있는 작은 틈새를 이용하여 교육실천을 하려고 한다. 이런 형은 대안적 제도를 추구하기 보다는 대안적 교육과정을 마련하여 제도의 틈을 비집고 들어가 정규학교의 영역 내에서 다양한 교육 프로그램과 개방된 수업을 시도한다. 교육과정과 수업방식의 변화를 통한 '열린 교실모형'이라고 할 수 있다.

'제도교육 곁'의 대안교육은 제도교육 속에서는 대안교육을 할 수 없지만 제도교육 밖에서 새로운 교육 프로그램을 가지고 방과 후와 주말, 그리고 방학 기간을 이용하여 자유롭게 교육활동을 시도한다. 제도교육을 받는 아이들에게 새로운 내용을 제공하여 제도교육의 폐해를 덜 받게 하고 나름대로의 비판력을 키우려는 '자유학교 모형'이라고 할 수 있다.

② 특성 및 유형

대안 교육운동은 다음과 같은 몇 가지의 특성을 갖고 전개되고 있다(서울평화교육센터 편, 1996).

첫째, 지속 가능한 가치를 지향한다. 사회진출을 위해 상대적으로 우월한

특기의 습득에 초점을 두기보다는 공동체적 인간, 자연질서의 유지 등과
같은 공생적 삶의 가치에 초점을 두고 있다.

둘째, 파괴와 건설의 능력을 배양한다. 비판과 창조, 파괴와 건설은 서로
대립된 행동이 아니다.

셋째, 지역사회에 기초하는 작은 학교를 지향한다. 대안 학교가 작은 학
교를 지향함으로써 기존 학교에 대한 보완적 역할을 수행할 수 있고, 학교
를 중심으로 주민자치를 시험해 볼 수 있는 계기를 줄 수도 있다.

넷째, 교육주체로서의 위상을 회복한다. 교육의 주체인 교사, 학생, 학부
모의 위상을 확보하고, 교육 주체들간의 바른 관계를 확립한다.

대안 교육운동의 유형을 들면 다음 〈표 5-3〉과 같다.

표 5-3   대안 교육운동의 유형

유형	학교명칭	특징(교훈)	소재지
정규학교형	거창고등학교	소외되지 않고, 소외시키지 않고, 적극적인 동참자	경남 거창군
	풀무농업고등기술학교	'더불어 사는 평민'을 기른다	충남 홍성군 홍동면팔괘리 665번지
	영산성지학교	마음을 맑히자·밝히자·잘 쓰자	전남 영광군 백수읍 길용리 77
	열린교육 장평초등학교	'모든 어린이는 작은 영웅'	서울시 동대문구 장안 2동 323
	부천실업 고등학교	일하는 삶의 소중함	경기도 부천시 오정구 고강1동 296-2
계절 프로그램형	간디학교 (숲속마을 작은 학교)	전인적·공동체적·그리고 자연과 조화된 인간	경남 산청군 신안면 외송리 122
	민들레 만들래학교	자연, 자유, 자치	대구시 수성구 만촌 1동 355-1
	성남창조학교	생활공동체 운동	경기도 성남시 수정구 태평2동7288-11
	부산창조학교	스스로 발견하고, 깨닫고	부산시 남구 남천동 28-10
	두밀리 자연학교	어린이들에·~들을·~들의 학교	서울시 서대문구 충정로 3가 185-2
	따또학교	따로 또 같이 만드는 학교	서울시 종로구 동숭동 1-1
방과후 프로그램형	공동육아 연구원	조합원에 의한 자치운영	전국에 10여개 개설
	꾸러기 학교	건강한 교육	서울시 종로구 인의동 50-2
	여럿이 함께 만드는 학교	지역사회학교, 열린학교 지향	경기도 성남시 상대원 3동 2117
	서울지역 공부방 연합회	사회 변혁 운동에 기여	전국에 70여개 개설
	부스러기 선교회	소외된 어린이 청소년의 후원	서울시 서대문구 충정로 2가 35번지
	함께 크는 우리	부모 자녀가 함께 크는 모임	경기도 성남시 분당구 서현동 동우아파트 201-102

●함께 볼 만한 비디오

1. 리멤버 타이탄(REMEMBER THE TITANS)
   (보아스 야킨/ 덴젤 워싱턴, 윌 패튼, 도날드 파이슨/ 미국(2000)/브에나비스타)
2. 맨 오브 오너(MAN OF HONOR)
   (조지 틸만 주니어/ 쿠바 구딩 주니어, 로버트 드 니로/미국(2000)/폭스)
3. 아름다운 세상을 위하여(PAY IT FORWARD)
   (미미 레더/케빈 스페이시, 헬렌 헌트, 헤일리 조엘 오스먼드/미국(2000)/워너)
4. 책상서랍 속의 동화
   (장이모/웨이 민치, 장휘거, 순 찌마이/중국(1999)/콜럼비아)
5. 뮤직 오브 하트(MUSIC OF THE HEART)
   (웨스 크레이븐/메릴 스트립, 에이단 퀸, 안젤라 바셋/미국(1999)/브에나비스타)
6. 사이먼 버치(SIMON BIRCH)
   (마크 스티븐 존스/이안 마이클 스미스, 조셉 마젤로, 애슐리 쥬드/미국(1998)/브에나
   비스타)
7. 천국의 아이들(CHILDREN OF HEAVEN)
   (마지드 마지디/미르 파로크 하스미안, 바하레 시디키/이란(1997)/DMV)
8. 잭(JACK)
   (프란시스 포드 코폴라/로빈 윌리엄스, 다이안 레인/미국(1996)/브에나비스타)
9. 비욘드 사일런스(BEYOND SILENCE)
   (카롤리네 링크/실비 테스튀드, 타타냐 트립/독일(1996)/ 우일)
10. 무단경고(WITHOUT WARNING: TERROR IN THE TOWERS)
    (알란 J. 레비/제임스 애버리, 안드레 브라우어/ 미국(1993)/CIC)
11. 우리들의 일그러진 영웅
    (박종원/홍경인, 고정일, 최민식/ 한국(1992)/드림박스)
12. 꼴찌부터 일등까지 우리 반을 찾습니다
    (황규덕/이수일, 유경아, 문성근/한국(1990)/정우)
13. 볼륨을 높여라(PUMP THE VOLUME)
    (알란 모일/크리스찬 슬레이터, 사만다 마티스/ 미국(1990)/DVD)
14. 콘랙(CONRACK)
    (마틴 리트/존 보이트, 폴 윈필드, 흄 크로닌/미국(1974)/우일)

▲읽어 볼 만한 책

1. 서울평화교육센타 엮음, 대안 학교의 모델과 실천, 내일을 여는 책, 1996.
2. 대안교육을 생각하는 모임, 새로운 학교, 큰 교육 이야기, 내일을 여는책, 1995.
3. 마빈 해리스, 문화의 수수께끼, 한길사, 1995.

4. 피터 콜릿, 습관을 보면 문화가 보인다, 청림출판, 1997.

5. 콜린스, 학력주의 사회(정우현 역), 배영사, 1989.

6.. 뒤르켐, 자살론/사업분업론(임희섭 역), 삼성출판사, 1993.

7 . 슘페터, 자본주의 · 사회주의 · 민주주의(이상구 역), 삼성출판사, 1993.

8. 앨런 블룸, 미국 정신의 종말(이원희 옮김), 범양사출판부, 1989.

9. 한국사회이론학회, 평등문제와 우리 사회, 현상과 인식, 1989.

10. 아더 엠 오쿤, 평등과 효율(이영선 옮김), 현상과 인식, 1989.

11. 루이스 코저, 사회사상사(신용하, 박명규 옮김), 일지사, 1981.

■ 함께 토론해 볼만한 주제

주제 1. '개천에서 용난다' 라는 말과 '있는 집 애가 잘 나간다' 라는 말을 각각 지지하고 있는 사람이 서로 달리 견지하고 있는 사회학적인 패러다임은 무엇이며, 그 근거는 어디에 있는가?

주제 2. 우리 사회에서 교육이 더 크게 담당하고 있는 사회적 기능은 무엇인가?

주제 3. 문화지체와 문화결핍 현상을 해소하기 위해서는 어떠한 교육정책이 도입되어야 하는가?

주제 4. 우리 사회에서 교육은 사회의 계층적 구조를 더 심화시키는가 아니면 이를 해소시키는 역할을 담당하고 있는가?

주제 5. 교육평등관의 전개에 대해 설명해보자.

주제 6. 나의 관심을 끄는 '대안 교육운동과 그 이유는 무엇인가?'

제 6 장

교육목적 설정

인재대를 위한 교육학개론

1. 교육목적의 의미

지금까지 학습한 교육에 대한 기초개념과 이론을 토대로, 이젠 학교교육
이 실천되는 과정에 대하여 공부하기로 한다(제6장부터 제10장까지). 일반적
으로 학교교육활동은 그 목적(목표)을 설정하는 것으로부터 시작하여, 그것
을 달성하기 위한 교육내용(교육과정)을 마련한 다음, 그 내용을 매개로 교
수-학습지도(교과지도)와 생활지도 활동을 조화있게 펼치고, 그 결과를 확
인·반성하는 평가활동을 실시함으로써 마무리된다.

먼저, 교육목적이란 교육이 나아가야 할 기본적인 방향 또는 지침을 말
한다. 따라서 일단 설정된 교육목적은 교육활동의 방향을 제시해 주고, 그
목적달성을 위한 가장 효과적이고 능동적인 노력을 촉발시키는 역할을 하
게 된다. 교육목적은 일정한 교육활동을 통해서 학생이 달성하여야 하기
때문에 학생의 입장에서 보면 종착점 행동(terminal behavior; 도착점 행동)의
형태로 설정된다.

여기에서 이러한 교육목적의 의미를 보다 명확히 파악하기 위해서 '교육
이념' 및 '교육목표'와 비교하여 살펴보기로 한다. 먼저, 교육이념은 교육이
지향하는 이상적인 인간상으로서 국가의 정치·경제·사회·문화·복지 등
모든 활동에 내재되어 있는 목적의식을 말하는 것으로, 이는 교육목적의

설정을 위한 철학적이고 이론적인 토대를 제공한다. 예컨대, 우리나라의 경우 '홍익인간'의 이념이 여기에 해당된다.

교육이념이 국가수준의 목적의식이라고 한다면, 교육목적은 그러한 이념을 토대로 교육이 나아가야 할 기본 방향이라고 할 수 있다. 이는 '교육이념'을 토대로 설정되는 것이 보통인데, 예를 들면 이상적 인간상으로서 요구되는 '민주시민의 육성', '건전한 생활인의 양성' 등이 여기에 속한다.

끝으로, 교육목표는 일반사회인보다는 가르치는 사람 즉, 교육전문가의 수준에서 요청되는 구체적이고 좁은 뜻의 목적의식을 말한다. 이는 현실적·기술적 입장에서 '교육목적'의 성취를 위한 수단을 강조하는 것으로서, 학습경험을 통한 학생들의 구체적인 행동변화를 지칭한다. 예컨대, '책임감의 함양', '계산능력의 습득' 등이 여기에 해당된다.

이상을 종합해 볼 때 교육이념이란 한 사회나 국가의 교육뿐만 아니라 정치·경제·사회·문화·복지 등의 여러 활동에 관계되는 목적의식으로서 교육목적의 철학적인 토대가 된다고 할 수 있으며, 교육목표는 교육목적의 성취를 위한 구체적인 수단을 강조하는 것으로서 학습경험을 통한 학생들의 구체적인 행동변화를 지칭한다. 이렇게 본다면 교육목적은 교육이념의 하위개념이고, 이를 달성하기 위한 수단인 교육목표의 상위개념이라고 할 수 있다. 따라서 교육목표는 교육목적을 달성하는 수단이 되고, 교육목적은 교육이념을 달성하는 수단이 된다고 볼 수 있다.

그러나 교육목적과 교육목표는 대체로 정확한 구분을 하지 않고 혼용하여 사용하는 경우가 많다. 본서에서도 특별한 경우를 제외하고는 서로 혼용하여 사용하기로 한다. 이 용어들을 구분하여 사용할 경우 대체로 국가나 지방 또는 학교수준에서는 '교육목적'이라는 용어를 사용하며, 학년·교과·단원·시간수준의 경우에는 '교육목표'라는 용어를 주로 사용한다.

교육목적(교육목표)은 그 적용의 대상 또는 범위에 따라 국가수준의 교육목적, 지방수준의 교육목적, 학교수준의 교육목적, 학년수준의 교육목표, 교과수준의 교육목표, 단원수준의 교육목표, 시간수준의 교육목표 등으로 구분된다. 그러나 이와 같은 수준별 교육목적은 각기 독립적인 것이 아니라 상호관련성과 일관성이 유지되어야 한다. 각 단계별 교육목적의 특징은 다음과 같다.

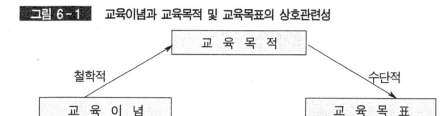

그림 6-1   교육이념과 교육목적 및 교육목표의 상호관련성

1) 국가수준 교육목적

국가수준의 교육목적은 국가·사회적 차원에서 설정되는 교육목적으로서, 국가나 사회 내에서의 모든 교육활동을 통하여 달성하고자 하는 목적을 말한다. 예컨대, 우리나라의 경우 「교육기본법」 제2조에 명시된 국가수준의 교육목적(교육이념), 「초·중등교육법」 및 「고등교육법」에 명시된 각급학교별 교육목적이 여기에 해당된다. 또한, 교육인적자원부에서 고시한 학교급별 교육과정의 교육목표 등도 여기에 해당된다.

먼저, 우리나라의 국가수준의 교육목적(교육이념)은 「교육기본법」 제2조에 '교육은 홍익인간의 이념 아래 모든 국민으로 하여금 인격을 도야하고 자주적 생활능력과 민주시민으로서 필요한 자질을 갖추게 하여, 인간다운 삶을 영위하게 하고 민주국가의 발전과 인류공영의 이상을 실현하는데 이바지하게 함을 목적으로 한다'라고 규정되어 있다. 이를 도식으로 나타내면 <그림 6-2>와 같다.

여기에서 '홍익인간'은 우리나라의 건국신화인 단군신화에 나오는 용어인데, 이는 '널리 인간을 이롭게 한다'는 의미로서, 자기의 이익과 행복만을 추구하는 이해타산적인 입장에서 벗어나 상대방을 사랑하고, 나아가 그의 행복을 더해주는 봉사적인 입장을 견지하는 것 즉, 소아(小我)적인 입장이 아닌 대아(大我)적인 입장을 취하는 것을 말한다. 이는 우리 민족의 건국이념인 동시에, 우리나라 역사가 시작된 이래 우리 민족이 간직하여 온 민족적 신념이며 이상으로서, 8·15 해방 이후 우리나라의 교육이념이 되어 왔다. 따라서 홍익인간이야말로 우리가 영원히 계승해야 할 민족적 이상인 동시에 교육의 궁극적인 이념이라고 할 수 있다.

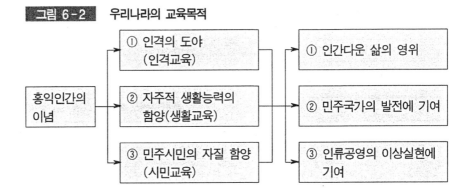

그림 6-2   우리나라의 교육목적

우리나라의 교육은 이러한 이념하에서 모든 국민으로 하여금 인격을 도야하게 하고 자주적인 생활능력을 함양하게 하며 민주시민으로서의 필요한 자질을 갖게 함으로써 인간다운 삶을 영위해 나가도록 하고 민주국가의 발전에 기여하게 하며 인류공영의 이상을 실현하는데 이바지하게 함을 목적으로 하고 있다.

그리고 위와 같은 국가수준의 교육목적을 달성하기 위하여 국가는 각급 학교를 설립하여 운영하고 있는데, 여기에서 유치원, 초등학교, 중학교, 고등학교, 특수학교, 기술대학, 전문대학, 방송·통신대학, 산업대학(개방대학), 대학 등의 교육목적을 차례대로 제시하면 다음과 같다.

① 유치원의 교육목적 : 유치원의 교육목적은 「초·중등교육법」 제35조에 "유치원은 유아를 교육하고 유아에게 알맞은 교육환경을 제공하여 심신의 조화로운 발달을 조장하는 것을 목적으로 한다"고 규정하고 있다.

② 초등학교의 교육목적 : 초등학교의 교육목적은 「초·중등교육법」 제38조에 "초등학교는 국민생활에 필요한 기초적인 초등교육을 하는 것을 목적으로 한다"고 규정하고 있다.

③ 중학교의 교육목적 : 중학교의 교육목적은 「초·중등교육법」 제41조에 "중학교는 초등학교에서 받은 교육의 기초 위에 중등교육을 하는 것을 목적으로 한다"고 규정하고 있다.

④ 고등학교의 교육목적 : 고등학교의 교육목적은 「초·중등교육법」 제45조에 "고등학교는 중학교에서 받은 교육의 기초 위에 중등교육과 기초

적인 전문교육을 하는 것을 목적으로 한다"고 규정하고 있다.

⑤ 특수학교의 교육목적 : 특수학교의 교육목적은 「초·중등교육법」 제55 조에 "특수학교는 신체적·정신적·지적 장애 등으로 인하여 특수교 육을 필요로 하는 자에게 유치원·초등학교·중학교 또는 고등학교에 준하는 교육과 실생활에 필요한 지식·기능 및 사회적응 교육을 하는 것을 목적으로 한다"고 규정하고 있다.

⑥ 기술대학의 교육목적 : 기술대학의 교육목적은 「고등교육법」 제55조에 "기술대학은 산업체 근로자가 산업현장에서 전문적인 지식·기능의 연구·연마를 위한 교육을 계속하여 받을 수 있도록 함으로써 이론과 실무능력을 고루 갖춘 전문인력을 양성함을 목적으로 한다"고 규정하 고 있다.

⑦ 전문대학의 교육목적 : 전문대학의 교육목적은 「고등교육법」 제47조에 "전문대학은 사회 각 분야에 관한 전문적인 지식과 이론을 교수·연 구하고 재능을 연마하여 국가사회의 발전에 필요한 전문직업인을 양 성함을 목적으로 한다"고 규정하고 있다.

⑧ 방송·통신대학의 교육목적 : 방송·통신대학의 교육목적은 「고등교육 법」 제52조에 "방송·통신대학은 국민에게 정보·통신매체를 통한 원 격교육으로 고등교육을 받을 기회를 부여하여 국가와 사회가 필요로 하는 인재를 양성함과 동시에, 열린 학습사회를 구현함으로써 평생교 육의 발전에 이바지함을 목적으로 한다"고 규정하고 있다.

⑨ 산업대학의 교육목적 : 산업대학의 교육목적은 「고등교육법」 제37조에 "산업대학은 산업사회에서 필요로 하는 학술 또는 전문적인 지식·기 술의 연구와 연마를 위한 교육을 계속하여 받고자 하는 자에게 고등 교육의 기회를 제공하여 국가와 사회의 발전에 기여할 산업인력을 양 성함을 목적으로 한다"고 규정하고 있다.

⑩ 대학의 교육목적 : 대학의 교육목적은 「고등교육법」 제28조에 "대학은 인격을 도야하고 국가와 인류사회의 발전에 필요한 학술의 심오한 이 론과 그 응용방법을 교수·연마하며, 국가와 인류사회에 공헌함을 목

적으로 한다"고 규정하고 있다.

끝으로, 현재 시행되고 있는 7차 교육과정에서의 유치원·초등학교·중학교·고등학교의 교육목표를 각각 제시하면 다음과 같다.

〈유치원 교육과정의 교육목표〉

유치원 교육은 전인적인 성장을 위한 기초 교육으로서 유아의 일상생활에 필요한 기본능력과 태도를 기르는데 중점을 둔다.
- 몸과 마음이 건강하게 자랄 수 있는 경험을 가진다.
- 기본 생활습관을 기르고, 다른 사람과 더불어 생활하는 태도를 가진다.
- 생각과 느낌을 창의적으로 표현하는 경험을 가진다.
- 바르게 언어를 사용하는 경험을 가진다.
- 일상생활의 문제에 대하여 스스로 궁리하는 태도를 가진다.

〈초등학교 교육과정의 교육목표〉

초등학교의 교육은 학생의 학습과 일상생활에 필요한 기초능력 배양과 기본 생활습관을 형성하는데 중점을 둔다.
- 몸과 마음이 균형있게 자랄 수 있는 다양한 경험을 가진다.
- 일상생활의 문제를 인식하고 해결하는 기초 능력을 기르고, 자신의 생각과 느낌을 다양하게 표현하는 경험을 가진다.
- 다양한 일의 세계를 이해할 수 있는 폭넓은 학습경험을 가진다.
- 우리의 전통과 문화를 이해하고 애호하는 태도를 가진다.
- 일상생활에 필요한 기본 생활습관을 기르고, 이웃과 나라를 사랑하는 마음씨를 가진다.

〈중학교 교육과정의 교육목표〉

중학교의 교육은 초등학교 교육의 성과를 바탕으로, 학생의 학습과 일상생활에 필요한 기본 능력과 민주시민으로서의 자질을 함양하는데 중점을 둔다.
- 심신의 조화로운 발달을 추구하고, 자기발견의 기회를 가진다.
- 학습과 생활에 필요한 기본 능력과 문제해결력을 기르고, 자신의 생각과 느낌을 창의적으로 표현하는 경험을 가진다.

- 다양한 분야의 지식과 기능을 익혀, 적극적으로 진로를 탐색하는 경험을 가진다.
- 우리의 전통과 문화에 대한 자긍심을 지니고, 이를 발전시키려는 태도를 가진다.
- 자유민주주의의 기본적 가치와 원리를 이해하고, 민주적인 생활방식을 익힌다.

〈고등학교 교육과정의 교육목표〉

고등학교 교육은 중학교 교육의 성과를 바탕으로, 학생의 적성과 소질에 맞는 진로개척 능력과 세계시민으로서의 자질을 함양하는데 중점을 둔다.
- 심신이 건강한 조화로운 인격을 형성하고, 성숙한 자아의식을 가진다.
- 학문과 생활에 필요한 논리적 · 비판적 · 창의적 사고력과 태도를 익힌다.
- 다양한 분야의 지식과 기능을 익혀, 적성과 소질에 맞게 진로를 개척하는 능력을 기른다.
- 우리의 전통과 문화를 세계 속에서 발전시키려는 태도를 가진다.
- 국가공동체의 형성과 발전을 위해 노력하며, 세계시민으로서의 의식과 태도를 가진다.

2) 지방수준 교육목적

지방수준의 교육목적은 시 · 도 교육청(광역 자치구인 특별시 · 광역시 · 도 교육청)과 지역 교육청(기초 자치구인 시 · 군 · 구 교육청) 단위, 즉 각 지방교육행정기관 단위별로 그 지역사회의 특수성에 따라 설정되는 교육목적(교육방침)을 말한다. 바로 이는 국가수준의 교육목적을 전제로, 지방의 특성을 고려하여 그 지방이 추진해야 하는 교육의 기본방향이라고 할 수 있다.

여기에서 광역 자치구인 특별시 · 광역시 · 도의 교육청이 설정한 지방수준의 교육목적(교육방침 · 교육지표; 2001학년도 기준)을 제시하면 다음과 같다.
- 서울특별시 : 정보화 소양을 갖춘 자율적 · 창의적 도덕적인 인간 육성
- 부산광역시 : 21세기를 선도할 창의적인 민주시민 육성
- 대구광역시 : 도덕적이고 창조적인 민주시민 육성
- 인천광역시 : 새 천년을 선도하는 창의적 인간 육성

- 광주광역시 : 새 시대를 열어갈 참되고 창의적인 인간 육성
- 대전광역시 : 지식기반사회를 이끌어갈 도덕적이고 창의적인 사람 육성
- 울산광역시 : 21세기 고도의 정보화·지식기반사회에 적극적·능동적으로 대처하는 태도와 능력을 겸비하고, 국가와 사회발전에 기여하는 동시에 올바른 가치관을 가지고, 남과 조화롭게 살아가는 사람 육성
- 강원도 : 도덕성과 창의성을 겸비한 미래사회의 인재 육성
- 경기도 : 21세기를 주도할 창의력 있는 한국인 육성
- 경상남도 : 미래사회를 주도할 창의적인 인간 육성
- 경상북도 : 새 천년을 열어갈 정직하고 창의적인 인간 육성
- 전라남도 : 21세기를 주도할 도덕적·창의적 인재 육성
- 전라북도 : 미래사회를 주도할 민주시민의 육성
- 제주도 : 더불어 사는 교육·신나는 학교(이를 지방교육의 지표로 볼 수 있는지에 대해서는 논란의 여지가 있지만, 해당 교육청에 의하면 타 시·도와 차별화하기 위해 이렇게 설정했다고 함)
- 충청남도 : 더불어 살아가는 인간과 창조하는 인간 육성
- 충청북도 : 21세기를 주도하는 창의적이고 참된 인재 육성

이상이 2001 학년도 시·도 교육청이 설정한 지방교육의 목표(지표)인데, 이러한 지방교육의 지표가 타당하게 설정되었는지에 대해서 각 조별로 토의해 보기 바란다.

한편, 지역 교육청(시·군·구 교육청)은 상급기관인 시·도 교육청이 설정한 지방수준의 교육목적(교육방치·교육지표)을 근간으로 해당 시·군·구별로 교육방침을 설정하게 된다. 이에 대해서는 해당 인터넷 사이트를 찾아 들어가 확인해 보고, 함께 토론해 보는 시간을 갖기 바란다.

3) 학교수준 교육목적

학교수준의 교육목적은 해당 학교의 특수성에 따라 그 수준 및 성격, 학생들의 특성, 지역사회의 특수성 등에 따라 학교단위로 설정되는 교육목적을 말한다.

4) 학년수준 교육목표

학년수준의 교육목표는 학년에 따라 학생들의 심리적 특성과 사회적 요구 및 그 학교의 전체 교육프로그램에 비추어 각 학년별로 설정되는 교육목표를 말한다.

5) 교과수준 교육목표

교과수준의 교육목표는 각 교과의 특수성에 따라 설정되는 교육목표이다. 그런데 이는 학교수준의 교육목적과 학년수준의 교육목표를 배경으로 설정되어야 함은 물론이고, 교육인적자원부에서 고시한 교육과정에 명시된 각 교과별 목표가 그 기초가 되어야 한다.

6) 단원수준 교육목표

단원수준의 교육목표는 해당 교과의 목표를 배경으로 하여 단원의 내용 및 학습자의 심리적 요구와 필요에 기초를 두고 설정되는 교육목표이다. 만약 대단원 속에 소단원들이 속해 있다면, 대단원의 교육목표는 보다 광범위하게 정해지고, 소단원의 교육목표는 그 대단원의 교육목표 속에서 도출되게 된다.

7) 시간수준 교육목표(수업목표)

시간수준의 교육목표는 수업시간을 단위로 설정되는 교육목표인 바, 그 시간의 수업목표(학습목표)가 바로 여기에 해당된다.

이상의 교육목적(교육목표)들 중에서 학교·학년·교과·단원수준의 교육목적을 '교육과정 목표'라고 하는데, 위계상으로 볼 때 위로는 국가수준과 지방수준의 교육목적이 있고, 아래로는 시간수준의 교육목표가 위치하고 있다. 그러므로 교육과정 목표에 속하는 목적은 위에 위치하고 있는 목적의 성질과 아래에 위치하고 있는 목표의 성질이 혼합된 성질을 지니게 된다.

지금까지 살펴 본 제반 교육목적들의 위계적 관계는 <그림 6-3>과 같다

(오만록, 2001). 여기에서 상위의 교육목적이라 할 수 있는 국가수준과 지방수준 교육목적과 하위의 교육목적이라 할 수 있는 시간수준 교육목표의 성질을 비교해 보면 <표 6-1>과 같다.

그림 6-3 교육목적의 위계적 관계

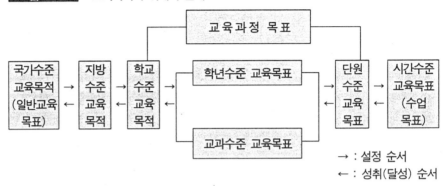

→ : 설정 순서
← : 성취(달성) 순서

표 6-1 상·하위 교육목적(목표)의 성질 비교

국가·지방수준 교육목적	시간수준 교육목표
포 괄 성	세 목 성
추 상 성	구 체 성
일 반 성	특 수 성
관 념 화	행 동 화
암 시 성	명 시 성

교육과정 목표에 속하는 목적들은 표에 나타난 양극성이 혼합된 성질을 지니게 된다. 즉, 교육과정 목표는 포괄성을 어느 정도 띠면서 세목화(細目化)될 수 있고, 또한 어느 정도 추상성을 띠면서 구체적으로 규정될 수 있다. 따라서 교육과정 목표에 속하는 목적들이 결정되면 상·하위에 있는 목적도 도출될 수 있다.

앞의 <그림 6-3>에서 본 바와 같이 교육과정 목표도 그 나름의 위계를 지닌다. 따라서 초·중·고등학교의 교육목적은 그 하위에 있는 학년·교과·단원수준의 교육목표보다 국가·지방수준의 교육목적에 가까운 성질을 지닌 반면, 단원수준의 교육목표는 그 상위목적들 보다는 시간수준의 교육목표에 더 가까운 성질을 지닌다.

전체적으로 볼 때 학교수준의 교육목적에서 학년이나 교과수준의 교육목표가 도출된다. 또한 교과수준의 교육목표에서 단원수준의 교육목표가 도출되며, 단원수준의 교육목표에서 시간수준의 교육목표가 도출되기 때문에 교육과정 목표간에는 위계성이 존재하게 된다.

그런데 어떤 수준의 교육목적이건 궁극적으로 바람직한 인간을 형성하는 방향을 제시해 주기 때문에 그것은 본질적으로 윤리적·도덕적 가치를 포함하게 된다. 또한 교육목적에는 시대성, 사회성, 역사성 등이 내재되기 마련이다.

2. 교육목적의 설정자원

교육목적이 타당하게 설정되기 위해서는 여기에 여러 가지 요인들이 반영되어야 하는데, 이러한 요인들을 교육목적의 설정자원 또는 교육목적의 타당성 조건이라고 한다. 교육목적의 설정자원을 다섯 가지로 정리해 보면 다음과 같다(Tyler, 1950).

첫째, 학습자(학생)의 요구를 고려하여 타당하게 설정하여야 한다(학습자에의 타당성). 교육목적은 어디까지나 학습자의 흥미와 필요, 요구 등을 반영하여 설정되어야 한다. 교육목적의 설정에 있어서 피교육자인 학습자의 특성은 일차적으로 고려되어야 할 중요한 요인이다.

둘째, 사회의 요구나 필요를 고려하여 타당하게 설정되어야 한다(사회에의 타당성). 교육목적은 학교 밖의 사회적 필요나 요구 등에도 부합되어야 한다. 사회의 이념을 실현하고 사회에서 야기되는 제반 문제를 해결하며, 사회가 필요로 하는 인간을 육성할 수 있도록 설정되지 않은 교육목적은 별 의미가 없다.

셋째, 교과 및 교과전문가의 요구나 견해를 고려하여 설정되어야 한다(교과에의 타당성). 교육목적은 교과의 교육적 기능에 타당한 것이어야 하며, 교육목적의 설정은 관련 전문가들에게 수용될 만한 타당성이 있어야 한다.

넷째, 철학의 요구를 고려하여 타당하게 설정되어야 한다(철학·이념에의 타당성). 교육목적에는 조화된 철학적·이념적 입장이 타당하게 내재해 있어야 한다. 올바른 세계관과 교육관, 철학적 이념에 비추어 교육목적은 타당성이 있어야 한다.

다섯째, 학습심리의 요구를 고려하여 타당하게 설정되어야 한다(학습심리에의 타당성). 교육목적은 학습과정을 통하여 달성할 수 있어야 하며, 학습심리의 원리에 타당해야 한다. 관념적으로 아무리 이상적인 교육목적이라 하더라도 학습심리에 비추어 실현가능성이 없다면 공허한 계획에 불과하다.

교육목적은 이러한 요인들을 종합적으로 고려하여 설정될 때 타당한 것이 되며, 이는 효과적인 교육활동을 유도하여 만족스러운 교육적 결과를 산출할 수 있게 해준다.

3. 교육목적의 이원분류

모든 교육목적은 「내용」 차원과 「행동」 차원으로 이원분류하여 설정·진술되어야 한다. 즉, 교육목적의 설정·진술은 내용면과 행동면으로 이원화되어야 한다. 예컨대 '개구리의 성장과정을 말할 수 있다'라고 할 때 '개구리의 성장과정'은 「내용」이 되는 것이며, '말할 수 있다'는 「행동」이 된다. 이러한 교육목적의 이원분류는 교육목적의 설정·진술과정뿐만 아니라 교육평가를 위한 준비로서도 필요하다. 이는 교육평가를 위한 문항제작의 기초작업으로서도 중요하다.

먼저, 교육목적의 「내용」은 일반적으로 교과영역이나 단원에 따라 달라진다. 예를 들면, 사회과를 내용면에서 분류할 때 정치·경제·사회·문화·지리·역사 등의 영역으로 분류될 수 있으며, 이는 다시 단원구성에 따라 우리나라의 역사, 일본역사, 중국역사, 미국역사 등으로 분류될 수 있다.

한편, 교육목적의 「행동」은 블룸(Bloom)과 크래드볼(Krathwohl) 등이 제시한 『교육목표 분류학』에 의하면 인지적 영역, 정의적 영역, 심리운동적(기능적) 영역으로 분류된다(Bloom, 1956; Krathwohl, 1964). 그렇지만 이들은 인지적 영역의 행동과 정의적 영역의 행동에 대한 지침만 내놓았는데, 인지적 영역(cognitive domain)의 행동은 지식, 이해력, 적용력, 분석력, 종합력, 평가력 등으로 분류하였으며, 정의적 영역(affective domain)의 행동은 감수, 반응, 가치화, 조직화, 성격화(인격화) 등으로 분류하였다.

그러나 음악, 미술, 체육, 기술 등의 교과목은 물론, 그 밖의 다른 교과목에서도 운동기능의 학습과 훈련이 많이 요구됨에도 불구하고 심리운동적 영역의 행동은 경시되어 왔다. 다행히 심슨(Simpson, 1966)은 블룸과 크래드볼의 방식에 따라 심리운동적 영역의 행동목표를 제시하였는데, 그에 의하면 심리운동적 영역(psycho-motor domain)의 행동은 지각, 태세, 유도반응, 기계화, 복합외현반응 등으로 분류된다.

여기에서 이상의 세 영역의 행동들에 대하여 좀더 구체적으로 살펴보기로 한다.

1) 인지적 영역의 행동

① 지 식 : 학습한 내용 - 사실·개념·원리·방법·유형·구조 등을 인지하거나 기억에 의하여 재생하는 능력

② 이해력 : 이미 배운 내용이 다소 변경되어도 그 의미를 이해하는 능력으로서 번역·해석·추론(추리)하는 능력

③ 적용력 : 학습한 내용 - 개념·규칙·원리·이론·기술·방법 등을 구체적인 또는 새로운 장면에 활용(응용)하는 능력

④ 분석력 : 주어진 자료를 그 구성부분으로 분류하는 능력, 요소를 분석하고 그 상호관계를 파악하는 능력 및 자료를 전체적으로 묶고 있는 조직원리를 밝혀내는 능력

⑤ 종합력 : 비교적 새롭고 독창적인 형태, 원리, 관계, 구조 등을 만들어 내기 위하여 주어진 자료의 내용 및 요소를 정리하고 조직하는 능력

⑥ 평가력 : 어떤 특정한 목적과 의도를 근거로 하여 주어진 자료 또는 방법이 갖고 있는 가치를 판단하는 능력

이러한 인지적 영역의 행동들은 <그림 6-4>에서 보는 바와 같이 위계적 관계를 이루고 있다. '지식'의 토대 위에서 '이해력'이 형성되고, '지식'과 '이해력'의 토대 위에서 '적용력'이 형성되는 순서로 상위의 행동이 점진적으로 형성되고 성취된다. 따라서 교사는 이러한 행동들을 지도할 때 이와 같은 위계적 관련성을 충분히 고려해야 한다.

그림 6-4 인지적 영역의 행동간 위계적 관계

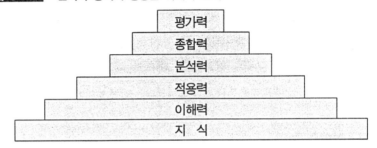

이상의 인지적 영역의 행동들에 대하여 더 구체적으로 살펴보면 다음과 같다.

〈분류번호 및 분류사항〉	〈목표진술에 필요한 명세적 동사〉

1. 00 지식(knowledge) …… 지식은 이미 배운 내용, 즉 사실, 개념, 원리, 방법, 유형, 구조 등을 인지하거나 기억에 의해 재생하는 능력을 말한다—정의하다, 기술하다, 말하다, 찾아내다, 명명하다, 열거하다, 짝지우다, 약술하다, 재생하다, 가려내다, 진술하다

    1. 10 특수사상(特殊事象)에 관한 지식

        1. 11 용어에 관한 지식

        1. 12 구체적 사실에 관한 지식

    1. 20 특수사상을 다루는 방법과 수단에 관한 지식

        1. 21 규칙에 관한 지식

        1. 22 경향과 순서에 관한 지식

        1. 23 분류와 유목에 관한 지식

        1. 24 준거에 관한 지식

　　1. 25 방법에 관한 지식

　1. 30 보편적 및 추상적 사실에 관한 지식

　　1. 31 원리와 일반법칙에 관한 지식

　　1. 32 이론과 구조에 관한 지식

　　1. 33 지적 능력과 기능

2. 00 이해력(comprehension) …… 이해력은 이미 배운 내용에 관한 의미를 파악하는 능력을 말하는데, 이는 단순히 학습한 내용을 기억하는 수준을 넘어 그 의미를 번역·해석하거나 추론하는 능력을 말한다-전환하다, 변호하다, 구별하다, 추정하다, 설명하다, 부연하다, 번역하다, 해석하다, 추론하다, 예시하다, 의역하다, 예측하다

　2. 10 번역(변환)

　2. 20 해석

　2. 30 추론(추리)

3. 00 적용력(application) …… 적용력은 이미 배운 내용, 즉 개념, 규칙, 원리, 이론, 기술, 방법 등을 구체적인 또는 새로운 장면에 활용하는 능력을 말한다-변환하다, 적용하다, 응용하다, 계산하다, 예증하다, 준비하다, 관계짓다, 나타내다, 풀어내다, 사용하다, 작성하다

4. 00 분석력(analysis) …… 분석력은 조직, 구조 및 구성요소의 상호관계를 이해하기 위하여 주어진 자료의 구성 및 내용을 분석하는 능력을 말한다-세분하다, 도식하다, 변별하다, 구분하다, 식별하다, 찾아내다, 예증하다, 추론하다, 약술하다, 지적하다, 관계짓다, 가려내다, 분류하다, 세별하다

　4. 10 요소의 분석

　4. 20 관계의 분석

　4. 30 조직원리의 분석

5. 00 종합력(synthesis) …… 종합력은 비교적 새롭고 독창적인 형태, 원리, 관계, 구조 등을 만들어 내기 위하여 주어진 자료의 내용 및 요소를 정리하고 조직하는 능력을 말한다-종합하다, 병합하다, 편집하다, 구성하다, 창조하다, 고안하다, 설계하다, 설명하다, 지어내다, 변용하다,

조직하다, 계획하다, 재정리하다, 재구성하다, 바꾸어 쓰다, 요약하다, 말하다, 쓰다

   5. 10 독특한 의사소통의 개발

   5. 20 계획 및 실행절차의 조작(고안)

   5. 30 추상적 관계의 도출

6. 00 평가력(evaluation) …… 평가력은 어떤 특정한 목적과 의도에 근거하여 주어진 자료 또는 방법이 가지고 있는 가치를 판단하는 능력을 말한다—감정하다, 비판하다, 평가하다, 비교하다, 결론짓다, 서술하다, 구분짓다, 설명하다, 주장하다, 해석하다, 관계짓다, 요약하다, 입증하다

   6. 10 내적 준거에 의한 판단

   6. 20 외적 준거에 의한 판단

2) 정의적 영역의 행동

① 감 수 : 어떤 현상이나 대상에 대해서 민감성을 가진다든가, 즐거이 주의를 기울이는 경향성(주의집중 · 관심)

② 반 응 : 어떤 현상이나 대상에 대해서 피상적인 반응에서부터 적극적인 반응을 보이는 것(흥미)

③ 가치화 : 어떤 현상이나 대상에 대하여 감수와 반응의 수준을 넘어서 그 의의와 가치를 부여하는 행동수준(가치 · 태도)

④ 조직화 : 여러 가지 종류의 가치를 종합하고 가치체계를 확립하는 것

⑤ 성격화(인격화) : 조직화된 가치관이 한 개인에게 내면화됨으로써 개인이 독특한 성격을 형성하는 것

정의적 영역의 행동들도 인지적 영역의 행동들처럼 위계적 관계를 이루고 있기 때문에 교사는 학생들로 하여금 이러한 행동들을 형성하도록 지도할 때 이를 충분히 고려해야 한다. 이들에 대하여 더 구체적으로 살펴보면 다음과 같다.

〈분류번호 및 분류사항〉   〈목표진술에 필요한 명세적 동사〉

1. 0 감수(receiving) ········ 감수는 어떤 자극이나 대상을 기꺼이 수용하고 자
발적으로 주의를 기울이게 되는 민감성을 말한다—
묻다, 가려잡다, 관심갖다, 주의하다, 주다, 갖다, 찾
아내다, 이름짓다, 지적하다, 선택하다, 대답하다, 사
용하다

　　1. 1 감지
　　1. 2 자발적 감수
　　1. 3 선택적 주의집중(관심)

2. 0 반응(responding) ······ 반응은 어떤 자극 또는 활동에 적극적으로 참여하
고 자발적으로 반응하며, 그러한 참여와 반응에서
만족감을 얻게 되는 행동을 말한다—대답하다, 조
력하다, 편집하다, 확인하다, 인사하다, 돕다, 명명
하다, 실행하다, 연습하다, 제시하다, 읽다, 암송하
다, 보고하다, 선택하다, 말하다, 쓰다

　　2. 1 묵종반응
　　2. 2 자진반응
　　2. 3 반응에 대한 만족

3. 0 가치화(valuing) ········ 가치화는 특정한 대상, 활동 또는 행동에 대하여 의
의와 가치를 직접 추구하고 행동으로 나타내는 것
을 말한다—완성하다, 기술하다, 구분하다, 설명하
다, 추종하다, 형성하다, 선도하다, 초대하다, 참가하
다, 입증하다, 제안하다, 읽다, 보고하다, 분담하다,
공부하다, 일하다

　　3. 1 가치의 수용
　　3. 2 가치의 선택(선호)
　　3. 3 가치의 확신

4. 0 조직화(organization) ······ 조직화는 일관성 있는 가치체계를 내면화시키는
전초단계로서, 서로 다른 수준 또는 종류의 가치를
비교하고 연관시켜 통합하는 것을 말한다—주장하
다, 변경하다, 정리하다, 결합하다, 비교하다, 완성
하다, 변호하다, 설명하다, 일반화하다, 찾아내다,
수정하다, 조직하다, 차례짓다, 준비하다, 관련짓다

4. 1 가치의 개념화

4. 2 가치체계의 조직

5. 0 성격화(characterization) …… 성격화는 가치관이 한 개인의 행동 및 생활의 기준이 되며, 지속성과 일관성이 있고 또, 그것이 그의 행동을 예측할 수 있을 정도로 확고하게 그의 성격의 일부로 내면화되는 것을 말한다 — 활동하다, 변별하다, 나타내다, 영향주다, 수정하다, 경청하다, 실행하다, 실천하다, 제안하다, 한정하다, 묻다, 개정하다, 봉사하다, 해결하다, 사용하다, 증명하다

5. 1 일반화된 행동태세

5. 2 성격화

3) 심리운동적 영역의 행동

① 지 각 : 운동기능을 수행하는 첫 단계로서, 감각기관(감각수용기)을 통해 대상의 질과 관계 등을 수용하는 것

② 태 세(set) : 지각의 결과를 토대로 특정 행동이나 기능을 하기 위한 예비적 준비상태

③ 유도반응 : 타인의 지도나 유도에 의해 외현적 행동을 보이는 것

④ 기계화 : 상황에 따라 행동이 자동적으로 나타나거나 상황이 요구하는 것에 따라 자기가 가지고 있는 행동목록(behavior repertoire)에서 일정한 행동을 선택하여 자동적으로 반응하는 것

⑤ 복합외현반응 : 최소한의 노력이나 시간을 들여 가장 유효하고 원활하게 복잡한 행동을 수행하는 것

이러한 심리운동적 영역의 행동들도 다른 영역의 행동들과 마찬가지로 위계적 관계를 이루고 있기 때문에 교사는 이러한 행동들을 지도할 때 이를 충분히 고려해야 한다. 이들에 대하여 더 구체적으로 살펴보면 다음과 같다.

〈분류번호 및 분류사항〉

1. 0 지각(perception) …… 어떤 반응 또는 동작을 하려면 감각기관을 통하여
먼저 대상과 그 대상의 특성 및 관계 등을 알아보
는 과정이 반드시 필요한데, 그 과정의 제일 첫 단
계가 바로 지각이다. 따라서 지각은 상황―해석―동
작이라는 일련의 신체운동과정에서 매우 중요한 의
미를 갖는다.

2. 0 태세(set) …………… 자세 또는 준비태세라고도 하는데, 이는 포괄적으로
는 정신적·정서적·신체적 자세를 의미한다. 여기
서 태세는 주로 신체적 준비자세를 뜻하며, 특정한
행동에 필요한 준비적 적응을 의미한다.

3. 0 유도반응(guided response) …… 유도반응이란 타인의 지도 또는 조력을 받
아서 수행하는 외현적 동작을 말하는데, 이는 다음
단계의 보다 복잡한 운동기능을 구사하는 데 필요
한 기초동작이 된다.

4. 0 기계화(mechanism) …… 기계화란 어떤 동작을 함에 있어서 숙련도와 자신
감을 갖추어 습관적으로 반응하는 것을 말한다.

5. 0 복합외현반응(complex overt response) …… 특정한 흐름과 연결을 요하는
비교적 복잡한 동작들을 최소한의 시간으로 아주
자연스럽고 효과적으로 표현하는 것을 말한다.

4. 교육목적의 진술방법

전술한 바와 같이 교육목적의 진술은 구체화되지 않으면 안 된다. 교육
목적의 구체화에 대한 주장은 조작주의(operationalism)에 그 근거를 두고 있
다. 조작주의란 추상성과 모호성을 제거하기 위해 개념(대상) 측정의 수행
절차를 기술하여 정의하는 것을 말하는데, 이는 교육목표의 명세화에 많은
도움을 주었다.

이러한 조작주의에 토대를 두고 있는 타일러(Tyler), 메이거(Mager), 가네
(Gagné), 그론룬드(Gronlund)의 교육목표 진술방법을 차례대로 살펴보기로 한다.

먼저, 타일러에 의하면 교육목표의 진술은 '학생'의 입장과 특정의 행동을

성취하는 데 필요한 '내용'도 포함되어야 할 뿐만 아니라 학생에게 기대되는 '행동'도 충분히 세분화되어 진술되어야 한다(Tyler, 1949). 예를 들면 다음과 같다.

- 학생은 삼각형의 합동조건을 열거할 수 있다.
  〈학생〉   〈내용〉   〈행동〉
- 학생은 탄소동화작용의 과정을 말할 수 있다.
  〈학생〉   〈내용〉   〈행동〉
- 학생은 임진왜란의 발발원인을 설명한다.
  〈학생〉   〈내용〉   〈행동〉
- 학생은 자아개념을 증진한다.
  〈학생〉 〈내용〉 〈행동〉
- 학생은 자신의 분노를 조절할 수 있는 생각과 행동을 실행한다.
  〈학생〉   〈내용〉   〈행동〉

한편, 메이거도 타일러와 유사한 방법을 주장하였으나, 그의 방법은 조작주의적인 경향이 더욱 강하다. 그에 의하면 목표진술에는 학생의 '행동'을 나타내는 행위동사를 사용해야 하며, 그의 행동이 발생되리라고 기대되어지는 '조건'을 제시할 뿐만 아니라, 그의 변화되어야 할 행동수준에 대한 수락기준인 '준거'(평가기준)도 함께 제시해야 한다(Mager, 1962). 그런데 이 준거는 수락할 수 있는 시간적 제한이나 답의 수(양) 또는 답(작품)의 질 등을 규정하게 된다. 예를 들면 다음과 같다.

- 7개의 일차방정식을 주었을 때 30분 안에 풀 수 있다.
  〈조건〉   〈준거〉   〈행동〉
- 30개의 화학원소를 주었을 때 최소한 25개의 원자가를 말할 수 있다.
  〈조건〉   〈준거〉   〈행동〉
- 마름질 용구들을 주었을 때 순서에 맞추어 정확하게 마름질을 할 수 있다.
  〈조건〉   〈준거〉   〈행동〉
- 해당지역의 지도와 나침반을 주었을 때 정해진 시간 안에 지정된 목적지에
  〈조건〉   〈준거〉
  도달한다.
  〈행동〉

• 토론주제를 제시했을 때 1시간 내에 합리적인 결론을 도출한다.
　　〈조건〉　　　　　〈준거〉　　　〈행동〉

또한, 가네에 의하면 목표진술에는 '학습능력'과 '행위동사'를 포함시켜야 할 뿐만 아니라 그 행동을 나타낼 수 있는 구체적인 '상황'도 포함시키며, 아울러 '대상'과 '도구'도 함께 제시해야 한다(Gagné, 1965). 예를 들면 다음과 같다.

• 원자료를 제시했을 때 워드프로세서를 이용하여 입력함으로써 문서를 작성할 수
　　〈상황〉　　　　〈도구〉　　　〈행위동사〉 〈대상〉 〈학습
있다.
능력〉
• 청소년의 영양권장량에 대한 자료를 주었을 때 하루 필요에너지와 필요영양분의
　　　　　　　　　〈상황〉　　　　　　　　〈도구〉
수치를 확인하여 분석함으로써 1주일의 식단을 작성할 수 있다.
　　　〈행위동사〉　　〈대상〉　　〈학습능력〉
• 집단활동의 기회를 주었을 때 놀이를 통하여 상호작용을 함으로써 사회성을
　　〈상황〉　　　　〈도구〉　　　〈행위동사〉　　　〈대상〉
함양한다.
　〈학습능력〉
• 또래집단에 참여시켰을 때 토론활동을 통해 상호작용을 함으로써 사회생활에
　　〈상황〉　　　　〈도구〉　　　〈행위동사〉　　　〈대상〉
필요한 기본기능을 습득한다.
　　　〈학습능력〉
• 집단토론의 기회를 주었을 때 적극적인 참여를 통하여 자신의 가치관을 정립하
　　〈상황〉　　　　〈도구〉　　　　　〈행위동사〉
여 올바른 청소년상을 확립한다.
　〈대상〉　　〈학습능력〉

끝으로, 그론룬드에 의하면 목표진술에는 일반적 목표진술과 명세적 목표진술이 구분되어야 한다. 그는 기대하는 행동결과로서의 일반적 목표를 먼저 진술한 다음, 그것을 토대로 구체적인 행동증거가 될 수 있는 명세적 목표(하위목표)를 진술하는 2차원적인 목표진술을 하는 것이 바람직하다는

입장을 취했다. 그런데 이 중 일반적 목표는 내용과 함께 '안다' 또는 '이해한다' 등과 같은 암시적 동사를 사용하여 내현적(내재적) 행동으로 진술되는 경우가 많다. 이것은 외현적 행동이 일반적 목표의 진술에 포함될 수 없다는 의미가 아니고, 목표가 적절한 일반성의 수준을 유지하자면 내현적 행동으로 진술하는 것이 편리하다는 것을 의미한다. 반면, 명세적 목표는 반드시 관찰되고 측정될 수 있는 행위동사로 진술되어야 한다(Gronlund, 1971). 그 예를 들면 다음과 같다.

• 과학적 원리를 이해한다.

　1. 과학적 원리를 정의한다.
　2. 과학적 원리의 예를 하나 든다.
　3. 주어진 두 개의 과학적 원리간의 차이를 구분한다.
　4. 주어진 두 개의 과학적 원리간의 관계를 설명한다.

• 소설 〔춘향전〕을 읽고 주요내용을 파악한다.

　1. 소설 [춘향전]의 줄거리를 말한다.
　2. 소설 [춘향전]의 중심사상을 요약한다.
　3. 소설 [춘향전]의 소설적 특징을 지적한다.

• 집단활동을 통하여 자아정체감을 확립한다.

　1. 인간관계훈련을 통하여 자신의 특성과 현실을 인식한다.
　2. 자기성장훈련을 통하여 긍정적인 자아개념을 형성한다.
　3. 자신의 특성과 현실에 부합되는 진로계획을 수립한다.

• 가족관계 및 기능 증진

　1. 가족구성원의 성격유형에 대한 상호이해 증진
　2. 가족구성원간의 효과적인 의사소통에 필요한 기술 습득
　3. 가족구성원간의 합리적인 의사결정에 필요한 기술 습득

• 비행청소년들은 집단지도활동을 통하여 그들의 자아존중감을 향상시키고, 자신들의 분노를 스스로 조절하는 능력을 함양한다.

  1. 자아존중감 향상
    1) 자신의 특성과 현실을 파악한다.
    2) 집단활동경험을 통하여 자신의 장점을 인식한다.
    3) 자신에 대하여 긍정적인 태도를 취한다.
  2. 분노조절능력 함양
    1) 자신의 분노발생의 원인과 반응 및 결과를 인식한다.
    2) 자신의 분노를 조절할 수 있는 생각과 행동을 실천한다.

- -

●함께 볼 만한 비디오

1. You Can Count On Me(감독: 캐네스 로너갠, 주연: 로라 리니, 마크 러팔로)
2. Legally Blonde(감독: 로버트 루케틱, 주연: 리즈 위더스푼, 매튜 데이비스, 루크 윌슨)
3. Dear Diary(감독: 난니 모레티, 주연: 난니 모레티)
4. Gods and Monsters(감독: 빌 콘돈, 주연: 브랜든 프레이저)
5. The Mists of Avalon(감독: 울리히 에델, 주연: 안젤리카 휴스턴, 줄리아나 마굴리에즈)

▲읽어 볼 만한 책

1. 이홍우(1998). 교육목적과 난점. 서울 : 교육과학사.
2. 허병기(1998). 교육의 가치와 실천. 서울: 교육과학사.
3. 오만록(2000). 교육의 이해. 서울 : 형설출판사.
4. 한국교육개발원(1999). 교육이념, 홍익인간의 재음미.
5. 창조교육학회(1999). 창조적 인간교육의 과제

■함께 토론해 볼만한 주제

1. 우리나라의 교육이념의 타당성에 대하여 함께 논의해 보고, 만약 교육이념을 재설정한다면 그 방향은 어떠해야 한다고 생각하는지 논의해 보자.
2. 인터넷 자료를 이용하여 우리나라 각 지방의 교육방침(교육지표)과 그 구현방안을 비교·분석해 보고, 지방간 차별성 여부에 대하여 생각해 보자.

1. 교육과정의 의미

교육과정에 대한 개념규정은 관점에 따라 다양하게 이루어질 수 있다. 그러므로 교육과정의 의미를 몇 마디로 설명하기란 쉽지 않다. 여기에서는 교육과정의 의미를 일반적 의미, 어원적 의미, 사상적 배경에 따른 의미 등으로 구분하여 살펴보기로 한다.

1) 일반적 의미

교육과정에 대한 일반적 의미는 넓은 시각에서 보는 의미(광의)와 좁은 시각에서 보는 의미(협의)로 구분해 볼 수 있다.

먼저, 광의에서 보면 교육과정은 설정된 교육목적(목표)을 달성하기 위해 선정된 교육내용(학습경험)을 조직하여 교수-학습지도와 생활지도 및 교육평가를 언제 어디서 어떻게 행할 것인가에 대한 종합적인 계획이라고 할 수 있다. 교육과정은 교육이 목표하는 바 인간을 길러낼 수 있게 하기 위한 학교와 교사들의 조직적인 계획을 말한다. 이것을 보다 세분하면 교육목적(목표)의 설정, 교육내용의 선정·조직, 지도과정(교수-학습지도 및 생활지도), 교육평가 등으로 구분할 수 있다. 그러므로 이것은 결코 문서상의 조목이 아니라 제반 교육활동계획 그 자체를 지칭하는 것이다.

한편, 협의에서 보면 교육과정은 설정된 교육목적이나 목표를 달성하는 데 필요한 교육내용을 선정·조직한 것을 말한다. 그러므로 이러한 의미에서 본다면 교육과정은 '교과과정'을 뜻한다고도 할 수 있다.

2) 어원적 의미

교육과정은 영어로 curriculum인데, 이는 라틴어의 'currere'에서 유래된 것으로서 동사로 '달린다'라는 뜻이며, 명사로는 '달리는 코스'(race course; 走路)란 뜻으로, 말이 달리고 사람이 뛰는 경주 코스라는 의미이다. 이것은 교육활동에 관련지어 볼 때 'course of study'란 말과 같은 뜻으로 사용된다. 따라서 주로(走路)는 '학습 코스'이며, 경주 자체는 '학습내용 그 자체'를 의미한다. 다시 말하면 이것은 학생이 일정한 교육목적이나 목표를 달성하기 위해서 밟아나가는 학습과정을 의미하는데, 이 과정에는 내용이 반드시 수반되므로 이것은 학생이 경험하는 학습내용 자체를 지칭한다.

3) 사상적 배경에 따른 의미

교육사상에 따라서도 교육과정의 의미는 달라질 수 있는데, 사상적 배경에 따른 교육과정의 의미는 대략 다섯 가지 입장에서 정리해 볼 수 있다.

첫째, 전통적 교육사상의 입장에서 보면 교육과정은 교수요목(敎授要目; course of study)으로 간주된다. 이렇게 본다면 교육과정은 학생들에게 가르쳐 나갈 '교육내용의 체계'를 의미한다. 그러므로 이것은 교사의 입장에서 보면 학생들을 가르칠 교수내용이며, 학생의 입장에서 보면 학습해 나가야 할 학습내용이 된다.

둘째, 진보주의 교육사상의 입장에서 보면 교육과정은 학교와 교사의 지도하에서 학생들이 가지게 되는 모든 경험으로 이해된다. 다시 말하면 1930년대부터 1950년대까지는 학생들이 학교나 교사의 계획과 지도 아래서 가지게 되는 모든 경험을 교육과정이라고 간주하였다.

셋째, 신본질주의 교육사상의 관점에서는 교과단위별로 엄선된 핵심적인 개념, 원리 및 법칙들을 교육과정으로 간주한다. 구소련의 1957년 스푸트닉(Sputnik) 인공위성의 발사로 인하여 미국에서는 진보주의 교육사상에 대한 비판이 1960년대 이후 더욱 거세지게 되어 학문중심 교육과정이 대두되었는데, 여기에서는 '구조화된 일련의 지식체계' 즉, 지식의 구조를 교육과정이라고 생각하였다.

넷째, 1970년대부터 나타나기 시작한 인본주의 교육사상의 관점에서도 교육과정의 의미를 도출해 볼 수 있다. 1970년대에 들어 인간중심 교육이 강조되기 시작하면서 교육과정에 대한 관점이 바뀌게 되었는데, 여기에서는 '학생들이 학교생활을 하는 동안에 가지게 되는 모든 경험'을 교육과정으로 인정한다. 그러므로 이러한 시각에서 보면 표면적 교육과정과 잠재적 교육과정 모두가 교육과정의 의미에 포함된다.

다섯째, 1970년대부터는 재개념주의자들에 의해서 새로운 교육과정의 이론화가 이루어지기 시작하였는데, 이러한 교육과정을 '재개념주의 교육과정'이라고 한다. 재개념주의자들은 초기 재건주의(개조주의) 교육사상가들인 카운츠(Counts), 러그(Rugg) 등의 철학과 사회적 활동주의에 그 토대를 두고 있는데, 이들은 공통적으로 다같이 종래의 교육과정이론 특히, 타일러(Tyler)계열의 교육과정이론(Tylerian 전통주의)에 도전하면서 교육과정에 대한 과학적·합리적 견해에 반대하고, 교육과정연구에 대한 새로운 접근방법으로서 다학문적 접근을 시도하는 동시에, 주관적·정치적·이데올로기적 접근을 지향하고 있다.

재개념주의자들은 교육과정에 대한 재개념화(reconceptualization)를 시도하였는데, 이는 교육과정연구의 전통적 패러다임(paradigm)을 비판하는 것으로부터 시작하였다. 이들은 이 전통적 패러다임에서 간과하거나, 미처 다루지 못한 부분을 부각시키려고 노력하였다. 이러한 점에서 볼 때 재개념주의적 접근은 교육과정연구에 대한 확실한 하나의 대안이 될 수 있다. 이러한 재개념주의자들의 의도와 접근방법은 전통적 교육과정연구와는 대립되는 것으로 비추어질 수 있으나, 이는 전통적 교육과정연구와 서로 대립적인 관계라기 보다는 상호보완적인 입장을 취하고 있다고 보아야 할 것이다. 그러나 재개념주의자들은 종래의 교육과정연구에 대한 자신들의 대안을 아직 뚜렷하게 제시하지 못하고 있을 뿐만 아니라, 전통주의자들(Tyler, Zais 등)이나 개념적 경험주의자들(Schwab, Beauchamp, Johnson 등)처럼 가시적인 교육과정 연구모형을 제시하지 못하고 있는 것이 사실이다.

전통적 교육과정 연구의 대표자인 타일러는 학습자·사회·교과 및 교과 전문가의 요구나 필요 등을 원천으로 삼아 잠정적인 교육목표를 설정한 다음, 여기에 철학의 요구와 학습심리의 요구를 반영하여 의미 있고 타당한 교육목표를 설정하여야 한다고 주장하였다. 이어, 이러한 교육목표를 효과적으로 달성하기 위해 학습자가 배워야 할 학습경험을 선정·조직하여, 이를 지도해야 하며 끝으로, 이러한 학습경험에 대한 평가가 이루어져야 한다고 보았다. 이러한 개념모형은 교육목표의 설정·진술을 분명하게 하도록 하였으며, 평가를 교육과정의 일부로 보았다는 점, 그리고 교육목표와 평가의 관계를 매우 밀접하게 연결시켰다는 점 등에서 그 공헌점을 인정할 수 있다.

그러나 재개념주의자들에 의해 이러한 타일러 모형은 직선적이며, 사회나 문화적인 여러 요인들을 역동적으로 반영하지 못한 폐쇄적이고 미시적인 모형이라는 비판을 받고 있으며 또한, 이 모형은 교육과정 특히, 교육목표나 내용의 가치에 관하여 구체적인 아무런 시사점을 주지 못하는 모형이라는 비난을 받고 있다.

재개념주의의 시각에서 보면 기존의 교육과정모형에서는 교육과정을 학교 내부에서 일어난 활동으로만 국한시킴으로써 학교와 보다 넓은 사회와의 관계 속에서 나타나는 문제들을 제대로 파악하지 못한다. 재개념주의자들은 교육과정을 보다 넓은 사회구조와 질서 속에 놓고, 거시적으로 파악할 필요가 있다고 역설한다. 교실행동을 사회·경제·정치적 기능까지 확대하여 교육과정을 이해하여야 하며, 그렇기 때문에 교육과정을 학교지식, 문화, 권력, 사회통제 등과 관련지어 재개념화해야 한다고 보고 있다.

재개념주의자들은 교육과정에 대한 연구방법으로서 자연과학이나 경험적인 방법과 같은 실질적인 방법을 채택하기 보다는 현상학, 해석학, 실존주의, 정신분석학, 지식사회학, 신마르크스주의, 구조주의 등에서 제안하는 방법론인 질적 연구방법을 선호한다. 또한, 표면적 교육과정뿐만 아니라 교수방법, 평가형태, 교실생활 속에 내재된 잠재적 교육과정까지를 연구주제로 다루고자 한다.

재개념주의자들이 종래의 교육과정이론에 대하여 가하고 있는 비판들은 대체로 네 가지로 구분해 볼 수 있는데, 이에 대하여 차례대로 살펴보기로 한다(Pinar, 1981; 김민환, 1991).

첫째, 재개념주의자들은 전통적인 교육과정이론모형을 기술공학적 모형으로 보고, 이 모형의 탈역사성·탈사회성·탈정치성·탈도덕성·탈이데올로기성에 대하여 비판을 가함과 동시에, 이 모형이 합의하는 바를 무비판적으로 수용하는 접근방식을 취하는 데 대해서도 비판적이다. 교육과정이론의 지배적인 전통에 대한 이러한 '역사적 비판'은 재개념주의 교육과정탐구의 중요한 부분을 차지하고 있는데, 이러한 비판을 주도하고 있는 학자는 크리바드(Kliebard), 애플(Apple), 프랭크린(Franklin) 등이다.

둘째, 개념주의자들은 현재 사용되고 있는 교육과정에 관한 개념들이 적절하지 못하다고 비판하고 있다. 현재 교육과정연구에서 사용되는 많은 개념들은 인간의 정신세계를 다루기 보다는 기술세계를 다루는 데 초점이 맞추어져 있으므로 교육과정의 본연의 의미가 퇴색되어, 결국 교육을 본연의 의미로부터 이탈되게 하고 있다는 것이다. 이러한 개념의 부적절성은 교육이 지나치게 목표지향적이 되게 하며, 학습을 인간의 가변적 속성에만 초점을 맞추게 된다. 이에 대하여 더 구체적으로 살펴보면 다음과 같다.

① 재개념주의자들에 의하면 전통적인 교육과정모형에서처럼 교육목표를 사전에 결정해 놓는 것은 기술적 과정에서 발생하는데, 이렇게 되면 교육은 미래의 목표달성에만 치중하므로 과거를 종종 잊는 결과를 초래함으로써 탈역사성을 범하기 쉽다. 이러한 재개념주의자들은 교육목표를 결정하는 것은 마치 과거와 미래를 연결하는 가교를 탐색하는 것과 같은 것이 되어야 한다고 생각한다. 교육목표의 결정은 과거와 미래를 일방적으로 지속시키거나 중단하는 어느 한편에서 이루어지기 보다는 균형이 확립되는 수준에서 이루어져야 한다. 그리고 이것은 어디까지나 역사적 흐름 속에서의 사회적 실체를 감안하여야 한다고 재개념주의자들은 주장한다.

② 재개념주의자들은 교육목표를 정의하는 과정에서의 탈사회성·탈정치성·탈도덕성·탈이데올로기성에 대하여 비판한다. 교육목표를 엄격한 순서에 입각하여 명확하고 단순하게 정의하는 것은 교육목표를 설정하는 과정이 정치적이라는 사실을 간과하고 있다. 이들에 의하면

교육목표를 설정하는 과정은 끊임없는 투쟁을 거친 정치적 이데올로기의 한 부분이 된다.

③ 재개념주의자들은 교육목표를 미래에 초점을 맞추어 정의하는 것은 현재를 모호하게 만든다고 비판한다. 미래지향적인 교육목표의 설정은 학생들이 생활하는 현재를 너무 소홀하게 다루는 결과를 초래하기 때문에, 이러한 교육목표는 현재와 미래의 관계를 제대로 다루지 못한다.

④ 재개념주의자들은 학습상황이 오로지 심리학적인 용어로만 설명되는 것에 대하여 비판한다. 이들에 의하면 기존의 학습용어는 행동주의 심리학에 뿌리를 두고 있으며, 주로 행동변화에 초점이 맞추어져 있는데, 이것은 결국 학습이 이루어지는 조건과 유형만을 설명해 줄 뿐 창의적인 인간으로서나 초월적인 존재로서의 인간을 육성하지는 못한다.

이상과 같은 '미적-철학적 비판'은 교육과정의 탐구관심을 교육목표와 학습으로부터 교육적 경험의 질과 의미 쪽으로 변화시키게 하였는데, 이러한 비판을 주도한 학자로는 그린(Green), 맥도날드(MacDonald) 등을 들 수 있다.

셋째, 재개념주의자들은 기존 학교교육으로 인한 비인간화현상과 소외현상, 그리고 정신의 황폐화현상을 비판한다. 이들은 기존의 학교교육으로부터 받게 되는 정신병리적인 현상을 신랄하게 지적하였다. 전통적인 교육과정체제에 의한 교육을 받게 되면 졸업장과 자격증은 얻지만, 비인간화·소외·정신의 황폐화가 나타나며 또한, 학식은 쌓지만 인간성은 조각나게 된다. 이러한 '정신분석학적 비판'은 인본주의 교육학자와 급진적인 비판론자들의 주장과 맥을 같이 하는데, 이러한 비판으로 인하여 교육과정의 탐구관심을 학습결과나 학업성취에만 두는 경향에서 벗어나게 되었다. 이러한 입장을 대변하는 학자는 파이나(Pinar), 그루멧(Grumet) 등이다.

넷째, 재개념주의자들은 기존의 학교교육이 불평등하고 정의롭지 못한 현재의 사회체제를 정당화(재생산)하는 데 기여하고 있다고 비판한다. 이러한 불평등하고 정의롭지 못한 사회체제를 정당화하는 학교교육은 특정 교육과정을 통하여 은연중에 이루어지는 경우가 대부분인데, 이러한 과정을 통하여 학생들은 결국 자신의 이해에 상반되는 가치관이나 지식을 무비판적으로 받아들이게 된다는 것이다. 그런데 이것은 비단 교육과정 때문만은 아니며, 심지어는 시험방법에 의해서도 이루어지는데, 이는 바로 지배집단 (기득권자들)의 이해관계 때문에 일어난다. 재개념주의자들의 이러한 '사회적 -정치적 비판'은 신맑스주의(갈등이론)에 의한 비판에 이론적 기반을 두고 있는데, 이 비판은 전술한 세 가지 비판보다 더 광범위하게 이루어지고 있으며, 훨씬 강하게 이루어지고 있는 것이 특징이다. 이러한 비판은 교육과정의 사회적 성격과 정치적 성격을 파헤치고, 그 기능을 논의하는 것이 대부분이다. 이는 교육과정이론가들의 관점을 교육과정계획에 관한 종래의 미시적 접근으로부터 교육과정과 이데올로기의 관계성이라는 거시적 접근으로 바꾸게 하는데 결정적인 영향을 미쳤다. 그리고 거시적 관점에서 교육과정의 결정과정과 실제에 관련된 사회적 의미와 정치적 의미를 탐색하는 데 관심을 갖게 하였다. 이러한 비판을 주도하는 학자는 애플(Apple)과 기록(Giroux) 등이다.

2. 표면적 교육과정과 잠재적 교육과정

표면적 교육과정(manifest curriculum)이란 학교나 교사가 계획적으로 의도했던 학습의 결과를 초래하는 교육과정으로 교과목인 국어·수학 등과 같이 문서화된 공식적인 교육과정을 말한다. 이 교육과정은 무엇을 가르칠 것인가의 강한 의도를 포함하고 있고 가시적·표출적인 면이 짙으며 인지적, 기능적 영역의 행동을 주로 다룬다. 교과중심 교육과정, 경험중심 교육과정, 중핵 교육과정, 학문중심 교육과정 등은 모두 학교나 교사에 의해 계획된 표면적 교육과정이라 할 수 있다. 이들은 학생의 행동을 계획적으로 변화시키기 위하여 그 행동을 어떤 조건에서 얼마만큼 변화시킬 것인가에 관한 의도적인 계획을 토대로 설계된 교육과정이다. 여기에서는 교육과정의 구성, 교과서 편찬, 교수요목의 작성 등이 표면적으로 나타나기 때문에 이를 표면적 교육과정이라고 한다.

반면, 잠재적 교육과정(latent curriculum)은 학교에서 계획적으로 의도하지 않은 학습결과를 초래하는 교육과정으로, 학생이 학교생활을 하는 동안 은

연중에 학습하는 것을 말한다. 학생들은 학교의 의도적인 계획에 담겨 있지 않은 것을 학교생활을 통하여 배우는 경우가 있는데, 이를 잠재적 교육과정이라고 한다. 이는 비계획적이고 비의도적이며, 단편적인 것이라고는 하지만, 주로 정의적이며 가치적이고 도덕적인 측면과 관계되는 학습이라는 점에서 그 중요성은 간과될 수 없다. 이러한 맥락에서 인간중심 교육과정에서는 잠재적 교육과정을 매우 중요시한다. 이 교육과정은 문서화되지 않는 비공식적인 교육과정으로, 교사의 인격, 학급의 분위기, 인간관계 등이 여기에 포함된다. 잠재적 교육과정에서 배운 것은 비교적 영속성이 있으며, 학생의 정의적·도덕적·인격적인 면에 영향을 크게 미치기 때문에 표면적 교육과정에서 배운 것보다 더 많은 중요성을 지닐 수도 있다.

이러한 잠재적 교육과정의 개념은 비교적 최근에 나타났으며, 이는 종래의 학교지도상의 계획적·의도적인 학습경험의 총체를 뜻하는 표면적 교육과정의 개념과 대비되어 해석되고 있다. 교육에 관한 사고가 점차 체계화됨에 따라 학생들이 학교의 계획이나 의도와는 관계 없이, 또는 계획과 의도에 반하여 여러 가지 행동특성을 은연중에 배우는 경우가 많음에 착안하게 되었는데, 학교의 계획과 의도와는 관계 없이 학습하게 되는 교육과정을 잠재적 교육과정이라고 부르게 되었다.

전술한 바와 같이 잠재적 교육과정은 학교 및 교사가 가르치려고 계획을 세운 바 없으나 학생들이 가지게 되는 경험을 말하는데, 그 용어도 다양하다. 대부분의 경우 표면적 교육과정과 대비시켜 개념을 규정하고 있는데 먼저, 표면적 교육과정은 계획된(planned), 구조화된(structured), 공식적(official), 외현적(overt), 가시적(visible), 외면적(external), 조직화된(organized), 기대된(expected), 형식적(formal) 교육과정 등으로 지칭되는 반면, 잠재적 교육과정은 숨겨진(hidden), 비구조적(unstructured), 비공식적(unofficial), 내현적(covert), 비가시적(invisible), 내면적(internal), 비조직적(unorganized), 기대되지 않은(unexpected), 비형식적(informal) 교육과정이라는 용어 등으로 지칭된다. 이러한 표면적 교육과정과 잠재적 교육과정을 몇 가지 비교기준에 비추어 정리해 보면 <표 7-1>과 같다(오만록, 2001).

| 표 7-1 | 표면적 교육과정과 잠재적 교육과정의 비교 |

비교기준	표면적 교육과정	잠재적 교육과정
개 념	학교 및 교사에 의하여 의도적으로 조직되어 가르쳐지는 내용	학교 및 교사에 의하여 의도적으로 가르쳐지지 않았지만, 학습의 결과를 초래하는 내용
교육목적 교육내용 (학습내용)	구체적으로 설정·진술됨 • 주로 인지적인 영역, 교과와 관련됨 • 바람직한 내용만 포함됨	설정·진술되지 않음 • 주로 비지적인 정의적인 영역, 생활경험 및 학교·학급의 사회문화적 풍토와 관련됨 • 바람직한 내용뿐만 아니라 바람직하지 않은 내용도 포함됨
교육방법	학교와 교사의 의도적인 조직 및 지도에 의해 이루어짐	학습자가 은연중에 학습함
교사의 기능	교사의 인지적·기능적 영향에 의해서 학습이 이루어짐	교사의 인격적 감화에 의해서 학습이 이루어 짐
학습시간 및 영 향	단기적·일시적으로 배우며, 비영속적인 영향을 미침	장기적·반복적으로 배우며, 영속적인 영향을 미침
관 계	양 교육과정이 서로 조화되고 상보적인 관계를 취할 때 본연의 교육이 실천될 수 있음	

교육현장을 자세히 탐색해 보면 학교 및 교사가 계획을 세워서 지도한다 해도 학생들이 그 계획대로만 배우고 경험하는 것이 아님을 쉽게 확인할 수 있다. 표면적 교육과정이 있으면 당연히 잠재적 교육과정이 있기 마련이다. 그러므로 표면적 교육과정만을 학교의 교육과정이라고만 생각하고, 잠재적 교육과정에 대하여 무관심하게 되면 인간교육을 지향하는 학교교육의 발전은 이루어지기 어렵다. 여기에서 중요한 것은 표면적 교육과정과 잠재적 교육과정이 조화를 이루어야만 참다운 교육이 가능하다는 것을 명심하는 일이다. 따라서 지금까지 간과되어 온 잠재적 교육과정에 대하여 관심을 가져야 할 뿐만 아니라, 이에 대하여 보다 체계적으로 탐색함으로써 학교교육의 순기능을 극대화하고, 그 역기능을 최소화하여야 한다.

3. 우리나라의 현행 교육과정

1) 7차 교육과정 개정의 기본방향 및 중점사항

〈기본방향〉

21세기 세계화·정보화 시대를 주도할 자율적이고 창의적인 한국인 양성
① 목표면 : 건전한 인성과 창의성을 함양하는 기본교육의 충실
② 내용면 : 세계화·정보화에 적응할 수 있는 자기주도적 능력의 신장
③ 방법면 : 학생의 능력·적성·진로에 적합한 학습자중심의 교육
④ 제도면 : 지역 및 학교교육과정 편성·운영의 자율성 확대

〈중점사항〉

① 국민공통 기본교육과정 편성 : 초등학교 1학년~고등학교 1학년(10년간)
② 교육과정 편제에 교과군 개념의 도입
③ 수준별 교육과정의 도입 : 단계형, 심화·보충형, 과목선택형
④ 재량시간의 신설 및 확대
⑤ 교과별 학습량의 최적화와 수준의 조정
⑥ 고교 2·3학년의 학생선택중심 교육과정 도입
⑦ 질관리중심의 교육과정 평가체제 확립
⑧ 정보화 사회에 대비한 창의성·정보능력 배양

2) 학교급별 교육과정

> 유치원 교육과정

〈교육과정의 성격〉

이 교육과정은 초·중등교육법 제23조 제2항에 의거하여 고시한 것으로, 유치원의 교육목적과 교육목표를 달성하기 위한 국가수준의 교육과정이며, 전국의 유치원에서 편성·운영하여야 할 유치원 교육과정의 공통적·일반적인 기준을 제시한 것이다.

① 국가수준의 공통성과 지역·유치원·개인수준의 다양성을 동시에 추구하는 교육과정이다.
② 유아의 자율성과 창의성을 신장하기 위한 유아중심의 교육과정이다.
③ 교육청과 유치원, 교원·유아·학부모가 함께 실현해 가는 교육과정이다.
④ 유치원 교육체제를 교육과정 중심으로 개선하기 위한 교육과정이다.
⑤ 교육의 과정과 결과의 질적 수준을 유지·관리하기 위한 교육과정이다.

〈교육과정의 구성방향〉

① 추구하는 인간상

우리나라의 교육은 홍익인간의 이념 아래 모든 국민으로 하여금 인격을 도야하고 자주적 생활능력과 민주시민으로서 필요한 자질을 갖추게 하여, 인간다운 삶을 영위하게 하고, 민주국가의 발전과 인류공영의 이상을 실현하는데 이바지하게 함을 목적으로 하고 있다(교육기본법 제2조).
• 전인적 성장의 기반 위에 개성을 추구하는 사람
• 기초능력을 토대로 창의적인 능력을 발휘하는 사람
• 우리 문화에 대한 이해의 토대 위에 새로운 가치를 창조하는 사람
• 민주시민의식을 기초로 공동체의 발전에 공헌하는 사람

② 교육과정의 구성방침
• 사회적 변화의 흐름을 주도할 수 있는 기본능력을 길러줄 수 있도록 교육과정을 구성한다.
• 교육내용의 양과 수준을 적정화하고, 유아발달에 적합한 수준별 교육과정을 구성한다.
• 유아의 발달특성을 고려하여 교육내용과 방법을 다양화한다.
• 교육과정 편성과 운영에 있어서 현장의 자율성을 확대한다.
• 교육과정 평가체제를 확립하여 교육에 대한 질관리를 강화한다.

〈교육목표〉

유치원 교육은 전인적 성장을 위한 기초교육으로서 유아의 일상생활에 필요한 기본능력과 태도를 기르는데 중점을 둔다.

① 몸과 마음이 건강하게 자랄 수 있는 경험을 가진다.

② 기본생활습관을 기르고, 다른 사람과 더불어 생활하는 태도를 가진다.

③ 생각과 느낌을 창의적으로 표현하는 경험을 가진다.

④ 바르게 언어를 사용하는 경험을 가진다.

⑤ 일상생활의 문제에 대하여 스스로 궁리하는 태도를 가진다.

〈교육과정의 영역과 시간〉

① 교육과정은 건강생활, 사회생활, 표현생활, 언어생활, 탐구생활 영역으로 구성한다.

② 교육일수는 연간 180일 이상으로 한다.

③ 하루의 교육시간은 180분을 기준으로 하되, 유아의 연령과 발달수준, 기후, 계절, 학부모의 요구 등을 고려하여 실정에 맞도록 조정한다.

초·중등학교 교육과정

〈교육과정의 성격〉

이 교육과정은 초·중등교육법 제23조 제2항에 의거하여 고시한 것으로, 초·중등학교의 교육목적과 교육목표를 달성하기 위한 국가수준의 교육과정이며, 초·중등학교에서 편성·운영하여야 할 학교교육과정의 공통적·일반적인 기준을 제시한 것이다.

① 국가수준의 공통성과 지역·학교·개인수준의 다양성을 동시에 추구하는 교육과정이다.

② 학습자의 자율성과 창의성을 신장하기 위한 학생중심의 교육과정이다.

③ 교육청과 학교, 교원·학생·학부모가 함께 실현해 가는 교육과정이다.

④ 학교교육체제를 교육과정중심으로 개선하기 위한 교육과정이다.

⑤ 교육의 과정과 결과의 질적 수준을 유지·관리하기 위한 교육과정이다.

〈교육과정 구성의 방향〉

① 추구하는 인간상

우리나라의 교육은 홍익인간의 이념 아래 모든 국민으로 하여금 인격을 도야하고 자주적 생활능력과 민주시민으로서 필요한 자질을 갖추게 하여, 인간다운 삶을 영위하게 하고, 민주국가의 발전과 인류공영의 이상을 실현하는 데 이바지하게 함을 목적으로 하고 있다(교육기본법 제2조).

- 전인적 성장의 기반 위에 개성을 추구하는 사람
- 기초능력을 토대로 창의적인 능력을 발휘하는 사람
- 폭넓은 교양을 바탕으로 진로를 개척하는 사람
- 우리 문화에 대한 이해의 토대 위에 새로운 가치를 창조하는 사람
- 민주시민의식을 기초로 공동체의 발전에 공헌하는 사람

② 교육과정의 구성방침
- 사회적 변화의 흐름을 주도할 수 있는 기본능력을 길러 줄 수 있도록 교육과정을 구성한다.
- 국민공통 기본교육과정과 선택중심 교육과정체제를 도입한다.
- 교육내용의 양과 수준을 적정화하고, 심도있는 학습이 이루어지도록 수준별 교육과정을 도입한다.
- 학생의 능력·적성·진로를 고려하여 교육내용과 방법을 다양화한다.
- 교육과정 편성과 운영에 있어서 현장의 자율성을 확대한다.
- 교육과정 평가체제를 확립하여 교육에 대한 질관리를 강화한다.

〈학교급별 교육목표〉

① 초등학교 교육목표
초등학교의 교육은 학생의 학습과 일상생활에 필요한 기초능력 배양과 기본생활습관을 형성하는데 중점을 둔다.
- 몸과 마음이 균형있게 자랄 수 있는 다양한 경험을 가진다.
- 일상생활의 문제를 인식하고 해결하는 기초능력을 기르고, 자신의 생각과 느낌을 다양하게 표현하는 경험을 가진다.
- 다양한 일의 세계를 이해할 수 있는 폭넓은 학습경험을 가진다.
- 우리의 전통과 문화를 이해하고 애호하는 태도를 가진다.

- 일상생활에 필요한 기본생활습관을 기르고, 이웃과 나라를 사랑하는 마음씨를 가진다.

② 중학교 교육목표

중학교의 교육은 초등학교 교육의 성과를 바탕으로, 학생의 학습과 일상생활에 필요한 기본능력과 민주시민으로서의 자질을 함양하는 데 중점을 둔다.

- 심신의 조화로운 발달을 추구하고, 자기발견의 기회를 가진다.
- 학습과 생활에 필요한 기본능력과 문제해결력을 기르고, 자신의 생각과 느낌을 창의적으로 표현하는 경험을 가진다.
- 다양한 분야의 지식과 기능을 익혀 적극적으로 진로를 탐색하는 경험을 가진다.
- 우리의 전통과 문화에 대한 자긍심을 지니고, 이를 발전시키려는 태도를 가진다.
- 자유민주주의의 기본적 가치와 원리를 이해하고, 민주적인 생활방식을 익힌다.

③ 고등학교 교육목표

고등학교의 교육은 중학교 교육의 성과를 바탕으로, 학생의 적성과 소질에 맞는 진로개척능력과 세계시민으로서의 자질을 함양하는 데 중점을 둔다.

- 심신이 건강한 조화로운 인격을 형성하고, 성숙한 자아의식을 가진다.
- 학문과 생활에 필요한 논리적 · 비판적 · 창의적 사고력과 태도를 익힌다.
- 다양한 분야의 지식과 기능을 익혀, 적성과 소질에 맞게 진로를 개척하는 능력을 기른다.
- 우리의 전통과 문화를 세계 속에서 발전시키려는 태도를 가진다.
- 국가공동체의 형성과 발전을 위해 노력하며, 세계시민으로서의 의식과 태도를 가진다.

〈편제와 시간(단위) 배당기준〉

① 편 제
- 교육과정은 국민공통 기본교육과정과 고등학교 선택중심 교육과정을 구성한다.
- 국민공통 기본교육과정은 교과, 재량활동, 특별활동으로 편성한다〈표 7-2〉.

표 7-2　국민공통 기본교육과정

구분		초등학교						중학교			고등학교		
학교 / 학년		1	2	3	4	5	6	7	8	9	10	11	12
교과	국 어	국 어 210　238		238	204	204	204	170	136	136	136	선 택 과 목	
	도 덕	34	34	34	34	34	34	68	68	34	34		
	사 회	수 학 120　136		102	102	102	102	102	102	136	170 (국사68)		
	수 학			136	136	136	136	136	136	102	136		
	과 학	바른생활 60　68		102	102	102	102	102	136	136	102		
	실 과	슬기로운 생활 90　102		·	·	68	68	기술·가정					
								68	102	102	102		
	체 육			102	102	102	102	102	102	68	68		
	음 악	즐거운 생활 180　204		68	68	68	68	68	34	34	34		
	미 술			68	68	68	68	34	34	68	34		
	외국어 (영어)	우리들은 1학년 80　·		34	34	68	68	102	102	136	136		
재량활동		60	68	68	68	68	68	136	136	136	204		
특별활동		30	34	34	68	68	68	68	68	68	68	8 단위	
연간수업 시 간 수		830	850	986	986	1,088	1,088	1,156	1,156	1,156	1,224	144 단위	

㉮ 교과는 국어, 도덕, 사회, 수학, 과학, 실과(기술·가정), 체육, 음악, 미술, 외국어(영어)로 한다. 다만, 초등학교 1, 2 학년의 교과는 국어, 수학, 바른 생활, 슬기로운 생활, 즐거운 생활 및 우리들은 1학년으로 한다.

ⓝ 재량활동은 교과 재량활동과 창의적 재량활동으로 한다.

ⓓ 특별활동은 자치활동, 적응활동, 계발활동, 봉사활동, 행사활동
으로 한다.

• 고등학교 선택중심 교육과정은 교과와 특별활동으로 편성한다.

㉮ 교과는 보통교과와 전문교과로 한다.

㉠ 보통교과는 국어, 도덕, 사회, 수학, 과학, 기술·가정, 체육,
음악, 미술, 외국어와 한문, 교련, 교양의 선택과목으로 한다.

㉡ 전문교과는 농업, 공업, 상업, 수산·해운, 가사·실업, 과학,
체육, 예술, 외국어, 국제에 관한 교과로 한다.

㉯ 특별활동은 자치활동, 적응활동, 계발활동, 봉사활동, 행사활동
으로 한다.

② 시간(단위) 배당기준

4. 교육내용의 선정·조직

교육목적(교육목표)이 설정·진술된 다음에는, 교육인적자원부에서 고시한
교육과정·지방의 교육방침·지도지침서·학교의 교육방침 및 교과협의회
의 결정사항 등을 고려하여 적절한 교육내용을 선정하여 조직해야 한다.

1) 교육내용의 선정

교육내용의 선정이란 설정된 교육목적이 달성될 수 있는 교재나 교과 또
는 경험과 활동내용을 선택하여 교육내용의 범위를 결정하는 것을 말한다.
이러한 교육내용이나 학습경험의 범위를 원어로 'scope'라고 한다. 이는 교
육내용을 선정하는 데 있어서 횡축을 뜻하며, 이것은 곧 무엇(what)을 교육
내용으로 할 것인가를 말한다.

교육내용의 선정기준을 보면, 교육내용은 설정된 교육목적을 달성할 수
있는 것이어야 하며, 사회성과 시대성에 맞는 가치있고 역동적인 것이어야
할 뿐만 아니라 학생의 흥미·필요·능력 등 발달단계에 맞아야 하며, 교

육내용의 양은 가능한 한 최소요구 수준(minimum essentials)이어야 한다.

여기에서 교육내용을 선정하는 데 있어서 유념해야 할 원리에 대하여 살펴보면 다음과 같다(오만록, 2001).

첫째, 동기유발의 원리로서, 교육내용은 학습자의 내적 요구와 목적의식에 직접적으로 일치하는 것이어야 한다는 원리이다. 이는 설정된 교육목적을 달성할 수 있는 것으로서 학습자에게 흥미와 자극을 줄 수 있는 교육내용을 선정하여야 한다는 것을 말한다. 따라서 이를 흥미의 원리라고도 한다.

둘째, 기회의 원리로서, 선정된 교육내용은 교육목적이 지시하는 바의 행동을 수행하고 경험할 수 있는 기회를 학생들에게 마련해 주는 것이어야 한다는 원리이다. 학생들은 교육내용을 통하여 설정된 교육목적을 달성할 수 있어야 한다.

셋째, 가능성의 원리로서, 교육내용을 통하여 학생들의 행동변화가 나타날 수 있어야 한다는 원리이다. 선정된 교육내용은 학생의 능력과 경험적 배경 그리고 현재의 발달수준에서 능히 이해되고 성취될 수 있는 것이어야 한다는 것으로 적당히 어려워야 한다는 뜻이다.

넷째, 다목적 달성의 원리로서, 선정된 교육내용은 여러 가지 바람직한 교육목적을 달성할 수 있는 것이어야 한다는 원리이다. 한 가지 교육내용을 통해서 여러 가지 학습결과를 가져올 수 있는 것이어야 한다는 것이다.

다섯째, 전이가능성의 원리로서, 설정된 교육목적을 달성할 수 있는 것으로서 최대한의 전이를 가능케 하는 교육내용을 선정해야 한다는 원리이다.

2) 교육내용의 조직

객관적 또는 주관적 기준에 따라 교육내용을 선정한 다음에는, 교수-학습활동이 가능하도록 적절한 방법으로 그 교육내용을 배열해야 하는데, 이 것을 교육내용의 조직(sequence)이라고 한다. 교육내용의 결정에 있어 'scope'라는 원어가 '범위'의 의미로서 횡축의 뜻이라면, 'sequence'라는 원어는 교재배열의 '순서'라는 종축의 뜻을 갖는다.

여기에서는 교육목적을 달성하기 위해 특정의 학습활동 다음에 어떤 학습활동을 전개시키는 것이 가장 효과적일까 하는 문제와 학생의 발달단계에 맞추어 각 활동경험을 어떻게 위치지울 것인가 하는 문제가 핵심이 된다. 그러므로 'scope'가 'what'의 의미라면, 'sequence'는 'when'에 해당한다고 볼 수 있다.

여기에서 교육내용을 조직하는 데 있어서 유념해야 할 원리에 대하여 살펴보면 다음과 같다(오만록, 2001).

첫째, 계속성의 원리로서, 교육내용의 조직에 있어서 경험의 계속성이 유지되도록 구성해야 한다는 원리이다. 중요한 교육내용을 반복하여 조직화함으로써 그 강화되는 효과를 얻자는 것이다.

둘째, 계열성의 원리로서, 교육내용을 계열성이 유지되도록 조직하자는 원리이다. 교육내용의 여러 요인이 그 깊이와 넓이에 있어서 점진적인 증가가 있도록 교육내용이 조직되어야 한다는 것이다. 앞에서 설명한 계속성의 원리와 이 계열성의 원리는 교육내용의 종적 조직에서 매우 강조되는 원리이다.

셋째, 통합성의 원리로서, 여러 교육내용들 사이에 관련성이 이루어질 수 있도록 통합성이 유지되어야 한다는 원리이다. 여러 교육내용들 사이에 상호보완적 관계를 유지시켜 줌으로써 개개의 경험들이 서로 연결되고 통합되게 하여 학습자의 조화로운 성장·발달을 보장하자는 것이다.

넷째, 균형성의 원리로서, 여러 교육내용들 사이에 균형이 유지되어야 한다는 원리이다. 교육내용조직에 있어서 균형과 조화가 이루어져야 한다는 것으로, 일반교육과 전문교육이 각급학교의 특수한 기능과 목적에 따라 만족할 만한 균형과 조화가 이루어지도록 짜여져야 한다는 것이다.

다섯째, 다양성의 원리로서, 학생마다 가지고 있는 특성·요구·홍미 그리고 능력이 충분히 반영될 수 있는 다양하고 융통성 있는 학습활동을 할 수 있도록 교육내용이 조직되어야 한다는 것이다. 앞에서 설명한 통합성의 원리와 균형성의 원리 그리고 이 다양성의 원리는 교육내용의 횡적 조직에 있어서 매우 중요한 원리이다.

●함께 볼 만한 비디오

1. Story of Us(감독: 롭 라이너, 주연: 브루스 윌리스, 미셸 파이퍼)
2. Crazy/Beautiful(감독: 존 스톡웰, 주연: 커스틴 던스트, 제이 헤르난데스)
3. Meet the Parents(감독: 제이 로치, 주연: 로버트 드 니로, 벤 스틸러, 데리 폴로)
4. Quills(감독: 필립 카우프만, 주연: 제프리 러쉬, 케이트 윈슬렛, 조아퀸 피닉스)
5. Family Man(감독: 브랫 래트너, 주연: 니콜라스 케이지, 티아 레오니)

▲읽어 볼 만한 책

1. 연세대학교 교육학과 교육과정연구회(1992). 교육과정이론. 서울 : 양서원.
2. 오만록(2002). 학교교육의 이론과 실제(제2판). 서울: 형설출판사.
3. 한준상·김종량·김명희 공역(1996). 교육과정논쟁 : 교육과정의 사회학. 서울 : 집문당.
4. 김종서 외(1997). 교육과정과 교육평가. 서울 : 교육과학사.
5. 조영달 편(2001). 교육과정의 정치학. 서울 : 교육과학사.

■함께 토론해 볼만한 주제

1. 전통적인 교육과정이론과 대비되는 재개념주의적 교육과정의 입장에 대하여 생각해 보고, 그것을 우리나라의 교육현실과 관련지어 논의해 보자.
2. 우리의 현실을 볼 때 잠재적 교육과정에 대한 관심이 적은 편이다. 그 원인은 어디에 있는지 생각해 보자.
3. 교육과정의 기본질문인 "무엇을 가르칠 것인가?"는 가르치는 사람의 입장에서 표현한 말이다. 이를 배우는 입장(학습자)에서 규정해 보자.

제8장

교수-학습지도

신세대를 위한 교육학개론

1. 교수-학습지도의 의미

교육은 인간을 대상으로 그 잠재력을 최대한으로 개발하는 활동이라 할 수 있다. 그런데 이러한 교육은 그 주체(교사)의 교수활동과 그 객체(학습자)의 학습활동이 상호유기적인 관련성을 유지할 때 효율적으로 실천된다.

먼저, 교수(teaching)란 학습자들이 무엇인가를 배울 수 있도록 도와주는 일련의 활동으로 정의된다. 교수는 학습자에게 특정의 행동변화가 나타날 수 있도록 학습자의 외적 환경을 조작해 주는 과정이다. 교수는 학습자의 학습을 돕는 기술(technique) 내지 기예(技藝; art)로서, 이는 학습을 촉진하기 위한 지식·정보의 제공과 적절한 장면이나 조건을 조성하는 활동을 포함한다(Gage, 1978). 또한, 교수는 '개인으로 하여금 특정조건 하에서 또는, 특정상황에 대한 반응으로서 특정행동을 나타내도록 하게 하거나, 그 특정행동에 참여할 수 있도록 개인을 둘러싼 환경을 계획적으로 조작하는 과정'이라고도 정의할 수 있는데, 여기에서는 그 의도성과 계획성이 강조된다(Corey, 1977).

이러한 교수활동에는 첫째, 가르치기 위해서는 무엇을 가르칠 것인가에 대한 명확하고 분명한 의도가 전제되어야 하며 둘째, 의도된 학습을 학습자가 성취할 수 있도록 그의 학습환경을 계획적으로 조작하여야 한다. 이렇게 볼 때 교수란 결국 '학습능률(학습효과)을 극대화하기 위한 조건형성과정'이라고 할 수 있다. 여기에서 핵심용어인 학습능률과 조건형성과정에 대하여 좀더 구체적으로 살펴보기로 한다.

■ 학습능률

학습능률은 학습의 효율 또는 학습의 효과라고도 한다. 일반적으로 학습능률을 판단하는 기준으로는 변별(differentiation), 통합(integration), 정확성(precision), 일반화(generalization), 속도(speed) 등이 사용된다. 학습능률의 정도는 학생의 행동수행에 있어 변별, 통합, 정확성, 일반화, 속도 등이 어느 정도인가에 따라 결정된다.

■ 조건형성과정

학습능률의 극대화를 위한 조건을 어떻게 형성할 것인가는 교수활동에서 핵심적인 문제이다. <그림 8-1>은 조건형성과정을 나타낸 것이다(김상원, 1985).

여기에서 볼 수 있는 바와 같이 학습능률을 높여 줄 수 있는 조건을 만들어 주는 것은 원 안쪽 주변에 있는 열 가지 요인들이다. 그리고 원 밖에 있는 일곱 가지 요인들(가정의 특성, 교사의 특성, 학교·학급의 특성, 학습집단의 특성, 학과(교과)의 특성, 교사─학생의 상호작용, 사회의 특성)은 조건형성과정에 영향을 주는 환경적 요인이라고 할 수 있다.

한편, 학습의 개념이 '행동의 변화'이든 '인지구조의 변화'이든, 그러한 변화가 효과적으로 나타날 수 있도록 체계적으로 지도하는 과정을 '학습지도'라고 한다. 학습지도란 학습자가 학습목표를 효과적으로 달성할 수 있도록 자극하고 도와주는 교육활동을 말한다. 반면, 교수는 앞에서 살펴본 바와 같이 학생의 인지적·정의적·기능적 행동특성의 변화를 촉진하기 위하여 외적 환경을 조작하는 과정이라고 정의할 수 있는데, 이 촉진과정에는 학습목표 및 과제의 제시, 학습동기의 유발, 학습방향의 점검, 학습장면의 조정, 학습성과의 평가 등의 활동이 포함된다. 따라서 교수는 학습을 돕고 촉진시키며, 학생들로 하여금 특정행동을 습득하도록 자극하고 도와주는 것을 말한다. 그렇기 때문에 교수는 사실상 학습지도와 같은 뜻으로 이해될 수 있다. 단지, 교수의 개념에서는 교사의 활동이 어느 정도 강조되고, 학습지도의 개념에서는 학생의 활동이 더 강조된다.

그림 8-1   교수의 개념 구조

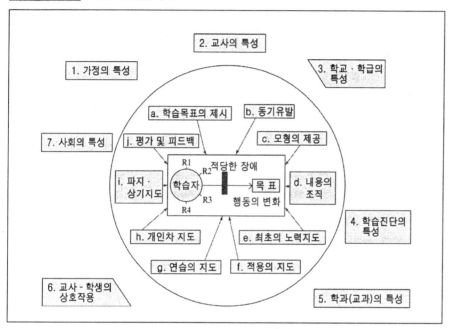

ⓐ 학생들에게 학습목표를 제시하고 설명함 ⓑ 외발적 동기유발(상·칭찬·벌·꾸중)과 내발적 동기유발(호기심·학습활동 자체의 만족)을 유도함 ⓒ 실제적인 인적 자원의 활용·실물의 제공·시범의 제공 등을 통한 관찰·모방기회를 제공함으로써 시행착오를 최소화함 ⓓ 학습내용에 대한 적절한 계열화·조직화·구조화 ⓔ 학습과제에 임하는 자세와 해결을 위한 노력이 제대로 이루어지도록 지도함 ⓕ 학습내용의 일반화·전이에 대한 지도 ⓖ 학습내용에 대한 반복적인 연습기회 제공 ⓗ 학습자의 개인차에 따른 지도(재학습·심화학습) ⓘ 학습내용에 대한 확실한 파지와 재생에 대한 지도 ⓙ 학습목표의 달성도 확인·반성

그런데 이러한 교수—학습지도의 활동이 교실에서 구체적으로 실천되는 것을 수업(instruction)이라고 하는데, 이는 학교에서 일정한 교육목표를 설정하고 교육내용 및 교육방법에 대한 계획을 세우고, 그러한 계획에 준하여 목표를 달성하기 위하여 일정한 시간에 특정 장소에서 실천되는 활동을 말한다.

2. 교수-학습지도의 원리

1) 자발성의 원리

자발성의 원리란 학습자 자신이 자발적으로 학습활동에 적극 참여하도록 해야 함을 말한다. 학습은 학습자 자신의 노력으로 자기의 행동이나 인지구조를 변화시키는 데 의의가 있기 때문이다. 학습자 자신의 활동과 노력을 중시하는 노작교육과 '행함으로써 배운다'는 사상은 일찍이 페스탈로치(Pestalozzi), 듀이(Dewey), 킬패트릭(Kilpatrick) 등의 사상에서 찾아볼 수 있다.

이러한 자발성의 원리를 실천하기 위해서는 먼저, 교사의 입장에서 학생 스스로 학습하도록 하는 방법을 모색하여야 한다. 학생들의 자활(自活)이나 자발(自發)을 교육의 기초원리로 삼을 때 학습자의 창의성도 계발된다. 따라서 자기활동의 원리, 흥미의 원리, 창의성의 원리 등도 모두 여기에 속한다.

자발성의 원리를 구체적으로 실천하기 위한 조건으로는 첫째, 교재를 학습자의 발달단계나 능력에 맞추어야 하며 둘째, 학습하게 될 내용은 장래의 생활에 중요하다는 사실을 인식시켜 자율적으로 학습하도록 해야 하며 셋째, 내발적·자발적인 동기유발의 방법을 사용하며 넷째, 학습목표를 이해시키고 흥미를 유발시키며 다섯째, 학습자에 적합한 학습환경을 조성해야 한다는 것 등을 들 수 있다.

2) 개별화의 원리

개별화의 원리란 학습자가 지니고 있는 각자의 요구와 능력에 알맞는 학습활동의 기회를 마련해 주어야 한다는 것을 말한다. 학생들의 개인차를 존중하는 교수-학습지도를 행하여야 한다는 원리이다. 교육현장에서 두드러지게 나타나는 현상 중의 하나는 다양한 특성을 지닌 개개의 학생들이 한 집단으로 구성되어 있다는 것이다. 특히, 이들은 지능, 능력, 선행학습의 정도, 적성, 흥미, 태도, 가치관 등의 내면적인 심리적 특성이 서로 다르다. 이같은 개인차가 엄존하는 데도 불구하고 전통적인 방법(일제수업)을 그대로 답습한다면, 교육활동은 제대로 실천될 수 없다. 우리의 현실을 고려한다면 학급의 학생수가 절대적으로 많다. 그들의 개인차를 모두 고려하면서 수업활동을 전개하기란 결코 쉽지 않다.

그렇지만 이러한 어려운 상황에서도 학생들의 각 개인차를 최대한 고려하는 개별수업은 불가능할지라도 과제나 숙제의 부여, 소집단활동에 의한 집단학습, 수준별 지도 등을 통한 교수-학습지도에 최선을 다해야 한다.

3) 사회화의 원리

사회화의 원리는 교육내용(학습내용)을 현실사회의 사상(事象)과 문제를 기반으로 하여 구성함으로써 학생으로 하여금 학교에서 경험한 것과 학교 밖에서 경험한 것을 교류시켜 유능한 사회인으로 자랄 수 있게 하며, 공동적이고 협력적인 교육방법(학습방법)을 통하여 학습하게 함으로써 사회생활에 필요한 사회적 자질과 기능을 습득하도록 해야 한다는 것을 말한다. 특히, 현대교육에서는 학습자가 경험할 내용을 실사회생활과 관련지어 구체화하고 적절하게 재구성함으로써 자기가 속하는 사회에 참여하여 적극적인 활동을 할 수 있도록 지도할 것을 요구하는데, 이는 요즘 강조되는 지역화의 원리와도 상통한다.

따라서 교수-학습지도에 임하는 교사는 사회문제에 민감해야 하며 또, 사회를 보는 통찰력도 지니고 있어야 하며, 사회문제에 대하여 올바른 견해를 가지고 그것을 해결할 수 있어야 한다. 또한, 학습장면에 있어서도 학생의 사회성이 개발될 수 있도록 상호협동에 의한 학습이 이루어지도록 해야 한다.

앞에서 설명한 바와 같이, 사회화의 원리에는 교육내용의 사회화와 교육방법의 사회화가 동시에 포함된다. 이러한 사회화의 원리는 앞에서 논의한 '개별화의 원리'와 상호모순되는 것 같으나, 개별화의 방향이 사회적인 공헌을 전제로 하는 것이기 때문에 이들은 모순관계가 아니라 상보적인 관계를 이룬다. 개개인의 사회적 공헌은 자기의 개성을 통하여 이룩되며, 개성의 가치 또한 사회화 과정에서 인정받게 되는 불가분의 관계가 있는 것이다.

이러한 사회화의 원리를 구현하기 위해서는 교육내용(학습내용)의 사회화·지역화가 이루어져야 하며, 아울러 교육방법으로서 토의법, 문제해결법, 집단학습법(group study) 등이 활용되어야 한다.

4) 통합성의 원리

통합성의 원리는 학습을 통합적인 전체로서 지도해야 한다는 원리로서, 이는 동시학습(concomitant learning)의 원리와 상통한다. 교수-학습지도가 요소적·분과적으로 이루어질 것이 아니라, 인지적·정의적·기능적 영역의 발달이 동시에 도모되는 관점에서 이루어져야 한다는 것이다. 통합교과의 운영이라든가, 교육과정에서 특별활동의 비중을 교과활동과 동일하게 인정하는 것 등은 모두 이 원리에 기반을 둔 것이라고 할 수 있다. 인간발달 또는 인간행동은 통합성을 지녀야 하므로 교수-학습지도의 원리로서 통합성이 강조되어야 한다. 교수-학습지도에 의해서 길러진 학생들의 지식과 기능이 분산적이고 단편적인 것에 불과하다면 충분한 학습효과를 거두었다고 볼 수 없다. 그러한 지식과 기능이 서로 연관되고 통합될 때 효과적으로 활용될 수 있기 때문에 통합적인 교수-학습지도가 중요하다. 학습지도 활동이 실제생활과 거리가 멀고, 횡적으로 교과와 교과 사이에 유기적인 연관성이 없으며 또한, 종적으로 계통적인 계열성이 없는 단편적인 지식과 기능을 주입시키면 학생들은 호기심과 흥미를 갖지 못할 것이며, 의미 있는 학습을 했다고 할 수 없다.

이러한 통합성의 원리가 제대로 구현되기 위해서는 통합교육과정의 운영(교재나 교과의 통합, 통합교과의 운영), 학습경험의 통합, 교과활동과 특별활동의 상보성 강화, 교과지도활동과 생활지도활동의 조화적 운영, 융합교육(confluent education; 인지교육과 정의교육의 합류)의 실천 등이 이루어져야 한다.

5) 직관의 원리

직관의 원리는 특정 대상에 대한 개념을 인식시키는 데 있어서 추상적인 언어로써 설명하는 것보다는 학생들로 하여금 구체적인 상황에서 실제적인 경험을 하도록 함으로써 학습효과를 증대시켜야 한다는 것을 말한다. 오늘날 현장교육이나 실습교육의 강화, 교육공학매체의 활용이 강조되고 있는 이유가 바로 여기에 있다. 직관교육(直觀敎育)은 근대 교수이론가의 원조라고 볼 수 있는 코메니우스(Comenius)에 의해 주장되었는데, 이후 페스탈로치에 의해서 직관의 개념은 더욱 크게 강조되어 언어주의 교육으로부터 구체적인 사물이나 그림, 모형 등을 교구로 이용하는 직관교육으로의 전환에 박차가 가해지게 되었다. 그러나 직관교육이 완전무결하게 이루어지기는 거의 불가능하다. 그렇기 때문에 사진, 모형, 표본, 슬라이드, 비디오, 영화 등 여러 가지 공학매체에 의한 대리적 경험을 하도록 하는 직관교육을 실시하거나, 가능한 범위 내에서 현장학습을 실시하여 교육의 효과를 극대화하여야 한다.

직관의 원리는 앞에서 말한 자발성의 원리와 밀접한 관련성이 있는데, 양자 모두 추상적인 언어가 아닌 구체적인 직접경험 또는 그에 가까운 대리경험을 할 수 있도록 하는 점을 강조하나 그 방법적인 면에서 약간의 차이가 있을 뿐이다. 따라서 직관의 원리와 자발성의 원리를 일원화하여 '경험의 원리'라고 부르기도 한다.

이러한 직관의 원리를 구현하기 위해서는 시청각 교육방법 및 교육공학적 매체를 충분히 활용하며 또한, 현장학습이나 실습 등을 통한 구체적 경험을 학생에게 풍부하게 제공해야 한다.

6) 목적의 원리

교수-학습지도는 학생으로 하여금 설정된 학습목표를 달성하도록 돕는 활동이다. 교육은 목적을 가진 계획적인 활동이며, 교수-학습지도는 그 목적을 실현하기 위한 구체적인 노력이다. 교수-학습지도에 있어서 목적의 원리는 학습자의 입장과 교사의 입장으로 구분하여 논의해 볼 수 있다.

먼저, 학습자의 입장에서 보면 학습자들에게 학습목표가 분명하게 인식되었을 때 그들은 자발적이며 적극적인 학습활동을 하게 된다. 인간의 모든 행동에는 반드시 목적이 있다. 목적이 없는 행동은 의미가 없는 활동이며, 적극적인 참여를 기대할 수 없다. 특정 행동을 하는 데 있어 목적이 있을 때 그 행동이나 활동이 민첩하고 활발하며, 활동의 결과를 자기가 평가하려고 하며, 그 결과에 따라서 자기행동에 수정을 가하여 의도한 바에 도달하게 된다. 이것은 학습상황에서도 마찬가지이다.

한편, 교사의 입장에서 보면 학생들의 학습목표가 그들의 행동을 자발적으로 통정하고 자기평가를 행하는 준거가 되는 것과 똑같이, 교사가 갖는 교수목표도 교재를 선택하고 학습지도를 하는 등의 일련의 교육활동을 안내하고 교수결과를 평가하는 준거가 된다. 그러므로 합리적이고 효과적인 교육활동을 실천하기 위해서는 교사는 명확한 목표의식을 가져야 한다. 40분 내지 50분이라는 짧은 수업일지라도 교사가 명확한 목표의식을 갖지 못하면 효과적인 수업의 결과를 기대하기 힘들다. 수업목표가 분명하게 구체적으로 제시되고 학생들에게 받아들여질 때 교사와 학생간의 교수—학습지도와 학습활동은 효과적인 결과를 산출할 수 있게 된다. 따라서 수업사태에서 교사는 교수목표를 명확히 파악하여 인식하여야 할 뿐만 아니라 학생들에게 학습목표를 명확하게 인지시켜야 한다.

3. 교수-학습지도의 방법

1) 강 의 법

강의법(lecture method)은 오래된 전통적 교수방법으로서, 이는 주로 언어를 통한 설명과 해설에 의해 학생을 지도해 나가는 교수방법이므로 설명식 교수법이라고도 한다. 이 방법은 오늘날에도 학교현장에서 가장 빈번히 활용되고 있음은 주지의 사실이다. 대체로 강의법을 적용하여 수업을 할 경우 다음과 같은 단계를 밟는다.

첫째는 예비(준비)단계인데, 여기에서는 세 가지의 활동이 필요하다. 먼저, 학습목표(강의목표)를 명확히 제시하여, 학생들로 하여금 분명히 인식하도록 할 필요가 있다. 또, 학습자의 동기와 흥미 및 관심을 유발시켜야 하는데, 이때 학습자들에게 학습할 내용과 관련시켜 의문을 제기하면서 지적인 자극을 가하면 학습자들의 내발적인 동기유발을 유도할 수 있다. 끝으로, 학습자의 기존 인지구조를 확인하여 새로운 개념을 받아들일 수 있도록 조치를 취하여야 하는데, 이를 위해서는 지난 시간, 지난 학기, 지난 학년에 배운 것 즉, 선수학습의 내용을 정리하고 요약하면서 회상시켜 주어야 한다.

둘째는 제시단계인데, 여기에서 교수자는 학습자들에게 새로운 개념을 제시하게 된다. 개념을 제시할 때는 다른 개념과의 특성적 차이를 분명히 하여 제시함이 좋고, 제시를 위해서는 온갖 종류의 구두화가 사용되어야 한다.

셋째는 비교단계인데, 이때 교수자는 학습자들로 하여금 비교와 대조를 하게 하여, 받아들인 새로운 개념과 기존 개념의 차이, 유사성 등의 특성을 파악하게 해야 한다. 이것이 곧 새로운 개념과 기존 개념의 결합을 가져오게 하는 것이다.

넷째는 총괄단계인데, 이는 앞의 단계에서 제시되고 결합된 개념들을 분류하고 조직하는 단계이다. 개념들간의 공통점을 분명히 하여 '법칙화' 함으로써 인지구조 속에 여러 가지 개념들을 체계화 시키는 단계이다.

다섯째는 응용단계인데, 이는 지금까지 배운 내용을 학습자들이 충분히 학습하였는가를 검증하기 위하여 학생들에게 과제를 부여하여 적용하도록 하는 단계이다. 학습자들이 새로운 개념들을 통각체제 속으로 견고하게 통합시켰는가를 확인하는 단계이다.

그러나 강의법은 언제나 모든 상황에서 효과적인 교수방법일 수는 없다. 따라서 강의법은 선별적으로 적절히 활용되어야 하며, 여기에 공학매체를 곁들이게 되면 상당한 효과를 올릴 수 있다. 다음과 같은 경우에 강의법은 그 효과성을 발휘할 수 있다(이성호, 1999).

첫째, 강의법은 교수-학습의 '목적'면에서 볼 때 어떠한 특정 태도나 가치를 고취하기 위하여 설득력 있는 웅변적 교수가 필요할 때 효과적이다. 전달하는 메시지를 얼굴표정, 눈빛, 몸동작 등과 목소리의 오묘함을 섞어서 생동하는 메시지로 전달할 때 그것은 강한 설득력을 갖게 된다. 뿐만 아니라 강의법은 논쟁의 여지가 없는 사실적 정보나 개념들을 논리적이고 객관적으로 분명하게, 그리고 제한된 짧은 시간 안에 효율적으로 전달하고자 할 때 매우 효과적이다.

둘째, 강의법은 교수-학습의 '내용'면에서 볼 때 교재에 쓰여져 있지 않은 새로운 정보, 자료, 개념을 설명하거나 내용이 지극히 세분화되고 상호 복합적으로 연계된 구조로 이루어져 있어 그 요소 하나 하나를 체계적으로 설명하고자 할 때 효과적이다. 뿐만 아니라 강의법은 전체 내용을 개괄 또는 요약하거나 또는 다른 교수방법을 적용하기 전 사전해설을 할 때도 그 진가를 발휘할 수 있다.

셋째, 강의법은 '학습자의 특성'면에서 볼 때 다음과 같은 특성을 가진 학습자들에게 효과가 있다. 예컨대, 모호성을 참지 못하는, 교수자가 언제나 모든 것을 확실히 해주어야만 심리적으로 편안함을 느끼는 학습자들, 내성적인 학습자들, 심리적으로 경직되어 있고 융통성이 없으며 근심걱정이 많은 학습자들, 맹종이나 순응형의 학습자들에게 있어서 강의법은 다른 토의법이나 개별적 교수방법보다 효과적임이 여러 연구들에 의해서 밝혀졌다.

이상에서 강의법의 효과성을 교수-학습의 목적, 내용, 그리고 학습자의 특성 등 세 가지 측면에서 살펴보았지만, 이외에도 여러 가지 측면에서 강의법은 그 가치를 발휘할 수 있다. 예컨대, 가르치는 교수자의 인성적 특징이나 교실 속의 여러 가지 물리적 환경특성에 따라서도 강의법은 다른 교수방법들보다 효과적으로 활용될 수 있다.

2) 발 문 법

발문법(question method)이란 질문과 대답에 의해서 교수활동이 전개되는 방법으로서, 강의법과 함께 오래 전부터 활용되어 온 전통적인 교수방법의 한 형태인데, 이를 질문법 또는 문답법이라고도 한다. 고대의 교육은 대부분 문답법으로 행해졌으며, 고대에 만들어진 서적도 주로 문답식으로 저술되어 있다. 기독교의 교리문답이나 동양의 대부분의 고서(古書)도 문답식으로 되어 있다. 고대의 학자들은 한결같이 발문법에 의하여 자기의 사상을 제자들에게 전수하였으며, 소크라테스는 이 발문법을 체계화하여 진리탐구 및 학문전수방법으로 발전시켰다.

발문법은 교사에게 학생들이 질문하여 대답하게 하기도 하고, 교사가 학생들에게 질문하여 답을 구하기도 하는데, 이와 같이 상호간에 질문과 대답을 통하여 교수-학습활동이 전개되기 때문에 사고력이나 비판력 및 표현력 등의 고등정신기능이 길러지며, 교사의 일방적인 수업이 아니고 학생들도 적극적으로 참여하게 되어 수업이 활기가 있고 교사가 학생들의 대답을 통해 그들의 능력이나 수준 등을 진단할 수도 있다.

교수방법으로서의 발문법이 추구하는 근본적인 목적은 학생들의 사고를 촉진하는 데 있다. 발문을 통하여 교수자는 학습자들의 비판적 사고, 반성적 사고, 합리적 사고 등 다양한 형태와 수준의 사고를 유도하고 촉진시킨다. 따라서 질문하는 교수자는 곧 사고하는 교수자이며, 질문하는 학습자는 곧 사고하는 학습자라고 표현할 수 있다. 교수자와 학습자, 또는 학습자들 상호간의 문답을 통해서 학습자들이 곧 스스로 탐구하는 능력을 키우거나 학습하는 방법을 배우고 습득한다는 점에서 발문법의 가치는 매우 높이 평가되고 있다(이성호, 1999).

발문법은 이러한 사고촉진 이외에도 교수방법으로서 여러 가지 부수적인 목적을 지니고 있다. 주의를 환기시키거나 호기심과 인지적 활동을 일깨워 주고, 학습에 대한 능동적인 참여를 유도한다. 또한, 교수자와 학습자, 학습자들 상호간의 의사소통을 증진시키는 매체가 되기도 하며, 그리고 발문은 평가의 수단으로서 활용되며, 이제까지 배운 것의 정리수단이나 앞으로 전개될 수업에 대한 시동적 수단으로 활용되기도 한다.

3) 토 의 법

토의법(discussion method)은 공동학습의 한 형태로, 학습조직을 획일적으로 고정시키지 않은 융통성 있는 집단토론을 통하여 협력적으로 문제해결을 하며, 집단사고를 통하여 합리적인 결론을 이끌어 내는 방법이다. 토의를 통하여 집단구성원들의 의견을 종합함으로써 보다 새로운 결론을 내릴 수 있으며, 이러한 과정에서 집단 속에서의 수용감, 소속감 또는 유대의식 등을 느낌으로써 적극적인 구성원 의식과 집단에 대한 긍정적인 태도 등이 함양되어 결과적으로 사회성이 개발될 뿐만 아니라 자발적인 학습의욕이 유발된다는데 그 교육적 의의가 있다.

토의를 활용하는 교수방법은 근본적으로 교수자와 학습자간, 그리고 학습자 상호간의 상호작용을 전제하는데, 이는 교수—학습에 참여하는 모든 학습구성원들의 자발성, 창의성 및 미지에 대한 인내성 등을 요구하는 고도의 수업방법이다. 토의식 수업에서는 교수자와 학습자 모두의 의사소통 기능과 대인관계기능의 함양이 중요한 목표이기도 하지만, 또 그 자체가 토의식 수업의 관건이 되기도 하다. 학습활동방법으로서의 토의법이 갖는 가치는 다음과 같다(오만록, 2001).

첫째, 토의식 수업방법은 인지적인 측면에서 학습자들에게 타인으로부터 새로운 정보를 획득하고 배울 수 있는 기회를 제공한다. 특히, 토의식 수업방법은 학습자들 상호간의 토의를 통하여 자신들의 학습을 공고히 해주는 데 기여한다. 학습자들은 집단사고를 통하여 자기들이 갖고 있던 생각에 대한 타당성과 합리성을 검증하는 기회를 갖게 되고, 서로 주고받는, 그리고 나누어 갖는 과정 속에서 더욱 확고한 기억체계를 수립하며 또한, 학습의 내면화를 기하는 데 큰 도움을 준다. 인지적인 측면에의 또 한 가지 중요한 것은 사고와 문제해결의 기능 및 태도를 배울 수 있게 한다는 점이다.

둘째, 토의식 수업방법은 심리적 특성을 계발하는 데 가치가 있는 바, 예컨대 분단토의 등을 통하여 학습자들은 그 집단 속에서의 수용감, 소속감 또는 유대의식 등을 느낌으로써 보다 적극적인 구성원 의식과 집단에 대한 긍정적인 태도를 갖게 된다. 또한, 잠자고 있는 자아를 각성시키고, 집단 속에서의 자아분화를 성취하는 계기를 마련해 주기도 한다.

셋째, 토의식 수업방법은 여러 사회적인 기능과 태도를 배양시켜 줄 수 있다는데 가치가 있다. 예컨대, 집단사고나 집단문제해결 등을 통하여 협력과 참여, 기여의 기능을 배우는가 하면, 타인에 대한 존중, 타인의 의견 경청, 타협과 합의, 그리고 그 후에 합의된 것을 따르는 책무성 등을 배운다. 또한, 의사소통의 기능과 태도, 집단 속에서의 적응기능과 태도, 민주적인 질서의식과 기능 등을 배우게 된다. 현대와 같이 복잡하고 빠르게 변화하는 사회구조와 그 속에 그물망처럼 얽혀 있는 대인관계 속에서 자신의 의견을 분명하게 상대방에게 표현하는 것처럼 중요한 일도 없을 것이다. 토의식 수업방법은 바로 그러한 자기표현의 사회적 기능을 키워주는 데도 크게 도움을 준다.

4) 문제해결법과 구안법

문제해결법(problem solving method)과 구안법(構案法; project method)은 진보

주의 교육사상에 그 이론적 토대를 두고 있는 교수-학습지도방법이다.

먼저, 문제해결법은 학생들이 생활하고 있는 현실적인 장면(현실생활)에서 당면하는 문제들을 스스로 해결해 나가는 과정에서 지식·기능·태도·기술 등을 종합적으로 획득하도록 하는 방법으로서, 문제법 또는 문제해결학습법이라고도 한다. 이는 진보주의 교육사상의 대표적인 교수방법이다. 원래 문제란 그리스어의 '앞으로 던진다'라는 말로서 '해결을 위하여 학생 앞에 제시된 의문'이라는 뜻이다. 문제해결은 학생이 문제의식을 가지고 그 해결의 수단을 몰라 해결에 곤란을 느끼는 것으로부터 시작된다. 그러므로 이 방법은 학생들에게 명백하고 논리적이며 건설적으로 생각할 수 있는 능력 즉, 발산적이며 평가적인 사고력을 기를 수 있다는데 교육적 의의가 있다. 다시 말하면, 이 방법은 지식과 이해를 넓혀주고 도와주며 풍부한 경험을 맛보게 하고 종합적인 사고력을 기르는 데 효과적이다.

문제해결법은 듀이(Dewey)의 『사고하는 방법』(How we think, 1910)이라는 저서에서 강조한 '반성적 사고'(reflective thinking)에 의하여 체계화되었다. 듀이는 반성적 사고를 문제해결의 심리과정을 나타내는 말로 사용했는데, 그에 의하면 인간의 행위는 주어진 상황적 조건을 문제해결수단의 원천으로 하여 목표를 세워 그것을 추구하는 과정이다. 그런데 이 과정에서 방해를 받는 상황을 문제상황이라고 한다. 이러한 상황하에서는 그 문제를 해결하기 위하여 가설적인 갖가지 생각들을 검토하여 목적달성을 기하려는 통제된 사고를 하게 되는데, 이것이 바로 반성적 사고인 것이다(Dewey, 1910).

문제해결법의 특징을 다섯 가지로 정리해 보면 첫째, 학생의 현실생활과 관련 있는 문제들을 대상으로 한다는 점이다. 둘째, 학생들의 능동적인 협동적 집단활동에 의해 진행된다는 점이다. 셋째, 학생들의 주체적인 실천능력이 중시된다는 점이다. 즉, 문제해결에 대한 계획·실천·평가를 학생 자신들이 주로 행하고, 여기에서는 추상적·이론적인 지식은 배제되며, 실천적·실제적·현실적인 지식의 습득이 강조된다. 넷째, 교사의 적절한 조력이 요청된다는 점이다. 다섯째, 학생들의 심리적 특성을 고려하여 학습내용을 조직하기 때문에 심리적 조직이 중시된다는 점이다.

문제해결의 과정은 그 문제의 내용이나 성질에 따라 순서가 조금씩 다르나, 일반적으로 개별학습이나 집단학습에는 다음과 같은 단계가 적용된다.

① 제1단계 : 문제의 제출 혹은 문제의 결정단계로, 일상생활장면에서 해결이 필요하거나 관심이 있는 문제를 제출하여 결정하는 단계이다. 문제의 제출은 교사에 의해서 이루어지기도 하고, 학습자 자신들에 의하여 이루어질 수도 있는데, 제출된 문제는 충분히 검토되고 그 본질을 정확히 파악하여야 하며, 문제에 대한 명확한 이해와 인식이 이 단계에서의 필수조건이다.

② 제2단계 : 문제해결의 계획단계로서, 일단 문제가 결정되면 그 문제를 종류나 성질에 따라 나누어 개인별 또는 분단별로 과제를 분담할 것인가, 또는 전원이 공동으로 해결할 것인가의 해결과정을 결정할 뿐만 아니라 자료의 수집방법 등에 대해서도 계획을 세워야 한다.

③ 제3단계 : 자료수집 및 분석의 단계로서, 문제해결에 관련되는 자료를 수집하고 분석하는 단계이다. 여기에서 개인이면 개인이, 공동이면 공동으로 각자 자기의 분담분야에 따라 문제해결의 자료, 참고문헌, 실험자료, 사물이나 현상에 대한 관찰자료 등을 수집하고 분석해야 한다.

④ 제4단계 : 문제해결의 실시(학습활동의 전개)단계로서, 해결방법의 실천단계이다. 이미 수집·분석한 자료를 종합해서 문제해결활동을 전개한다. 다각적인 활동과 순서에 의해서 문제를 해결해야 하는데, 이때 활동의 주체는 교사가 아니고 학습자이다. 교사는 문제에 대한 정확한 지식과 경험을 가지고 학습자들에게 암시를 주고 질문에 응하며, 문제해결과정에서의 곤란점 제거와 분위기 조성 등의 환경조정에 힘써야 한다.

⑤ 제5단계 : 결과의 검토(응용)단계로서, 문제해결학습의 마지막 단계이다. 이는 결과의 반성단계이며 고차적인 문제를 발견하고 구상하는 단계이다. 따라서 여기에서는 결과를 확인·반성하기도 하고, 지금까지의 학습경험을 토대로 후속적인 문제를 찾아내기도 한다.

한편, 구안법은 문제해결법과 함께 진보주의 교육사상에 기초한 교육방법으로, 학생이 마음 속에 생각하고 있는 것을 구체적으로 실현하고 구체화하기 위하여 스스로 계획을 세워 수행하는 학습활동을 말한다. 원래 project란 '앞으로 던진다'는 뜻으로 '생각한다', '구상한다', '묘사한다'는 의미로 쓰인다. 이 방법은 킬패트릭(Kilpatrick)이 1918년에 『구안법』이라는 논문을 발표함으로써 널리 보급되었지만, 이보다 앞서 파커(Parker) 등에 의해서도 연구되었다.

구안법과 문제해결법은 그 기본성격에 있어서는 같으나, 몇 가지 점에서 차이가 있다. 이를 비교해 보면 첫째, 문제해결법은 반성적인 사고과정이 중심이 되나, 구안법은 구체적인 결과를 만들어 내는 실천적인 면에 중점이 주어진다. 둘째, 문제해결법은 이론적·추리적으로 문제를 해결해 가는 과정이나, 구안법은 현실적·구체적으로 문제를 해결하는 경우가 많다. 셋째, 구안법은 문제해결법에서 발전하였는데, 구안법의 의미에는 문제해결법이 포함된다.

구안법에서는 문제를 실제적이고 구체적으로 해결한다. 학습자 자신이 목적을 가지고 계획에 의하여 선택하고 수행할 뿐만 아니라 문제해결을 위하여 실질적이고 구체적인 자료를 활용하며 개인차에 따른 학습활동을 강조한다.

5) 발견학습법

발견학습법(method of discovery learning)은 미국의 본질주의 교육사상의 영향을 받은 신본질주의 교육사상의 대표자이면서, 학문중심 교육과정을 체계화하는 데 큰 공헌을 한 브루너(Bruner)에 의해 제안된 교수방법으로서, 교사의 지시성은 최소한으로 줄이고 학생 스스로가 자발적인 발견과정을 통하여 기본 개념·원리·법칙을 학습하도록 하는 방법을 말한다. 이는 앞에서 살펴본 '문제해결법'이 사고면에는 강하나 지식면에서는 약하고, '계통학습법'이 지식면에는 강하나 사고면에는 약하다는 입장을 상호 보완한 방법이다.

발견학습법은 학습자에게 학습과제를 최종적으로 완성된 형태로 제공하는 것이 아니라 불완전한 과제를 제시하여 그 불완전한 부분(요소)을 학습자들이 스스로 발견하여 최종적인 형태를 조직하게 함으로써 기본개념이나 원리 또는 법칙을 깨닫게 하여 탐구능력과 태도를 기르는 데 강조점을 둔다. 여기에서는 학습내용으로 망라적인 지식들 중에서 가장 기본적인 구조화된 지식체계(지식의 구조)를 강조하며, 학습방법으로 발견적 과정(지식의 생성과정)을 강조한다. 즉, 발견과정을 통하여 학습하게 함으로써 여러 종류의 문제해결기술을 배우고, 직접 활용할 수 있는 지식을 학습하며, 학습하는 방법을 습득하도록 하게 한다. 해당 해답이나 결론을 학습자 스스로 발견하게 함으로써 그 문제해결과정에서 기본개념이나 원리 또는 법칙을 자연스럽게 획득하게 하며, 거기에서 지적인 희열감과 만족감을 맛보게 한다. 그러므로 발견학습법의 가치는 기본개념이나 법칙 또는 원리를 의미있게 이해하게 하며, 탐구정신과 탐구기능을 연마하도록 하는 데 있으며 또한, 지적 호기심을 만족시킴으로써 지적 희열감과 만족감을 갖게 하는데 있다 (Bruner, 1960).

발견학습법의 특징을 여덟 가지로 정리하여 나열해 보면, 첫째 학습과정에서 직관적 사고를 중시하며, 둘째 학습할 내용에 대한 언어화에 앞서 구체적인 활동을 전개시키며, 셋째 연역적·귀납적 사고를 중시한다. 넷째 구체적인 증거를 토대로 학습하게 하고, 다섯째 교과의 기본구조(지식의 구조)의 학습을 강조하며, 여섯째 학습의 결과도 중요시 하지만, 과정과 방법을 더 중요시한다. 일곱째 학습자의 능동적인 활동과 내발적 동기유발을 중시하며, 여덟째 학습의 전이(응용, 적용, 일반화)를 중요시한다.

발견학습법의 단계를 보면, 그 첫째 단계는 문제파악단계인데, 이는 문제의식을 가지고 제시된 불완전한 과제를 검토하여 해결해야 할 문제를 확인하는 단계이다. 이 단계에서 제일 중요한 것은 문제에 대한 적극적인 관심과 관계의 파악이다. 둘째 단계는 가설설정단계인데, 사실간의 관계지움을 심화시켜 문제해결에 대한 가설을 설정하는 단계이다. 셋째 단계는 가설검증(원리발견)단계인데, 사실들에 대한 분석·종합 등을 통하여 설정된 가설의 객관성을 확보하여 그 수락여부를 결정하는 단계이다. 여기에서 긍정된 가설은 하나의 원리(법칙)로 인정될 수 있다. 마지막으로 넷째 단계는 원리적용단계인데, 확인된 원리를 현실장면이나 다른 문제상황에 적용하거나 일반화시키는 단계이다.

6) 탐구학습법

탐구학습법(inquiry learning method)은 탐구교수법이라고도 하는데, 여기에서 말하는 탐구란 어떤 신념이나 상정되어 있는 지식을 뒷받침하고 있는 근거에 비추어 그것을 적극적이며 끈기있고 세심하게 고찰하는 것 또는, 신념 혹은 지식이 지향하는 가능성에 관하여 고찰하는 것을 말한다. 탐구학습법의 대표적인 학자인 마시알라스(Massialas)와 콕스(Cox)는 탐구를 '발견의 과정, 공정히 표현하는 과정 그리고 사람과 그의 환경에 대한 판단과 중요한 아이디어를 검증하는 과정'이라고 정의하였다.

이를 종합해 보면 탐구란 제기된 불확실한 문제들을 해결하기 위해 세운 가설(hypothesis)을 준거에 따라 평가하고 검증해 나가는 과정이라고 할 수 있다. 개방된 심리적 풍토하에서 문제해결에 필요한 가설을 설정하고, 이의 타당성을 확인하는데 필요한 자료를 수집·분석하여 가설검증을 해나가는 과정을 말한다.

탐구학습이 제대로 이루어지기 위해서는 교실은 개방된 토론분위기, 가설의 중시, 증거를 위한 사실의 사용 등의 특징을 갖추어야 한다. 이러한 특징에 대하여 좀더 자세히 살펴보면 다음과 같다.

탐구교실의 첫째 특징은 개방된 토론분위기이다. 탐구교실의 분위기는 개방적이어야 한다. 다른 사람의 의견을 받아들일 수 있어야 하며, 따라서 교실에서 발표되는 모든 견해는 탐색해 볼 가치가 있는 것으로 받아들여야 한다. 그리고 탐구교실의 두 번째 특징은 가설의 중시이다. 토의내용은 주어진 과제, 주어진 장면에 제한된다. 탐구교실은 계속적으로 문제와 가설이 강조되는 점에서 특이하다. 문제는 나아가야 할 일반적인 방향을 정하는 반면, 가설은 탐구의 도구이며 특정 초점과 방향을 정해 준다. 끝으로, 탐구교실의 세 번째 특징은 증거를 위한 사실의 사용인데, 이는 가설을 입증하기 위한 사실의 기능적인 사용을 말한다. 탐구로 이끌어 나가는 교실은 어디까지나 사실에 의존한다. 그러나 그 사실도 현실에 대한 인간의 판단이라고 생각되어져야 한다. 따라서 탐구의 활동은 사실에 대한 신뢰로서 결정이 된다.

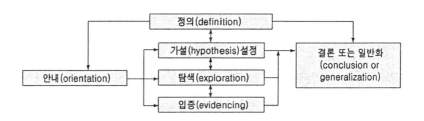

그림 8-2   탐구학습모형

탐구학습모형를 제시해 보면 <그림 8-2>와 같다. 마시알라스 등은 탐구(반성적 사고)과정의 특징으로 개방적 풍토, 가설에 초점을 둔 탐구, 가설을 입증하는 사실의 효과적 사용 등을 들면서, 일련의 탐구과정을 제시하였다(Massialas & Cox, 1966).

7) 실험실습법

전통적인 교수법에서 진보적인 교육체제로의 변화는 자연과학이나 실업교육에 있어서 실험실습교육을 강화시키는 결과를 초래하였다. 실험과 실습을 어떻게 하면 효율적으로 지도할 수 있느냐 하는 것에 대해서 자연과학이나 실업교육을 담당하는 교사라면 누구나 관심을 가져야 한다. 그리고 예체능 분야의 교과를 담당하는 교사도 효율적인 실습지도에 많은 관심을 가져야 한다.

여기에서 실험과 실습의 의미를 살펴보면 다음과 같다. 먼저, 실험(experiment)이란 관찰하려는 일정한 사상(事象)을 계획적으로 꾸며서 그 사상을 규정하는 조건을 여러 가지로 바꾸어 보고, 거기에 나타나는 조건과 결과와의 상관관계를 파악하려는 것을 말한다. 교수방법으로서의 실험은 학습자의 직관에 호소하는 소위 실물교수의 한 가지 수단으로 이용될 수도 있고, 문제해결이라는 탐구적 활동의 일부로 사용될 수도 있다.

한편, 실습(practice)이란 학교교육에서 특정의 기능을 습득하기 위해 직접적인 경험활동을 제공하는 방법이다. 여기에는 실제생활(일상생활·직업생활)에서 기본적인 기능이나 기술을 학교 내에서 재연(再演)하는 교내실습과 학교 밖의 실제장면 속에 학생을 배치하여 실제적인 실습을 하게 하는 교외실습이 있다. 학교는 학생들의 기초적인 도야를 위해 조직적인 교육을 행하는 장소이며, 실생활에서 어느 정도 분리된 조직체이다. 그러므로 교내에서 이루어지는 실습은 실생활에서 전개되고 있는 기술의 모델이긴 하지만 산업기술과 생활기술 그 자체는 아니며, 단지 그 기초를 이루고 있는 기술이다. 그러므로 교내실습은 현대사회의 산업기술, 생활기술의 개선향상에 도움이 되는 방향에서 이루어져야 하며, 실습을 지도할 때는 실제현장에 전개되고 있는 작업방식을 끌어오더라도 이것을 교육적으로 재조직하여야 한다. 예컨대, 산업기술을 실습한다면 그 작업공정은 생산현장의 공정과 기본적으로는 같으면서 학습목표를 고려하여 단순화시켜야 한다. 한편, 교외실습은 교내실습보다 더 많은 교육적 의의를 갖는다. 실제적인 장면에서 체계적인 실습이 이루어지게 되면 더욱 큰 효과를 얻을 수 있기 때문이다.

실천과학과 관련되는 교과에서는 효율적인 행동변화를 위하여 실습교육은 필수적으로 요구된다. 실습은 학습되는 사실이나 원리와 관련된 활동을 실제로 계획하고 수행하는 데 직접 참여할 수 있는 기회를 주기 때문에 학습자의 동기를 유발하게 한다. 그리고 학습자의 창의성이나 표현능력을 자극시켜, 추상적인 개념만을 학습하기 보다는 실제적인 활동을 할 수 있도록 해준다. 7차 교육과정에서는 특히 체험을 통한 학습을 강조하고 있다. 실천과학과 관련되는 교과는 단순한 지식과 기술의 습득에 그치지 않고, 이를 실생활에 적용시킬 수 있는 실천적인 능력과 태도의 함양을 목표로 하는 교과로서, 여기에서는 이러한 목표구현을 위해 체험을 통한 학습이 필수적이다. 따라서 이러한 교과의 교수-학습지도과정에서는 실험과 실습 등 적절한 체험을 통한 학습활동이 충분히 이루어질 수 있도록 해야 한다.

8) 견학학습법

견학학습법은 학생들로 하여금 학교를 떠나 지역사회의 자원들을 보고 느끼고 관찰하는 등의 경험을 하게 한 다음, 다시 교실로 돌아와서 그 내용에 대한 토의·분석하게 하여 학습효과를 높이고자 하는 지도방법이다. 이러한 견학학습은 학생들이 지역사회의 현실을 직접 보고 배우는 것뿐만 아니라, 직접 경험한 내용에 대하여 동료들과 같이 토의하여 특정의 결론을 도출하게 하는 데도 그 의의가 있다.

그러나 견학학습은 주로 산만한 분위기 속에서 이루어짐으로써 학생통제가 어렵고, 학생들이 학습해야 할 대상 혹은 내용을 기대한 만큼 소화할 것이라는 보장이 없기 때문에 단순한 구경이나 여행으로 끝날 가능성이 높다. 따라서 그에 대한 철저한 사전계획 없이 진행되면 예상했던 견학학습의 의도와 결과간에는 커다란 격차가 생기게 된다. 견학학습의 목적·내용·방법 및 평가 등에 대한 사전계획을 제대로 수립하여 실행할 때 진정한 효과를 거둘 수 있게 된다.

견학학습은 살아 있는 교재가 되는 지역사회의 진정한 모습과 현장을 실제로 경험해 보는 학습활동이므로 교실 안에서 다룰 수 없는 소중한 학습이 자연스럽게, 그리고 진솔하게 이루어져야 한다. 그러므로 견학을 학습방법으로 선정할 때 교사는 신중하고 면밀한 계획을 수립하여, 견학의 가치와 효과를 최대한 높여야 한다. 견학학습을 계획할 때 교사가 유념해야 할 사항들을 나열해 보면 다음과 같다(김광자, 1993).

첫째, 교사는 견학학습이 교실수업보다 확실히 더 효과적이며, 최선의 방법이 되는가에 대해 냉철히 판단해 보아야 한다. 때에 따라서는 교실수업에서 공학매체를 활용하거나, 지역사회인사를 학교로 직접 초빙함으로써 충분한 학습활동이 가능함에도 불구하고 견학학습법을 선택하게 되면 막대한 시간과 노력이 낭비될 가능성이 높다.

둘째, 무엇을 어디서 어떻게 그리고 왜 견학을 해야하는지 면밀한 계획서를 작성해야 한다. 견학학습계획서에는 시간계획, 학교장의 승인, 학부형 양해 및 학생들의 제반 준비사항 등에 대한 내용도 포함되어야 한다.

셋째, 교사는 견학학습장소를 결정한 후에는 계획한 견학내용 및 계획이 효과적으로 이루어질 수 있는지 점검해야 한다. 견학장소를 사전답사하여 학습내용을 확인하도록 하며, 견학시 필히 그 분야의 전문가나 기술자가 안내·지도하도록 확인해 두는 일도 잊지 말아야 한다.

넷째, 교사는 학생들을 위하여 견학학습지침서를 작성해야 한다. 학생들이 견학시 관찰해야 할 사항들과 주의해야 할 사항들을 구체적인 목록으로 만들어 배부해 주어야 한다. 그러면 학생들은 무엇을 왜 어떻게 학습해야 하는지 재인식함으로써 소정의 학습효과를 얻게 될 수 있다.

다섯째, 견학학습의 효과를 높이기 위하여 소정의 견학학습장을 학생들에게 배부하여, 개인별로 견학시 느낀점을 포함하여 중요한 사항을 기록하게 할 필요도 있다.

여섯째, 견학활동을 마치고 학교로 돌아온 후에는 반드시 그에 대한 토의시간을 마련하여 다른 학생들의 견해와 그들이 배우고 느낀 사실들을 들어보게 함으로써 자기의 견해와 경험을 비교·분석·고찰해 보는 시간을 마련하는 것도 매우 중요하다.

9) 조사학습법

조사학습법은 일명 야외학습법이라고도 하는데, 이는 학생들에게 학교의 울타리를 벗어나 현실사회에 참가할 기회를 제공해 줌으로써 그들에게 사회인으로서 또는 시민으로서의 자각을 추구하도록 하기 위한 것이며, 한걸음 더 나아가 그 과정을 통하여 추리력, 독창력, 주의력, 정확성, 근면성, 협동성, 도덕적 태도, 연구에 대한 열의 등 개인학습에 있어서 바람직한 자질을 육성하는데 목적이 있다.

학교교육과 관련하여 볼 때 조사활동의 범위는 매우 광범위하므로 조사학습법은 매우 광범위하게 적용할 수 있다. 여기에는 지역사회의 생활실태조사와 추상적인 사회현상에 대한 조사로부터 면접 또는 견학에 이르기까지의 구체적인 조사활동까지 포함된다. 조사방법은 크게 개인조사와 공동조사, 집중적 조사와 확장적 조사 등이 있다.

전통적인 교수-학습지도방법들이 지나치게 관념적인데 비해, 이 조사학습법은 학생들로 하여금 직접 사회현실에 부딪혀, 문제를 해결해 나가게 함으로써 실증적이고 현실적인 학습활동을 통한 사회이해력을 포함한 사회적응력을 함양할 수 있도록 하는 데 교육적 가치가 있다.

이러한 지도방법도 그 효과를 충분히 거두기 위해서는 조사학습의 목표·내용·방법·평가 등을 포함한 제반 사항에 대한 사전계획이 철저하게 수립되어야 하고 이에 따라 실제의 활동이 이루어지며 그 결과에 대한 평가활동도 다양하게 이루어져야 한다.

10) 유의미 수용학습법

유의미 수용학습법(method of meaningful reception learning)은 오수벨(Ausubel, 1963)이 창안한 교수방법인데, 그에 의하면 인간의 인지체계는 기존의 여러 개념들이 집합을 이루고 있어서, 이것이 곧 새로운 정보나 개념을 받아들이는 개념적 정착지(anchor)가 된다. 새로운 정보가 기존의 개념집합체 속으로 들어오면 그 속에서 융화·동화 등의 재조직화가 일어나게 되며, 새로운 의미를 생성하는 개념들은 곧 영구적인 파지로 인지체계 속에 남게 된다. 그는 기존의 개념집합체(개념체제)를 인지구조(cognitive structure)라고 명명하였다.

인간의 학습은 그가 갖고 있는 인지구조의 특성에 의해 크게 영향을 받는다. 즉, 인지구조는 학습을 결정하는 중요한 변인들 중의 하나가 된다. 가르친다는 것은 곧 그 특정 분야의 지식체계, 즉 지식의 구조를 학습자의 인지구조 속에 의미있게 수용·통합시켜, 그 지식체계가 학습자 자신의 것이 되고, 그가 그것을 자유로이 처리하고 활용할 수 있도록 하는 것이다. 여기서 중요한 것은 유의미 수용학습인데, 이는 의미있게 수용한다는 '유의미학습'과 '수용학습'이라는 두 가지 개념이 복합된 용어이다.

그렇다면, 학습자가 그에게 제시된 학습과제를 받아들여 기존의 인지구조 속에 연결시킴으로써 유의미학습을 할 수 있도록 돕는 구체적인 교수전략은 무엇인가? 오수벨은 우선 본학습과제의 제시에 앞서 선행조직자(advanced organizer)를 활용할 것을 제안하고 있다. 선행조직자는 본학습과제에 대한 일종의 도입자료로서 포괄성·일반성을 지닌 진술문 또는 도입문인데, 이는 포섭자(subsumer)의 역할을 한다. 그런데 그것은 꼭 진술문의 형태를 취하지 않더라도, 학습과제의 개념적 도약대나 발판(ideational scaffolding)의 역할을 한다. 예컨대, 선행조직자는 수업시작과 함께 던져지는 하나의 질문도 될 수 있고, 하나의 이야기·영화·시범 등 여러 형태를 취할 수도 있다. 심지어 한 단어일 수도 있고, 한 학기를 놓고 생각할 때는 처음 한 시간의 강의가 선행조직자가 될 수도 있다.

11) 그레저의 수업과정모형

그레저(Glaser, 1963)는 수업이 진행되는 과정을 하나의 체제(system)로 전제하면서, 그것은 수업목표의 설정, 출발점행동의 진단, 수업활동, 성취도 평가등의 네 요소로 구성된다고 보았다. 이 수업과정모형에서는 수업활동의 한단계 한 단계가 바로 뒤따르는 후속단계의 활동을 방향지우는 계속적인 결정과정을 중시한다. 한 학습단원의 수업목표가 결정되면 이 수업목표의 달성에 관련된 학생들의 출발점행동을 정확히 진단하여, 그에 따라 학생들에게 어떤 수업활동이 주어져야 할 것인가를 처방하며, 최종적으로 학생들의성취도를 평가한다. 이들 각 단계는 서로 밀접한 상호작용적 관계에 있다.

수업목표가 설정되었다고 해서 바로 수업활동에 들어가는 것이 아니라이 수업목표와 관련된 학생들의 현재 학습수준(출발점 행동)이 먼저 진단되고, 수업목표와 학생들의 현재 학습수준간의 격차를 없애기 위하여 어떤수업활동이 어디서부터 출발되어야 할 것인가에 관한 처방이 내려져야 한다. 그리고 수업활동이 마무리되면, 학생들의 성취도를 확인하기 위한 평가가 뒤따라야 한다. 그런데 이러한 각 단계는 귀환작용(feedback)에 의하여상호유기적인 관련성을 갖는다. 따라서 여기에서의 성취도 평가는 다만 일련의 수업활동이 끝났다는 뜻에서 평가가 이루어지는 것이 아니라, 수업목표가 어느 정도 달성되었는지를 평가하며, 그 결과는 수업의 각 단계로 환류되어 수업활동은 어떤 방법으로든 수정되게 된다.

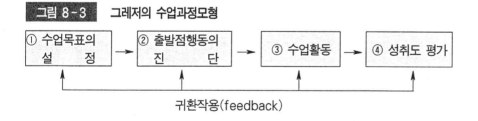

그림 8-3　그레저의 수업과정모형

① 수업목표의 설정 → ② 출발점행동의 진단 → ③ 수업활동 → ④ 성취도 평가

귀환작용(feedback)

12) 캐롤의 학교학습모형

캐롤(Carroll, 1963)의 이론은 학습정도를 시간의 함수로 본 최초의 이론으로서, 그 후의 교수이론에 지대한 영향을 미쳤는데, 이로써 특히 교육심리

학과 교수이론의 연구분야에서 학습시간의 이용에 관한 관심이 고조되었다. 캐롤의 모형에서 중요한 역할을 하는 변인은 적성·교수이해력·교수의 질·지구력·학습기회 등 다섯 가지이다.

첫째, 적성 변인은 최적의 학습조건하에서 주어진 특정 학습과제를 일정한 수준으로 성취하는 능력을 말한다. 이를 시간개념으로 말하면, 학생이 주어진 특정 학습과제를 성취하는 데 필요한 시간의 양이라고 할 수 있다. 이는 학습과제의 종류와 성질에 따라 달라지는 특수한 능력변인이다.

둘째, 교수이해력 변인은 학생이 교수내용이나 교사의 설명을 이해하는 능력을 말하는데, 이 역시 시간개념으로 표현하면 교수내용이나 교사의 설명을 이해하는 데 필요한 시간의 양이라고 할 수 있다. 그런데 이는 적성 변인과는 달리 학습과제의 종류와 성질에 따라 변화되지 않는 일반적인 능력변인으로, 주로 일반지능(general intelligence)과 언어능력(verbal ability)이 여기에 포함된다.

셋째, 교수의 질 변인은 학습자에 대한 학습과제의 적절성과 학습과제의 제시·설명·구성방법의 적절성 등을 의미한다. 교사가 정성을 다하여 학생의 개인차를 고려한 밀도있는 교수활동을 펼치게 되면 학생의 학습에 필요한 시간량이 단축되는 반면, 그렇지 못한 교수활동은 학습에 필요한 시간량을 늘이는 결과를 가져올 것이다. 따라서 훌륭한 교수활동은 학습자가 빠른 속도로 효율적인 학습을 해낼 수 있도록 하는 수업이다. 그런데 흔히 교수의 질을 교사의 질과 혼동하는가 하면, 모든 학습자들에게 적합한 표준적인 수업방식이 있다고 가정해 왔다. 그러나 최근의 연구에 의하면, 종전의 주장과는 달리 교수의 질은 교사의 질과 다른 차원이다. 수업은 학습자들의 인지적 특성과 정의적 특성에 있어서의 개인차를 고려하여 진행되어야 한다.

넷째, 지구력 변인은 학생이 학습과제를 성취하기 위해서 노력하고 관심을 쏟는 시간(학습자가 학습을 위해 사용하려고 하는 시간)의 양을 말하는데, 이는 동기·흥미·태도와 유사한 개념으로 인정된다. 그러므로 이는 스스로 인내심을 발휘하여 학습에 정력을 투입하고자 하며, 학습과정에서의 장애와 고통을 극복하여 성공적 성취를 하려는 의욕과 관계가 있다.

다섯째, 학습기회 변인은 특정 학습과제의 성취를 위해 학습자에게 실제로 주어지는 시간을 말한다. 다시 말하면, 교사에 의해서 학습자에게 능동적 학습을 위해 실제적으로 주어지는 시간량을 말한다. 그런데 학습자의 적성, 교수이해력 등에 따라 학습에 필요할 시간이 달라지므로 학습기회도 달라져야 한다. 그러나 현재 학교에서는 그러한 개인차를 무시하고 일정한 학습과제의 학습을 위해 모든 학생에게 일정한 시간을 배당하고 있는 실정이다.

이상의 다섯 가지 변인은 학습에 필요한 시간과 학습에 사용한 시간을 결정하는 변인으로 분류된다. 학습에 필요한 시간을 결정하는 변인은 적성·교수이해력·교수의 질이고, 학습에 사용한 시간을 결정하는 변인을 지구력·학습기회이다. 그리고 이 다섯 가지 변인은 교수변인과 개인차 변인으로도 분류될 수 있는데, 교수변인(수업변인·교사변인)은 교수의 질·학습기회이고, 개인차 변인(학생변인)은 적성·교수이해력·지구력이다.

학습의 정도는 학습에 필요한 시간과 학습에 사용한 시간의 비율로 결정되는데, 이를 식으로 표현하면 다음과 같다.

$$학습의\ 정도 = f(\frac{학습에사용한시간}{학습에필요한시간}) \times 100 = f(\frac{지구력·학습기회}{적성·교수이해력·교수의\ 질}) \times 100$$

여기에서 보는 바와 같이 학습의 정도는 소정의 과제를 학습하는 데 필요한 시간과 학습에 실제로 사용한 시간의 비율에 따라서 결정된다. 그러므로 학습에 필요한 시간을 전부 학습에 사용했다면 학습의 정도는 100%가 되어 완전학습이 이루어진다. 그러나 만약 학습에 필요한 시간이 10시간인데, 실제로 학습에 사용한 시간이 7시간 밖에 안 된다면 학습정도는 70%가 되는 셈이다.

캐롤의 모형에 의하면 모든 학생이 특정 과제의 학습에 필요한 시간을 모두 사용하게 되면 그 학생은 학습의 목표수준을 100% 성취할 수 있다. 이러한 생각은 교수이론의 발전에 큰 영향을 미쳐, 선발적 교육관으로부터의 발달적 교육관으로의 전환과 상대평가체제로부터의 절대평가체제로의 전환에 자극을 주었다. 블룸에 의해 체계화된 완전학습모형의 이론적 근거도 바로 이 캐롤의 학교학습모형에 그 바탕을 두고 있다.

13) 블룸의 완전학습모형

캐롤의 학교학습모형은 이후의 교수이론에 많은 영향을 주었는데, 그 중
에서도 블룸(Bloom, 1968)의 완전학습(learning for mastery, LFM)모형의 체계화
에 가장 많은 영향을 미쳤다.

완전학습이란 학급의 대부분 학생(약 95% 이상)이 학습과제의 90% 이상을
학습하는 것을 말하는데, 블룸은 이러한 학습이 가능하다는 여러 가지 증거
를 제시하였다. 그는 오늘날의 학교교육이 낭비적이고 파괴적이라고 주장하
였다. 현실적으로 보면 학급을 기준으로 할 때 1/3의 학생은 충분한 학습을
하지만, 나머지 1/3의 학생은 불충분한 학습을 하고 또, 나머지 1/3의 학생
은 실패집단으로 계속 남아있게 된다는 것이다. 그러므로 이러한 현실을 타
파하기 위해서 효과적인 교수활동이 강구되어야 한다고 주장하였다. 즉, 학
생의 대부분이 소정의 학습을 완결하도록 돕는 방법을 찾아내는 것이 교수
활동의 임무라고 주장하였다. 이러한 가정하에서 고안된 것이 블룸의 완전
학습을 위한 교수전략이다. 통계학적으로 표현하면 완전학습은 학습성취도
의 정규분포를 적극적인 교수활동을 통하여 J형의 부적 편포(negatively
skewed distribution)로 변화시키는 것을 말한다.

전술한 바와 같이 완전학습모형은 캐롤의 학교학습모형을 토대로 체계화
되었는데, 블룸은 캐롤모형의 다섯 가지 변인을 그대로 적용하여 이 변인
들을 잘 관리함으로써 학습에 필요한 시간을 줄이면서, 학습에 사용한 시
간을 증대시키기 위한 그의 특유한 이론을 펼쳤다.

첫째, 적성 변인은 학습에 필요한 시간을 결정하는 대표적인 변인인데,
주어진 학습과제에 대한 적성수준을 높임으로써 학습에 필요한 시간을 가
능한 한 줄여야 한다. 즉, 기초학력이나 선수학습정도를 향상시킴으로써 적
성수준을 높여주어야 하며, 학습에 필요한 참고자료나 공학매체 등을 활용
하는 등 학습조건을 개선해 주어야 한다.

둘째, 교수이해력 변인도 학습에 필요한 시간을 결정하는 변인인데, 이는
일반능력 및 언어능력과 관련이 있다. 따라서 학습에 필요한 시간을 줄이

기 위해서는 일반능력과 언어능력을 향상시킬 수 있는 적절한 환경을 마련하고, 이를 직접적으로 향상시킬 수 있는 조치를 취함과 동시에, 교수상황에서 사용되는 언어수준을 학생들의 수준에 맞추어야 한다.

셋째, 교수의 질 변인 역시 학습에 필요한 시간을 결정하는데, 이를 향상시키기 위해서는 학생들에게 학습목표를 충분히 인식시키고, 학습과제의 적절한 계열화(전단계의 학습이 다음 단계의 학습을 위한 준비가 되도록 적절한 순서로 제시)와 교수의 개별화(학생들의 개별적 행동특성에 부합되는 교수활동의 제공)를 도모해야 한다. 그리고 필요에 따라 학생들을 소집단으로 구성한다든가, 학습과제의 제시방법 등을 다양하게 해야 한다.

넷째, 지구력 변인은 학습에 사용한 시간을 결정하는 변인이다. 따라서 적절한 조치를 취해 지구력 자체를 향상시킬뿐만 아니라 개인차를 고려하고 피드백을 제공하는 등의 적절한 교수방법을 활용하며 아울러, 설명과 예시를 충분히 제공하는 교수활동을 펼침으로써 학생들로 하여금 흥미와 의욕을 갖고 계속적으로 노력하도록 해야 한다.

다섯째, 학습기회 변인 역시 학습에 사용한 시간을 결정한다. 따라서 학습장면에서는 학생들에게 가능한 한 학습기회를 많이 제공할 필요가 있다. 물론, 학습에 사용한 시간과 학습정도는 반드시 비례하는 것은 아니다. 시간을 어떻게 활용하느냐가 학습성취에 보다 중요하게 작용하므로 교사는 학생들에게 실제적으로 학습할 수 있는 기회를 많이 주어야 한다.

완전학습전략이 가져올 수 있는 결과에 대해서 블룸은 두 가지를 지적하였는데, 그 하나는 대부분의 학생이 높은 성취를 이룰 수 있다는 점이다. 이것은 완전학습전략의 일차적 목적이다. 나머지 하나는 학생이 긍정적인 정의적 특성을 발달시킬 수 있다는 점이다. 높은 성취에 대한 학습자 자신의 만족감과 그에 대하여 타인들(교사·동료·부모 등)로부터의 인정은 학습의 흥미증진, 후속학습에 대한 강한 동기유발, 자아개념의 향상을 가져올 가능성이 높다. 이것은 완전학습에 의해 나타나는 결과이지만, 교육의 중요한 목표라는 데 특별한 의의가 있다.

14) 가네의 수업모형

가네(Gagné, 1970)의 수업모형은 학습조건모형이라고 특징지워질 수 있다. 그의 이론을 교육장면에 적용할 경우 그 조건은 학습과제의 특성과 직접적으로 관련된다. 물론, 그의 이론은 학습자의 내적 조건 등도 고려하지만, 그 내적 조건도 어떤 정해진 과제 또는 목표를 기준으로 했을 때의 것이기 때문에 그의 이론은 목표별 수업모형 또는 목표기준적 수업모형이라고 할 수 있다. 이 수업모형은 목표에 따라 학습조건이 달라져야 한다는 것을 전제하는 것이므로 학습조건적 수업모형이라고도 부른다.

가네는 학습이 이루어지는 데는 '내적 조건'과 '외적 조건'이 동등하게 중요하다는 점을 강조하였다. 그는 학습자의 내적 조건을 강조하고, 개념·법칙 등의 인지적 학습에 관심을 가지기 때문에 인지주의 이론가의 면모를 보여주기도 하지만, 학습의 외적 조건도 함께 강조하기 때문에 인지주의 이론가의 범위에서 벗어난다. 그의 이론은 처음에는 행동주의적인 색채가 강했으나, 후에 정보처리이론(information-processing theory)의 입장을 수용하면서, 그는 행동주의와 인지주의가 통합된 절충적 입장의 이론을 체계화하였다.

그림 8-4　　학습과정모형

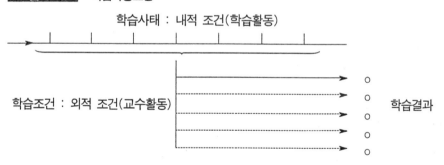

가네는 학습과정을 3차원 모형으로 설명하고 있는데, 이를 도식으로 나타내면 <그림 8-4>와 같다. 여기에서 본 바와 같이 학습과정에는 학습사태, 학습조건, 학습결과 등 세 요소가 관련된다. 여기에서 학습사태는 학습자 내부에서 정보가 처리되는 과정(내적 조건)을 말하며, 학습조건은 이러한 학습사태를 촉진시키기 위하여 제공되는 교수활동(외적 조건)을 지칭하고,

마지막으로 학습결과는 이러한 학습사태와 학습조건의 상호작용에 의하여 학습의 성과로서 얻어지는 대상이나 목표를 말한다. 이들에 대하여 자세하게 설명하면 다음과 같다.

① 학습사태

학습사태(events of learning)는 학습자의 내부에서 일어나는 일련의 정보처리과정을 말하는데, 이를 학습의 '내적 조건'이라고 한다. 가네에 의하면 이러한 학습사태는 아홉 단계 즉, ① 수용, ② 기대, ③ 작동기억(working memory)으로서의 재생(인출), ④ 선택적 지각, ⑤ 의미의 기명, ⑥ 반응, ⑦ 강화, ⑧ 재생 및 재강화, ⑨ 재생 및 일반화 등의 단계로 학습이 이루어진다. 다시 말하면, 학생은 먼저 어떤 정보(대상)에 주의 집중한 결과로 감각기관을 통해 들어온 신경자극의 형태를 수용하면, 통제과정의 하나로서 그에 대해 어떠한 기대가 일어나게 된다. 그 다음 이미 가지고 있는 장기기억고 속의 관련 정보를 작동기억으로 재생하여 그 수용된 정보와 관련을 짓는다. 그러나 학습자는 들어오는 정보를 모두 받아들이는 것이 아니라 받아들일 수 있고 중요하다고 생각되는 정보만을 선택적으로 지각한다. 그 다음 지각된 정보의 의미를 머리 속에 새기고, 그 후 획득된 정보를 필요에 따라 재생하고 재강화한다. 그리고 나서 필요에 따라 다시 그것을 재생하여 다른 상황에 널리 적용함으로써 일반화시킨다.

② 학습조건

학습조건(conditions of learning)이란 학습의 '외적 조건'으로서 교사가 제공하는 교수활동을 말하는데, 이는 어디까지나 학습자의 학습과정을 도와주는 측면에서 적절한 절차에 의해 이루어져야 한다. 또한, 이는 장차 성취해야 할 학습결과에 따라서도 달라져야 한다.

일반적인 교수절차는 ① 주의집중, ② 목표제시, ③ 사전학습재생, ④ 학습자료제시, ⑤ 학습안내, ⑥ 수행유도, ⑦ 피드백제공, ⑧ 수행평가, ⑨ 파지와 전이지도 등의 순서로 이루어져야 한다. 다시 말하면, 교수활동에서 교사는 먼저 학생들의 주의를 집중시켜 그 시간에 달성할 학습목표를 인식시키고, 이러한 학습목표와 관련된 사전학습내용을 재생시켜 그 관련 여부

를 밝혀준다. 그리고 나서 그 시간의 새로운 학습자료를 제시한 다음, 학습
자료의 의미를 이해하도록 도우면서 학습을 안내해야 한다. 그리고 학습한
것을 수행해 보도록 한 다음, 그 결과에 대해 피드백을 제공해 준다. 그 후
다시 한번 학습한 것을 직접 수행해 보도록 하여 학습결과를 평가하고, 마
지막으로 연습문제나 실제상황을 제공하여 파지를 돕고 응용력을 길러 높
은 전이효과를 발휘하도록 해야 한다.

　종합컨대, 학습이 잘 이루어지기 위해서는 학습의 내적 조건인 '학습사태'
(학습활동)에 맞추어 학습의 외적 조건인 '학습조건'(교수활동)을 적절하게 조
성해 주어야 한다. <그림 8-5>는 이러한 관계를 도식으로 나타낸 것이다.

그림 8-5   학습사태와 학습조건의 관계

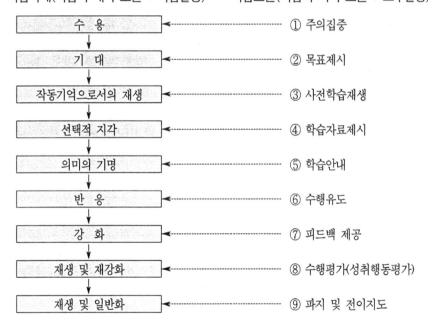

그런데 효과적인 교수활동이 이루어지도록 하기 위해서는 먼저, 교사는
학습자에게 제시될 학습과제를 사전에 면밀히 분석해야 한다. 과제분석(task
analysis)이란 학생들이 성취하여야 할 학습과제를 면밀히 분석하여 학생이
습득해야 할 지식과 기능 등을 세분화하는 절차를 말한다. 학습과제는 위

계적으로 구성되어 있고, 또 각각의 학습과제는 유형이 다른 학습을 요구하기 때문에 주어진 학습과제를 효과적으로 학습시키기 위해서는 먼저, 그 학습과제를 분석하여 그 위계적 구조를 확인하고 그에 필요한 학습유형(type of learning)을 밝혀야 한다. 가네는 '학습유형'을 여덟 가지로 구분하였는데, 그것은 신호학습(signal learning), 자극반응학습(stimulus response learning), 연쇄학습(chaining learning), 언어연상학습(verbal association learning), 다변별학습(multiple discrimination learning), 개념학습(concept learning), 원리학습(principle learning), 문제해결학습(problem solving learning) 등이다.

③ 학습결과

학습과제분석을 통하여 학습자의 내적 조건인 학습사태에 맞추어 외적 조건인 교수활동을 잘 이끌어 가게 되면 일정한 학습결과(outcomes of learning)를 얻게 되는데, 이는 결국 학습된 능력(capability)으로서 후속적인 학습과제를 성취하는 데 영향을 미치게 된다. 가네는 학습결과로서 다섯 가지를 들고 있는데, 언어적 정보(verbal informations), 지적 기능(intellectual skills), 인지전략(cognitive strategies), 운동기능(motor skills), 그리고 태도(attitudes) 등이 그것이다.

15) 브루너의 교수모형

브루너(Bruner, 1966)는 교수이론이 최소한의 네 가지 일반원리를 갖추어야 한다고 주장하였다. 첫째, 학습자 개개인에게 학습의 선행경향성을 효과적으로 형성시켜 주는 구체적인 내용이 포함되어야 한다(학습의 선행경향성). 둘째, 학습자의 효율적인 학습을 위한 지식체계를 조직하고 구조화하는 원리와 방법이 포함되어야 한다(지식의 구조). 셋째, 효율적인 학습을 위한 학습내용의 적절한 계열화에 대한 내용이 포함되어야 한다(학습내용의 계열화). 넷째, 효율적인 학습을 위한 외발적 동기유발과 내발적 동기유발의 방법을 포함한 강화의 성격과 그 적용방법에 관한 내용이 포함되어야 한다(강화). 이를 구체적으로 설명하면 다음과 같다.

① 학습의 선행경향성

교수이론의 한 요소로서의 학습의 선행경향성(학습의욕)은 '여러 가지 가능성을 탐색하는 경향'을 말한다. 따라서 교수이론에서는 교수활동에서 이러한 경향을 극대화하는 조건을 제시해야 한다. 이 조건은 세 가지로 나누어 설명될 수 있는데, 가능성의 탐색을 자극하는 것(activation), 가능성 탐색을 계속 유지하도록 하는 것(maintenance), 가능성 탐색에 방향감을 주는 것(direction) 등이 그것이다.

첫째, 가능성의 탐색을 자극하는 조건으로서 가장 중요한 것은 브루너의 용어로 말한다면 학생들에게 '적적한 수준의 불확실성을 내포한 학습과제'를 제공하는 것이다. 호기심이란 바로 이러한 상태에서 생긴다. 만약 교사가 모든 대답을 명백하게 미리 제시해 버리면 학생들은 아예 가능성을 탐색할 필요가 없을 것이다.

둘째, 가능성 탐색을 계속 유지시키기 위해서는 학생들에게 실패에 대한 불안감을 주지 말아야 한다. 따라서 브루너는 '가능성을 탐색한 결과에서 얻어지는 이득이 그 실패에서 오는 위험부담률보다 커야 한다'고 주장하였다. 만약 교수활동에서 교사가 학생의 그릇된 견해를 심하게 꾸짖고, 또한 학생이 제시한 견해를 무시해 버린다면 그 학생은 가능성을 탐색하려는 의욕을 포기하고 말 것이다. 교수장면은 우선 학생들이 안심하고 실수를 저지를 수 있다는 점에서 실제의 생활장면과 구분되며, 교수장면에서 교사가 수행할 한 가지 중요한 역할은 학생들이 실수를 저질러도 그 결과가 치명적이지 않다는 것을 보여주는데 있다.

셋째, 가능성을 탐색하는 활동에 방향감을 주기 위해서는 두 가지 조건이 필요하다. 즉, 학습성취활동이 어떤 목표를 향하여 나아가야 하는지를 학생들이 알도록 하는 것과 현재 진행중인 활동이 그 목표를 달성하는 데 관련되는지의 여부를 학생들이 알도록 하는 것이다. 학생들의 학습이 산발적인 것이 되지 않도록 하려면 교사는 사전에 위에서 제시한 여러 조건에 대하여 면밀한 계획을 세워야 한다.

지금까지 설명한 가능성의 탐색경향이 촉발되기 위해서는 학습과제가 적절한 수준의 불확실성을 유지해야 한다. 이러한 관점에서 발견학습법이 적극 권장되고 있다.

② 지식의 구조

교수이론은 또한 일련의 지식이 학습자에 의하여 가장 쉽게 이해될 수 있도록 하는 방법을 제시해야 한다. 최적의 지식구조는 보다 큰 지식의 집합을 일반화할 수 있는 명제로 제시되어야 한다. 브루너에 의하면 구조화된 지식이 각 학문 내지 교과의 기저를 이루는 일반적이고 핵심적인 개념·원리·법칙을 뜻한다. 그에 의하면 학습과제는 학습자의 발달단계나 능력수준에 관계없이 학습자가 조작하고 포착할 수 있도록 조직되어야 하기 때문에 이는 지식의 구조화 형태로 나타내져야 한다. 구조화된 지식은 세 가지의 표현방식(mode of representation)으로 나타낼 수 있으며, 이는 경제성(economy) 및 생성력(power)을 갖추게 된다.

첫째, 표현방식이란 어떤 지식이 조작에 의해 달리 표현되는 것을 말하는데, 구조화 된 지식은 상황에 따라 세 가지 표현방식으로 나타낼 수 있다. 지식을 실제적인 행위를 통하여 나타내는 작동적 표현방식(enactive representation), 지식을 충분히 정의하지 않고 대체적인 이미지나 사진·그림·그래프로 나타내는 영상적 표현방식(iconic representation), 그리고 지식을 규칙이나 법칙에 기초한 상징체계로부터 도출한 일련의 상징적·논리적 명제에 의해 나타내는 상징적 표현방식(symbolic representation) 등이 있을 수 있다.

이러한 방식들을 활용하면 일정한 학습내용(지식)은 학생의 발달단계나 능력수준에 적절하게 표현될 수 있다. 이 세 가지 표현방식의 실례로서 '천칭의 원리'를 들 수 있다. 먼저, 아주 어린 아이들은 시소를 탈 때 상대방의 몸무게를 고려하여 자기의 자리를 잡을 줄 안다. 이것은 그 아이들이 천칭의 원리를 동작으로 표현하고 있는 것으로 해석된다. 그리고 그보다 나이가 많은 아이들은 천칭의 모형을 다루거나 그림을 통하여 천칭의 원리를 이해한다. 끝으로, 더 많은 나이를 먹은 아이들은 일상의 언어나 문자 또는 수학공식을 써서 천칭의 원리를 표현한다.

따라서 학생의 특정 발달단계와 능력수준에 맞는 방식으로 교과내용을 표현하여 가르칠 수 있기 때문에 어떤 연령층의 학생에게도 학습내용의 지적 성격을 흐트리지 않고 잘 가르칠 수 있다. 이러한 맥락에서 브루너는

"어떤 교과내용이라도 그 내용의 지적 성격에 충실한 형태로 어떠한 발달단계에 있는 아동에게든지 그것을 효과적으로 가르칠 수 있다"고 주장하였다.

둘째, 구조화된 지식은 경제성을 갖는데, 여기서 말하는 경제성이란 학생이 기억(파지)해야 할 정보의 양이 적다는 것을 의미한다. 지식(정보)의 양을 많이 기억하면 할수록 계속적으로 취해야 할 절차를 많이 알아야 하므로 경제성은 낮아진다. 즉, 어떤 내용을 이해하는 데 많은 지식이 요구되고, 결론을 얻기까지 여러 단계의 처리과정이 요구될 수록 비경제적이라 할 수 있다. 구조화된 지식은 각 학문(교과)의 핵심내용이므로 그 양이 적기 때문에 경제적으로 기억할 수 있다. 그런데 이러한 경제성은 표현방식과도 밀접한 관계가 있다. 예를 들면, 상징적 표현방식일 때 경제성이 가장 높다고 할 수 있다.

셋째, 구조화된 지식은 생성력을 갖는데, 이는 학생이 학습한 명제들(propositions)이 얼마 만큼의 지적 산출력(응용력이나 전이력)을 가지고 있는가와 관련된다. 다시 말하면, 생성력이란 기억된 지식이 학생으로 하여금 새로운 명제를 도출해 내거나 문제해결을 하고자 할 때 광범위하게 응용되거나 다양한 전이효과를 발휘하는 것을 말한다. 지식의 구조는 해당 학문분야의 핵심적 아이디어이므로 그것을 잘 이해하고 있으면 여러 가지 새로운 사태의 문제를 해결하는 데 활용될 수 있다. 이러한 생성력은 표현방식이나 경제성과 별개로 생각하기는 힘들다.

이와 같은 특징을 갖는 구조화된 지식은 몇 가지 이점을 갖는다. 구조화된 지식은 첫째 이해하기 쉽고, 둘째 기억하기 쉽다. 셋째 학습사태에서 배운 내용을 학습사태 이외의 사태에 적용하기 쉽고, 넷째 초등지식과 고등지식간의 간격을 좁힐 수 있다.

③ 학습의 계열화

학습의 계열화란 학생들이 학습내용을 이해·변형·전이하는 데 도움이 될 수 있도록 그것을 적절하게 조직·제시하는 것을 말한다. 그런데 최적의 계열로 학습내용을 조직하는 것은 쉬운 문제가 아니다. 이는 학생들의 선행학습, 발달단계, 과제의 성격, 학습자의 개인차 등을 고려하여 실제적으로 해결되어야 한다.

앞에서 기술한 바와 같이 브루너는 학습내용이 학습자의 발달수준에 따라 작동적·영상적·상징적 표현방식 중에서 적절한 방식으로 제시되어야 한다고 주장하였다. 그러나 이것만이 반드시 최선책은 아니고, 여기에 선행학습의 정도, 과제의 성격, 학습자의 개인차 등이 함께 고려되어야 한다. 또한, 학습내용을 계열화하는 데 있어서는 가능성의 탐색을 자극하기 위해 적절한 수준의 불확실성이 유지되어야 한다. 즉, 학습과제를 어떤 순서로 제시하는가 하는 문제는 가능성의 탐색을 촉진하는 것과도 관련되므로 교수장면에서 '적절한 수준의 불확실성'이 계속 유지되도록 학습과제의 제시순서를 결정해야 한다. 끝으로, 최적의 계열을 정할 때는 학습속도, 망각에 대한 저항, 전이가능성, 경제성, 생성력 등도 고려하여야 한다. 이상의 조건을 만족시키는 교육과정으로서 브루너는 '나선형 교육과정'(spiral curriculum)을 들었다.

④ 강 화

브루너의 교수이론에서 강화는 보상이나 벌과 관련이 있다. 여기에서 중요한 것은 교사의 칭찬이나 상 등과 같은 외발적(extrinsic) 동기유발방법으로부터 차츰 학습과정 자체에서 오는 즐거움과 같은 내발적(intrinsic) 동기유발방법으로 전환하고, 특정 학습행위가 끝났을 때 바로 주는 즉각적(immediate) 보상방법으로부터 차츰 지연된(deferred) 보상방법으로 바꾸어 가는 것이 효과적이라는 점이다. 특히, 강화는 내발적 동기유발과 함께 학습결과에 대한 교정적 정보(feedback)가 주어질 때 효과적이다. 왜냐하면 학생 스스로가 자신의 학습활동에 대한 결과지식(knowledge of results ; KR)을 가졌을 때 보다 만족을 느끼고, 그것에 비추어 앞으로의 학습방향을 제대로 정하기 때문이다.

교수장면에서 상벌은 학생에게 교정적 정보를 주는 한에서만 의미가 있다. 즉, 상벌은 학생들에게 이때까지 그들의 학습활동이 어떤 결과를 가져왔는가를 알려 주며, 그 결과에 비추어 장차의 학습활동을 방향짓도록 하는 범위 내에서 필요하다. 그러므로 교사는 교수장면에서 '결과지식'이 교정적 정보로서 학생들에게 유용하게 활용되기 위해서 언제 어떤 종류의 상벌이 필요한가를 항상 고려하여야 한다.

상벌이 교정적 정보로서 활용되는 가장 직접적인 방법은 학생 스스로가 자기 자신의 학습결과를 확인하고, 거기서 만족감 또는 불만족감을 맛보게 하는 것이다. 이것이 이른바 내발적 보상인 것이다. 그러나 이러한 내발적 보상도 그 효과는 교사의 역할이 어떠하냐에 따라 달라진다는 것을 명심해야 한다.

16) 구성주의적 수업모형

교수-학습이론의 패러다임은 크게 경험주의(empiricism ; 객관주의)와 구성주의의 두 입장으로 분류될 수 있다. 이 중 경험주의에 의하면 지식은 오로지 사실의 관찰과 논리를 통해서만 증명이 되고, 귀납적으로 축적된 개념이다. 그리고 경험주의에 바탕을 둔 행동주의에서는 학습을 경험의 결과로서 나타나는 행동의 변화라고 정의하면서, 학습을 가능하게 하는 요인은 개체의 외부에서 찾아야 하며, 외부로 드러나는 행동을 예측할 수 있는 법칙들을 탐색하여야 한다는 점을 강조한다.

그런데 이러한 경험주의적 접근은 몇 가지의 난점을 갖는다(김현재, 1999). 첫째, 모든 관념(개념·지식)의 기원이 되는 경험이 어떻게 해서 이루어지는가에 대한 설명이 불충분하다. 둘째, 관념연합론은 무엇이 관념을 결합시키는가에 대해서 제대로 설명을 하지 못한다. 셋째, 사실이란 궁극적으로 선험적 가정을 요구한다는 순환론에서 벗어나지 못한다. 넷째, 관찰가능한 사실 또는 외현적인 행동의 습득만을 강조하기 때문에 추상적 학습에의 적용이 어렵다.

따라서 오래 전부터 일부의 학자들은 이러한 경험주의 입장에 반대하면서, 개인은 환경과의 상호작용을 통하여 자신의 생각을 형성해 나간다는 구성주의를 주장하였는데, 여기에서는 개념(지식)은 단순한 감각적 자료와 귀납적 방식에 의해 형성되는 것이 아니라 환경과의 적극적인 상호작용에 의해 구성되고 발달한다고 본다.

구성주의는 원래 '인식의 대상이 무엇인가?'와 '인식은 어떻게 이루어지는가?'의 두 가지 물음에 대하여 설명하려는 존재론과 인식론에 근거를 둔 사상이라고 할 수 있는데, 이는 완전히 새로운 사상은 아니다. 구성주의는 철학, 교육철학 및 실천뿐만 아니라 과학과목에서의 학생의 개념형성에 대한 실험연구 등에서 계속적으로 논의되어 왔다. 역사적으로 보면 베이컨(Bacon), 칸트(Kant), 헤르바르트(Herbart), 딜타이(Dilthey), 후설(Husserl) 등의 이론에서 구성주의적 아이디어를 찾아볼 수 있다(Duit, 1995).

그런데 20세기 초부터의 구성주의는 근본적으로 두 가지 전통(심리학적 구성주의·사회학적 구성주의)으로 양분될 수 있다. 이 중에서 '심리학적 구성주의'(psychological constructivism)는 피아제(Piaget)의 이론에서 유래되었다고 할 수 있다. 여기에서는 학습과정을 개인이 주위세계와 상호작용을 통하여 이루어가는 개별적인 인지적 구성과정으로 설명한다. 그런데 이러한 전통은 다시 양분된다. 그 하나는 개인적이고 주관적인 패러다임의 전통으로서, 인지적 구성주의(cognitive constructivism ; 급진적 구성주의)이다. 또 다른 하나는 비고츠키(Vygotsky)와 그의 추종자들이 체계화한 이론으로, 이는 사회문화적 구성주의(sociocultural constructivism)이다. 이러한 구분은 지식의 구성을 촉진시키는 두 가지 요소인 개인의 인지활동과 사회문화적 영향(사회적 상호작용) 중에서 어디에 더 중점을 두느냐에 따라 이루어진다. 인지적 구성주의에서는 지식의 구성과정에 있어 개인의 인지적 작용을 중시하면서, 사회문화적 측면과 사회적 상호작용에는 거의 관심을 갖지 않는다. 반면, 사회문화적 구성주의에서는 개인의 인지발달과 기능은 주로 사회문화적 측면과 사회적 상호작용의 영향에 의해 이루어지는 것으로 본다.

① 수업설계에 대한 객관주의적 접근과 구성주의적 접근

객관주의가 학습의 결과에 중점을 둔다면, 구성주의는 학습의 과정에 더 강조점을 둔다. 따라서 교사는 객관주의 모델에서와 달리 지식의 전달자 역할이 아니라 학생들이 스스로 지식을 형성하는 기회와 동기를 부여하는 역할을 한다. 이에 충실하기 위해서 교사는 조정자·촉진자·자원제공자·개인교수자 및 코치의 역할을 하여야 한다. 구성주의에서는 '이해'라고 하는 것은 환경과의 상호작용에 의해서 이루어진다고 보는데, 이것은 구성주의의 핵심개념 중의 하나이다. 또한, 구성주의에서는 인지적 갈등이나 혼란은 학습을 자극하고 학습내용의 조직화에도 도움을 준다고 하여, 이의 적절한 조장이 필요하다고 역설한다. 그리고 지식은 사회적 협상을 통해서, 그리고 개인이 형성한 이해의 생태적 타당성에 대한 평가를 통해서 발달된다고 본다.

수업설계에 대한 객관주의적 접근과 구성주의적 접근의 특징을 비교해 보면 〈표 8-1〉과 같다(오만록, 1999).

표 8-1 수업설계에 대한 객관주의적 접근과 구성주의적 접근의 비교

비교 기준	객 관 주 의 적 접 근	구 성 주 의 적 접 근
현실(reality; 참된 세계)	• 학습자의 외부에 존재함 • 실재 속성 및 관계성에 의해서 결정되는 구조	• 학습자에 의해서 결정됨 • 인간의 정신활동에 의해서 좌우됨 • 마음의 산물 • 상징적 절차에 의해 구성됨
지 식	• 초역사적 · 고정적 · 초공간적 실체 • 고정되어 있고 확인될 수 있는 것	• 역사적 · 상황적 · 사회문화적 실체 • 개인의 사회적 경험에 의해 구성되는 것
지식의 형성	외부조건에 의해 결정됨(학습자와 거의 무관)	개인의 내적 작용에 의해 형성됨
마 음	• 상징의 처리자 • 자연계의 거울 • 상징을 조작하는 추상적 기계	• 상징의 구성자 • 자연계의 지각자 및 해석자 • 현실을 구성하는 개념체계
사 고	• 개인의 실제경험과 분리됨 • 외부현실에 의해 좌우됨 • 외부 현실을 반영함 • 추상적인 상징을 조작함 • 연산적인(algorithmic) 과정	• 개인의 경험과 일체화 됨 • 개인의 지각과 구성에 근거함 • 신체적 · 사회적 경험으로부터 생성됨 • 상상력에 의해 이루어짐 • 개념체계의 생태적 구조에 의한 과정
학 습	백지상태에서 외부로부터 제시된 지식의 수용	• 경험에 토대를 둔 능동적인 의미형성 과정 • 기존개념이나 아이디어의 수정 · 확대 • 세계에 대한 개인의 해석 • 다양한 시각에 대한 협상에 의해서 이루어짐
학습의 책임 및 강조점	• 학습자 • 지식전달	• 교 사 • 자기학습능력 신장
교사의 역할	• 전달자, 지시자, 권위자 • 지식의 전수자 • 교육과정 실행자	• 안내자, 조력자, 용기부여자, 지지자 • 유의미한 학습 촉진자 • 교육과정 재구성자

학 습 자 의 역 할	• 지식의 수용자	• 지식 · 이해의 구성자 • 아이디어와 의미의 구성자 • 목표설정 · 과제선정 · 수업방법 결정 · 평가활동에 참여함
교 육 목 표	지식의 습득	문제해결력의 함양
교 육 내 용	• 계획된 교육과정 • 교사/전문가에 의해서 결정 • 사실중심적 내용	• 상황적 교육과정(실질적인 과제) • 학생/학습자에 의해서 결정 • 아이디어 중심적 내용
교 육 방 법	• 지식전달적 수업, 일제수업 • 교사주도성 강조	• 자율학습, 협동학습, 소집단 활동 • 교사-학습자의 주도성 강조
평 가	• 양적 평가 : 학생들의 개인차를 확인하여 등급화 · 서열화함 • 상대평가(규준지향 평가), 표준화 검사, 선택형 검사	• 질적 평가 : 학습자의 학습과정과 결과에 대한 정보제공 및 교사의 교수효율성 확인 • 절대평가, 개별학생의 수행평가 • 수업내용(학습내용)과 연계하여 실시됨

② 구성주의적 수업모형의 본질

학습자들은 학습사태에서 나름의 자기방식으로 지식을 구성해 나간다. 학습이란 교사나 교과서(비디오, 시범, 실험)의 정보가 학생들의 머리속으로 전달됨으로써 일어나는 것이 아니라 학생들이 자신의 기존정보를 나름대로 새로운 정보와 결합시켜 지식을 구성함으로써 이루어진다. 따라서 수업상황에서는 학습자들이 자기조정적 학습활동을 통하여 지식을 구성해 나가도록 해주어야 한다. 이러한 환경이 조성되기 위해서는 교사의 주도성뿐만 아니라 학습자의 주도성도 높아야 한다<그림 8-6>. 여기에서 보는 바와 같이 구성주의 수업은 교사의 주도성만 높은 '전통적 수업', 교사의 주도성과 학습자의 주도성이 모두 낮은 '프로그램 수업', 교사의 주도성은 낮고 학습자의 주도성은 높은 '자유방임적 수업' 등과는 대조를 이룬다.

구성주의적 수업모형에서의 학습자는 능동적이고 창조적이며, 개성을 갖고 있고 무한한 발달가능성을 가지고 있다고 전제된다. 학습자는 교사가 제시하는 지식을 수동적으로 받아들이는 것이 아니라, 자기경험에 비추어 인지 · 분석 · 평가할 수 있으며, 이를 다시 재구성하고 새로운 환경과 상황에 적용할 수 있다. 학습자는 뚜렷한 개성을 가지고 있으며, 어느 누구도 똑같은 생각을 갖고 있지 않다. 그들의 생각이나 아이디어는 독창적이고, 때에 따라서는 상상을 초월할 수 있다.

그림 8-6 **구성주의 수업의 성격**

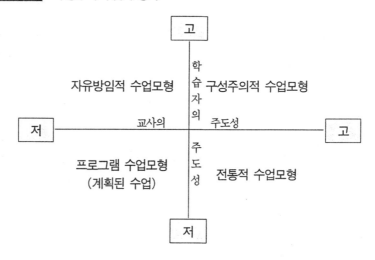

학습자는 사회적 활동을 통해 그들이 발전할 수 있는 범위를 최대한으로 넓힐 수 있으며, 사회적 교류를 통해 상대방의 생각이나 아이디어를 공유하거나 비판함으로써 어려운 문제도 풀 수 있다. 구성주의적 입장에서 보면 수업이 이루어지기 전에 교사가 가르칠 내용과 학생이 현재 가지고 있는 선개념을 파악하는 것이 매우 중요하다. 왜냐하면 학생들은 이미 형성된 개념체계에 바탕을 두고 새로운 개념을 형성하므로 선개념이 학습과정에 지대한 영향을 미치기 때문이다.

17) 공학매체활용 교수방안

언어와 문자가 발달되기 이전인 고대 선사시대의 교육방법은 주로 시범과 모방을 통한 방법이 전부였다. 그 후 언어가 발달되면서부터는 구두적 방법이 활용되었으며, 그리고 문자가 발명되고 인쇄술이 발달되면서부터는 강의법과 교과서를 활용하는 교수방법이 활기를 띠게 되었다. 교육공학(시청각 교육)의 역사적 발전은 인쇄술의 발전으로부터 시작되었다고 할 수 있다. 그러한 가운데 1658년 실학주의 교육사상가인 코메니우스(Comenius)에 의해 저술된 『세계도회』에 처음으로 삽화가 나타나기 시작하였는데, 이를 교육공학운동의 시발점으로 인정한다.

이 후 이러한 운동은 루소(Rousseau)와 페스탈로치(Pestalozzi) 등에 의해 더욱 발전하게 되었다. 루소는 "말만으로 가르치는 것보다는 사물의 직관이나 관찰을 통해 가르쳐야 한다"고 주장하였으며, 페스탈로치는 "언어란 단지 상징적인 것에 지나지 않으며, 실질적인 경험에 연결되지 않는 한 한낱 공허한 것에 불과하다"고 하였다.

교육공학운동의 발전은 시각매체를 활용하는 시각교육운동으로부터 발전하였는데, 미국을 중심으로 보면 특히 1930년대에 활발하게 전개되었다. 이 시각교육운동은 교재의 구체성을 확대하고, 시각보조물(visual aids)의 발달을 도모하여 교과과정에서 시각자료의 활용을 활성화하고자 하는 것인데, 이 운동의 대표자는 호반(Hoban)이다. 그런데 이러한 시각교육운동은 1930년대의 유성영화의 개발, 1930년대 말의 음향녹음 및 보급 등으로 인하여 청각적인 부분이 가미되어 시청각 복합매체를 활용하는 시청각교육운동으로 변모하게 되었다.

시청각 교육(audio-visual education)이란 시청각 자료(시청각 교수매체)를 교육과정에 통합시켜 적절하게 활용함으로써 학습의 효과를 증진시키려는 하나의 교육방법이다. 따라서 이를 정확하게 표현한다면 시청각 교육방법이라고 해야 할 것이다.

여기에서 말하는 시청각 자료란 보거나 듣는 자료로서, 학교에서 사용하는 모든 자료가 이에 속한다. 그러나 기술적인 의미에서 시청각 자료라 함은 데일(Dale)이 말한 것처럼, 의미를 전달하기 위해서 주로 읽기에 의존하지 않는 자료라고 정의할 수 있다. 그러므로 여기에는 칠판, 게시판, 융판, 괘도, 그림, 사진, 다이어그램, 포스터, 그래프, 슬라이드, 줄사진(film strip), 투시화, 모형, 표본, 활동모형(mock-up), 입체자연모형(diorama), 인형, 녹음자료(녹음기, 전축), 라디오, 악기, 영화, 텔레비전, 전시, 견학, 시범 등이 포함된다. 언어·문자를 통한 학습지도는 무의미한 암기에 지나지 않는 언어주의(verbalism)에 빠지기 쉬우므로 비언어적인 감각적 경험을 적절하게 제공해야 하는데, 바로 이러한 감각적 경험을 효과적으로 제공할 수 있는 것이 시청각

자료이다. 따라서 시청각 자료를 비언어적인 자료(non-verbal materials) 또는 감각적 자료(sensory materials)라고 부르기도 하고, 시청각 교육을 비언어적 교육방법으로 규정하기도 한다.

그러나 이와 같은 의미의 시청각 교육은 이미 그 자취를 감춘지 오래다. 사실, 비언어적인 것을 특징으로 하는 시청각 교육이라는 용어는 현재 별로 사용되고 있지 않다. 20세기 중반으로 접어들면서 텔레비전과 컴퓨터 등이 출현함과 동시에, 각종 통신정보와 기술공학의 눈부신 발전으로 인하여 시청각 교육이라는 용어는 1950년대 이후에는 시청각 통신(audio-visual communication)이라는 용어로 바뀌었고, 최근에는 다시 교육공학(educational technology)과 교수공학(instructional technology)이라는 용어로 바뀌어 사용되고 있다.

교수상황에서 활용될 수 있는 공학매체(교수매체·시청각매체)는 매우 다양할 수 있으나, 매체가 가지고 있는 본질적 속성에 따라 구분해 보면 시각매체·청각매체·다감각매체(시청각 복합매체) 등으로 나누어진다.

●함께 볼 만한 비디오

1. Mild Heart(감독: 도미니크 데루드데레, 주연: 피트 포슬스웨이트)
2. Tomb Raider(감독:사이먼 웨스트, 주연: 안젤리나 졸리, 존 보이트, 이에인 글렌)
3. 봄날은 간다(감독: 허진호, 주연: 유지태, 이영애)
4. Pollock(감독: 에드 해리스, 주연: 에드 해리스, 마샤 게이 하든)
5. The Legend of Bagger Vance(감독: 로버트 레드포드, 주연: 맷 데이먼, 샤를리스 테론)

▲읽어 볼 만한 책

1. 전성연 외(2001). 교수-학습의 이론적 탐색. 서울 : 원미사.
2. 김영채(1998). 사고력 : 이론, 개발과 수업. 서울 : 교육과학사.
3. 이성호(1999). 교수방법론. 서울 : 학지사.
4. 박성익(2000). 교수·학습방법의 이론과 실제 Ⅰ, Ⅱ. 서울 : 교육과학사.
5. 변영계(1999). 교수·학습이론의 이해. 서울 : 학지사.

■ **함께 토론해 볼만한 주제**

1. 가르치는 활동은 과학(기술)인가, 예술인가에 대하여 생각해 보자.
2. 전통적인 수업설계와 구성주의적 수업설계의 근본적인 차이는 어디에 있는지에 대하여 생각해 보고, 현대사회를 이끌어갈 교사로서의 자세에 대하여 논의해 보자.
3. 우리의 학교교육현장의 특징인 다인수 학급편성이 교수-학습과정의 효율성에 미치는 영향을 긍정적 측면과 부정적 측면으로 구분하여 논의해 보자.

1. 생활지도의 의미

학교에서 행해지는 교육활동은 크게 '교수–학습지도(교과지도)'와 '생활지도'로 구분된다. 그러므로 생활지도활동은 교과지도활동과 마찬가지로 중요한 교육활동이 아닐 수 없다. 교과지도활동이 주로 학생의 인지적이고 기능적인 측면의 성장·발달을 도모하는 것이라면, 생활지도활동은 학생의 인격완성을 조력하는 것이라고 볼 수 있다. 따라서 진정한 교육(전인교육)이 행해지기 위해서는 이러한 교과지도활동과 생활지도활동이 상호보완적인 관계로 실천되어야 한다.

생활지도는 영어의 'guidance'를 번역한 것인데, 이는 동사 'guide'의 명사형이다. 'guide'(안내하다)는 지도하다(direct), 이끌다(lead), 영향을 미치다(influence) 등의 의미를 가지고 있다. 이러한 맥락에서 본다면 생활지도는 학생을 올바르고 바람직한 방향으로 성장·발달하도록 이끌어주는 지도활동이라고 할 수 있다. 그러나 학교교육의 현실을 보면 아직도 생활지도를 단지 진로지도로서의 직업지도나 진학지도로만 생각하기도 하고, 단지 문제학생을 지도하는 활동으로 보기도 한다.

생활지도는 '개인들이 자기 자신과 자신의 주위세계를 이해할 수 있도록 조력해 주는 과정'(the process of helping individuals to understand themselves and their world)이라고 광범위하게 정의할 수 있다(Shertzer & Stone, 1981). 여기에 내포되어 있는 의미를 분석해 보면 첫째, 과정(process)은 계속해서 변화하는 현상을 의미하는데, 생활지도는 일시적으로만 이루어지는 것이 아니고, 목표를 향해서 진전되는 계속적인 일련의 활동이나 단계라는 의미이다. 둘째, 조력(helping)은 도와주고 이롭게 해주는 것인데, 이는 인간의 문제들을 예방·치료·개선하는 데 주목적을 둔다는 뜻이다. 셋째, 개인들(individuals)은 학생들을 의미하는데, 이는 발달과정에서 직면하는 문제를 해결하기 위해서 도움이 필요한 모든 학생들을 대상으로 한다는 의미이다. 넷째, 자신들과 자신들의 세계(themselves and their world)는 자기 자신과 자신을 에워싸고 있는 모든 환경적 조건을 말하는데, 개인은 우선 자신의 정체(identity)를 알아야 하고, 자신의 본성을 명확히 지각할 뿐만 아니라 자신의 주위세계, 자신과 상호작용하는 사람들을 좀더 깊고 완전하게 이해해야 한다.

생활지도는 학생 개개인의 성장·발달을 극대화시키고 그 잠재능력을 계발하여 현재는 물론, 미래에 어떠한 문제에 직면하더라도 그것을 그들 자신의 힘으로 유효적절하게 해결할 수 있는 능력을 길러주는 조력활동이다. 따라서 생활지도란 학생들이 일상생활에서 당면하는 문제, 즉 가정적·교육적·직업적·신체적·정서적·인성적인 제반 문제를 자력으로 해결할 수 있도록 도와주는 조직적인 봉사활동이라고 할 수 있다. 이렇게 본다면 생활지도란 결국 학생으로 하여금 모든 생활에 잘 적응하도록 도와주는 활동, 즉 자기지도와 자아실현을 할 수 있도록 조력하는 조직적인 봉사활동이라고 결론을 내릴 수 있다.

덧붙여, 생활지도의 의미를 더 분명히 하기 위해서 '상담'과 '심리치료'와의 관계에 대하여 잠깐 논의하기로 한다. 넓은 의미에서 볼 때 생활지도에는 상담과 심리치료의 개념이 포함된다. 그러나 관점에 따라서는 어느 정도 이를 서로 구분하기도 한다. <그림 9-1>에서 보는 바와 같이, 생활지도와 상담 및 심리치료는 어디에 중점을 두느냐에 따라 그 의미가 구분된다(김계현 외, 2000). 먼저 생활지도는 주로 학생들에게 필요한 정보와 조언을 제공하고 그들의 의사결정을 도와주는 활동이라고 할 수 있으며, 그리고 상담은 학생들의 행동과 태도의 변화를 도와줄 뿐만 아니라 사고장애 및 심리적 갈등을 해결하는 활동으로 개념화될 수 있다. 반면, 심리치료는 학생의 정신장애를 치료하는 보다 전문적인 활동이라고 할 수 있다. 그러나 이 세 영역은 완전히 구분될 수 있는 것이 아니고, 상호유기적인 관련성을 갖는다고 할 수 있다.

그림 9-1   생활지도·상담·심리치료의 관계

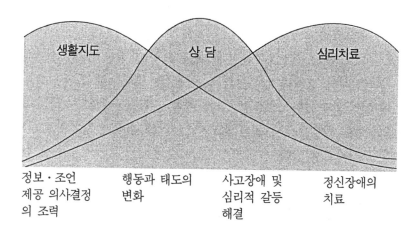

| 생활지도 | 상담 | 심리치료 |

| 정보·조언
제공 의사결정
의 조력 | 행동과 태도의
변화 | 사고장애 및
심리적 갈등
해결 | 정신장애의
치료 |

2. 생활지도의 필요성

현대교육에 있어서 생활지도는 매우 중요한 교육활동으로 인정되고 있다. 사회의 급격한 발달, 대중사회와 대중교육화, 직업의 전문화 및 세분화, 개성중심의 인간교육실천의 당위성 등에 비추어 보면 생활지도는 더욱 필요하게 된다. 생활지도의 필요성을 다섯 가지로 정리해 보면 다음과 같다(오만록, 2001).

첫째, 현대에 들어 교육인구가 증가함에 따라 교육경쟁 및 생존경쟁도 치열해졌다. 이 결과 정서불안, 개인차의 심화 등의 교육문제가 심각하게 대두됨으로써 생활지도가 절실하게 되었다.

둘째, 직업의 전문화와 세분화는 생활지도의 필요성을 더욱 부각시키고 있다. 복잡하고 다양한 직업의 전문화와 세분화로 인하여 청소년들은 자기에게 적절한 직업이 무엇인지, 어느 분야가 자신의 능력이나 적성에 알맞는가를 잘 알 수 없기 때문에 생활지도가 필요하게 되고, 적절한 직업안내와 진로지도 등 전문적이고도 객관적인 직업지도가 요청되고 있다.

셋째, 사회양상의 변화 또한 생활지도의 필요성을 증대시키고 있다. 오늘날 물질문화가 급속도로 발달함에 따라 정신문화가 이에 상응하게 발달하지 못해 문화지체현상이 나타남으로써 청소년이나 성인들의 가치관이 흔들리고 있다. 이러한 급격한 변화에 슬기롭게 대처할 수 있도록 지도하는 생활지도가 필요하다.

넷째, 개성중심의 인간교육실천에 대한 요구는 생활지도의 필요성을 높인다. 심리검사의 발달과 인본주의 교육사상의 영향으로 흥미·적성·능력 등의 개성을 중시하게 되었으며, 이에 따라 교육활동에서도 개인차를 존중하고 인정하는 방향으로 기울게 되었다. 이러한 변화는 생활지도의 필요성을 더욱 부각시키고 있다.

다섯째, 가정을 포함한 지역사회와 학교간의 유기적인 협력 또한 생활지도의 필요성을 강조하고 있다. 현대사회의 특징 중 하나는 학교와 가정·지역사회간의 상호협조가 제대로 이루어지고 있지 못하다는 것이다. 가정·지역사회와 학교간에 대화가 점차 차단됨으로 인하여 학교에서 이루어지는 교육활동을 가정·지역사회에까지 연결되지 못할 뿐만 아니라 지도상의 문제를 초래하게 되었다. 이러한 맥락에서 가정·지역사회와 학교간의 협력이 강조되는데, 이를 위해서는 생활지도가 강화되어야 한다.

현대사회에 접어들면서 학교장면에서 학생에 대한 생활지도와 상담활동이 더욱 필요하게 되었다. 이에 발맞추어 1999년 교육인적자원부에서는 종전의 교도교사나 진로상담교사의 양성과정과는 전혀 다른 '전문상담교사' 양성과정을 마련하여, 각 대학의 교육대학원 혹은 대학원에서 보다 전문적인 상담교사를 양성하도록 하고 있다.

3. 생활지도의 목적

생활지도의 목적은 크게 학생을 위한 '직접적 목적'과 학교 및 교사를 위한 '간접적 목적'으로 구분될 수 있다(이재창, 1995).

먼저, 생활지도의 직접적 목적은 학생으로 하여금 자신의 문제를 현명하게 해결하여 건전한 적응을 하도록 도움으로써 자기지도능력을 함양하도록 하는데 있다. 그러므로 생활지도는 일차적으로 학생들의 성장·발달을 돕는데 그 목적을 두게 된다. 이러한 직접적 목적은 대체로 여섯 가지로 설명할 수 있는데, 이를 차례대로 살펴보면 다음과 같다.

① 학생 개개인으로 하여금 그들 자신을 정확하게 이해하도록 돕는다(자신의 올바른 이해 조력).
② 학생으로 하여금 그가 가진 잠재력을 충분히 계발하도록 돕는다(잠재력 계발).
③ 학생 자신이 당면하는 문제사태를 정확히 파악하고, 자기노력으로 그것을 현명하게 해결할 수 있도록 돕는다(자율적인 문제해결능력 배양).
④ 학생으로 하여금 복잡·다양한 생활환경 속에서 신체적·인지적·정의적·사회적인 모든 면에서 안정되고 조화로운 성장·발달을 하도록 돕는다(전인적인 성장·발달 도모).
⑤ 학생으로 하여금 모든 환경상황에 건전하고 성숙한 적응을 할 수 있도록 돕는다(환경에의 적응 조력).
⑥ 학생들이 그들이 속한 사회를 위해서 민주시민으로서의 나름의 공헌을 하도록 돕는다(민주시민으로서의 자질 함양).

한편, 생활지도는 비단 학생들의 자율적인 성장·발달만을 돕는 것이 아니고, 교사와 학교행정가에게도 필요한 도움을 준다. 이를 생활지도의 간접적 목적이라고 하는데, 이를 네 가지로 정리하면 다음과 같다.

① 학생에 대한 생활지도활동을 통하여 교사는 학생을 보다 정확하게 이해하고 지도할 수 있다(학생에 대한 이해 및 지도 촉진).
② 교사로 하여금 생활지도를 통하여 학생의 행동을 분석하고 이해하는 기술, 즉 학생지도의 기술과 태도를 갖추게 한다(학생지도역량의 제고).
③ 학교행정가로 하여금 생활지도 프로그램의 실천을 통하여 학생들을 정확히 파악하게 하고, 지역사회와의 유대를 갖게 한다(지역사회와의 협력 강화).
④ 생활지도 프로그램은 연구활동에도 도움을 준다(연구활동 촉진).

이상에서 살펴본 바와 같이 생활지도는 일차적으로 학생들의 성장·발달을 도모하도록 계획되고 실천되는 활동이기 때문에 학생을 돕는 것이 무엇보다도 중요한 목적이 된다. 나아가 교사와 학교행정가로 하여금 학생을 이해하고 효과적으로 지도할 수 있도록 하는 데 도움을 주는 것도 생활지도의 부차적인 목적이 된다.

4. 생활지도의 원리

생활지도를 올바르게 실천하기 위해서는 인간과 교육의 본질에 대한 이해와 생활지도의 목적에 대한 인식이 선행되어야 한다. 또한, 현대교육에 있어서의 생활지도의 중요성이 왜 점증되어 가고 있는가에 대해서도 인식하여야 한다. 생활지도의 목적을 효율적으로 달성하기 위하여 취하여야 할 원리는 크게 기본원리와 실천원리로 구분될 수 있다(오만록, 2001). 생활지도의 기본원리는 생활지도를 하는데 있어서 기본적으로 유의해야 할 원리이고, 실천원리는 생활지도활동을 구체적으로 실천해 나가는데 있어서 준수해야 할 원리를 말한다.

1) 기본원리

① 학생의 존엄성 인정과 수용의 원리 : 생활지도에서는 마땅히 학생의 존엄성이 인정되어야 한다. 학생이 어떤 상태나 상황에 처해 있든 긍정적으로 수용하고 이해하여야 한다. 여기에서 수용이란 학생을 인간적인 존재로 인정하고, 그 가치를 소중히 여겨 그에게 일방적 지시나 압력 또는 명령을 해서는 안 된다는 것을 의미한다.

② 자율성 존중의 원리 : 생활지도는 모든 학생이 정상적으로 발달하도록 도움을 주는 과정이다. 그러므로 생활지도에서는 학생 자신의 문제를 파악하고 적극적으로 해결하도록 도와주어야 한다. 그러기 위해서는 스스로 문제의 핵심을 파악하고 가능한 해결방안을 탐색하여 최종적인 결정을 내리도록 하는 것이 중요하다. 따라서 생활지도에서는 학생 자신의 자율적인

판단과 자발적인 활동이 강조되어야 한다.

③ 적응의 원리 : 생활지도는 학생들로 하여금 전반적인 생활에 잘 적응하도록 도와 주는 활동이므로, 여기에서는 자신들의 현실에 순응하게 하는 소극적인 적응보다는 개인의 능력과 특성을 되살려 적극적으로 자신을 이끌어가게 하는 능동적인 적응이 강조되어야 한다.

④ 인간관계의 원리 : 생활지도에서는 학생들의 생활태도와 가치관의 변화나 인성적 감화와 같은 정의적인 학습이 강조되는데, 이러한 학습은 교사와 학생 사이에 참다운 인간관계, 즉 감성이 교류하는 관계가 성립될 때 가능해지며, 이로 인해서 생활지도가 촉진되게 된다. 생활지도에 있어서 교사와 학생 간에 친밀하고 허용적인 관계(rapport)의 조성이 필요한 것도 이러한 원리에 기인한 것이다.

⑤ 자아실현의 원리 : 생활지도의 궁극적인 목적은 모든 개인으로 하여금 자아실현을 하도록 하는데 있다. 그러므로 생활지도는 개인적인 문제의 해결, 새로운 장래의 설계, 학교생활에 대한 건전한 적응 등을 통하여 모든 학생으로 하여금 자기나름의 완성을 기하도록 조력하는 것이 되어야 한다.

2) 실천원리

① 계속과정의 원리 : 생활지도는 한 번으로 끝나는 것이 아니라 계속적인 활동으로 이루어져야 한다. 그러기 위해서 생활지도는 진급·진학이나 취업에 대한 정치활동뿐만 아니라 추후활동으로까지 연결되어야 한다.

② 전인의 원리 : 생활지도에서는 개인의 특수한 영역이나 기능의 일부만을 다루는 것이 아니며, 전체적인 면을 통합적으로 지도하여야 한다. 그리하여 모든 학생들이 조화로운 인간성(전인; 全人)을 갖추도록 해야 한다.

③ 균등의 원리 : 생활지도는 모든 학생을 대상으로 이루어져야 한다. 생활지도는 문제아나 부적응아들의 문제만을 지도하고 해결하는 것이 아니라, 전체 학생들의 잠재력을 최대한으로 계발시키는 것에 중점을 두어야 한다.

④ 과학적 기초의 원리 : 생활지도는 학생들에 대한 올바른 이해와 지도를 위해 구체적이고 객관적인 자료와 과학적인 이론을 토대로 실천되어야

한다.

⑤ 적극성의 원리 : 생활지도에서는 학생들의 문제행동에 대한 치료도 중요하지만, 그보다는 적극적인 예방지도에 더 주력해야 한다. 즉, 생활지도는 이미 나타난 문제해결이나 그 치료보다는 문제가 근본적으로 일어나지 않도록 하는 예방적인 지도에 중점을 두어야 한다. 또한 생활지도에서는 처벌보다는 사전지도(예방지도)가 앞서야 한다. 과거의 생활지도는 처벌위주였지만, 현대의 생활지도는 처벌보다는 예방에 중점을 두는 방향으로 바뀌고 있다. 처벌·위협·억압 등은 인간의 행동을 일시적으로 중단시킬 수는 있으나, 결코 근본적인 행동의 변화를 가져오기는 어렵기 때문이다.

⑥ 협동성의 원리 : 생활지도는 담임교사나 상담교사만의 업무가 아니고, 학교의 전체교사, 가정의 부모, 지역사회 인사 및 전문가의 협력활동에 의하여 실천되는 활동이어야 한다.

5. 생활지도의 영역

생활지도는 학생들의 전인적인 인간형성에 관심을 갖기 때문에 그 영역은 학생들의 모든 생활과 관련이 되어야 한다. 개인생활에서 일어나는 제반 문제는 서로 얽혀서 유기적인 관련을 가지고 있기 때문에 생활지도영역의 각 부문을 분리하여 생각하기 어렵다. 그러나 현대사회에서 학생들이 당면하고 있는 문제들을 중심으로 그 주요영역과 내용을 몇 가지로 구분하여 살펴보면 다음과 같다.

1) 학업지도(교육지도; educational guidance)

학업지도는 학업에 관한 지도로서 특히 학생들이 자신들의 개성, 흥미, 능력 등에 부합되는 학습활동을 전개하는데 필요한 정보나 자료를 제공함으로써 학생 개개인의 가능성을 최대한으로 발전시키도록 돕는 활동이다. 이 학업지도의 분야에는 학교선택문제, 학과 또는 과정의 선택문제, 학교생활의 적응문제, 학문연구문제, 특별활동의 선택, 학업부진, 학습방법 등에 대한 지도가 포함된다.

2) 직업지도(vocational guidance)

직업지도는 개개인의 직업선택과 직무능력 및 태도를 향상시키기 위한 조력이다. 직업은 개인의 경제적 생활과 개인의 인성형성에만 영향을 미치는 것이 아니고, 사회의 존립과 발전에도 중요한 역할을 한다. 직업지도에서는 직업선택, 취업 또는 취업 후의 문제 등을 중심으로 지도·조언하는 것이 필요하다.

3) 인성지도(personality guidance)

인성지도는 성격지도 또는 인격지도라고도 하는데, 개인의 건전한 인성의 발달을 도모하기 위한 지도활동을 말한다. 이 인성지도에는 건전한 인성형성에 대한 지도뿐만 아니라 심리적으로 문제가 있는 인성특성, 즉 지나친 내·외향성이나 우월감·열등감, 정서적 불안, 욕구불만, 신경과민, 정신불건강, 불건전한 습관과 태도 등 모든 개인적·심리적 부적응문제에 관한 지도가 포함되는데, 여기에는 개개인을 대상으로 하지 않으면 안되기 때문에 개별적인 생활지도활동이 요구된다.

4) 사회성 지도(social guidance)

사회성 지도란 학생들로 하여금 유능한 사회인으로서 충실한 생활을 영위할 수 있는 사회적 생활태도와 기능의 습득과 시민으로서의 자질을 배양하도록 하는 조력작용이라 할 수 있다. 여기에서는 시민으로서 준법정신과 책임과 의무를 수행하는 정신의 함양, 대인관계의 유지 및 증진, 예의범절의 준수, 친구의 선택과 교제, 사회적·도덕적 협동정신의 함양, 타인의 존중, 봉사정신의 발휘 등에 관심을 갖는다.

5) 건강지도(health guidance)

건강지도란 개인의 신체적 발달의 유지와 증진을 위한 조력을 말한다.

이의 실제적 지도로서 가정생활에 있어서는 식사문제, 수면·청결문제, 의복 등에 대한 좋은 습관과 위생관념에 대한 지도와 조언이 있어야 하고, 학교생활에 있어서는 학생들에게 보건에 대한 일반적인 지식과 방법의 습득, 간단한 치료법, 전염병의 예방법, 건강에 적당한 운동 및 올바른 습관 형성 등에 대한 지도를 하며, 사회생활에 있어서는 학생들에게 사회 전반에 대한 인식과 공중위생의 관념에 대한 지도를 함으로써 건강하게 사회활동에 적응할 수 있도록 도와주어야 한다.

6) 여가선용지도(leisure-time guidance)

여가선용지도란 개개인이 여가를 유효적절하게 이용하도록 조력하는 것을 말한다. 근로시간의 단축과 아울러 여가시간의 증가와 각종 오락시설의 보급 등에 따라 여가시간을 유효적절하게 이용하게 하는 지도가 더욱 필요하게 되었다. 여가시간을 선용하게 함으로써 개인의 인간성을 높이고, 교양을 풍부하게 할 뿐만 아니라 신체적으로나 정신적으로 새로운 활력을 얻도록 지도해야 한다.

7) 가정생활지도(family-living guidance)

가정생활지도란 학생들이 가족구성원으로서 원만한 가정생활을 영위해 나갈 수 있도록 지도하는 것을 말한다. 여기에서는 모든 학생으로 하여금 가정에서 자신의 중요성을 인식하게 하고 가족구성원, 특히 부모와의 관계에 있어서 원만성을 유지하도록 지도한다. 부모와 자녀간의 애정적이며 민주적인 인간관계는 무엇보다도 중요한 요소가 아닐 수 없기 때문이다. 따라서 가정적인 문제로 고민하거나 가정생활에서의 갈등으로 인하여 부적응 상태에 있는 학생으로 하여금 가정생활에 적응하도록 특별한 상담과 지도를 해야 한다.

8) 성에 대한 지도(성교육; sex education)

성에 대한 지도란 남성 및 여성간의 육체적 및 심리적인 관계를 건전하게 하기 위한 지도 또는 대책을 말한다. 이는 학생들이 건전하게 자랄 수 있도록 돕는 과학적이고 합리적인 활동으로서, 성의 과학을 바탕으로 하여 훌륭한 정신생활로 이끄는 지도가 되어야 함은 물론이다. 성교육을 순결교육이라고도 부르는 까닭이 여기에 있다.

성교육의 초기에는 일상생활의 기본태도를 키워주는 데에 힘을 써야 한다. 어린이가 3세 전후가 되면 이른바 질문을 많이 하는데, 이때 성에 관련된 질문을 종종 한다. 이때부터 성교육은 시작되어야 하며, 과학적인 토대 위에 전개되어야 한다. 여기에서는 ① 성에 대한 과학적인 사실, ② 성적인 현상이나 성과 관련된 문화적인 것에 대한 건전한 태도; ③ 남녀 상호간의 합리적이고도 도덕적인 적응방법 및 태도 등을 가르쳐야 한다.

먼저, 성교육의 목적은 ① 자신의 몸과 성에 대한 올바른 인식과 태도 갖추기, ② 남녀간의 올바른 인간관계 확립하기, ③ 성장과정에서 직면하게 되는 제반 성문제에 대해 올바르게 대처하기 등으로 설정할 수 있다.

그리고 이러한 목적을 달성하기 위해 지도해야 할 내용은 나열하여 제시하면 다음과 같다. ① 자신의 몸과 성에 대한 올바른 인식과 태도를 갖추는 데 필요한 내용으로서 첫째, 인간의 성별이 구분되는 것은 생명의 재생산을 위한 것이라는 기본적인 이해를 바탕으로, 새로운 생명은 부모로부터 태어나, 누구나 장차 새로운 생명을 낳을 수 있는 신체조건을 갖지만 아직 부모가 될 수 없는 이유, 생식기의 구조와 기능, 성적 감염의 예방 등의 성과 건강에 관련된 지식, 생명존중에 대한 이해 등을 고취시키는 데 필요한 내용 등이 포함되어야 한다. 둘째, 신체생리적 측면에서 자신을 이해하는 데 필요한 내용으로서, 발달단계에 따른 생식기의 구조와 기능에 대한 이해, 생명존중과 인간존중의 태도를 배양하는 데 필요한 내용 등이 포함되어야 한다. 셋째, 사춘기에서의 신체적·심리적 발달과 변화에 따라 관심이 자신의 외모에 민감하게 되고, 불안과 고민이 생기게 되는 이유와 특징을 이해하고, 개인적 적응을 도모함과 동시에, 타인을 배려하는 태도를 형성하는데 필요한 내용이 포함되어야 한다. 넷째, 개인이 생물학적 성(sex) 뿐만 아니라 심리사회적 성(gender)에 따라 구분될 수 있으며, 이는 그의 삶의 방식과 대인관계 및 사회생활에 큰 영향을 미친다는 사실을 이해하고, 자신의 성에 대한 인식과 이성에 대한 이해를 고취시키고 남녀평등의 입장에서 인간존중의 태도를 갖추는 데 필요한 내용이 포함되어야 한다.

　② 남녀간의 올바른 인간관계를 확립하는 데 필요한 내용으로서, 인간이 남성 또는 여성으로서 행복한 생활을 영위하기 위해서는 남녀에 대한 이해를 바탕으로, 이성과의 원만한 관계(교제)를 형성하는 데 관련된 내용 등이 포함되어야 한다.

　③ 성장과정에서 직면하게 되는 제반 성문제에 대해 올바르게 대처하는 데 필요한 내용으로서, 현재 및 장래에 가정과 사회의 일원으로서 살아가기 위해서 요구되는 적절한 성역할 행동, 성지식, 성의 피해와 가해, 에이즈를 포함한 성적 감염(성병), 기타 성과 문화·성과 인권 등에 관련된 내용 등이 포함되어야 한다.

6. 생활지도의 실천활동

　체계적이고 효율적인 생활지도가 이루어지기 위해서는 학생조사활동(학생이해활동; inventory service), 정보제공활동(information service), 상담활동(counseling service), 정치활동(배치활동; placement service), 추후활동(추수활동; follow-up service) 등의 다섯 활동이 상호유기적으로 실천되어야 한다.

그림 9-2　생활지도의 실천활동

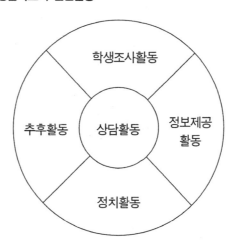

그런데 <그림 9-2>에서 보는 바와 같이 이러한 활동 중에서 상담활동이 생활지도활동의 중핵을 차지한다.

1) 학생조사활동

학생조사활동(inventory service)은 학생이해활동이라고도 하는데, 이것은 생활지도의 기초적인 단계로서 학생들을 개별적으로 이해하는 데 필요한 자료들을 수집·분석하는 활동을 말한다. 인간을 바르고 깊게 이해하는 일은 인간을 위한 모든 활동에서 매우 중요하다. 학생에 대한 정확하고 포괄적인 이해 없이는 성공적인 생활지도를 펼칠 수 없다.

학생조사활동의 대상은 가정환경, 학교성적, 특별활동, 교외활동, 교우관계, 지능, 적성, 흥미, 성격, 건강, 장래의 희망 등이다. 학생조사활동에서의 수집된 자료는 객관적이고 신뢰도가 높아야 하며, 수집된 자료는 문제해결에 필요한 사실과 요인이 포함되어야 할 뿐만 아니라 다양한 방법과 기술에 의하여 정보를 수집하고, 수집된 자료는 다음의 활용을 위해 잘 기록·보관되어야 한다.

그런데 학생조사방법에는 표준화 검사법(심리검사법), 관찰법, 질문지법, 면접법, 사례연구법, 사회성 측정법, 투사법 등이 있다.

2) 정보제공활동

정보제공활동(information service)은 이전 단계인 학생조사활동에서 확인된 학생의 문제행동을 해결하는 데 필요한 각종정보 및 자료를 제공하여 그의 개인적 성장·발달과 사회적 적응을 돕는 활동을 말한다. 이는 학생들로 하여금 그들의 제반 문제를 해결하는 데 필요한 기본지식을 갖게 하고, 자기 자신의 문제를 자율적으로 처리할 책임감을 기르며 나아가, 자기발달을 촉진하고 장애요인을 탐색하여 인식하도록 돕는 활동이다. 그런데 학생들에게 제공되는 정보는 그 성격에 따라 교육정보, 직업정보, 개인적·사회적 정보 등으로 구분할 수 있다. 특히, 이때 개인에게 제공되는 생활환경과 문제해결에 관련된 광범위한 정보는 개인의 성숙도, 필요, 흥미, 능력 등을 고려하여 유효적절하게 제시되어야 한다.

첫째, 교육정보는 교육활동 즉, 학생들이 학업활동을 해나가는 데 도움이 되는 모든 정보를 말한다. 이러한 교육정보에는 이수해야 할 교육과정, 특별활동, 상급학교 입학조건, 학생생활에 관련되는 문제와 조건 등 현재와 미래의 교육활동 및 기회에 관한 유용하고도 타당한 모든 자료들이 포함된다. 이러한 자료들은 학생들이 자기의 교육계획을 합리적으로 세우고, 교육과 학습의 기회를 최대한으로 활용하기 위하여 필요한 정보들이다. 또, 이러한 자료들은 일반교사를 비롯하여 상담교사와 학부모들도 알아두어야 할 사항들이다.

둘째, 직업정보란 직업과 직위(position)에 대한 타당하고도 유용한 자료를 의미한다. 여기에는 취업에 필요한 자격조건과 의무, 작업조건, 보수, 승진, 현재 또는 앞으로의 채용 및 증원계획, 그리고 더 필요한 정보의 원천 등이 포함된다.

셋째, 개인적·사회적 정보는 자신과 타인을 이해하고 사회생활에 필요한 정보를 말한다. 즉, 개인과 인간관계에 작용하는 인적·물적 환경에 관한 타당하고도 유용한 정보를 말한다. 이것은 학생 개개인이 자신을 보다 잘 이해하고 발전시키는 데 필요한 정보를 망라한다. 여기에는 대체로 신체발달에 관한 정보, 동기·욕구 및 행동에 관한 정보, 개인의 정서에 관한 정보, 인성 및 정신위생에 관한 정보, 사회관계에 관한 정보, 남녀의 역할 및 성(性)에 관한 정보 등이 포함된다.

3) 상담활동

상담활동(counseling service)은 생활지도의 중핵적 활동으로, 제반 문제를 해결하는 데 필요한 심리학적 전문성을 가진 상담자(counselor)와 그 지도와 조언을 받는 피상담자(내담자; counselee, client) 간의 대면적 관계에 의해서 소정의 문제를 해결하기 위한 협동적인 활동을 말한다. 여기에서는 학생들의 자율성과 문제해결력을 배양시킴과 동시에, 정신건강을 향상시키고 사회적 적응을 돕는 데 궁극적인 목표를 둔다. 상담의 목표는 상담이론이나 내담자의 발달상황 및 문제에 따라 다를 수 있으나, 대체로 이는 행동변화의 촉진, 적응기술의 증진, 의사결정기술의 함양, 인간관계의 개선, 잠재능력의 계발, 자아정체감의 확립, 긍정적 자아개념의 형성, 건전한 가치관의 확립 등으로 정리될 수 있다. 이러한 상담의 목표를 효과적으로 달성하기 위해서는 상담자가 온정, 공감, 존중, 경청, 진솔성, 자기개방(자기노출), 즉시성, 구체성(구체적 반응), 맞닥뜨리기(직면) 등의 기법을 잘 구사하여야 한다.

비에스텍(Biestek, 1973)에 의하면 상담장면에서 내담자는 기본적인 욕구를 갖는데, 이는 <표 9-1>에 나타난 바와 같이 일곱 가지로 요약할 수 있다. 상담자인 교사는 학생들의 이러한 욕구들을 잘 이해하고, 이에 적절하게 반응하여야 한다.

그렇게 되면 학생들은 교사의 이러한 이해와 반응을 어떻게든 인식함으로써 보다 적극적으로 상담장면에 몰입하여, 자신의 문제에 대한 통찰과 그 해결방안의 탐색에 전념하게 될 것이다. 이로써 상담자와 내담자간에는 친밀한 인간관계가 형성 · 유지되게 된다.

이러한 맥락에서 볼 때 친밀한 인간관계가 형성 · 유지하기 위해서는 상담자가 유의해야 할 상담의 원리에는 ① 개별화의 원리(상담자는 내담자를 독특한 개성과 특성을 가진 존재로 인정하여야 함), ② 의도적 감정표현의 원리(상담자는 내담자의 긍정적인 감정표현뿐만 아니라 부정적인 감정표현을 자유롭게 하도록 허용해야 함), ③ 절제된 정서적 관여의 원리(상담자는 내담자의 감정표현에 대한 적절한 공감적 이해를 바탕으로 그에 대한 적절한 정서적 반응을 보여주어야 함), ④ 수용의 원리(상담자는 내담자의 긍정적 측면은 물론, 부정적 측면을 거부하거나 배척해서는 안되며, 그의 입장을 있는 그대로 수용하고, 인격적으로 존중해 주어야 함), ⑤ 비심판적 태도의 원리(상담자는 내담자나 그의 행동을 비난하거나 그에 대하여 심판적인 태도를 취해서는 안 됨), ⑥ 자기결정의 원리(상담자는 내담자로 하여금 자기문제에 대한 통찰력을 갖도록 하고, 그 문제의 해결에 필요한 모든 결정은 가능한 한 스스로 하도록 해야 함), ⑦ 비밀보장의 원리(상담자는 상담을 통해 얻은 내담자에 관한 정보를 문제해결 이외의 목적에 사용하거나 공개해서는 안 됨) 등이 포함된다.

표 9-1   상담장면에서의 관계형성을 위한 원리

첫째 방향 : 피상담자의 욕구표현	둘째 방향 : 상담자의 반응	셋째 방향 : 피상담자의 인식	원리의 명칭
1. 독특성(개성)을 가진 개인으로서 인정받고 싶은 욕구	상담자는 피상담자의 이러한 일곱 가지 욕구표현을 이해하고, 이에 적절하게 반응한다.	피상담자는 이러한 상담자의 이해 및 반응을 어떻게든 인식함으로써 보다 적극적으로 상담장면에 몰입하여, 자신의 문제에 대한 통찰과 그 해결방안을 탐색한다.	1. 개별화의 원리
2. 자신의 부정적 및 긍정적 감정을 표현하고 싶은 욕구			2. 의도적 감정표현의 원리
3. 자신이 가진 문제에 대하여 공감적 이해와 반응을 얻고 싶은 욕구			3. 절제된 정서적 관여의 원리
4. 가치 있는 개인으로 존중받고 싶은 욕구			4. 수용의 원리
5. 자신 및 자신의 행동에 대하여 심판이나 비난을 받지 않고 싶은 욕구			5. 비심판적 태도의 원리
6. 자신의 문제해결방안을 스스로 선택하고 결정하고 싶은 욕구			6. 자기결정의 원리
7. 자기에 관한 비밀을 보장받고 싶은 욕구			7. 비밀보장의 원리

(1) 지시적 상담(전통적 상담)

20세기에 들어서면서 파슨스(Parsons)의 직업지도운동에서 비롯된 생활지도는 터어만(Terman), 손다이크(Thorndike) 등의 각종 표준화검사의 제작으로 더욱 발달하게 되어, 직업과 학업문제만을 다루던 생활지도는 '학생이 보다 더 바람직한 개인적 · 사회적 적응을 할 수 있도록 돕는 활동'이라는 인격계발지도의 성격을 띠고 더욱 발전하게 되었다. 지시적 상담(directive counseling)은 윌리암슨(Williamson, 1939)이 『학생상담의 방법(How to Counsel Students)』이란 저술을 낸 후부터 더욱 체계화되었다. 특히, 당시 정신위생운동은 이러한 지시적 상담의 발달을 더욱 촉진시키는 데 기여하였다.

특성이론에 근거한 지시적 상담은 임상적 상담(clinical counseling), 특성 -

요인 상담(trait and factor counseling), 상담자중심 상담, 의사결정적 상담 등 다양한 용어로 표현되고 있는데, 이는 상담자가 피상담자에게 그가 직면하고 있는 문제와 그 해결에 대한 해석을 내려 주고 필요한 정보나 제언 또는 충고를 제공해 주는 상담방법이다. 이 지시적 상담의 본질은 학생이 자신에 관하여 왜곡된 견해를 가지고 있기 때문에 학생을 좀더 객관적으로 볼 수 있는 전문가(상담자)가 학생에게 올바른 결정을 내리도록 충고와 제언을 해주는 데 있다.

지시적 상담에서의 인간관은 첫째, 인간은 선할 수 있는 가능성과 악할 수 있는 가능성을 동시에 가지고 있다. 둘째, 인간은 이성적인(합리적인) 존재이다. 셋째, 인간은 자신의 의도와 계획에 의해 자신의 생활을 영위하려는 욕구를 가지고 있다. 넷째, 인간은 진정한 자기자신이 되기 위해, 그리고 자신의 능력발휘와 욕구실현을 위해 끊임없이 노력하는 존재라고 본다.

지시적 상담의 목적은 내담자가 이성을 발휘하여 직면한 문제를 해결하도록 도와주는 데 있다. 즉, 내담자로 하여금 합리적인 문제해결과 선택을 하게 하고, 내담자의 자기이해·자기지도·자기성장을 촉진시키는 데 있다. 이를 좀더 포괄적인 용어로 설명하면, 내담자가 수월성(excellence)을 갖도록 도와주는 데 있다.

이러한 상담의 목표를 달성하기 위한 상담의 과정은 첫째, 분석(analysis)단계 둘째, 종합(synthesis)단계 셋째, 진단(diagnosis)단계 넷째, 예진(예견, prognosis)단계 다섯째, 상담(counseling)단계 여섯째, 추후지도(follow-up service)단계 등의 순서로 이루어진다.

(2) 비지시적 상담(인본주의적 상담, client 중심적 상담)

비지시적 상담(non-directive counseling)은 자아이론(self theory)에 근거한 것으로 로저스(Rogers, 1940)가 「새로운 정신치료」라는 논문을 발표하면서부터 시작되어, 1942년 그가 『상담과 심리치료법(Counseling and Psychotherapy)』이란 책을 내놓으면서 체계화되었다. 로저스는 지시적 상담을 비민주적인 상담방법이라고 공박하면서, 상담에 있어서 피상담자(학생)의 존엄성과 자발성을 강조하는 비지시적 상담방법을 주창하였다.

여기에서는 피상담자인 학생의 능동적·주도적 활동을 강조하며, 상담자는 학생 자신이 문제를 해결하는 데에 있어서 조력자·촉진자의 역할을 하게 된다. 이러한 비지시적 상담의 기본가정은 인간이 성장에의 충동(성장욕구)을 본래적으로 가지고 있기 때문에 그에게 적절한 환경을 제공해 주면 스스로 올바른 방향으로 성장·발달할 수 있고, 자아실현을 할 수 있는 건강한 존재라는 것이다(Rogers, 1951).

비지시적 상담의 목적은 내담자로 하여금 충분히 기능하는 사람(만발기능인, fully functioning person; 자아실현인)이 되도록 돕는 것이다. 이러한 상담의 목표를 달성하기 위한 상담의 과정은 다음과 같다.

① 학생이 자의적으로 도움을 받으러 온다.
② 상담자는 상담장면을 조성한다.
③ 상담자는 학생으로 하여금 자신의 문제에 대한 감정을 자유롭게 표현하도록 한다.
④ 상담자는 학생으로 하여금 문제에 대한 부정적인 감정도 표현하도록 한다.
⑤ 표출된 부정적인 감정은 성장에 도움이 되는, 아직 미약하고 잠정적인 긍정적 감정과 충돌이 일어난다.
⑥ 상담자는 학생의 부정적인 감정을 받아들이는 것과 마찬가지로 긍정적인 감정을 점차 인정하고 수용한다.
⑦ 학생이 부정적인 감정과 긍정적인 감정을 동시에 경험하게 되면 자기이해와 자기수용이 이루어지게 되고, 학생은 부정적인 감정으로 인해 바르게 볼 수 없었던 자신의 현실과 진실을 지각하게 된다.
⑧ 통찰이 뒤섞여 여러 가지 의사결정을 할 수 있는 방법이 선명하게 보이게 된다.
⑨ 학생이 점차 긍정적인 행동을 취하게 된다.
⑩ 학생은 보다 깊은 통찰과 성장을 이루게 된다.
⑪ 학생은 보다 통정된 긍정적인 행동을 점점 더 많이 하게 된다.
⑫ 이제 도움을 받을 필요를 덜 느끼게 되고, 학생은 상담자와의 관계를 종결해야겠다는 생각을 하기에 이른다.

이상과 같은 과정을 밟아 상담을 진행할 때 상담자는 그 기법으로서 무엇보다도 ① 내담자에 대한 무조건적이고 긍정적인 존중, ② 내담자에 대한 공감적 이해(감정이입), ③ 상담자의 일치성·성실성·진솔성 표현, ④ 상담자의 솔직한 태도 전달과 자기개방(자기노출) 등을 구사하여야 한다.

(3) 합리적-정서적 치료(인지·정서·행동치료; REBT)

합리적-정서적 치료는 엘리스(Ellis)에 의해 1962년부터 주장되어 온 심리치료법(이는 원래 1955년 '합리적 치료'로 시작되었음)으로서, 정서적·행동적 장애는 비현실적·비합리적·비적응적인 인지체계(사고체계)의 결과이며, 치료는 이러한 잘못된 인지과정을 재구성하는 것이라고 본다. 따라서 이 치료법은 인지재구성법(cognitive restructuring method)의 한 유형이라고 할 수 있다.

그런데 엘리스는 인간을 이루고 있는 세 가지 영역인 인지·정서·행동이 상호작용하는 과정에서 '인지'가 핵심이 되어 나머지 정서와 행동에 영향을 미친다는 관점에서 1995년부터는 '합리적-정서적 치료'라는 용어 대신 '합리적 정서적 행동치료'(인지·정서·행동치료; rational emotive behavior therapy, REBT)라는 용어를 사용하고 있다(Ellis, 1995).

이 치료법에서는 선행사건(A; antecedent) 자체가 반응으로서의 결과에 영향을 미치는 것이 아니라 그에 대한 신념(B; belief : 사고, 생각)이 매개요인으로 작용하여 반응으로서의 결과(C; consequence : 정서적/행동적 결과)에 영향을 미친다고 본다<그림 9-3>. 따라서 치료에서는 이러한 비합리적 신념(비현실적 신념)을 합리적 신념(현실적 신념)으로 대치하는 작업이 진행된다.

그림 9-3   ABC 모형

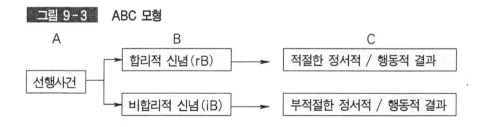

합리적-정서적 치료의 목표는 내담자가 가지고 있는 비합리적이고 비현실적인 신념을 합리적이고 현실적인 신념으로 대체하도록 하여, 융통성 있고 생산적인 삶을 살아가도록 돕는데 있다. 이를 위해서는 자기수용, 자기

지도, 사회적 관심, 관용, 융통성, 불확실성의 수용, 몰입(헌신), 과학적 사고, 모험의 실행, 비유토피아적 신념 등에 관심을 갖도록 해야 한다.

여기에서의 치료과정을 'ABCDE 모형'으로 나타내면 <그림 9-4>와 같다 (오만록, 2001). 여기에서 A는 내담자가 경험한 선행사건(antecedent) 또는 문제장면이고, B는 선행사건에 대하여 갖는 내담자의 비합리적 신념(belief)을 말한다. 그리고 C는 그러한 비합리적 신념으로 인하여 갖게 되는 부적절한 정서적/행동적 결과(consequence), 즉 문제행동을 지칭한다. 그리고 D는 내담자가 갖고 있는 비합리적 신념에 대한 치료자의 논박(dispute)을 말하며, 끝으로, E는 치료자가 내담자의 비합리적 신념을 논박한 결과에 의해서 나타나는 효과(effect)를 말하는데, 이는 적절한 정서적/행동적 결과로 나타난다. 이 모형에서의 핵심은 내담자를 정서적/행동적으로 곤란하게 하는 것 (C)은 선행사건(A)이 아니고, 내담자의 비합리적 신념(B)이라는 사실을 강조하는 것이다.

그림 9-4 ABCDE 모형

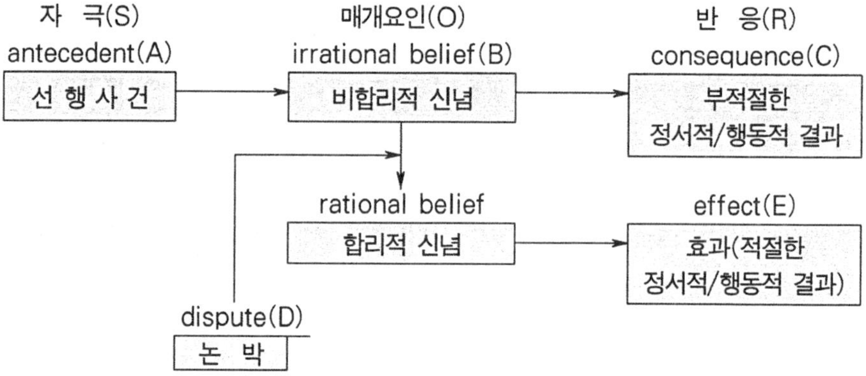

그런데 치료자는 여기에서 내담자 개인을 논박하는 것이 아니고 내담자의 비합리적 신념이 논박의 직접적인 대상임을 특히 강조해야 한다. 비합리적 신념을 합리적 신념으로 바꾸는 치료기법으로는 이러한 논박뿐만 아니라, 비합리적인 신념에 대한 모순 지적·적극적 부정·자기패배적인 자기진술 중단·합리적인(바람직한) 자기진술 연습·REBT에 대하여 이해시키는 '인지적 기법', 유머를 통한 불안감 제거·치료자의 관련 경험 제시·심

상법·수치심 극복 등의 '정서적 기법', 문제장면에서의 역할연습·상담장면 밖에서 문제해결연습을 하도록 하는 과제(숙제)의 부여·일상생활에서의 적절한 모험과 적극적인 경험을 하도록 하는 등의 '행동적 기법'들을 활용해야 한다.

(4) 정신분석적 상담(정신역동적 상담)

정신분석적 상담(psychoanalytic counseling)은 프로이트(Freud, 1943)에 의해 체계화된 것으로, 정의적 접근의 한 유형이라고 볼 수 있는데, 여기에서는 비정상적 행동이나 증상의 원인을 파악하여, 이를 제거하는데 중점을 둔다. 여기에서는 내담자의 과거에 대한 감정을 재구조화하여, 현재의 어려움에 대한 통찰을 얻게 하고 이를 수정하는 데 초점을 둔다. 즉, 문제를 일으키는 무의식적인 갈등을 의식화시켜 분석하고 처치하여 개인의 성격구조를 재구성하는 데 목적을 둔다. 여기에서는 개인 속에 내재해 있는 무의식적인 갈등의 원인을 그의 과거 생육과정, 특히 유아기 동안의 타인과의 잘못된 경험(정신적 외상)에서 찾아내고자 한다.

정신분석학에서는 의식되지는 않으나 마음 속에 잠재해 있는 갈등이 해소되지 않으면, 심리적 긴장상태로 남아 있거나 심한 경우에는 여러 가지 증상으로 나타난다고 본다. 이 무의식적 갈등 및 불안정 상태를 언어표현을 통해 의식화(자각) 시키면, 긴장 때문에 묶여 있던 에너지가 그만큼 자아기능에 활용됨으로써 개인의 의식 및 행동과정이 원활하게 된다고 본다. 언어표현 및 자각이라는 통제가능한 의식화 과정을 통해 억압된 내면감정과 긴장을 발산함으로써 통제불가능했던 불안 및 갈등적 심리를 약화 또는 진정시킬 수 있다. 다시 말하면, 무의식적 기능인 원아(原我: id)의 힘(압력)을 약화시킴으로써 의식적 기능인 자아(ego)의 힘을 강화(원아지배적 성격구조에서 자아주도적 성격구조로의 변화)시킨다는 의미, 즉 무의식적 정신과정에 대한 의식적 통제력을 증진시키기 위하여 자아를 강화한다는 의미에서 정신분석학에서는 '성격구조의 재구성'이라는 말을 쓰고 있다. 그러므로 정신분석은 무의식적 내면세계에의 의식화 작업이며, 그 치료목표는 적응적이고 문제해결적인 자아의 기능을 강화하는 데 있다고 말할 수 있다.

정신분석적 상담에서 활용되는 기법은 여러 가지가 있으나, 주로 자유연상

기법, 꿈의 분석(해석), 저항의 해석, 전이의 해석, 경청과 감정이입(empathy), 버텨주기(잡아주기; holding)와 간직하기(containing) 등의 기법이 많이 활용된다.

(5) 현실적 상담

현실적 상담(reality counseling)은 현실치료(reality therapy; RT)라고도 하는데, 이는 그래서(Glasser, 1964)에 의해 소개된 것으로, 현재까지 많은 관심을 끌고 있는 상담방법 중의 하나이다. 현실적 상담의 기본가정은 우리 모두가 성장할 수 있는 힘(growth force)을 가지고 있으며, 이 힘이 우리의 환경을 통제하면서 자신의 생래적인 욕구인 생존(survival; 생식)·재미(fun; 놀이·학습)·소속(belonging; 신뢰·사랑·협력)·능력(power; 성취·경쟁)·자유(freedom; 자율·독립)를 충족시키고 성공적인 정체감을 발전시킬 수 있다는 것이다. 따라서 현실적 상담은 통제이론(선택이론)에 그 근거를 두고 있다고 할 수 있다.

현실적 상담에서는 현실(reality), 책임(responsibility), 옳고 그름(right and wrong)인 3R을 강조한다(Glasser, 1985). 먼저, 현실적 상담은 내담자의 현실을 강조하는데, 이를 달리 표현하면 내담자로 하여금 자신의 현실에 직면하도록 하는 것을 말한다. 현실과의 직면이란 현실세계의 모든 여건을 받아들여야 한다든가, 현실세계에 대한 통제를 통해 자신의 욕구를 충족시켜야 한다는 것을 말한다. 그리고 책임이란 다른 사람들의 욕구충족을 방해하지 않는 범위 내에서 자신의 욕구를 충족시키는 것을 말하는데, 이는 자신의 행동에 대한 책임뿐만 아니라 자신의 욕구충족에 대한 책임도 포함하는 개념이다. 끝으로, 옳고 그름은 현실적으로 주어진 책임을 다하는 데 있어 매우 중요하다. 인간은 계속해서 선·악의 가치판단을 하지 않으면 안 된다. 만약 인간이 이러한 가치판단을 하지 않게 되면 그의 행동은 변덕스러워지고 일관성이 없어지거나 현실성이 없는 독단으로 흐르기 쉽다.

현실적 상담의 목표는 내담자가 성취하려고 노력하는 바를 성취할 수 있도록 도와주는 데 있다. 즉, 내담자가 현실적이고 책임질 수 있는 행동을 하고, 성공적인 정체감을 형성하여 궁극적으로는 자율성을 갖도록 하는 데 있다.

현실적 상담에서는 그 기법으로서 숙련된 유효적절한 질문, 적절한 유머, 토의와 논쟁, 맞닥뜨리기, 언어충격 등을 사용한다.

(6) 형태주의적 상담

형태주의적 상담(Gestalt counseling)은 게스탈트 치료(Gestalt therapy)라고도 하는데, 이는 펄즈(Perls, 1951)에 의해 창안된 상담 및 심리치료의 한 방법으로 특히, 1960년대부터 미국에서 유행하여 개별상담 및 집단상담, 심리치료에 많은 영향을 미쳤다.

형태주의적 상담의 목표는 크게 두 가지로 생각할 수 있는데, 그 하나는 내담자를 성숙시키고 성장시키는 것이다. 인간은 외부환경에 의존하던 개인이 자기에게로 방향을 돌리게 될 때와 책임 있는 인간이 될 때 진정한 성장이 이루어진다. 다른 하나는 내담자로 하여금 그의 감정·지각·사고·신체가 모두 하나의 전체로 통합된 기능을 발휘하도록 도와주는 것이다. 이상을 종합해 볼 때 형태주의적 상담의 목표는 내담자로 하여금 자기의 책임을 받아들이고, 자아가 제대로 기능을 발휘하도록 하는 것이다.

이러한 상담목표를 달성하기 위해 주로 사용하는 상담의 기법으로는 자기각성(욕구와 감정의 자각, 신체자각, 환경자각)하기, 대화게임(자기 부분들간의 대화)기법, 투사연기하기, 반대행동하기, 책임지기(머물러 있기; staying-with), 신체표현 활용하기, 과장하기, 빈의자 기법(empty chair technique), 뜨거운 자리(hot seat)기법, 언어적 접근(언어를 통한 각성 높이기)기법, 꿈의 작업(dream work; 꿈을 통한 각성), 실연(실연을 통한 각성) 등의 기법을 활용한다.

(7) 의사교류분석 상담

의사교류분석(transactional analysis) 상담(치료)은 인간이 자신의 초기 인생결정 또는 과거의 전제(past premises)에 근거하여 현재의 결정을 내린다는 가정에 근거를 둔 상호작용치료(interaction therapy)의 방법으로서, 정신분석가 및 정신과 의사였던 번(Berne, 1961)에 의해 처음으로 개발되었다. 그는 전통적인 정신분석적 상담이 문제행동을 치료하는 데 있어 상당한 시일이 소요되고, 내담자가 치료과정에서 수동적으로 관여한다는 점에 불만을 갖게 되었다. 그리하여 번은 자아상태(ego state; 어린이 자아·어른 자아·어버이 자아), 금지령과 대항금지령(장려령), 초기결정과 재결정, 인정자극(애무; stroke), 평가절하(에누리), 의사교류 유형(내면적 의사교류·타인과의 의사교류: 상보적 의사교류, 교차적 의사교류, 암시적 의사교류), 게임, 라켓(racket; 만성적인 부정적 감정), 생활태도와 인생각본 등의 개념을 상정하여, 인간의 사고와 감정 그리고 행동을 표현하는 방식을 이해할 수 있는 틀을 제시하였다.

의사교류분석 상담의 목표는 내담자가 그의 현재 행동과 삶의 방향에 대한 새로운 결정(재결정)을 내리도록 도와주는 데 있다. 다시 말하면 개인이 자신의 삶에 대해 책임지고 스스로를 지도할 수 있는 자율성(autonomy)을 갖도록 조력해 주는 데 있다. 그런데 개인이 자율성을 갖기 위해서는 각성(awareness), 자발성(spontaneity), 친밀성(intimacy) 등의 역량(capacities)을 갖추어야 한다.

먼저, 각성이란 어떤 가르쳐진 양식으로서가 아니고 자기자신의 양식으로 보고 듣고 느껴 인식할 수 있는 능력을 말한다. 따라서 각성적인 사람은 어른 자아가 정상적으로 독립적인 기능을 발휘하여 합리적으로 보고 듣고 접촉하여 인식(평가)할 수 있게 된다.

그리고 자발성이란 선택의 자유, 즉 선택이 가능한 여러 유형들(어버이 자아, 어른 자아, 어린이 자아)로부터 자신의 감정을 선택하고 표현할 수 있는 자유를 말한다. 즉, 이는 게임으로부터 해방되어 어릴 때 배운 감정만을 갖도록 하는 강박관념으로부터 벗어나는 것을 말한다.

끝으로, 친밀성은 순수한 직관적 지각을 지니고 여기—지금(here & now)에 살고 있는 오염되지 않은 자유로운 어린이 자아를 의미한다. 다시 말하면 숨김없이 남과 사랑을 나누고, 친숙한 관계를 맺을 수 있는 능력을 말한다. 따라서 친밀성은 자유로운 어린이 자아의 기능이라고 할 수 있다.

(8) 실존주의적 상담

실존주의적 상담(existential counseling)은 내담자의 존재를 그대로 수용하여 이해하면서 그의 역량을 스스로 계발하도록 돕는 상담방법이다. 이는 다른 상담방법과는 달리 특정 학자에 의해 창안된 단일체계의 이론에 토대를 둔 상담방법이라기 보다는 심리학·신학·철학·정신의학 등의 여러 학문분야에서 각기 발달한 이론들에 토대를 둔 상담방법이다.

실존주의적 상담은 정신분석학과 행동주의 심리학에 토대를 둔 상담방법에 대항하여 나타난 상담방법이라 할 수 있으며, 넓은 의미에서 본다면 비지시적 상담과 형태주의적 상담과 함께 인본주의적 상담방법이라고 할 수 있다.

실존주의적 상담이론의 대표적 학자로는 프랭클(Frankl)과 메이(May) 등을 들 수 있다. 이 중 프랭클은 의미치료법(logotherapy)을 창안하였다(Frankl, 1963). 그는 인간에 있어서 의미에의 의지(will to meaning)를 중요시하고, 삶의 의미를 찾기 위한 독특한 치료기법인 의미치료법을 개발하여 의미없는 삶을 살아가는 사람들을 치료하였다. 그에 의하면, 삶의 의미가 없는 것은 일종의 신경증이라 할 수 있는데, 이 상태에는 무의미, 무익함, 무목적, 공허감 등을 갖는다. 따라서 이러한 상태에서 벗어나야 하는데, 그러기 위해서는 삶의 의미를 찾아야 한다(Frankl, 1969). 이러한 삶의 의미는 어떤 창작품을 발표함으로써, 경험을 통하여 생활에 필요한 것을 얻음으로써, 또는 고통·불안에 대하여 건설적이고 긍정적인 태도를 취함으로써 찾아질 수 있다.

실존주의적 상담의 목표는 내담자로 하여금 타고난 잠재력을 실현하도록 돕는 것 즉, 내담자로 하여금 자기의 인생에서의 의미를 발견하고 발전시키도록 돕는 것이라고 할 수 있다.

실존주의적 상담에서는 그 기법으로서, 앞서 논의했던 지시적 상담의 기법, 비지시적 상담의 기법, 정신분석적 상담의 기법, 현실적 상담의 기법, 형태주의적 상담(Gestalt 치료)의 기법 및 의사교류분석(transactional analysis; TA) 상담의 기법 등을 융통성 있게 활용한다. 그러면서도 실존주의적 상담에서는 독특한 기법으로서 소크라테스식 대화, 태도의 수정, 방관(dereliction; 반성 제거), 역설적 의도(paradoxical intention), 호소(appeal)와 같은 기법을 사용한다.

첫째, 소크라테스식 대화는 상담자가 내담자로 하여금 대화(질문)를 통하여 자신의 잠재성·장단점·현실·책임 등을 이해하거나 반성하게 함으로써 자기통찰을 얻도록 돕는 것을 말한다.

둘째, 태도의 수정은 ① 논증(argument; 내담자가 타인에게 책임을 전가하는 대신, 그 책임이 자신에게 있음을 인식하도록 논쟁함), ②긍정적 암시(positive suggestion; 내담자가 자신의 문제를 성공적으로 해결할 수 있는 능력을 가지고 있음을 인식시킴), ③단순책략(simple trick; 예를 들면, 내담자로 하여금 자신이나 주변인물의 긍정적인 특성, 즉 장점에 대한 목록을 작성하게 함으로써 자신이나 주변 인물에 대해 가졌던 부정적 태도를 수정하게 하는 등의 단순한 전략)을 통하여 내담자로 하여금 자기자신과 삶, 그리고 당면문제에 대한 그릇된 태도를 변화시키도록 하는 것을 말한다.

셋째, 방관은 인간의 자기초월능력을 활용하여 지나친 자기관찰(self-observation)로부터 자유롭게 하는 기법, 즉 내담자로 하여금 자기자신이나 자신의 문제에 대하여 주의집중(집착)하는 대신, 생각을 다른 데로 돌리게 함으로써 건강하지 못한 자기반성으로부터 벗어나게 하는 것을 말한다.

넷째, 역설적 의도는 내담자로 하여금 직면한 문제나 그 증상으로부터 도피하려 하거나 그것에 대항하는 대신, 오히려 그 문제나 증상을 강화시킴으로써 그것에 집착하고 있는 자신의 모습을 보고 웃을 수 있는 기회를 제공하여 그 문제나 증상에 대한 태도를 바꾸게 하는 것으로, 강박증이나 공포증과 같은 신경증적 행동들을 단기치료하는 데 효과적이다. 예를 들면, 불면증에 시달리고 있는 학생에게 잠을 자려고 노력하는 대신, 오히려 잠을 자지 말 것을 요구하는 것이다. 대개 불면증 환자들은 쉽게 잠들지 못할 것이라는 예기적 불안(anticipatory anxiety) 때문에 실제로 더욱 잠을 못 자게 되므로, 이러한 불안을 제거해 줄 필요가 있다. 다섯째, 호소는 위의 기법들에 반응할 수 없을 정도로 의지가 약한 내담자들을 위해 고안된 기법으로, 상담자가 제안한 것을 내담자가 받아들여 수행하도록 하여 그의 약한 의지를 강화해 주는 것을 말하는데, 여기에서는 의지암시훈련(suggestive training of the will)과 의지자율훈련(autogenic training of the will)을 통하여 좀더 자기확신적이고 성숙한 성격을 구축하도록 하는데 중점을 둔다.

(9) 행동주의적 상담(행동치료)

인간의 정서와 행동을 변화시키기 위한 정신분석적 상담이론이 발전되기 이전부터 심리치료적 효과를 기대하는 여러 심리학적 접근들이 활용되고 있었다. 지금까지 개발된 많은 심리치료적 접근들은 모두 어느 정도 행동변화와 관련되어 있다. 다만, 어떤 접근은 정의적인 측면에 초점을 두고, 어떤 접근은 사고와 관념 등의 인지적인 측면에 초점을 두고, 또 다른 어떤 접근은 행동 자체에 초점을 두고 있다. 그러나 정의적 측면에 초점을 둔다고 하더라도 행동의 변화에 관심이 없는 것은 아니다. 단지, 어떤 측면의 변화에 일차적 의의를 두느냐가 다를 뿐이다. 따라서 모든 심리치료적 접근은 근본적으로 행동의 변화를 포함한다고 볼 수 있다. 그럼에도 불구하고 많은 사람들은 행동주의 심리학에 토대를 둔 행동치료적 접근에 대해 '행동치료' 혹은 '행동수정'이라는 말을 사용하고 있다. 그 이유는 아마도 치료적으로 변화시키려는 대상 및 방법적 절차의 특징 때문인 것으로 보인다. 그러므로 행동치료적 접근은 근본적으로 변화시키려는 대상이나 방법적 절차에 따라 규정하여야 하는데, 행동치료적 접근(행동치료)이란 바람직한 행동을 촉발시키거나, 바람직하지 못한 행동을 감소·제거시키기 위하여 학습심리학의 원리를 응용하는 절차와 기법을 의미한다. 따라서 여기에서는 개인의 행동적 성장과 발달을 촉발시키고, 부적응 행동자체의 치료적 변화를 추구한다.

행동주의적 상담의 목표는 학습된 구체적인 부적응행동을 감소·제거시키고, 바람직한 행동을 증강시키는 데 있다. 이러한 목표를 달성하기 위해서는 상담에 있어서 치료자의 기능과 역할이 매우 강조된다. 따라서 치료자는 적극적이고 지시적인 역할을 한다. 치료자는 자신이 내담자의 행동을 수정하고 통제하고 있으며, 의도적이건 비의도적이건 간에 자신의 행동이 내담자의 행동에 커다란 영향을 미치고 있음을 명심해야 한다. 왜냐하면 내담자는 상담자를 동일시한 나머지, 상담자의 행동을 모방하거나 상담자의 태도·가치관·신념 등을 자기의 것으로 받아들일 가능성이 있기 때문이다. 아울러, 내담자가 보여 주는 바람직한 행동을 적절히 강화해 주지 않으면 치료가 실패로 돌아갈 수 있다는 사실도 명심해야 한다.

행동주의적 상담목표를 달성하기 위해서 활용하는 기법은 크게 바람직한 행동을 증강시키는 기법과 바람직하지 않은 행동을 감소·제거시키는 기법으로 구분된다(이성진, 2001).

〈바람직한 행동을 증강시키는 기법〉

① 강 화 : 강화란 특정행동의 발생빈도를 증가시키기 위해서 그 행동의 촉발을 유도하는 자극(후속자극, 강화자극)을 적절히 관리하는 것을 말한다. 이는 특정행동을 증강시키기 위해서 어떤 자극을 제공하거나

또는 제공되었던 혐오자극을 철회하는 것을 말한다. 따라서 이러한 강화는 자극을 제공하느냐, 또는 철회하느냐에 따라 정적 강화(positive reinforcement)와 부적 강화(negative reinforcement)로 구분된다. 예를 들면, 아동이 인사할 때마다 칭찬을 제공해 줌으로써 인사하는 행동을 증강시키는 것은 정적 강화이고, 숙제를 잘 해오는 학생들에게 화장실 청소를 철회(면제)시켜 줌으로써 숙제하는 행동을 증강시키는 것은 부적 강화이다.

② **차별강화** : 차별강화란 여러 행동 중에서 어느 특정행동만을 선택적으로 강화(보상)함으로써 그 행동을 증강시키는 것을 말한다.

③ **행동형성법(점진접근법)** : 행동형성법은 학생(내담자)이 현재까지 한번도 해보지 못한 행동을 점진적으로 학습하도록 하는 방법이다. 지금까지 한번도 해본 적이 없는 새로운 행동을 가르치기 위하여 그 복잡하고 어려운 행동을 작은 단위의 하위행동으로 세분화하여, 제일 쉽고 낮은 수준의 행동으로부터 점차 어려운 행동으로 유도하여 결국 목표행동인 복잡하고 어려운 행동을 학습하도록 하는 순차적이고 점진적인 강화방법을 말한다.

④ **용암법** : 특정행동이 다른 상황에서도 발생할 수 있도록 조건(자극)을 점차적으로 숨겨가는 방법을 말한다. 이는 행동을 유발시키는 조건을 점진적으로 통제하여 일부 변화된 조건 또는 완전히 새로운 조건에 대하여 동일한 행동이 유발되도록 하는 것을 말한다.

⑤ **간헐강화** : 행동의 발생빈도를 증가시키기 위해서는 그 행동이 나타날 때마다 강화(보상)를 계속 제공하는 경우와 강화(보상)를 간헐적으로 제공하는 경우로 나누어 볼 수 있는데, 전자를 계속강화계획(continuous reinforcement schedule; CRS)이라고 하고, 후자를 간헐강화계획(intermittent reinforcement schedule; IRS)이라고 한다. 많은 연구결과에 의하면, 계속강화는 행동의 학습을 촉진시키는 반면에, 강화가 중단되면 소거가 빨리 이루어진다. 그러나 간헐강화는 계속강화보다 소거가 느리게 이루어진다. 그렇다면 학습 초기에는 계속강화가 효과적이고, 어느 정도 학습이 이루어진 뒤에는 간헐강화로 바꾼다면 바람직한 행동은 쉽게

소거되지 않을 것이다.

그런데 간헐강화계획은 다시 시간간격 강화계획과 비율 강화계획으로 세분되고, 이들은 다시 각각 고정적으로 운용되느냐, 변동적으로 운용되느냐에 따라 세분된다. 이를 도식적으로 나타내면 다음과 같다.

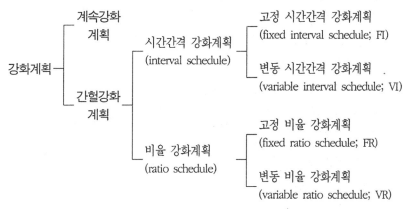

종합컨대, 계속강화는 학습은 빠르지만 소거가 쉽고, 간헐강화는 계속강화보다 학습과 소거가 모두 늦기 때문에 일단 행동이 학습되면 간헐강화로 바꾸어 주는 것이 좋다. 강화의 효과는 변동 비율 강화계획(VR)이 가장 높고, 다음은 고정 비율 강화계획(FR), 변동 시간간격 강화계획(VI), 고정 시간간격 강화계획(FI), 계속강화계획(CRS) 순이다.

⑥ 토큰강화 : 물질적 또는 사회심리적 보상을 직접 제공하는 대신 나중에 일정한 값진 물건(학용품이나 장난감 등)과 교환할 수 있는 상징적인 표(스티커, 점수, 기타 사인 등)를 강화물로 활용하는 강화방법을 말하는데, 이는 토큰경제(token economy)라고도 한다.

⑦ 행동계약 : 내담자가 어떤 행동을 수행하느냐에 따라서 그에 대한 결과로서 제공되는 강화자극(보상) 또는 혐오자극(벌)에 관해 서류상으로 협약을 맺고, 이에 따라 해당자극을 제공함으로써 행동을 수정하려는 방법을 말한다.

〈바람직하지 않은 행동을 감소·제거시키는 기법〉

① 상반행동 강화 : 부적응행동과 상반되는 행동을 강화해 줌으로써 상대적으로 부적응행동을 감소·제거시키려는 방법을 말한다.

② 소거(소멸) : 바람직하지 않은 행동의 발생률을 점차 감소시켜 결국 그 행동을 제거시키기 위해서 그 행동이 더이상 강화될 수 없도록 이제까지 제공되던 강화자극을 차단(중단)하는 것을 말한다.

③ 벌 : 바람직하지 않은 행동을 감소·제거시키기 위해서 그러한 부적응 행동의 후속자극으로 불쾌자극(혐오자극)을 제공하는 것을 말한다. 이러한 벌의 유형은 눈을 부릅뜨고 야단치는 것으로부터 체벌에 이르기까지 매우 다양한데, 이들은 모두 '제1 유형의 벌'에 해당된다. 그런데 쾌자극을 박탈(철회)하는 즉, 즐거움을 맛볼 기회를 박탈하는 것도 벌이 된다. 예를 들면, 성적이 좋지 못한 학생에게 전체 학생들이 관람하기로 되어 있는 영화를 보지 못하도록 하는 것도 벌인데, 이러한 벌은 '제2 유형의 벌'이라고 한다.

④ 타임아웃 : 바람직하지 못한 행동을 감소·제거시키기 위한 벌의 일종으로서, 그 행동을 한 학생을 일정시간동안 삭막한 장소에 격리시키는 방법이다. 이렇게 격리되게 되면 정적 강화를 받을 기회가 차단되게 된다.

⑤ 자극포화법 : 문제행동(병적 행동)을 충족시켜 줄 수 있는 자극을 정도가 지나치게 제공함으로써 그것에 대하여 질려버리게 만드는 방법을 말한다. 예를 들면, 담배를 끊고 싶어도 안 되는 사람에게 그가 피우고 싶어하는 이상으로 담배를 피우게 함으로써 아예 생각조차 못하게 하는 방법이다. 이러한 방법은 강박적 행동을 치료할 때 흔히 활용된다.

4) 정치활동

상담활동을 통하여 학생이 직면한 문제가 원만하게 해결되었으면, 생활지도활동은 종반부로 접어들게 된다. 여기에서 생활지도활동의 끝맺음이 잘되기 위해서는 학생들이 자신의 위치나 진로를 현명하게 결정하고 후속되는 상황이나 사태에 잘 적응할 수 있도록 돕는 활동이 제공되어야 한다. 이러한 활동이 바로 정치활동(定置活動, placement service)이다. 이는 모든 학생들이 그들 나름의 요구와 필요를 충족시키기 위하여 다음 단계의 계획을 세우고, 새로운 위치를 선택하도록 돕는 일체의 활동으로서, 학생들이 자신들의 진로를 정확하게 이해하여 자기 자신의 자리매김을 현명하게 선택하도록 조력하는 것이다. 그러므로 정치활동은 학교에서 반배치를 하고 좌석을 지정해 주며, 일정한 과정을 선택하게 하는 조력활동만을 지칭하는 것이 아니라 학과목이나 특별활동의 선택, 홈룸활동이나 클럽활동의 부서선택, 학교·학과의 선택, 직업의 선택이나 직장 또는 부직(Arbeit)의 알선 등을 지원해 주는 활동도 포함한다.

그런데 이러한 정치활동은 크게 교육적 정치활동(학업적 정치활동)과 직업적 정치활동으로 대별된다. 이와 같은 교육적 및 직업적 정치활동을 효과적으로 수행하기 위해서는 상담자뿐만 아니라 전교직원이 협력하여 보다 조직적이고 종합적인 계획을 수립·실천하는 것이 바람직하다.

먼저, 교육적 정치활동에는 교과활동의 선택에 대한 지도, 교과외 활동의 선택에 대한 지도, 진학·전과·전학·중퇴·월반에 대한 지도, 실습·훈련과정에 대한 지도 등이 포함된다. 이에 대하여 차례대로 논의하면 다음과 같다.

첫째, 교과활동의 선택에 대한 지도에 있어서 생활지도 담당자는 학생이 자신의 요구나 흥미에 부합되는 교과활동을 잘 선택하도록 필요한 정보와 조언을 제공해 주어야 한다. 학생이 장래 어느 방면으로 나아갈 것인지에 대하여 담임교사·학부모·학생 자신이 서로 협의하여 전공을 결정하거나, 진학을 하게 될 계통의 학과를 중점적으로 공부하도록 배치해야 한다. 이 때는 무엇보다 학생 자신의 결정이 중요하다는 것을 유의해야 한다.

둘째, 교과외 활동의 선택에 대한 지도는 과외활동을 돕기 위한 방안으로 특별활동이나 클럽활동과 같은 집단활동을 포함한다. 특별활동이나 클럽활동 등은 학생들의 교과외 시간을 활용하여 자신의 흥미세계를 확장시켜 나가는 활동이다. 따라서 학생 각자의 요구, 적성, 흥미 등에 맞는 활동을 선택할 수 있도록 지도해야 한다.

셋째, 진학·전과·전학·중퇴·월반에 대한 지도인데, 학생들의 제반 특성에 비추어 상급학교에 제대로 진학하도록 도울 뿐만 아니라 적성이 맞지 않아 고민하는 학생을 위해서는 전과나 전학을 도와 주어야 한다. 그리고 중퇴자가 있을 경우 그들의 문제를 파악하여, 이에 대한 적절한 대응책을 마련해 주어야 하며 또한, 뛰어난 학생들을 위한 적절한 월반지도와 아울러, 능력에 따른 반편성도 필요하다면 해야 한다.

넷째, 실습·훈련과정에 대한 지도는 재학 중 또는 졸업 직후에 특정 실습이나 훈련활동이 필요할 때 이루어져야 한다. 이것은 학교에서 배운 내용이나 기술을 지역사회의 산업체 또는 하급학교 및 병원 등에서 효율적인 실습이나 훈련을 하도록 하는 것이다. 이를 위해서는 먼저, 실습·훈련할 기관과 학생에 대한 정보를 수집하여 학생배치를 위한 계획을 세우고, 실습이나 훈련기관의 동의를 얻어 학생을 배치하여야 한다.

한편, 직업적 정치활동은 직업지도의 한 부분으로 졸업하는 학생이나 또는 중도퇴학자를 대상으로 하는 것이 보통이다. 그러나 직업적 정치에는 학교에 다니는 학생들 중 경제적으로 어려움을 겪는 학생에게 적절한 직업이나 부직을 알선해 주는 활동도 포함될 수 있다. 이러한 직업적 활동에는 직업정치 담당교사의 결정, 취업희망학생에 대한 조사, 취업희망학생의 직업선택에 대한 조력, 취업희망학생의 학교성적·적성·흥미검사의 결과 등의 정보자료를 관계부서에 통보하여 그를 적재적소에 배치하도록 하는 일 등이 포함된다.

5) 추후활동

추후활동(追後活動, follow-up service)이란 정치활동을 통하여 적재적소에 배치된 학생들의 추후 적응상태를 확인하여 부적응상태에 대해서는 계속적으로 적절한 조치를 취하고, 아울러 지금까지의 전체 생활지도활동의 평가 및 개선을 위한 정보를 수집하여 보다 효과적이고 질높은 후속적인 생활지도를 펼치기 위한 활동을 말하는 것으로, 이는 추수활동(追隨活動)이라고도 한다.

추후활동의 내용에는 학교를 떠났거나 과거에 지도를 받았던 학생에게 계속해서 그가 당면한 상황에 대하여 필요한 정보를 제공하는 일, 자기를 평가하고 이해할 수 있는 정보를 제공하는 일, 새로운 생활에 적응하고 있는지를 확인하는 일, 졸업생이나 중퇴생들과 계속해서 접촉하여 친화감을 유지하면서 교육적 영향력을 발휘하는 일, 학생 및 학교와 지역사회간의 유대를 긴밀하게 하는 일, 현재 지도하고 있는 학생들에게 도움이 될 만한 정보자료를 제공하는 일, 과거에 지도했던 학생들로부터 학교교육활동에 도움이 되는 건설적인 의견을 청취하는 일, 과거에 지도를 받았던 학생들을 위해 계속적으로 상담활동을 하는 일 등이 포함된다.

　추후활동의 대상은 재학생, 졸업생, 전학생, 퇴학생 등이다. 첫째, 재학생에 대한 추후지도는 학교생활에 잘 적응하고 있는 모든 재학생을 대상으로 하여, 그들이 한 학년을 마친 다음, 그들에게 제공된 생활지도의 성과가 어떠했는가를 평가하는 한편, 앞으로 도움이 되는 정보를 계속 제공하는 활동을 포함한다. 둘째, 졸업생에 대한 추후지도는 졸업생이 진학한 학교나 취업한 직장에 서신이나 전화, e-mail을 통하여, 또는 방문활동을 통하여 적응상태를 파악하고 격려하는 활동이다. 졸업생 전원에 대해서는 현실적으로 추후지도가 곤란하므로 특별히 필요성이 있는 소수의 졸업생에게라도 추후지도를 제공해야 한다. 이것은 학교를 떠난 후 어떻게 생활하고 있는지를 확인하고 또, 새로운 장면에서 직면한 문제를 해결하고, 거기에 잘 적응하도록 도우며 아울러, 그들에게 베풀어진 생활지도의 효율성을 평가하고, 학교의 생활지도 프로그램을 개선하기 위한 정보를 얻기 위한 활동을 포함한다. 셋째, 전학생에 대한 추후지도도 필요한데, 전학하는 해당 학교에 필요한 자료와 정보를 보내 그 학생에 대하여 장차 고려해야 할 여러 문제를 제안할 뿐만 아니라 일정한 시간간격을 두고 적응상태를 계속 파악하여 가능한 범위 내에서 필요한 도움도 주어야 한다. 넷째, 퇴학생에 대한 추후지도는 퇴학생이 학교를 떠나게 된 이유, 학생의 계획변경, 학생의 전학 혹은 구직 가능성, 학생의 후일 복학 가능성, 퇴학생의 현재 상황, 퇴학 이외의 다른 해결방법의 유무 등에 대하여 자세한 정보를 수집하여 분석하고, 필요한 정보를 그에게 제공해 주어야 한다. 또한, 좌절하지 않고 새로운 대안을 찾도록 권고하는 등 그 학생에 대하여 적극적인 관심과 열의를 보여야 한다.

●함께 볼 만한 비디오

1. Canon Inverse(감독: 리키 토나치, 주연: 한스 마테숀, 멜라니 티에리)
2. 아들의 방(La Stanza del Figlio)(감독: 난니 모레티, 주연: 난니 모레티, 라우라 모란테)
3. 엽기적인 그녀(감독: 곽재용, 주연: 차태현, 전지현)
4. No Time for Two(감독: 오림, 주연: 오대충, 종숙혜)
5. Doctor Zhivago(주연: 데이비드 린, 주연: 오마 샤리프, 줄리 크리스티)

▲읽어 볼 만한 책

1. 김계현(2000). 상담심리학연구 : 주제론과 방법론. 서울: 학지사.
2. 김형태(1998). 상담의 이론과 실제. 서울 : 동문사.
3. 오만록(2002). 학교교육의 이론과 실제(제2판). 서울 : 형설출판사.
4. 김계현 외(2000). 학교상담과 생활지도 서울 : 학지사.
5. 김봉환 외(2000). 학교진로상담. 서울 : 학지사.

■함께 토론해 볼만한 주제

1. 오늘날 학생생활지도가 어느 때보다도 필요한 이유에 대하여 생각해 보자.
2. 학교급별에 따른 눈높이 성교육(실질적인 성교육)의 내용과 실천방법에 대하여 논의해 보자.
3. 상담자로서의 교사가 갖추어야 할 자세에 대하여 생각해 보자.

제 10 장
신세대를 위한 교육학개론

교육평가

1. 교육평가의 발달

고대에는 측정의 방법으로 주로 구두시험형식의 문답법과 면접법이 활용되었으며, 중세에는 여기에 주관적 필답형식이 가미되었다. 그리고 근대에 들어서는 측정의 방법을 보다 객관화시키려고 노력하였다. 이에 따라 19세기 말부터는 객관적인 측정방법들이 개발되었는데, 이때 미국의 손다이크(Thorndike)가 교육측정의 선구자적인 역할을 하였다. 그는 "존재하는 것은 모두 양(量)으로 존재한다. 그러므로 모든 것은 측정할 수 있다"라는 명제를 내세우면서 교육측정운동에 나섰다. 특히, 그는 1919년 최초로 '손다이크 필법척도'(Thorndike hand writing scale)를 제작하였다.

그러나 1930년대에 들어와서 이러한 교육측정의 한계가 점차 지적됨으로써 반성기에 접어들게 되었다. 특히, 타일러(Tyler)는 8년간의 연구결과를 토대로 교육측정의 결함을 지적하였다. 이러한 가운데 1936년경부터 라이트스톤(Wrightstone)과 테일러(Tailor) 등에 의하여 교육측정이라는 용어 대신, 교육평가라는 용어가 사용되기 시작하였는데, 이러한 운동은 1940년대의 진보주의 교육사상에 힘입어 적극적으로 파급되게 되었다.

여기에서 측정(measurement)과 평가(evaluation)의 의미를 비교해 보기로 한다. 대체로 측정이란 일정한 규칙에 따라 대상의 어떤 측면에 수치를 부여

하는 활동을 말한다. 즉, 대상을 양화(量化)하는 것을 지칭한다. 반면, 평가
는 측정에서 얻어진 결과를 토대로 설정된 목적이나 목표에 비추어 가치판
단을 하는 활동을 말한다.

측정과 평가의 차이점과 상호관계에 대하여 더 구체적으로 살펴보면 첫
째, 발달과정에 비추어 볼 때 측정이 평가보다 앞선다. 둘째, 측정은 객관
적인 수량화에 중점을 두는 반면, 평가는 측정에서 얻어진 자료를 토대로
목표의 달성도를 확인하고 질적인 해석을 하는 가치판단에 중점을 둔다.
셋째, 측정은 주로 지적인 능력과 기능이 그 대상인 반면, 평가는 전인적인
발달이 그 대상이 된다. 넷째, 측정은 단속적인 의미를 가지나, 평가는 계
속적이고 연속적인 의미를 가진다. 다섯째, 측정은 그 자체가 목적이 아니
라 평가를 위한 수단이며 방법이다. 그러므로 의미상에서 볼 때 측정은 평
가 속에 포함된다. 여섯째, 측정은 주로 신뢰도와 관련되는 개념이고, 평가
는 타당도와 관련되는 개념이다.

한편, 교육평가운동이 활발히 전개되는 가운데 교육평가의 방향과 방법
에 영향을 미치는 교육관이 형성되었는데, 초기에는 '선발적 교육관'이 지배
적이었다. 그러나 현대에 들어서는 '발달적 교육관'이 더 강하게 부각되었
다. 미국의 경우 1960년대 이전에는 선발적 교육관이 지배적이었으나, 그
후에는 교육의 기회균등의 강조와 새로운 교육동향 등으로 인하여 발달적
교육관이 강조되게 되었다.

먼저, 선발적 교육관은 교육을 통하여 달성하고자 하는 어떤 목적이나
일정한 수준에 충분히 도달할 수 있는 학생은 다수 중의 일부이거나 소수
에 지나지 않는다고 보는 관점을 말한다. 교육정책에 있어서 중등이나 고
등교육을 받을 수 있는 집단은 소수에 지나지 않는다고 생각하고, 초·
중·고 및 대학에 이르는 과정에서 계속 선별적인 선발과정을 통하여 소수
의 엘리트만을 상급학교에 진학할 수 있도록 하는 피라미드식 교육제도의
실천은 바로 이러한 선발적 교육관의 한 표현이다. 그리고 학급에서 교사
가 수업을 펼칠 때 제대로 따라오는 학생도 있고, 그런대로 따라오는 학생
이 있는가 하면, 따라오지 못하는 학생도 어차피 있다고 믿는다면 이것 또
한 선발적 교육관에 따른 교육활동이라고 할 수 있다. 이러한 선발적 교육
관에서는 일정한 교육목적이나 수준에 도달할 가능성이 있는 소수의 우수

자를 사전에 선발하기 위한 평가활동과, 일정한 수업활동 후에 어느 학생이 보다 더 많은 학업성취를 이루었는가 하는 개인차 변별에 더 많은 관심을 갖기 때문에 여기에서는 상대평가(준거지향평가)체계가 강조되고, '평가관'보다는 '측정관'의 입장이 강조된다.

반면, 발달적 교육관은 모든 학생에게 각각 적절한 교수－학습활동이 제공된다면, 누구나 의도한 바의 교육목적이나 수준에 도달할 수 있다는 관점을 말한다. 이러한 교육관에서의 교육활동은 모든 학생에게 적절한 학습기회를 제공함으로써 가능한 한 모든 학습자가 의도하는 바의 교육목적을 달성하도록 하는 것이 교육정책이나 교육활동의 중심이 된다. 따라서 여기에서는 한 학생이 의도하는 바의 학습목표를 달성할 수 없다면, 이것은 학생의 책임이라기 보다는 오히려 교육의 주체자인 교사와 학교 및 교육당국의 책임이 더 크다는 교육의 책무성(accountability)을 강조한다. 이러한 발달적 교육관에서는 학생의 서열을 정하거나 학생의 선발이나 개인차를 밝히기 위한 것보다는 모든 학생이 가능한 한 의도하는 바의 목표나 수준에 도달할 수 있도록 그들에게 적절한 학습방법을 제공하고자 하는 배치를 위한 평가활동이 강조되고, 주어진 학습목표를 어느 정도 달성하였는가 하는 학습목표 달성도의 확인에 관심을 갖는 절대평가(목표지향평가) 체계가 강조되며, '측정관'보다는 '평가관'의 입장이 강조된다.

2. 교육평가의 의미

교육평가의 본질적인 의미는 학생의 교육목적 달성도를 확인·반성하는 활동이라 할 수 있다. 즉, 교육평가는 일련의 교육활동 실천과정의 최종단계로, 교육목적이나 목표에서 제시한 바람직한 행동을 학생들이 얼마나 습득했는가를 확인하고, 그에 대하여 반성하는 활동이라고 할 수 있다.

그러나 교육평가는 이처럼 학생의 교육목적 달성도를 확인·반성하는 데만 관심을 갖는 것은 아니다. 즉, 교육평가는 단지 학생평가(student evaluation)만을 지칭하는 것이 아니다. 교육평가는 교사평가(teacher evaluation), 즉 교사의 교수행위 효과성(teaching effectiveness)을 확인·반성하는 활동과,

더 나아가 교육과정(교육프로그램) 전반을 점검하는 활동도 포함하는데, 여기에서 얻어진 정보는 후속적인 교육활동의 개선을 위한 자료로 활용된다. 이처럼 교육평가는 다양한 의미를 갖는데, 이에 대하여 구체적으로 살펴보면 다음과 같다.

첫째, 교육평가는 학생들의 교육목적 달성도를 확인·반성하는 활동이다. 교육의 목적은 학생으로 하여금 바람직한 행동을 습득하도록 하는 데 있는데, 교육평가는 이러한 학생의 바람직한 '행동의 변화량'을 확인·분석·반성하는 데 많은 관심을 가진다.

둘째, 교육평가는 학생행동의 준거를 수집하고 해석하는 활동이다. 교육평가는 학생의 행동특성을 파악함으로써 교사로 하여금 학생들을 제대로 이해하게 하여 적절한 지도활동을 펼치게 한다. 학생의 인지적·정의적·심리운동적 영역의 행동준거를 수집하기 위하여 필답고사, 표준화검사, 관찰법, 면접법, 질문지법, 사례연구법, 투사법, 사회성측정법 등을 사용하게 되는데, 교육평가는 이러한 방법들을 이용하여 인간행동의 준거를 과학적으로 수집하고 해석하는 활동을 포함한다. 여기에서 얻어진 정보는 후속적인 교수-학습지도와 생활지도에 적극 활용한다.

셋째, 교육평가는 학생 개개인의 변이를 분석하여 개인차(개인내 차·개인 간 차)를 확인하는 활동이다. 여기에서 확인된 학생들의 개인차를 고려하여 그들에게 부합되는 학습경험들을 제공함으로써 성공적인 학습활동을 전개하도록 한다. 이는 각 학생들의 잠재력을 최대한으로 실현하게 하여 원만한 인간으로 성장·발달하게 한다.

넷째, 교육평가는 교육과정(교육프로그램)의 효율성을 파악하는 활동이다. 교육평가는 학생의 제반 행동특성을 측정·평가하기도 하지만, 학교의 전반적인 교육과정운영의 적절성과 효율성의 정도를 확인함으로써 교육의 질을 관리하게 한다. 여기에는 교사의 수업효율성(교육활동의 운영·관리능력)에 대한 확인·반성하는 활동도 포함된다.

다섯째, 교육평가는 학생들과 관련된 제반 환경을 평가하는 활동이다. 교육평가는 교육환경이라 할 수 있는 학교환경, 가정환경 및 사회환경 등을 평가함으로써 교육적 환경의 조성에 대한 정보를 제공해 준다.

3. 교육평가의 목적

교육평가의 목적은 여러 시각에서 규정할 수 있으나, 본질적인 면에서 볼 때 그 목적은 대략 네 가지 정도로 설명할 수 있다.

첫째, 교육평가는 학생의 교육목적과 목표의 달성도를 확인·반성하는데 그 목적을 둔다. 설정된 교육목적과 목표를 학생이 어느 정도 달성하였는가를 확인·반성하기 위하여 교육평가를 실시한다. 학생에게 바람직한 행동변화가 어느 정도 일어났는가를 알기 위해서는 평가가 필요한데, 이것은 학생의 현재 상태와 진보의 과정을 알기 위해서 필수적인 활동이다. 그런데 학생의 학업성취도는 교사뿐만이 아니라, 학생 자신도 알아야 할 필요가 있으므로 그들 자신에 의한 자기평가도 강조되지 않으면 안 된다.

둘째, 교육평가는 학생의 생활지도를 위한 기초자료를 수집하는 데 그 목적을 둔다. 학생의 생활지도를 하기 위한 기초자료를 얻기 위해서 교육평가가 필요하다. 효과적인 생활지도를 실천하기 위해서는 먼저 학생에 대한 조사활동이 이루어져야 한다. 여러 가지 방법을 통하여 생활지도의 대상인 학생에 관한 자료를 수집하여야만 이를 토대로 효율적인 생활지도가 이루어질 수 있다. 이러한 자료의 수집은 바로 교육평가를 통해서 이루어진다.

셋째, 교육평가는 학교의 교육활동에 대한 효율성을 점검하고 반성하는 데 그 목적을 둔다. 교육평가는 학교의 모든 교육활동의 효율성에 대한 자료를 얻기 위해서도 필요한데, 이는 설정된 교육목표, 선정·조직된 교육내용 및 사용된 교재·보조교재, 교수-학습지도활동(교과지도활동) 및 생활지도활동, 교육평가 자체 등이 바람직한 교육효과를 올리는 데 적절한 역할을 하였는가를 확인·반성하게 한다.

넷째, 교육평가는 교육의 향상을 위한 학교 및 학급의 경영활동에 관한 자료를 수집·분석하는 데 그 목적을 둔다. 학교에서 행해지는 조직활동은 학생들이 바람직하게 성장·발달하도록 직접 지도하는 '교육활동'과 이러한 활동을 효과적으로 뒷받침하기 위한 '행정 및 경영활동'으로 구성된다. 교육의 향상을 위한 학교 및 학급운영자의 자질, 학교의 시설 및 교육환경, 학교제도, 교육행정 등의 교육 전반에 대한 행정 및 경영활동의 적절성을 파악하기 위해서도 교육평가가 필요하다.

4. 교육평가의 기능

전술한 바와 같이 교육평가는 일련의 교육활동을 마무리짓는 단계로서 교육목적이나 목표의 달성도를 확인·반성하는 것뿐만 아니라, 교육활동 자체의 효율성을 점검하여 교육활동의 개선에 대한 자료를 제공한다. 교육평가의 기능은 여러 측면에서 생각해 볼 수 있으나, 여기에서는 대략 일곱 가지로 정리하여 살펴보기로 한다.

첫째, 교육평가는 학생의 학습정도를 진단하고, 그에 대한 적절한 조치를 취하도록 한다. 교육장면에서는 학생에 대한 정확한 진단이 선행되어야만 효율적인 수업활동을 전개할 수 있다. 따라서 교육의 과정에서 선수학습의 정도라든가, 심신발달상태를 파악하고 아울러, 학습에 있어서의 문제점 등을 밝혀내, 그것을 교정해 주는 데 교육평가가 지대한 역할을 한다. 교육평가에서 얻어진 자료에 의해서 타당한 교육계획을 수립하여 효율적인 교육활동을 전개하게 된다.

둘째, 교육평가는 학생의 학습을 촉진시킨다. 교육평가는 학습동기를 유발시키는 기능을 갖고 있다. 평가를 통하여 학생들은 자신의 학습력을 확인하고, 이를 통해서 학습결손을 보충하여 좋은 성적을 올리려는 동기가 유발되기 때문이다.

셋째, 교육평가는 학생의 생활지도에 관한 자료를 수집한다. 생활지도를 위해서는 대상학생의 정서·능력·흥미·성격은 물론이고, 그 학생을 둘러싸고 있는 학교·가정·사회환경에 대한 광범위하고 정확한 이해가 필수적인데, 교육평가는 이러한 기초자료를 제공해 준다.

넷째, 교육평가는 학생으로 하여금 자기평가를 하게 하여 자신을 이해하게 한다. 교육평가에 있어 학습자의 자기평가를 중시하는 경향은 최근에 들어서 현저히 늘어나고 있는데, 이러한 현상은 자율적인 학습체제의 확립에 의해 나타나게 되었다. 이는 성적평가를 비롯한 제반 교육평가에 있어서 학습자 자신의 자기평가가 수반되어야 한다는 점과 교육활동 가운데 학습자가 자기평가를 행하여 자기이해를 넓힐 수 있는 기회를 많이 주어야 한다는 점, 그리고 자기평가를 통해서 자기교육체제, 즉 학교교육 후에도 자율적인 학습이 계속 유지되어야 한다는 점 등에 근거하고 있다.

다섯째, 교육평가는 교육활동 전반을 점검하여 개선하게 한다. 학교교육 장면에서 교육평가는 교육목적 및 목표의 설정, 교육내용의 선정·조직, 교수-학습지도 및 생활지도, 교육평가에 대한 보다 객관적이고 신뢰할 수 있는 자료를 제공하기 때문에 교육활동의 효율성을 높이는 데 도움을 준다.

여섯째, 교육평가는 교육정치(教育定置, educational placement)의 기능을 수행한다. 교육장면에서는 개인차를 존중하여 이에 맞는 최적의 교육기회와 학습환경을 부여하여야 한다. 교육정치란 학생이 지닌 능력·소질·성격·체력 등을 충분히 파악하여, 그들이 지닌 능력이나 조건에 알맞은 교과지도와 생활지도를 받도록 적절한 과정이나 위치에 배치시키는 것을 말한다. 이때 교육평가는 학생의 올바른 정치를 위한 자료를 제공한다.

일곱째, 교육평가는 학교교육에 대한 질을 관리함으로써 교육수준을 향상시킨다. 국가와 사회는 학교교육에 대하여 일정한 기대수준을 가지게 되는데, 교육성과가 그 기준에 미달할 경우 그 원인을 규명하고 적절한 사후조치를 취함으로써 교육의 질을 관리하게 한다. 이때 교육평가는 교육의 수준을 측정하고 이에 대하여 적절한 조치를 취하게 함으로써 학교교육의 수준을 향상시킨다.

5. 교육평가의 영역

교육평가의 영역은 그 분류기준에 따라 다양하게 구분할 수 있다. 여기에서는 교육평가의 영역을 크게 학생에 대한 평가, 교육활동 및 교사에 대한 평가, 환경에 대한 평가, 교육체제에 대한 평가 등 네 가지로 구분하여 설명하기로 한다.

첫째, 교육평가의 주요영역 중의 하나는 학생에 대한 평가이다. 그런데 학생의 평가에는 학력평가, 지능평가, 적성평가, 성격평가, 신체 및 체력평가 등이 포함된다. 먼저, 학력평가는 학생평가에 있어서 중요한 평가영역으로 대부분의 평가가 학력을 중심으로 행해지고 있다. 그리고 지능평가는 학업성취의 기초가 되는 지능의 정도를 측정하고자 하는 평가영역인데, 이의 측정을 위하여 여러 가지 측정도구(지능검사)가 개발되어 있다. 또한, 학생에 대한 평가에는 적성평가도 포함된다. 적성은 지능의 영역과 밀접한 관계가 있으나, 지능이 인간의 일반적이고 기본적인 능력을 지칭하는데 반해, 적성은 특수능력, 즉 과학이나 어학에 대한 소질 등과 같은 분화된 능력을 지칭하는데, 이러한 특정 영역의 능력을 측정하는 것이 적성평가이다. 또한, 교육평가는 성격평가를 통하여 학생을 이해하고 그의 문제행동을 진단하여 효율적인 생활지도를 펼치는 데 있어 필요한 자료를 제공한다. 끝으로, 신체 및 체력평가도 학생에 대한 평가의 중요한 영역에 해당된다. 모든 학생들에게 전인교육을 실천하기 위해서는 이러한 평가에도 많은 관심을 가져야 한다.

둘째, 교육평가의 중요한 또 하나의 영역은 교육활동 및 교사에 대한 평가이다. 학생의 성장과 발달을 촉진하기 위하여 실천되는 교육활동 자체를 평가하는 것은 대단히 중요한 의미를 가지는데, 여기에는 교과과정, 학교행사활동, 홈룸활동, 학생회활동 등의 평가가 포함된다. 또한, 교사는 학습자의 환경 가운데서 가장 영향력이 크기 때문에 교사에 대한 평가도 이루어져야 하는데, 여기에서는 교사의 지도내용, 지도방법 및 지도능력 등이 평가의 대상이 되며, 나아가 교사의 인성·교육관·가치관 등도 평가의 대상이 된다.

셋째, 교육평가의 또 다른 영역 중의 하나는 환경에 대한 평가이다. 학교 및 학급의 제반 환경은 교육의 효율적인 실천에 직접·간접으로 영향을 미치므로 이러한 환경에 대한 평가를 통하여 교육효과를 높일 수 있는 방안이 강구되어야 한다. 학교 및 학급환경을 가장 단순하게 구분하면, 심리적 환경과 물리적 환경으로 나누어 볼 수 있다. 이 중 심리적 환경은 주로 학습자 집단과 교사집단의 상호작용에 의해 결정되는데, 이러한 환경은 학습자 개개인에게 커다란 영향을 미친다. 즉, 학교 및 학급집단의 성격이나 특성에 따라서 학습자의 인지적 행동특성 뿐만 아니라 정의적 행동특성도 영향을 받게 된다. 흔히 심리적 환경을 사회적 풍토라고도 하는데, 학교 및 학급의 구성원들의 행동특성에 의해 결정되는 이러한 사회적 풍토는 결국 교육의 질을 결정하는 데 지대한 영향을 미치기 때문에 그에 대한 평가도 중요하다. 또한, 학교 및 학급의 물리적 환경도 평가의 대상이 되는데, 학교의 기본시설, 교지 및 교사(校舍), 실험실습 기자재, 교구 등이 여기에 포함된다.

넷째, 교육평가의 또 다른 영역은 교육체제에 대한 평가이다. 교육행정조직에 대한 평가와 학교교육의 기능과 역할에 대한 평가가 이에 속한다. 먼저, 교육행정조직에 대한 평가는 현행조직의 일반적인 장점과 문제점, 그리고 이에 대한 대처방안, 행정적 조치의 강도와 각 학교의 자주성 정도, 행정당국과 학교의 관리직 내지 교직단체간의 관계 등이 그 대상이 된다. 그리고 학교교육의 기능과 역할에 대한 평가는 학교교육 자체가 학생 개개인의 측면과 사회·국가의 측면에서 그 효율성을 확인하는 것이다. 이러한 평가활동을 통해서 교육의 질을 관리하게 된다.

6. 교육평가의 유형

교육평가의 유형은 그 준거에 따라 여러 가지로 분류될 수 있다. ① 평가기준에 따라 상대평가(상대비교평가·규준지향평가)·절대평가(절대기준평가·목표지향평가)로, ② 수업과정에 따라 진단평가·형성평가·총합평가(총괄평가)로, ③ 비교여부에 따라 비교평가·비비교평가로, ④ 형식성에 따라 형식적 평가·비형식적 평가로, ⑤ 시점에 따라 사전평가·사후평가로, ⑥ 방식에 따라 양적 평가·질적 평가로, ⑦ 평가의 주체에 따라 내부평가(자체평가)·외부평가로, ⑧ 발달역사에 따라 전통적 평가·대안적 평가(수행평가)로 분류된다.

이와 같이 교육평가는 접근하는 시각에 따라 여러 가지 유형으로 개념화시켜 볼 수 있다. 여기에서는 먼저, 우리의 교육평가 실제에서 중요하게 다루어지고 있는 상대평가(상대비교평가·규준지향평가)와 절대평가(절대기준평가·목표지향평가)를 대비시켜 논의하고, 이어 학교학습상황과 밀접히 관련지어 이루어지는 진단평가, 형성평가, 총합평가의 세 가지 유형에 대하여 살펴보기로 한다. 끝으로, 전통적 평가방법의 문제점을 보완하기 위해 나타난 대안적 평가방법으로서의 수행평가에 대하여 논의하기로 한다.

1) 평가기준에 따른 유형

(1) 상대평가

상대평가는 상대비교평가 또는 규준지향평가라고도 하는데, 이는 학생을 그가 속해 있는 집단구성원들의 점수결과에 비추어 상대적 서열로 나타내는 방법을 말한다. 따라서 상대평가에서는 주어진 교육목표의 달성도와는 상관없이, 각 학생이 다른 학생보다 점수가 높은가, 낮은가에 따라서 그의 위치(서열·석차)를 결정하게 된다. 그러므로 한 학생의 점수가 높다고 하더라도 그 집단의 다른 학생의 점수가 높으면 상대적으로 그 학생의 위치는 낮아지게 되며, 반대로 그의 점수가 상당히 낮다고 하더라도 다른 학생의 점수가 낮으면 상대적으로 그 학생의 위치는 높아지게 된다. 그렇기 때문에 여기에서의 평가기준은 집단의 내부에서 결정된다.

상대평가는 사물의 특성분포처럼 학습자의 능력이나 학업성취가 정규분포(정상분포; normal distribution)를 이룬다는 전제하에서 출발한다. 그러므로 교사는 자신이 아무리 효과적인 교수활동을 전개한다 하더라도 거기에는 우수한 학습자와 열등한 학습자가 존재하기 마련이라고 믿는다. 교사는 학습장면에서 충분한 학습을 하는 학생도 있고 불충분한 학습을 하는 학생도 있으며, 또한 실패하는 학생도 당연히 있기 마련이라고 기대한다. 상대평가의 기준은 전술한 바와 같이 학생집단의 내부에서 결정되는데, 학생들이 획득한 점수들이 바로 그것이다. 각 학생이 획득한 점수가 다른 학생들의 점수보다 높은가 또는 낮은가에 따라 그의 상대적 위치가 달라진다. 따라서 표시되어 나온 수치(석차)는 교육목표의 성취도라기 보다는 같은 학생집단에서의 위치·서열을 의미하는 것이며, 그 이상의 의미를 주지는 못한다. 상대평가체제는 주로 학생들의 개인차를 밝혀내는 데 초점을 두기 때문에 '선발적 교육관'의 입장을 취한다.

끝으로, 상대평가체제의 장·단점에 대하여 살펴보기로 한다(오만록, 2001). 먼저, 상대평가의 장점을 살펴보면 첫째, 학생들의 개인차의 변별이 용이하다는 점이다. 상대평가는 여러 개인의 상대적인 비교를 기초로 하여 이루어지는데, 이러한 비교는 근본적으로 각 개인이 가진 개인차를 인정함으로써 가능하다. 둘째, 교사의 편견을 배제할 수 있다. 상대평가는 객관성 있는 개인차 변별을 강조하며 검사의 제작기술과 엄밀한 성적표시방법을 채택하고 있기 때문에 교사의 편견이 개입될 가능성이 적다. 셋째, 외발적인 동기유발에 도움이 된다. 학교에서 실시하는 모든 시험은 그 결과로 얻어지는 자료수집에 목적이 있기도 하지만, 학생 상호간의 경쟁을 통하여 더욱더 열심히 공부하게 하는 자극제가 되기도 한다.

반면, 상대평가의 단점은 첫째, 교육목표의 달성도에 상관없이 학생들의 등급을 매기고 서열을 정함으로써 지적 계급주의를 발생시킨다. 둘째, 평가의 기준은 그 집단 내부에서만 통하기 때문에 타집단과의 비교가 불가능하다. 셋째, 참다운 학력평가가 불가능하다. 넷째, 학생들간의 경쟁의식을 지나치게 조장할 우려가 있어 학생의 정신건강에 좋지 않은 영향을 미칠 수 있다. 다섯째, 인간의 발전가능성에 대한 신념이나 교육의 효과에 대한 신념을 흐리게 할 우려가 있다. 여섯째, 현대 학습이론에 부합되지 않는다. 현대 학습이론은 외발적인 동기가 아니라 내발적인 동기유발을 권장하고 있을 뿐만 아니라 적절한 교수활동에 의해 거의 모든 학생에게 만족스러운 성취를 가능하게 할 수 있다는 입장을 취하고 있는데, 상대평가는 이를 인정하고 있지 않다.

(2) 절대평가

절대평가는 절대기준평가 또는 목표지향평가라고도 하는데, 이 평가체제는 학생을 그가 속해 있는 집단구성원들의 점수결과에 비추어 나타내는 것이 아니라, 주어진 교육목표를 실질적으로 어느 정도 달성하였는가 즉, 교육목표의 달성도에 의하여 평가하는 방법이다. 따라서 절대평가체제에서는 평가기준이 되는 구체적인 교육목표가 사전에 반드시 설정되어야 하고, 학습 후의 학생의 학업성취도는 이 교육목표를 직접적으로 반영하여 평가되지 않으면 안 된다.

오랜 기간 동안 상대평가체제가 학교교육에서 채택된 것은 공교육제도가 선발적 교육관에 그 기초를 두고 있었기 때문이었다. 상대평가는 선발적인 교육체제의 맥락 속에서 발전되고 정당화되었다. 그러나 학교교육의 목적이 높은 수준의 교육을 받기에 알맞은 소수의 학생을 선발하고 예언하는 데 있는 것이 아니라 모든 학생들의 능력을 최대한으로 개발시키는 데 있는 것인 만큼, 이러한 '발달적 교육관'에 부합되는 새로운 평가체제로서 절대평가체제가 필요하게 되었다. 따라서 선발적 교육관에서 발달적 교육관으로의 변화는 절대평가체제의 출현의 원동력이 되었다. 또한, 교육의 질적 관리에 대한 관심의 증대도 절대평가체제의 필요성을 더욱 높였다. 일정한 교육기간 동안에 투입된 물적·인적 자원이 올바르고 효과적으로 활용되었는가에 대한 판단은 학습자가 교육목표를 얼마만큼 달성했는가를 평가하지 않고서는 불가능하다.

한편, 교육과정의 설계에 있어서의 새로운 동향도 절대평가체제의 강화에 영향을 미쳤다. 즉, 교육효과를 높이기 위한 교육목표의 구체화, 교육내용의 적절화, 교수활동의 효율화, 그리고 이에 입각한 평가 및 평가결과의 활용이 강조됨으로써 절대평가가 더욱 필요하게 되었다.

절대평가의 특징은 검사의 타당성을 강조하는 데 있다. 상대평가체제에서는 검사도구의 신뢰도가 크게 강조되는 반면, 절대평가체제에서는 타당도, 즉 원래 측정하려고 의도했던 교육목표를 얼마나 충실하게 측정하고 있느냐를 강조한다. 또한, 절대평가체제는 효과적인 교수활동에 의하여 모든 학생이 설정된 교육목표를 달성할 수 있다고 믿기 때문에 자연히 검사 점수의 분포는 부적 편포(負的 偏布), 즉 오른쪽으로 치우친 분포곡선이 될 것을 기대한다<그림 10-1>. 또한, 절대평가체제는 인간의 무한한 가능성과 교육의 효과에 대한 신념을 믿는다. 반면, 상대평가체제에서는 어느 집단이든 성공적인 학생과 실패적인 학생들이 섞여있기 마련이며, 그것은 극히 자연스러운 현상이라고 믿고 있다. 그러나 절대평가체제에서는 인간이 노력하기에 따라서 무한히 발전될 수 있으며 또한, 학습자는 누구나 그에게 알맞는 학습기회가 제공된다면 주어진 교육목표에 도달할 수 있는 가능성이 있다는 신념을 강조한다. 절대평가체제는 인간의 무한한 가능성과 교육의 효과에 대한 신념을 기초로, 교육을 통해 모든 학생들이 기대했던 목표에 도달할 수 있다는 기본철학을 신봉한다.

그림 10-1   정규분포와 부적 편포

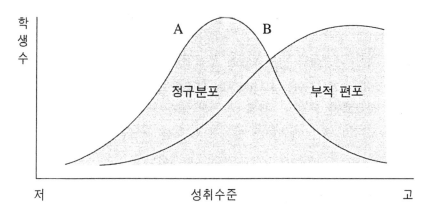

끝으로, 절대평가체제의 장·단점에 대해서 살펴보기로 한다(오만록, 2001). 먼저, 절대평가의 장점을 보면 첫째, 교육개선을 위한 실질적인 자료를 제공한다. 여기에서는 평가의 결과를 누가적으로 비교·검토하게 함으로써 교육의 질적 향상을 도모할 수 있다. 둘째, 교수-학습활동의 개선에 도움을 준다. 학습자가 성취하고 있는 학습부분과 실패하고 있는 학습부분을 발견하기가 매우 쉬우며, 교수-학습활동에서 보충 또는 개선되어야 할 부분이 무엇인가를 쉽게 알 수 있게 해준다. 따라서 학습자 개개인의 학습진전상황을 밝혀 알맞은 지도를 실시하는 데에도 유리하다. 셋째, 학생들에게 성공감과 성취감을 맛보게 한다. 목표지향적인 평가이기 때문에 설정된 교육목표가 달성되었을 때 학습자에게 보다 많은 성취감 또는 성공감을 갖게 해준다. 그럼으로써 학생들의 긍정적인 자아개념과 정서발달을 가능하게 하여, 정신건강에도 도움을 준다. 또한, 이러한 요소들은 학습에 대한 내발적인 동기유발의 요인으로 작용하게 된다. 넷째, 의미있는 점수를 제공해 준다. 절대평가에서 얻어진 점수결과는 그 점수 자체가 중요한 의미를 갖는다. 즉, 점수가 높을 때에는 그만큼 설정된 교육목표에 가깝게 도달되었음을 의미하고 반대로, 낮을 때에는 목표에 그만큼 미달하고 있음을 의미한다. 다섯째, 협동학습을 조장한다. 학습장면에서 학생들간의 경쟁보다는 협동을 강조함으로써 협동학습을 촉진시킬 수 있다. 여섯째, 불필요한 지적 능력의 구분을 배제한다. 학생들의 등급과 서열을 매겨 학생들의 능력을 구분하는 지적 계급주의를 배격한다.

　한편, 절대평가의 단점을 보면 첫째, 학생들의 개인차 변별이 어렵다. 학습자 개인간의 능력비교는 어렵고, 우열을 판정하기도 쉽지 않다. 둘째, 학습활동에 대한 외발적인 동기유발에 부적절하다. 학습장면에서는 외발적인 동기유발방법도 중요하게 작용하는데, 학생들의 경쟁을 통한 외발적 동기유발에는 적절하지 못하다. 셋째, 통계적 활용에 난점이 있다. 통계처리는 정규분포이론하에서만 가능하기 때문에 이러한 정규분포를 인정하지 않는 절대평가에서는 통계처리가 불가능하며, 통계처리를 한다 해도 아무런 의미가 없다. 넷째, 절대기준의 설정에 어려움이 있다. 가장 큰 문제는 절대기준을 설정하는 일인데, 이는 매우 어렵다. 절대기준을 설정하기 위해서는 각 교과의 학문구조에 대한 분석과 학습과제의 위계적 분석이 필수적으로 요구되는데, 그 작업이 고도의 전문성을 요구하기 때문이다. 교육에 있어서 절대기준은 교육목표이지만, 이러한 교육목표를 누가 정하고 어떻게 정하느냐 하는 것은 결코 쉬운 일이 아니다.

2) 수업과정에 따른 유형

(1) 진단평가

　의사가 환자를 효과적으로 치료하기 위해서 필수적으로 먼저 해야 할 일이 환자의 상태에 대한 정확한 진단인 것처럼, 교육활동에 있어서도 교사가 효과적인 교수학습지도를 하기 위해서는 학습자가 가지고 있는 출발점행동(기초학력의 정도, 선행학습의 정도, 언어능력 등의 인지적 출발점행동과 학습흥미, 학습동기, 성격특성 등의 정의적 출발점행동), 즉 학습준비도를 제대로 파악해야 한다. 이처럼 일정한 수업에 들어가기 전에 학습자의 출발점행동을 확인하는 평가를 진단평가라고 한다.

　진단평가는 교수학습지도에서 여러 기능을 가지게 되는데, 이러한 기능을 대략 네 가지로 정리하면 다음과 같다(황정규, 1998).

　첫째, 출발점행동(인지적·정의적 출발점행동)을 확인하여 적절한 후속조치를 취하게 한다. 어떤 교과나 단원의 학습을 위해서는 학습자의 출발점행동을 정확히 확인하여, 그 후속조치가 필요할 경우 해당 조치를 취해야 한다. 교수활동은 학생들이 현재 가지고 있는 능력수준과 지식·기능 및 정의적 특성을 토대로 전개될 때 보다 훌륭한 효과를 기대할 수 있다. 둘째, 학생들을 특정의 하위코스나 소집단에 정치(定置; 배치)하고자 할 때 그에 대한 증거를 제공해 준다. 셋째, 학습의 중복을 피하게 해준다. 학생이 이미 알고 있는 내용을 중복해서 학습하게 하면 시간과 노력의 낭비는 물론, 학습자의 학습흥미를 잃게 할 염려가 있는데, 이를 예방하기 위해서 진단평가가 필요하다. 넷째, 학습곤란에 대한 사전대책을 포함한 교수전략의 수립에 도움을 준다. 진단평가는 학습자의 기초학력·선행학습정도·적성 등의 인지적 특성과 흥미·태도·성격 등의 정의적 특성을 밝혀, 이를 토대로 적절한 교수전략을 세우게 하는 데 도움을 준다.

진단평가의 유형에는 출발점행동 확인을 위한 진단평가, 정치를 위한 진단평가, 그리고 교수전략수립을 위한 진단평가 등이 었는데, 이에 대하여 차례대로 살펴보면 다음과 같다.

첫째, 출발점행동 확인을 위한 진단평가인데, 모든 학생들은 동등한 기초학력이나 특성을 갖고 있지 않으므로 이들을 동일한 출발점에서 지도한다는 것은 잘못된 것이다. 새로운 학습에 들어가기 전에 필수적으로 학습해야 할 과제의 숙달이 불충분한 학생과 충분한 학생을 함께 배치하여 수업을 진행시킨다면 만족스러운 학습결과를 기대하기 어렵다. 학생이 새로운 학습과제에 임할 때 가지고 있는 인지적·정의적 행동특성을 진단하는 데 이용되는 평가를 출발점행동 확인을 위한 진단평가라고 한다.

둘째, 정치를 위한 진단평가인데, 여기에는 학습자의 학교간 정치(배치)를 위한 진단평가와 학습자의 학교내 정치를 위한 진단평가, 그리고 학습자의 학급내 정치를 위한 진단평가가 포함된다. 먼저, 학습자의 학교간 정치를 위한 진단평가는 일반계·농업계·공업계·상업계·수산해운계·가사실업계·과학계·체육계·예술계·외국어계·국제계 고등학교 등과 같이 종류가 다른 학교에 학습자를 정치하기 위한 진단평가를 말한다. 그리고 학습자의 학교 내 정치를 위한 진단평가는 일반계 고등학교에 있어서 문과·이과나 취업계열·대학진학계열 등과 같이 학교내에서 학생들을 정치하기 위하여 행해지는 진단평가를 말한다. 또한, 학습자의 학급내 정치를 위한 진단평가는 학습자를 우수반, 열등반, 보통반으로 나누거나 혹은, 진단결과에 따라 적절한 수업집단으로 학생들을 분류하는 학급내 정치를 위한 평가를 말한다.

셋째, 교수전략수립을 위한 진단평가인데, 학습의 능력, 적성, 희망, 흥미 등의 개인차를 인정한다면 교수방법도 이 개인차에 따라 다양화되어야 한다. 이와 같이 학생들의 개인차에 부합되는 교수전략을 수립하기 위하여 행하는 평가를 교수전략수립을 위한 진단평가라고 한다.

(2) 형성평가

형성평가는 수업의 개선을 위한 평가로서, 교수-학습지도활동이 진행되는 도중에 학생들의 학습진전상황에 대하여 피드백을 주고, 교수-학습지도방법을 개선하기 위해서 실시하는 평가를 말한다. 따라서 형성평가는 학습이 진행되는 도중에 실시되는 평가이므로 학습의 극대화를 위한 것이 가장 큰 목적이라고 할 수 있다. 또한, 형성평가는 학생 개개인의 현재 위치나 진전상황을 분명히 밝혀줌으로써 개인의 능력에 맞도록 학습진도를 개별화할 수 있게 해준다. 이러한 평가는 학습의 진행과정에서 주기적으로 자주 행해지게 된다. 여기에서의 '자주'라는 말의 한계는 명확한 것은 아니지만, 일반적으로 주어진 단원에 속하는 소단원 또는 주제에 대한 지도가 끝날 때마다 실시된다는 의미이다.

이렇게 함으로써 학습곤란의 누적현상을 미리 방지하여 효율적인 학습활동이 이루어지도록 한다. 형성평가의 결과에 의해서 학습자의 상당수가 학습곤란을 겪고 있거나 학습결손을 보이는 것이 밝혀지면, 이는 단순히 학습자에게만 책임을 돌릴 수 없다. 이 경우 교사는 필요하다면 교육목표를 학습자의 수준에 맞게 조정하고 교육내용의 구성을 보다 쉽게 하거나, 혹은 교수-학습지도방법을 개선하도록 해야 한다.

형성평가는 각 문항별로 정답과 오답을 확인하여 교수의 효율성과 학습자의 학습결손 여부를 결정하는데 활용하는 평가방식이기 때문에 절대평가 체제로 행해지는 것이 좋다. 이러한 형성평가라는 용어를 처음 사용한 학자는 스크리븐(Scriven)이다.

형성평가의 기능은 네 가지로 나누어 볼 수 있는데, 교수-학습지도활동의 조정, 학습활동의 강화, 학습곤란의 확인과 교정, 교수전략의 개선 등이 그것이다(황정규, 1998).

첫째, 교수-학습지도활동을 조정하게 해준다. 형성평가를 통해서 얻어진 정보를 토대로 교수-학습지도활동을 조정하여 적절한 교정 또는 보충수업의 기회를 제공하게 되면 학습결손의 누적현상을 피할 수 있게 된다. 이렇게 되면 학습자는 새로운 학습과제를 성공적으로 성취할 수 있게 된다. 둘째, 학습활동을 강화해준다. 형성평가를 통해서 교육목표달성의 진전상황을 학습자가 직접 확인하게 되면 자신감과 만족감을 얻게 되어 보다 적극적으로 후속학습에 임하게 된다. 셋째, 학습곤란을 확인하여 교정하도록 해준다. 형성평가의 결과에 의해서 학생들은 자신의 학습곤란을 스스로 확인하며, 그것을 제거해 나가는 데 힘쓰게 된다. 넷째, 교수전략을 개선하게 해준다. 형성평가의 결과에 의해서 교육과정 전반, 즉 교육목표의 조정, 교육내용의 변경, 교수-학습지도방법의 개선, 교육평가방법의 개선 등의 전반적인 교수전략을 재구성할 수 있다.

(3) 총합평가

총합평가는 진단평가나 형성평가와는 달리 한 학기에 1~2회 정도, 1년에 2~4회 정도 실시하는 평가로서 학기말이나 학년말에 종합적으로 교육목표의 달성도를 평가하는 것을 말한다. 이 총합평가는 대개 절대평가체제로 행해지는 것이 보통이나, 간혹 상대평가체제로 행해지기도 한다. 이 결과는 학생의 성적으로 기록되고 학부형에게도 통보된다. 총합평가라는 용어를 처음으로 사용한 학자 역시 스크리븐이다.

총합평가의 기능은 여러 가지로 설명될 수 있으나, 여기에서는 대략 여섯 가지로 정리해 보기로 한다(황정규, 1998).

첫째, 성적을 판정하게 해준다. 종합평가의 주된 목적은 주어진 교육목표의 달성도를 전반적으로 확인하여, 그 결과를 학생의 성적으로 부여하는 데 있다. 둘째, 후속학습에 대한 성공을 예언하게 해준다. 총합평가의 결과는 학생들의 학습지도와 생활지도의 기초자료가 된다. 교과목에 따라서 어느 정도의 차이는 있으나, 총합평가에 의해서 확인된 학생의 현재의 성적은 다음 학기나 학년 또는 상급학교에서 얻을 성적을 예언하는 데 도움을 준다. 셋째, 교수전략의 수립에 대한 정보를 제공해준다. 총합평가는 해당

단원의 학습지도방법의 개선에 대한 정보로 활용할 수는 없지만, 그 결과는 후속적인 교수전략을 수립하는 데 좋은 정보를 제공해준다. 넷째, 집단 간의 학습효과를 비교할 수 있게 해준다. 학교간 또는 학급간의 학업성취의 비교는 총합평가에서 얻어진 결과에 의해서 이루어진다. 다섯째, 학생의 학업성취에 대한 피드백을 제공해 준다. 학생 각자의 학습진보가 어느 정도 이루어지고 있는가 하는 정보를 학생에게 알려 주는 것이 형성평가의 주된 목적인데, 총합평가도 필요에 따라 이 같은 목적으로 활용될 수 있다. 교과목을 학습하는 도중에 비교적 넓은 범위에 걸친 총합평가의 결과나 교과목 전반에 대한 총합평가의 결과를 학생들에게 통지하는 것, 즉 학생에게 진전상황을 알려 주는 것은 피드백의 효과를 거둘 수 있다. 여섯째, 자격을 판정하게 해준다. 총합평가는 학생이 지닌 능력이나 기능, 지식이 요구하는 정도의 자격이나 기준에 부합되는지를 판정하게 해준다. 입학시험이나 자격시험 등이 이러한 기능을 수행한다.

3) 대안적 평가방법으로서의 수행평가

전통적인 수업체제에 대한 대안으로 출현한 구성주의적 수업체제(인지적 도제모델, 앵커드 수업모델, 인지적 융통성모델, 문제중심 학습모델 등)에서의 평가는 '학습자 중심'이라는 전제로부터 출발한다. 전통적인 평가에서는 학습자의 참여가 거의 도외시되고, 학습의 마지막 단계에 이르러서 그 결과를 중심으로 평가가 이루어지는 것이 일반적이다. 또한, 평가방법에 있어서도 대부분 객관성 확보라는 이유로 선택형이나 단답형 문항이 주류를 이룬다.

수업에 대한 전통적인 객관주의적 접근과 구성주의적 접근에서 규정하는 '학습'의 관점은 서로 다르다. 그렇다면 구성주의 수업환경에서의 학습평가는 전통적인 방식과는 다르게 이루어져야 한다. 구성주의 수업환경에서 강조되는 학습현상을 제대로 평가하기 위해서는 그에 부합되는 수행평가위주의 평가체제가 활용되어야 한다. 평가체제가 개혁되기 위해서는 평가의 관점, 평가의 내용, 평가의 형식 등이 근본적으로 변화되어야 한다. 구성주의 수업에서의 평가는 전통적인 선발적 교육관의 입장에서보다는 발달적 교육관의 입장에서 행해져야 한다. 여기에서의 평가활동의 궁극적 목적은 학생들의 개인차를 전제로 그들을 선발·구분하는 데 있는 것이 아니라, 학생들 개개인의 조화로운 성장·발달을 도모하는 데 있다. 따라서 구체적인 평가장면에서는 학생들의 개인차를 변별하기 위한 내용이나 측정하기 쉬운 내용을 평가할 것이 아니라, 학생들이 학습할 만한 가치가 있는 내용을 평가해야 한다.

수업활동과 평가활동은 별개적으로 생각할 수 없다. 수업과 평가는 단절되는 활동이라기 보다는 상호유기적인 관련성 하에서 실천되는 연속적 활동이라 할 수 있다. 이러한 맥락에서 볼 때 시험(평가)은 수업방법과 '절대적으로' 부합되어야만 한다(Duncan-Hewitt & Mount, 1998). 수업활동과 평가활동을 양분하여 생각하는 이분법적 사고는 불필요할 뿐만 아니라 모순이다. 논리적으로 말하면 수업은 교육과정계획의 실천이며, 평가는 수업의 진술한 거울이어야 한다. 평가가 수업활동을 지배하는 것이 아니며, 수업의 절차·내용·성과는 평가체제 속에 그대로 반영되어야 한다. 이를 수업-평가 일원론이라고 한다(최호성, 1997). 그런데 수업활동의 결과로서 나타나는 학습의 증거는 크게 학업성취와 정의적 특성으로 구분될 수 있다.

학교교육장면에서 학습결과로서의 학업성취를 확인하고자 할 때 성취검사(achievement testing) 또는 수행평가(performance assessment)를 실시하게 된다. 여기에서 말하는 성취검사는 주로 선발적 교육관의 입장에서 학생들이 성취한 지적·기능적 측면의 학습결과를 확인하여 그들을 비교·선발·배치하는 것을 목적으로 하는 평가로서, 여기에서는 주로 양적 평가가 중심이 되고 그 기준은 과제목표(task objective)가 되는데, 이는 주로 전통적 수업환경에서 많이 활용된다. 반면, 수행평가는 발달적 교육관의 입장에서 학생들의 학습과정이나 활동 또는 기록물이나 작품에 대한 교사와 학생 자신 및 동료들의 판단에 의해 이루어지는 평가로서 여기에서는 주로 질적 평가가 중심이 되고 그 기준은 수행목표(performance objective)가 되는데, 이는 특히 구성주의 수업환경에서 주로 활용된다(오만록, 1999). 이상의 성취검사와 수행평가에 대하여 차례대로 살펴보기로 한다.

먼저, 「성취검사」는 일련의 수업활동을 통하여 나타난 학습결과를 주로 확인한다. 전통적으로 강조되어 온 학습결과는 학습목표의 성취도인데, 이 증거를 확인하기 위한 여러 형태의 성취도 검사가 개발·활용되어 왔다. 그런데 이러한 전통적인 지필검사방식은 학생들의 학습결과를 온전히 밝혀내지 못한다는 점에서 최선의 평가도구라고 할 수 없다. 그럼에도 불구하고 이러한 방식은 현재도 학교현장에서 많이 활용되고 있다. 학교에서 주로 행해지고 있는 평가는 지필검사 · 지적 및 기능적 영역중심의 평가 · 객관식 평가(특히 선다형 평가) · 산출평가 · 간접평가 위주로 이루어지고 있음은 주지의 사실이다. 이러한 평가방식은 교수-학습방법을 왜곡시키고, 궁극적으로는 학교교육의 비정상성을 야기시키는 근본적인 원인이 되고 있다.

이러한 방식에 의해 학교교육의 결과를 평가하는 것은 학교로 하여금 이른바 '측정선행 수업'(측정유도 수업; measurement-driven instruction)을 하지 않을 수 없게 한다. 즉, 교사가 교육과정에 의거하여 학생을 가르치고, 가르친 내용을 평가하여 그 결과를 교수-학습활동에 귀환시키는 정상적인 교육활동을 하기보다는 '시험에 나올 것을 대비하여 가르치는'(teaching to test) 비정상적인 수업사태를 초래하게 한다(남명호, 1995). 전체적인 교육목표와 내용에 중점을 두지 않고 목표와 내용의 일부를 간접적으로 평가하는 산출평가 · 간접평가 일변도의 방식은 교육의 본질추구를 저해하는 근본원인이 되고 있다. 예컨대, 과학을 가르치고 그 목표나 내용을 평가할 때 과학의 근본목표나 내용을 직접적으로 평가하지 않고 '과학에 관한 지식'을 평가하면서도 마치 근본목표나 내용을 평가한 것으로 간주하기 때문에 단편적 지식 위주의 교수-학습이 이루어질 가능성이 크다. 특히, 대부분의 학습목표가 단순한 지식의 암기가 아니라 지식과 기능의 창조적인 적용능력을 요구하는 것일 때 더욱 그럴 가능성이 크다.

선택형 검사중심의 전통적 평가에서는 학생들의 인지적 구조의 변화나 이해수준에 대한 정확한 진단이 어려우며, 학습의 진전과정에 대한 확인은 더 어렵다. 여기에서는 이른바 구조화가 잘되고(well-structured), 무조건적이며(unconditional), 지식 의존적인(knowledge-lean) 문제에 답하는 능력만을 주로 평가한다. 그러나 학생들이 실제로 현실에서 부딪히는 문제에 대한 해결방식은 제한적이지 않을 뿐만 아니라 대부분의 문제들은 비구조적이고, 거의 모든 문제는 주어진 상황에 따라 다르게 해석된다. 따라서 전통적인 검사는 당연히 한계점을 가질 수밖에 없다. 이러한 문제점들은 결국 평가체제의 패러다임 변화에 대한 필요성을 더욱 불러일으켰다.

　이러한 상황에서 인지과학에 바탕을 둔 연구자들은 전통적인 지필검사만
으로는 학생들의 다양한 학습증거로서의 복잡한 인지적 능력과 수행능력을
제대로 평가하는 것이 불가능하다는 인식 하에 '결과'와 함께 '과정'을 평가
하는 새로운 방법을 모색하게 되었다. 이러한 과정에서 보다 직접적이고
맥락적이며 생태학적으로 타당한 여러 평가방법들이 제안되었다. 학교현장
에서 이루어지는 일 중에서 가장 중요한 것이 '가르치고 배우는 일'이라면,
교육평가에서는 그 가르치고 배우는 일이 제대로 진행될 수 있도록 교수-
학습의 모든 과정을 돕는 일이 강조되어야 한다. 그럼에도 불구하고 기존
의 교육평가체제는 단편적인 지식이나 정보를 어느 정도 기억하고 있는지
를 파악하여 학생들의 상대적인 서열을 확인하기 위한 방편으로 사용되었
다고 해도 과언이 아니다.

　최근 교육현장에서는 교수-학습과정의 질적인 측면을 평가하고, 그 과정
의 개선을 도움으로써 교사 개개인의 자질을 향상시키고 학생 개개인의 교육
적 성장을 돕기 위해 전통적인 교수-학습평가에 대한 새로운 대안으로 「수
행평가」가 제안되어 실천되고 있다. 최근 구성주의 수업설계이론의 발전과
함께 수행평가가 관심을 끌게 된 것도 바로 이러한 이유에서이다. 전통적인
평가방법인 성취검사의 문제점을 해결하는 대안으로 제안된 수행평가는 최
근 교육평가분야에서 질적 접근과 비평적 접근이 강조되면서 특히 그에 대한
논의가 크게 부각되고 있다. 수행평가는 주어진 과제에 대해 학생의 실제적
인 수행을 검사하고 판단하는 평가이다. 수행평가란 학생 스스로가 자신의
지식이나 기능을 나타낼 수 있도록 답을 구성하여 발표하거나, 산출물을 만
들어 내고 구체적인 행동으로 나타내도록 요구하는 평가방식이라고 정의할
수 있다(백순근, 1999). 따라서 수행평가는 학습자의 지식만이 아니라 그 숙달
과정과 정도를 확인하고, 새로 획득한 지식과 기능을 일상적인 맥락에서 활
용하는 능력까지를 평가할 수 있다. 수행평가는 전통적인 지필검사와는 달리
학생 스스로 다양한 현실상황에서 자신의 지식과 기능을 적용 또는 활용할
수 있는 실질적인 능력까지도 평가할 수 있다. 나아가 수행평가는 학생이 아
는 것(지식)만을 재는 것이 아니라 알고 있는 것을 바탕으로 무엇을 할 수 있
는지(기능)를 확인할 뿐만 아니라, 그 지식과 기능에 대한 학생의 태도와 같
은 가치도 평가의 대상으로 삼는다. 따라서 수행평가는 학생들의 지식·기

능·가치 등을 종합적으로 평가하는 방식이라고 할 수 있는데, 진정한 의미의 수행(performance)이란 지식과 기능뿐만 아니라 가치가 개입될 때 비로소 가능하다고 할 수 있다. 이러한 수행평가는 직접평가(direct assessment), 실제적 평가(참평가; authentic assessment), 대안평가(alternative assessment) 등의 용어로도 불려지고 있다. 이러한 수행평가에서는 평가목표의 차별화, 평가주체의 다양화, 평가시기의 상시화, 평가대상(과제)의 다양화, 평가방법의 다양화 등을 그 전략으로 삼고 있다.

구성주의 수업환경에서 강조하는 수행평가의 일반적 특징은 다음과 같다(오만록, 1999). 첫째, 학생이 문제의 정답을 선택하게 하는 것이 아닌, 자기 스스로 정답을 구성하거나 행동으로 나타내도록 하는 평가방식이다. 둘째, 추구하고자 하는 교육목표를 가능한 한 실제상황하에서 달성했는지 여부를 파악하고자 한다. 셋째, 교수-학습의 결과뿐만 아니라 그 과정도 함께 중시하는 평가방식이다. 넷째, 단편적인 영역에 대한 1회적인 평가보다는 학생 개개인의 변화·발달과정을 종합적으로 확인하기 위한 전체적이면서도 지속적으로 이루어지는 평가를 강조한다. 다섯째, 개개인을 단위로 해서 평가하기도 하지만, 집단에 대한 평가도 중시한다. 여섯째, 학생의 학습과정을 진단하고 개별학습을 촉진하는 데 그 목적이 있다. 일곱째, 학생의 인지적 영역의 행동특성(창의성이나 문제해결력 등 고등사고기능 포함) 뿐만 아니라, 학생 개개인의 정서발달 상황이나 흥미·태도·자아개념 등의 정의적 영역의 행동특성, 그리고 기능과 체격 및 체력 등의 심리운동적(기능적) 영역의 행동특성에 대한 종합적이고 전인적인 평가를 중시한다.

수행평가의 방법에는 구성적인 반응을 요구하는 서술형 및 논술형 검사, 작문, 구술 및 발표, 토의(토론·비판)법, 면접법, 실기법, 실험·실습법, 관찰법, 자료분석 및 적용법, 문제해결법, 연구보고서법(프로젝트법), 자기평가 및 동료평가 보고법, 포트폴리오법, 컴퓨터 시뮬레이션 등이 포함되며, 또한 교수-학습방법으로 널리 활용되고 있는 신문활용교육(NIE; newspapers in education), 현장조사, 작품감상, 만들기, 전시회, 발표대회, 협력학습, 개념도(concept map) 구성하기 등에서도 수행평가의 방법이 적용될 수 있다. 수행평가의 방법을 네 가지 기준에 따라 정리해 보면 <표 10-1>와 같다(남명호·김성숙, 2000).

이러한 평가방법들 중에서 특히 포트폴리오법은 학생이 아는 것, 혹은 학생이 할 수 있는 것을 확인해 주며, 학생의 학습진전과정을 잘 판단하게 해준다. 이는 학습목표에 대한 실제적인 진전을 보여 주는 학생의 구체적인 활동에 토대를 두고 있으며, 교실사태와 학생의 실생활사태를 연계시킨 과제수행에 중점을 두는데, 여기에서는 학생의 과제수행에 대한 교사의 관찰에 의한 평가와 학생의 자기평가, 협동평가, 전통적인 지필검사 등이 포함될 수 있다. 포트폴리오법은 학생의 계속적인 과제수행이나 활동(작업)에 대한 기록물에 의해 학생의 학습진전상황과 능력발달에 대한 광범위하고 심도있는 근거를 다양한 형태로 보여 준다. 이러한 포트폴리오법은 개개 학생들이 수행한 과제나 활동(작업·작품)에 관한 자료철을 교사와 학생 자신 및 동료가 평가하는 것으로 수행평가의 일종이라고 할 수 있다. 포트폴리오법에서는 학생의 학습을 평가하는 데 있어서 전통적인 방법과는 아주 다른 방법을 사용하는데, 전통적인 성취검사가 양적으로 계산될 수 있는 산출을 확인하는 것이라면, 포트폴리오법은 보다 광범위한 상황에서 학생들의 학습과정(성취과정) 전반을 관찰할 수 있는 기회를 제공함으로써 학생들의 노력과 진보의 과정은 물론, 성취의 정도도 평가할 수 있게 해준다.

표 10-1 **수행평가방법의 분류**

수 행 평 가 방 법			
구성적 반응	산출물	활동/수행	과 정
서술형 문항	작 문	구술·발표·토론	관 찰
논술형 문항	연구보고서	실험·실습	면 접
개념도나 흐름도	실험보고서	운동·움직임	감 상
작성	주제이야기	표 현	과정 표현
그래프, 표 제작	포트폴리오	연 극	사고진행 표현
	시, 수필	연 주	
	과학 작품		
	그림·만들기·창작		
	작 품		
	비디오테이프		
	오디오테이프		

7. 교육평가의 절차

교육평가는 교육활동의 실천과정과 밀접한 관계를 가지고 이루어지므로 평가활동은 체계적인 절차를 밟아 이루어져야 한다. 평가유형에 따라 그 절차에는 약간의 차이가 있을 수 있으나, 교육평가의 일반적 절차에는 근본적인 차이는 없다.

초기 교육평가의 발전에 공헌한 타일러(Tyler, 1934)는 교육평가의 절차를 7단계로 구분하였다. 즉, 교육목적을 설정하는 일, 교육목적을 분류하는 일, 교육목적을 학생의 행동형태로 표현하는 일, 학생의 기대하는 행동이 잘 나타나는 장면을 마련하는 일, 그러한 장면에서 나타나는 행동을 적절히 평가할 수 있는 방법을 선정하고 이를 실시하는 일, 평가결과를 종합하고 해석하는 일, 평가결과를 기록하고 이에 따라 지도하는 일 등이 그것이다. 이외에도 학자에 따라 5단계, 6단계로 교육평가의 절차를 설명하고 있으나, 그 근본적인 차이는 없다.

일반적으로 교육평가 특히 절대평가(절대기준평가 · 목표지향평가)는 평가기준인 교육목적(교육목표)을 확인하는 것으로부터 시작된다. 이어, 평가할 장면을 선정한 다음, 평가도구(문항; item)를 직접 제작하거나 기존의 평가도구 중에서 적절한 것을 선정한다. 그리고 이를 활용하여 실제로 평가를 실시하여 그 결과를 처리한다. 끝으로, 여기에서 얻어진 결과를 다양하게 해석하여 후속적인 교육활동에 적극 활용한다.

1) 교육목적의 확인(분석 · 분류)

교육활동은 교육목적(교육목표)을 설정 · 진술하는 것으로부터 시작되는데, 타당한 교육목적을 설정하고 진술하기 위해서 유념해야 할 사항들이 많다. 이에 대해서는 제6장(교육목적 설정)에서 이미 상술하였으므로, 그곳의 '교육목적의 이원분류', '교육목적의 진술방법' 등을 참조하기로 한다.

교육평가의 실천상황에서 보면 교육목적(교육목표)은 이미 설정 · 진술되어 그 달성을 위한 일련의 활동이 지금까지 이루어져 왔으므로 교육평가의 첫 번째 단계에서는 그 목적을 확인(분석·분류)하여 이원분류표를 작성하는 등의 평가계획이 수립되어야 한다.

2) 평가장면의 선정

교육목적의 확인(분석·분류)이 끝나면 평가장면의 선정이 이루어져야 한다. 여기에서는 이미 설정·진술된 교육목적에서 제시한 학생의 행동을 측정·평가하기 위해서 어떠한 평가장면이나 검사상태가 가장 적절한가를 결정해야 한다.

여기에서는 무엇보다도 교육목적에 나타난 행동을 제대로 확인할 수 있는 장면을 선정하는 것이 중요하다.

일반적인 평가장면에는 필답검사, 질문지법, 각종 표준화검사, 면접, 투사법, 평정척도, 관찰, 기록물분석, 제작물분석, 현장실습 및 실기 등이 있다. 그러나 행동의 증거를 얻기 위해서 반드시 한 가지 방법만이 유일한 것이 아님을 명심하여야 한다. 여러 방법은 모두 최선의 방법이 될 수 있으므로 평가장면은 종합적인 입장에서 고려되고 선정되어야 한다.

이러한 평가장면은 자연적 장면(natural situation)과 인위적 장면(artificial situation)이 있는데 먼저, 자연적 장면이란 일상생활의 상태를 말한다. 자연스런 상태에서 학생들은 꾸미지 않은 진솔한 행동을 한다. 따라서 이는 학생의 행동을 확인하는 이상적인 평가장면이 되나, 실제적인 어려움이 뒤따른다. 즉, 교사가 평가하려는 행동의 증거는 우연한 기회에 어떤 장소에서든지 일어날 수도 있고, 반대로 학교교육이 끝날 때까지 일어나지 않을 수도 있다. 그러므로 필요에 따라서는 인위적 장면이 마련되어야 한다. 교육평가에 있어서 인위적 장면은 자연적 장면보다 더 자주 활용된다. 그래서 평가장면이라고 하면 으레 인위적 장면을 생각할 정도이다. 그런데 이러한 평가장면을 선정할 때 가장 고려해야 할 것은 바로 평가하려는 학생의 행동증거가 자연상태에서 일어나는 것과 마찬가지로 생생하게 일어날 수 있는 장면을 선정해야 한다는 점이다.

3) 평가도구의 제작 또는 선정

평가장면이 선정되면 교육목적에서 제시한 행동을 실제로 측정하기 위한 평가도구를 제작 혹은 선정하는 단계가 뒤따라야 한다. 이는 필답검사인 경우 문항을 제작하는 일이며, 질문지법의 경우 질문지 하나 하나를 만드는 일이 된다.

교육목적에 제시된 행동을 제대로 평가하기 위해서는 좋은 평가도구가 확보되어야 한다. 평가도구가 갖추어야 할 몇 가지 조건이 있는데, 이는 타당도, 신뢰도, 객관도, 실용도 등이다. 좋은 평가도구가 되기 위해서는 반드시 이와 같은 네 조건이 양호성을 갖추어야 한다.

한편, 평가도구(문항)는 몇 가지 유형으로 구분될 수 있는데, 이러한 유형을 크게 선택형 문항과 서답형 문항으로 구분하여 살펴본 다음, 이어 학교현장에서 자주 활용되는 문항의 유형에 대해 그 실례를 들어가면서 설명하기로 한다.

(1) 평가도구의 조건

평가도구의 조건이란 좋은 평가도구가 갖추어야 할 특징을 말한다. 평가도구에는 여러 유형이 있을 수 있는데, 필답시험을 치루는 학력평가의 경우 각각의 문항이 평가도구가 된다. 어떻든 좋은 평가도구가 되기 위해서는 다음의 네 가지 조건이 양호성을 갖추어야 한다.

① 타당도(validity)

타당도란 평가도구가 측정하려는 내용이나 대상 그 자체를 얼마나 충실하게 측정하고 있는가의 정도를 말한다. 선정 또는 제작된 평가도구는 마땅히 측정하려고 의도한 대상을 제대로 측정할 수 있어야 한다. 예를 들면, 참여자들의 '자아개념'을 측정하기 위한 평가도구는 다름 아닌 그들의 자아개념을 충실하게 측정할 수 있어야 한다. 평가도구가 실제로 측정하고자 하는 것이 무엇이냐, 어느 정도로 충실하게 참여자들의 능력이나 특성을 측정하고 있느냐 등의 질문은 바로 타당도와 관련된다.

② 신뢰도(reliability)

신뢰도란 한 검사(문항군)가 측정대상을 일관성 있게 측정하고 있느냐의 정도를 말한다. 검사도구가 측정대상을 얼마나 정확하게 오차 없이 측정하느냐의 정도를 말한다. 한 검사가 타당도가 높다고 해서 반드시 신뢰도가 높은 것은 아니며, 반대로 신뢰도가 높다고 해서 반드시 타당도가 높은 것도 아니다. 그렇기 때문에 타당도가 낮은 검사라고 할지라도 신뢰도는 높을 수 있다. 타당도가 무엇(what)을 측정하느냐와 관련된다면, 신뢰도는 어떻게(how) 측정하느냐와 관련된다.

③ 객관도(objectivity)

객관도란 검사(정확히 표현하면 '검사결과')에 대한 검사자의 채점이 어느 정도 신뢰롭고 일관성이 있느냐를 말한다. 그러므로 객관도는 결국 신뢰도의 일종으로, 이를 검사자 신뢰도(tester's reliability)라고도 하며, 따라서 검사자간의 합치도라고 할 수 있다. 이렇게 본다면 객관식 검사가 주관식 검사보다 객관도가 높다고 할 수 있다.

④ 실용도(usability)

실용도란 평가도구가 시간과 노력 그리고 비용을 얼마나 적게 들이면서 소기의 목적을 달성하느냐의 정도를 말한다. 아무리 훌륭한 평가도구라 하더라도 많은 시간과 노력이 투입되거나, 경비의 부담이 크고 채점이 너무 복잡하면 그 평가도구는 실용성이 없다고 할 수 있다. 검사의 실용도를 높이기 위해서는 먼저, 실시의 용이성이 보장되어야 한다. 평가도구를 제대로 활용하자면 이러한 평가도구를 충분히 다룰 수 있어야 하며, 가능한 한 쉽게 사용할 수 있어야 한다. 또한, 채점의 용이성이 확보되어야 한다. 채점에 많은 시간이 소요된다든지, 어려움이 있게 되면 좋은 평가도구라고 할 수 없다. 그리고 비용 또한 적게 소요되어야 한다. 이렇게 본다면 검사는 최저의 비용으로 최대의 효과를 얻을 수 있어야 한다.

(2) 선택형 문항과 서답형 문항

필답검사의 평가도구 즉, 문항은 학자에 따라서 그리고 분류기준에 따라서 여러 가지로 나누어질 수 있지만, 일반적으로 선택형 문항과 서답형 문항으로 크게 분류할 수 있다.

① 선택형 문항

선택형 문항은 객관식 검사라고도 하는데, 이것은 문제와 함께 주어진 답지 중에서 정답을 선택하게 하는 문항을 말한다. 이것은 20세기초 측정운동이 시작될 때부터 고안되어, 처음에는 표준화검사에서 사용되었는데 1920년경 맥콜(McCall)에 의하여 일반교사에까지 널리 사용되게 되었다. 우리 나라에서는 8.15 해방후부터 급진적으로 보급되었다.

〈유 형〉

• 진위형 : 이는 양자택일형이라고도 하는데, 여기에서는 진술문을 먼저 주고 그것의 진·위, 정·오를 판단하게 하는 문항을 말한다. 이 유형은 과거에 가장 많이 사용되었으나, 현재는 많은 문항을 출제하여 내용타당도를 높이고자 하는 외에는 별로 사용되지 않는다.

• 배합형 : 이는 일련의 '전제'와 '답지', 그리고 전제와 답지를 배합시키는 '지시문'으로 구성된 문항을 말한다. 그런데 전제와 답지에는 서로 배합(matching; 결합)될 수 있는 일련의 단어, 어구, 문장, 도표, 인물, 사진, 원인, 결과 등을 사용할 수 있다. 여기에서 전제와 답지의 구별은 형식상의 차이일 뿐 근본적인 차이는 없는데, 대체로 먼저 제시되는 것을 전제라고 명명한다.

• 선다형 : 이는 문두(問頭)와 이에 잇따른 두 개 이상의 답지로 구성되는 문항을 말한다. 문두는 대개 서술적이거나 불완전 문장으로 되어 있다. 선다형은 다른 형식에 비하여 내재적인 결함이 적을 뿐만 아니라 판단력·추리력 등의 고등정신기능까지도 측정이 가능하고, 채점의 객관도를 높일 수 있기 때문에 많이 사용된다. 그러나 문항제작에 많은 시간과 노력이 소요되며, 검사상황에서 학생이 자발적으로 답을 구성하는 것이 아니라 재인과정과 비교·선택·변별의 과정만이 강조된다.

② 서답형 문항

서답형 문항은 주관식 검사 또는 논문형 검사라고도 하는데, 이는 지시와 질문에 따라 학생들이 자유로이 반응하여 그 능력을 마음껏 구사할 수 있게 하는 반응의 무제한성이 강조되는 문항형태이다. 이는 응답자의 표현이 자유롭고, 반응이 긴 문장으로 이루어지는 경우가 많으며, 같은 문항에 대하여 응답자에 따라 해답의 방향·내용·길이·세밀한 정도가 각각 다를 수 있다. 그러나 출제범위나 문제수가 제한되기 때문에 교과내용을 골고루 출제하기 어렵다. 서답형 문항은 학생들에 의해서 답이 구성되며, 정답의 정확성과 질이 주관적으로 판단될 뿐만 아니라 학생의 자유반응도가 매우 높으며, 채점이 어렵다는 것 등이 그 특징이다.

〈유 형〉

• 단답형 : 이는 재생형 또는 재인형이라고도 하는데, 가장 단순한 형태의 서답형 문항으로 질문에 대하여 간단히 답할 수 있도록 되어 있다. 이 문항이 주로 측정하는 내용은 누가, 무엇을, 어디서, 언제, 왜, 어떻게 하였는가에 대한 사실적 지식을 묻는 경우가 대부분이다. 반응은 하나이지만 몇 개의 단어 또는 구나 절로 대답하도록 되어 있다.

• 완결형 : 이는 완성형이라고도 하는데, 일정한 통합된 사상이나 내용을 나타내는 불완전문장을 제시하여 전후의 문맥을 추리하여 답을 써넣게 하는 문항이다. 이는 기본적인 지식이나 기능 이외에도 비교적 고도의 이해력이나 판단력도 잴 수 있다.

• 논문형 : 이는 지시나 질문에 따라 학생들이 자유로이 반응하여 그 능력을 마음껏 구사할 수 있게 하는 문항형태를 말한다. 여기에서는 피험자들 반응의 무제한성 즉, 피험자들의 자유롭고 다양한 반응을 허용한다. 따라서 이러한 문항은 학생들의 고등정신기능은 물론, 특정의 사상(事象; event)에 대한 그들의 주장이나 신념 등을 확인하는 데 도움이 된다.

4) 평가의 실시 및 결과처리

선정된 평가장면에 활용될 평가도구가 제작 또는 선정된 다음에는, 교육목표에 비추어 학생의 행동이 얼마만큼의 변화를 가져왔는가의 증거를 실제적으로 확인하여야 한다. 따라서 여기에서는 평가실시의 시기, 횟수, 방법, 대상 등을 고려하여 실지로 평가가 실시되며 또한, 실시한 결과를 채점하고 필요한 통계처리를 하여 분석하고 기록하게 된다. 그런데 여기서 특히 고려되어야 할 것은 평가도구(검사문항) 자체에 대한 조건과 양호도를 사전에 확인하는 일이다. 즉, 평가를 보다 더 엄밀하고 타당성있게 하려면 본검사 실시 전에 평가도구 자체의 조건과 양호도를 미리 점검해 보아야 한다. 먼저, 전술한 바와 있는 평가도구의 조건으로서 타당도 · 신뢰도 · 객관도 · 실용도 등이 실제로 어느 정도인가를 알아보아야 하고 이어, 평가도구의 양호도로서 문항곤란도 · 문항변별도 · 문항반응분포 등을 확인하여 평가도구 자체의 질을 판단한 다음, 본 검사에 들어가는 것이 원칙이다.

이것은 평가도구 자체의 개선목적 이외에도 최종적인 평가에서 보다 효과적이고 융통성있는 해석과 활용을 하기 위해서 필요하다. 일반적으로 교사제작검사의 경우 본 검사에 들어가기 전에 양호도를 검증하는 경우는 드물지만, 표준화검사의 경우에는 이러한 검증이 실제적으로 중요하게 요청되고 있다.

한편, 본검사(평가)를 실시한 후에는 객관적인 채점을 해야 하는데, 그러기 위해서는 문항의 종류에 따라 사전에 채점기준이나 모범답안 등을 마련해야 한다. 그리고 선택형 문항인 경우에는 추측요인을 교정해야 할 경우도 있게 된다. 아울러, 채점결과를 필요한 통계방법으로 처리해야 하고, 그 결과를 기록해야 한다.

5) 평가결과의 해석 및 활용

평가는 어디까지나 활용을 목적으로 하는 것이므로 평가결과를 가치기준에 의거하여 올바른 해석을 하여 최대한의 활용이 이루어지도록 해야 한다. 평가결과를 처리하고 기록하는 것만으로는 교육평가가 완료되는 것이 아니며, 평가의 본래기능은 이 마지막 단계에서 발휘된다. 여기에서는 특히 교육목적의 달성도 즉, 행동의 변화량을 토대로 학생들을 개별적 또는 집단적으로 해석적인 평가를 하고, 아울러 전체교육활동에 대해서도 해석적인 평가를 하며, 이밖에도 기타의 부차적인 해석이 뒤따라야 한다.

평가결과에 대한 올바른 해석을 하기 위해서는 교사가 바람직한 행동에 대한 확고한 철학적 견해를 겸비하고 있어야 하며, 인간행동의 발달과 학습의 원리를 이해하는 심리학적 소양도 갖추어야 한다. 그리고 교육과정에 대한 이해도 있어야 하고, 측정이론과 통계학적인 소양도 갖추어야 한다.

평가에서 만약 기대에 어긋난 결과가 나왔다면 그 원인을 철저하게 규명하여야 한다. 교육목적의 설정에 대한 타당성, 교육내용의 선정 및 조직의 적절성, 교과지도와 생활지도의 효율성, 교육평가 자체의 타당성, 행정적 뒷받침을 포함한 경영관리활동의 효율성 등 교육체제의 전과정에 대한 반성이 필요하다. 그렇기 때문에 교육평가는 교육목적의 달성도를 확인하는 동시에, 보다 광범위한 교육체제의 전영역을 평가하게 되는 것이다. 여기에서 얻어진 해석적인 평가결과는 후속적인 교육계획에 반드시 반영되어야 하며, 교육과정 전반에 환류(feedback)되어야 한다.

교육평가활동이 제대로 이루어지기 위해서는 지금까지 살펴본 바와 같은 과정을 거쳐야 한다. 그러나 교육현장에서는 실제로 이러한 과정을 밟지 않고 평가가 이루어지기도 한다. 이는 평가에 대한 소양과 인식의 부족, 그리고 시간과 노력의 부족에서 온다고 할 수 있다. 교육활동에서 평가란 인간행동에 대한 어떤 결정을 내리기 위하여 유용한 정보나 자료를 체계적으로 수집·활용하는 절차이므로 학교에서의 평가활동은 적어도 교육활동의 개선(교수-학습과정의 개선)과 학생의 교육목적 달성도(학생의 학업성취도) 등에 관련된 의사결정에 도움을 줄 수 있다.

●함께 볼 만한 비디오

1. Almost Famous(감독: 카메론 크로우, 주연: 패트릭 푸지트, 빌리 크로덥)
2. Silent Tongue(감독: 샘 세퍼드, 주연: 리버 피닉스, 리차드 해리스)
3. The Next Best Thing(감독: 존 슐레진저, 주연: 마돈나, 루퍼트 에버렛, 벤자민 브랫)
4. 신라의 달밤(감독: 김상진, 주연: 차승원, 이성재, 김혜수)
5. Revenge of the Musketeers(감독: 베르트랑 타베르니에, 주연: 소피 마르소, 필립 느와레)

▲읽어 볼 만한 책

1. 황정규(1998). 학교학습과 교육평가. 서울 : 교육과학사.
2. 남명호・김성숙(2000). 수행평가 : 이해와 적용. 서울 : 문음사.
3. 박도순・홍후조(1999). 교육과정과 교육평가. 서울 : 문음사.
4. 배호순(2000). 수행평가의 이론적 기초. 서울 : 학지사.
5. 박도순(2001). 교육연구방법론. 서울 : 문음사.

■함께 토론해 볼만한 주제

1. 선발적 교육관과 발달적 교육관의 차이점을 비교해 보고, 그러한 교육관이 교육평가와 어떤 관계가 있는지에 대하여 생각해 보자.
2. 상대평가체제와 절대평가체제가 학교교육의 실제에 미치는 영향에 대하여 생각해 보자.
3. 학교교육현장에서의 평가의 문제점을 기술하고, 그 개선방안에 대하여 생각해 보자.
4. 수행평가의 활성화에 대해서는 근본적으로 긍정적인 입장을 취하면서도, 그 문제점에 대한 논란이 많다. 그 문제점들은 무엇인지 생각해 보고, 그 해결방안에 대하여 논의해 보자.
5. 전통적 평가체제와 수행평가체제의 평가목적, 평가내용, 평가방법 등을 비교해 보자.

교육행정과 교육조직

　　오늘날 교육인구의 양적 팽창은 교육조직 구조의 다양화와 복잡화 현상을 초래하고 있으며, 교육의 질적 저하라는 우려와 함께 교육의 질을 향상시키기 위한 효율성 증대 방안을 최대의 관건으로 부각시키고 있다. 교육은 인간의 자연적 상태에서 바람직한 이상적인 상태로 이끌어 주는 의도적 작용으로서 공교육 제도가 도입된 이래 지금까지 학교조직을 통하여 본격적인 교육활동이 이루어져 왔다. 공교육제도가 실시된 이후 교육활동 수행 및 교육목표 달성을 위한 효율성의 측면에서 인적·물적 조건의 확보와 정비뿐만 아니라 교육활동 지원 작용으로서의 교육행정행위까지도 포괄하여 중요하게 인식되게 되었다.

　　교육행정은 학생관리, 교원관리, 교육과정의 편성, 교과서 및 교구의 개발, 학교시설 관리 등과 같은 학교 내 행정뿐만 아니라 교육 조직을 개발·운영하고, 교육재정을 확보해야 하는 일과 같은 학교외 행정까지 포괄하는 광범위한 행위로 받아들여지고 있다. 그리하여 이제는 꼭 교육행정가가 아니더라도 교실에서의 교수-학습활동을 원활히 수행하기 위해서는 일반 교사도 교육활동이 이루어지는 체계적인 과정과 지원책에 대한 심도 있는 이해가 요구되고 있다. 이와 관련하여 이 부분에서는 교육행정의 개념, 학제, 교육조직, 장학행정 등, 교육활동을 지원하는 교육행정에 관한 기본적인 이론과 실제를 광범위하게 소개하겠다.

1. 교육행정

1) 교육행정의 개념

(1) 교육행정의 정의

교육행정에 대한 정의는 어떤 입장에서, 어디에 초점을 두고 정의하느냐에 따라서 서로 다를 수 있다. 교육행정에 관한 여러 학자들의 정의를 분류 정리해 보면 다음과 같다.

첫째, 교육행정을 조건 정비의 입장에서 보는 견해이다. 교육행정은 교육목표를 효율적으로 달성하기 위하여 필요한 인적, 물적 제 조건을 확립하고 정비하는 수단적·봉사 활동이라 보는 견해이다. 이러한 견해는 민주교육행정을 설명하는 근거가 되고 있다. 이러한 입장을 취하는 대표적인 학자는 몰맨(Arthur B. Moehlman)을 들 수 있는데, 그는 수업이 학교의 목적이고, 행정의 조직과 과정은 이 수업목적을 달성하기 위한 수단이라고 보았다. 즉, 행정은 근본적으로 교육의 기본 목표가 보다 능률적으로 달성되도록 하기 위한 일련의 봉사활동이며 지원작용이라고 보았다. 둘째, 교육행정을 교육의 단계 단계의 과정으로 보는 입장이다. 즉, 행정가의 일반적 기능이 무엇이며, 행정은 어떠한 순환적 경로를 밟아 이루어지고 있는가에 초점을 둔 정의이다. 행정과정이란 계획의 수립에서부터 실천·평가에 이르는 행정의 전반적 과정을 포함하는 것을 뜻한다.

페이욜(Henri Fayol)이 1916년에 행정과정으로서 기획(planning), 조직(organizing), 명령(commanding), 조정(coordinating), 통제(controlling) 등의 다섯 가지 요소를 분석·제시한 이후, 많은 학자들이 다양한 요소를 제시하였다. 특히 규릭(Luther Gulick)은 미국의 루즈벨트 대통령을 대상으로 최고 책임자가 해야 할 일이 무엇인가에 대해 분석한 결과, 그에 대한 해답으로 'POSDCoRB'라는 합성어로 압축되는 7가지의 행정요소를 창안해 냈다. 이것은 기획(Planning), 조직(Organizing), 인사(Staffing), 지휘(Directing), 조정(Coordinating), 보고(Reporting), 예산편성(Budgeting)을 말한다.

셋째, 교육행정을 하나의 사회적 과정으로 보는 입장이다. 이러한 견해를 갖는 대표적인 학자는 겟젤스(Jacok W. Getzels)이다. 그는 모든 사회체제가 두 종류의 현상으로 조성되어 있다고 보았다. 첫째 현상은 체제의 목표달성을 목표로 하는 기대, 역할(role) 등으로 구성되는 기관이며, 둘째 현상은 각각 독특한 인성(personality)을 지닌 개인이 기관과 상호작용에 의해서 나타나는 사회적 행동(social behavior)이다. 즉 개인의 사회적 행동은 역할과 인성의 함수관계로 발생하게 된다고 하여 B=f(R.P)로 표시하였다.

넷째, 교육행정을 합리성을 바탕으로 한 집단적인 협동행위로 보는 견해로서 주로 행정행위(administrative behavior)에 초점을 두며, 그 가운데도 의사결정의 과정에 역점을 두는 학자들의 광범한 견해를 반영하고 있다. 행정이란 고도의 합리성을 가진 협동행위로 규정하고, 이 때 협동행위란 혼자서는 할 수 없는 일을 두 사람 이상이 힘을 합쳐 이루어내는 것을 말하며, 합리성은 최소의 비용으로 최대의 목적을 성취하는 것을 말한다.

교육행정과 유사한 개념으로 교육경영이 있다. 이 두 용어는 광범하게 혼용되고 있지만, 이들은 엄격히 구분될 필요가 있다. 교육행정은 고도의 확실성과 구조화되고 기획화된 결정을 달성하기 위한 하나의 경영관리 과정이며, 교육경영은 이와는 달리 고도로 불확실하며, 구조화되어 있지 않으며, 기획도 되어 있지 않은 하나의 결론을 매듭지어 나가는 경영관리의 과정이라고 할 수 있다. 다시 말하면 행정은 비교적 객관적 강제성을 띠고 있는 반면에 경영은 비교적 주관적 융통성을 내포하고 있다고 하겠다.

(2) 교육행정의 성격 및 영역

교육행정의 성격 역시 교육행정을 어떻게 정의하고 그 기능을 어느 관점에서 보느냐에 따라서 달라질 수 있다. 예를 들면 교육행정을 정책실현을 위한 권력적 작용이라고 보면 감독적 성격이, 조건정비를 위한 봉사적 활동이라고 보면 조장적·수단적 성격이, 목표달성을 위한 목표관리라고 보면 조정적 성격이 강해진다.

① 봉사적 성격 : 교육행정이 교육목적을 달성하기 위하여 필요한 인적·물적 제 조건을 정비하고 확립하는 봉사활동이라는 기능 행위론적 입장에서 보면 교육행정은 목적달성을 위한 하나의 수단이며 조장적·

봉사적 성격을 지니고 있다.

② 정치적 성격 : 교육행정의 수단적 기술적 성격은 교육행정의 내용이 고정된 것이 아니고 동적인 성격을 지녔다는 것이며, 동적 성격은 교육행정의 정치성을 의미한다. 교육행정가는 교육문제를 예견하고 이에 대한 대책을 강구하며 교육발전을 위한 장·단기 계획을 수립·실천하기 위하여는 탁월한 행정적 수완과 더불어 예민한 정치적 예견과 지성을 필요로 한다.

③ 전문적 성격 : 사회적 복합성으로 직업이 분화되어 점차적으로 전문성이 강조되고 있다. 이에 따라 교육행정도 전문적 이론이 뒷받침되어야 한다. 단순히 실무 경험에 의한 기술 경영이라는 생각에서 탈피하여 교육행정 자체에 대한 전문적 이론, 원리, 지침의 이해를 바탕으로 한 교육행정의 과학화·이론화가 요구된다.

④ 민주적 성격 : 국가 사회의 기본이념은 자유민주주의이므로 교육행정에서 민주적 성격이 필연적으로 요구된다. 교육행정에서 민주화되어야 할 대상은 교육행정조직, 학생행정, 교육과정에 대한 행정, 교육시설 및 교직원 관리에 관한 행정, 교육재정 등 여러 가지가 있으나, 그 중에서도 가장 핵심적인 것은 조직, 인사, 내용, 운영의 네 가지라 하겠다.

교육행정 조직의 민주화를 위해서는 중앙행정조직을 비롯한 교육청과 학교가 자율성과 책임성에 바탕을 두고 운영되어야 한다. 인사제도의 민주화를 위해서는 행정직과 국가공무원 우위의 풍토를 개선하고 지시·감독 위주의 장학방식을 탈피하여 업적 위주의 엄정한 인사평가제도가 도입되어야 한다. 교육내용의 민주화를 위해서는 획일화된 교과용 도서의 편찬정책을 개방정책으로 전환하여 2종 교과용 도서(검·인정도서)의 과목을 대폭 확대하고 선택 과정을 다양하게 개설하도록 해야 한다. 교육 운영의 민주화를 위해서는 교육행정 단위별로 인사·장학·행정·재정 등과 관련된 업무를 하부 교육행정기관과 각급 학교에 과감하게 위임하고 교육정책 결정 과정에 관계하는 집단의 참여폭을 확대함으로써 자율적이며 창의적인 학교 교육활동이 이루어질 수 있도록 학교 단위의 책임 경영제를 도입해야 한다.

교육행정 영역이란 교육행정에서 어떤 내용을 어디까지 취급할 것인가에 대한 범위를 말한다. 이는 교육행정의 분류체제를 의미하기도 한다. 교육행정은 ① 행정단위별, ② 행정기능별, ③ 교육대상별의 세 가지로 구분될 수 있다. 행정단위별은 중앙행정, 지방교육행정, 학교교육행정의 3단계가 있다. 행정기능별로 보면 교육행정은 기획, 조직, 교육내용 및 장학, 인사, 재정, 시설, 사무관리, 연구 및 평가의 9가지로 구분된다. 그리고 교육대상별로는 유아교육, 초등교육, 중등교육, 고등교육, 사회교육, 사학교육, 특수교육의 7가지로 구분된다.

(3) 교육행정의 원리

교육행정의 원리는 교육행정의 이념을 생각하는 관점에 따라 달라질 수 있다. 다만, 교육행정의 기본적 이념은 수단적·봉사적 성격에 비추어 교육활동이 효과적으로 지속될 수 있도록 지원한다는 입장에서 일치한다고 볼 수 있다.

① 자율성의 원리 : 자율성의 원리는 각종 교육기관이나 지방교육 행정기구가 자주적으로 운영되는 것을 말한다. 이 원리는 학교와 지방교육 행정기관이 그 조직의 관리·운영에 관하여 필요한 기준을 자주적으로 설정하고 자주적으로 집행하여, 조직발전에 필요한 제반 정책을 독자적으로 결정하는 것을 말한다. 이는 중앙정부의 지나친 통제 위주의 집권적인 행정체제를 지양하고 지방분권을 도모함으로써 교육행정의 자율적 운영을 실현하고자 하는 원리이다.

하지만 교육의 공공성을 강조하는 관점에서 보면, 자율성은 현실적으로 제한을 받게 된다. 즉, 국가나 지방 공공단체는 교육의 공공성을 내걸고 학교에 대한 법률을 정하고 법률에 따라 통제를 하게 된다. 자율성을 지키려면 우선 행정 직원의 전문성이 전제가 되어야 한다.

② 합법성의 원리 : 모든 교육행정이 합법적으로 제정된 법규와 관례, 예컨대 헌법을 비롯한 법령, 규칙, 조례 등에 따라야 한다는 것이다. 합법성에 의하여 국민의 교육권이 보장되고 국가예산이 효율적으로 집행되며, 공무원의 부당한 직무수행과 행정재량권의 남용이 방지될 수 있다. 그

러나 합법성을 지나치게 강조하게 되면 행정의 합목적성, 전문성, 그리고 기술성이 경시되고 법규 만능으로 인하여 형식적이며 경직화된 행정이 초래되기 쉬우며, 사회적 능률을 저하시킬 가능성도 높다.

③ 효율성의 원리 : 효율성의 원리는 교육행정이 능률적이고 효과적으로 집행되어야 함을 의미한다. 효율(efficiency)이란 행정의 투입에 대한 산출의 비율을 높이는 것을 말한다. 즉, 교육활동에 최소한의 인적·물적 자원과 시간을 투입하여 최대의 교육적 성과를 가져오는 것이다.

④ 합리성의 원리 : 합리성이란 교육행정의 효율성을 높이기 위한 행정기능 중 특히 기획과 통제에 관련된 것이다. 이는 계량적 또는 체계적 접근을 통하여 조직의 과업을 설계하고 평가하는 기획과 통제 기능에 주로 관계한다. 이 원리의 기초는 인간의 이성을 신뢰하고 과학적 분석과 논리 및 체계적 연구를 통해 행정 또는 통치상의 여러 문제를 해결할 수 있다는 가정에 근거를 둔다. 예를 들면 테일러주의, 베버의 관료주의, 행동과학론 등은 행정의 합리성을 추구하는데 큰 기여를 했다.

⑤ 민주성의 원리 : 민주성의 원리는 교육에 관한 정책을 수립하는 데 광범위한 참여를 통해 공정한 의견을 반영시키고 정책 집행 과정에서는 기관장의 독단과 전체적인 성격을 막는 것을 의미한다. 교육기관이나 교육행정 기관의 책임자가 그 기관에서 최종 결정권을 갖고 있음에도 불구하고 각종 위원회 혹은 협의회를 두어 의견을 수렴하는 것은 의사소통의 개방을 통해 다양한 의견을 청취하려는 의도에서이다.

⑥ 안정성의 원리 : 안정성의 원리는 교육활동의 지속성, 연계성을 확보하기 위한 원리이다. 일단 결정된 교육정책이나 그 집행 활동은 일정기간 시행함으로써 행정 시책의 일관성을 유지할 필요가 있다. 또한 전통적 활동 가운데 좋은 부분은 계승·발전시키는 좋은 의미의 보수주의가 필요하다. 빈번한 개편이나 개혁은 행정의 낭비를 초래하고, 효율성을 저해시키는 요인이 된다. 교육의 문제는 장기적인 성격을 내포하고 있기 때문에 교육정책은 안정된 기조 위에서 일관성 있는 집행을 보장할 필요가 있다.

⑦ 합목적성의 원리 : 이는 바람직한 교육정책을 세우고 그 정책 목표에 타당한 교육행정 활동이 되도록 해야 한다는 것이다. 즉 목적과 수단 사이에 괴리가 있어서는 안된다는 것이다. 교육행정의 본질은 그 자체의 목적을 가지고 있다기 보다는 교육목표 달성을 위한 수단적 봉사활동이며 바람직한 교수, 학습을 이루게 하고 그 성과를 높이는 데 목적이 있다. 합목적성의 원리는 교육행정의 관료화 현상에서 초래되는 여러 병리 현상에서 벗어나 교육목적에 맞고 그 목적에 비추어 타당한 행정 활동이 되어야 함을 말한다.

2) 학교제도

(1) 학교제도의 기본 개념

흔히 학교교육 제도를 그냥 '학제'라 하기도 한다. 여기에서는 학제의 기본 개념을 살펴보고 학제와 관련한 여러 개념들을 살펴보았다. 아울러 현행 학제의 문제점들을 분석해 보았다(윤정일 외, 1996).

① 학제와 이와 관련된 주요 개념들

학교는 의도적이고 조직적으로 교육하는 곳이다. 학교가 설립되기 전에는 생활자체가 교육의 장이었다. 생활과 노동의 형태가 분화되고 한꺼번에 다량의 지식과 정보가 만들어짐에 따라 학교라는 제도적 교수-학습 기관이 성립하게 된 것이다. 학교제도의 개념은 각각의 학교를 고립적으로 보는 것이 아니라 각 학교간에 존재하는 일종의 관련성과 전체 구조를 파악하려는 것이다. 따라서 각종의 학교는 학교제도를 구성하는 하나의 단위이다.

학교제도의 구조는 수직적 계통성과 수평적 단계성에 따라 구성된다. 계통성은 어떠한 교육을 하고 있는가, 또는 어떤 계층의 취학자를 대상으로 하고 있는가를 나타내며, 단계성은 어떠한 연령층을 대상으로 하는가, 혹은 어느 단계의 교육인가를 나타낸다. 6-3-3-4제의 단선형인 우리나라 학제는 횡적으로 구분된 초등학교, 중학교, 고등학교, 대학교라는 4개의 단계가 하나의 계통을 이루고 있다.

학제와 관련된 주요한 개념들을 정리해 보면 다음과 같다.

- **교육제도** : 교육제도는 하나의 사회제도로서 교육의 목적·내용·방법·조직 및 행·재정 등 교육 전반에 관한 조직 기구 및 법제 등을 말한다.

- **학교계통** : 학교계통은 학교제도에서 계열별로 구성된 수직적인 학교의 종별, 각종의 학교계열을 말한다. 이는 계급사회의 복선형 학교계통과 평등사회의 단선형 학교계통으로 구분된다. 학교계열별로는 보통교육 학교계통, 직업교육 학교계통 및 특수교육 학교계통 등이 있다.

- **학교단계** : 학교단계는 여러 가지 유형의 학교들을 수평적으로 구분한 학교사다리를 의미한다. 이는 대개 어느 연령층을 대상으로 하여, 어느 정도의 교육단계인가를 나타낸다. 이는 일반적으로 학습자의 심신발달 단계, 교육의 목적, 내용 및 사회적 적절성 등에 따라 구분된다. 학교단계는 유아교육, 초등교육, 중등교육 및 고등교육으로 구분하는 것이 일반적이다(교육기본법 제9조).

- **기간학제** : 기본학제는 학제의 주류를 이루는 초등학교, 중학교, 고등학교, 대학 및 대학원 등의 정규학교 교육에 대한 제도를 말한다.

- **방계학제** : 기본학제에 대해 보완적 기능을 수행하거나 사회교육의 성격을 가지고 정규학교의 교육과정에 준하는 교육을 실시하기 위한 학교제도를 말한다. 이에는 방송통신고·대학, 공민학교, 고등공민학교, 기술학교, 고등기술학교 및 각종 학교 등이 속한다.

② 학제의 유형

학교제도의 유형은 계통성을 중심으로 하는 복선형과 단계성을 중심으로 하는 단선형으로 나눌 수 있다. 그리고 복선형과 단선형의 중간적 형태로서 분기형이 있다. 역사적으로 볼 때 교육의 기회균등 원칙에 따라 학제는 복선형 → 분기형 → 단선형의 형태로 발달되어 왔다.

- **복선형 학제** : 상호관련을 가지지 않은 두 가지 이상의 학교계통이 병존하면서 학교계통간의 이동을 인정하지 않는 학교제도이다. 이는 교육의 계획적인 통제를 용이하게 하는 장점도 갖고 있으나 계층적 사회

화를 고착화시키는 단점도 지니고 있다. 이 복선형에서는 단계성보다 계통성이 중시되며, 사회계급, 계층을 재생산하는 기능을 담당한다. 일반적으로 전통을 중시하는 유럽에서 지켜져 왔다.

- 단선형 학제 : 복선형에 반대되는 것으로서 학교계통이 하나뿐인 단일의 학교제도이다. 모든 국민이 성별·사회적 신분·경제적 지위 등에 의해 차별 없이 학교교육을 받을 수 있다는 장점이 있다. 하지만 현실적으로 순수한 단선형은 존재하지 않으며, 공통의 기초 위에 수업연한이나 수료자격에 있어서 동등한 복수의 학교나 과정으로 분화되는 형태를 취하는 경우가 많다. 이는 교육기회균등의 이념을 구현할 수 있는 학제이며, 미국, 일본, 한국 등이 채택하고 있는 학제이다.
- 분기형 학제 : 복선형과 단선형의 중간적 형태의 학제이다. 대체로 이는 복선형의 기초학교 부분이 통일되고 그 위에 동격이 아닌 복수의 학교계통이 병존하는 학제이다. 분기형 학제는 최근 영국과 독일을 비롯한 서구 여러 나라의 학제에서 볼 수 있다.

(2) 우리나라의 학제유형

① 기간학제

기간학제는 유치원, 초등학교, 중학교, 고등학교, 대학 및 대학원으로 이어지는 정규 학교교육제도이다.

- 유치원

취학전 교육기관으로서 아동에게 적당한 환경을 주어 심신의 발달을 조장하는 것을 목적으로 한다(초·중등교육법 제35조).

   a. 수업연한 및 일수 : 유치원에 취원할 수 있는 만 3세부터 초등학교 취학 전까지이며(초·중등교육법 제36조), 수업일수는 매 학년 180일 이상이다(초·중등교육법 시행령 제45조).

   b. 의무교육 : 만 5세에 도달한 아동을 대상으로 취학전 1년을 무상교육을 실시할 수 있도록 규정하고 있다.

   c. 학급당 원아수 : 40명 이하로 규정하고 있다.

- 초등학교

  초등학교는 사회생활에 필요한 기초적인 초등 보통교육을 하는 것을 목적으로 한다(초·중등교육법 제38조).

  a. 수업연한 및 일수 : 수업연한은 6년이며(초·중등교육법 제39조), 수업일수는 매 학년 220일 이상이다(초·중등교육법 시행령 제45조).

  b. 교육과목 : 도덕, 국어, 수학, 사회, 자연, 체육, 음악, 미술, 실과 및 영어 등 총 10개 과목으로 규정하고 있다.

- 중학교

  중학교는 초등학교에서 받은 교육의 기초 위에 중등 보통교육을 하는 것을 목적으로 한다(초·중등교육법 제41조).

  a. 수업연한 및 일수 : 수업연한은 3년이며, 매 학년 220일 이상이다.

  b. 교육과목 : 도덕, 국어, 수학, 사회, 과학, 체육, 음악, 미술, 가정, 기술, 산업, 외국어, 한문, 컴퓨터 및 환경 등의 과목으로 구성되어 있다.

- 고등학교

  고등학교는 중학교에서 받은 교육의 기초 위에 중등교육 및 기초적인 전문교육을 하는 것을 목적으로 한다(초·중등교육법 제45조). 아울러 고등학교는 중간학교로서 전문교육을 실시하는 후기 중등 교육기관의 성격을 가지고 있다. 학교의 형태는 인문고등학교(중간단계의 학교)가 있고 실업학교(농·공·수산·해양)가 있으며, 이 양자의 기능을 함께 가지는 종합학교가 있다. 또한 특수분야의 전문적인 교육을 목적으로 하는 '특수목적 고등학교'를 설립·운영할 수 있다(초·중등교육법 시행령 제90조). 또한 특정분야의 인재 양성을 목적으로 하는 교육 및 자연현장 실습 및 체험 위주의 '특성화 고등학교'를 설립·운영할 수 있다(초·중등 교육법 시행령 제91조).

  a. 수업연한 및 일수 : 수업연한은 3년이며, 매 학년 220일 이상이다.

  b. 특수목적 고등학교 분야 : 공업계열, 농업계열, 수산업계열, 과학계열, 외국어계열, 예술계열, 체육계열, 국제계열 고등학교 등이 있다.

- 대 학

  대학은 국가와 인류사회의 발전에 필요한 학술의 심오한 이론과 그 광범위하고 정밀한 응용방법을 교수연마하며, 지도적 인격을 도야하는 것을 목적으로 한다(고등교육법 제28조).

a. 수업연한 및 일수 : 수업연한은 4년 내지 6년(의과·한의학·치과·수의과 대학)이며(고등교육법 제 31조, 고등교육법 시행령 제25조), 수업일수는 매 학년도 30주 이상으로 한다(고등교육법 시행령 제11조).

b. 이수학점 : 각 대학이 학칙에 정하는 바에 따라 이수한 학점을 취득학점으로 인정하되, 1주 1시간 15주 수업을 1학점으로 한다(고등교육법 시행령 제14조).

c. 사범대학과 교육대학 : 교사양성을 목적으로 하는 목적대학의 성격을 띤다.

d. 전문대학 : 수업연한은 2년 내지 3년으로 한다.

② 방계학제

방계학제는 기간학제의 보완적 기능을 수행하거나 사회교육의 성격을 가지고 정교학교의 교육과정에 준하는 교육을 실시하기 위한 학교교육제도이다.

• 공민학교 및 고등공민학교

초등학교 교육을 받지 못하고 취학연령을 초과한 자에 대하여 국민생활에 필요한 교육을 하는 것을 목적으로 한다(초·중등 교육법 제40조).

a. 수업연한 및 입학자격 : 수업연한은 3년이며, 입학자격은 초등교육을 받지 못한, 학령 초과자이다(초·중등 교육법 제40조).

b. 고등공민학교의 수업연한 및 일수 : 1년 이상 3년 이하이며, 자격은 초등학교 또는 공민학교를 졸업한 자이다(초·중등 교육법 제44조).

• 고등기술학교

사회생활에 직접적으로 필요한 직업기술교육을 하는 것을 목적으로 한다(초·중등 교육법 제54조).

a. 수업연한 : 수업연한은 1년 이상 3년 이하이다.

b. 입학자격 : 고등기술학교에 입학할 수 있는 자는 중학교 또는 고등공민학교를 졸업한 자나 법령에 의하여 이와 동등한 학력이 있다고 인정된 자이다.

- 방송통신고등학교
  a. 수업연한 및 입학자격 : 수업연한은 3년이며, 입학자격은 중졸자 및
     동등 이상의 학력 인정자로 규정하고 있다(방송통신고등학교설치기준
     령 제4조).
  b. 수업일시 : 매 학년 220일 이상(매일 40분 이상)의 방송교육을 하고
     있으며(방송통신고등학교설치기준령 시행규칙 제4조), 본교 또는 협력학
     교에서 일요일 출석교육을 실시하되 매 학년 26일 이상(1일 6시간 기
     준)을 하도록 되어 있다. 방송고를 수료한 자에게는 소정의 평가시
     험을 거쳐 고등학교 졸업자격이 부여된다.

- 방송통신대학 및 산업대학
  방송통신대학은 국민에게 정보·통신매체를 통한 원격교육으로 고등교
  육을 받을 기회를 부여하여 국가와 사회가 필요로 하는 인재를 양성함
  과 동시에 열린 학습사회를 구현함으로써 평생교육의 발전에 이바지함
  을 목적으로 한다(고등교육법 제52조). 산업대학은 산업사회에서 필요로
  하는 학술 또는 전문적인 지식 기술의 연구와 연마를 위한 교육을 계
  속 더 받고자 하는 자에게 고등교육의 기회를 제공하여 국가와 사회발
  전에 기여할 산업인력을 양성하는 것을 목적으로 한다(고등교육법 제37
  조). 수업연한 및 일수 : 방송통신대학의 수업연한은 4년이며(고등교육
  법 제53조), 산업대학의 수업연한과 재학연한은 제한하지 않고 있다(고
  등교육법 제38조).

- 특수학교
  특수학교는 신체적·정신적·지적 장애 등으로 인해 특수교육을 필요
  로 하는 자에게 유치원, 초등학교, 중학교 또는 고등학교에 준하는 교
  육과 실생활에 필요한 지식, 기술 및 사회적응 교육을 하는 것을 목적
  으로 한다(초·중등 교육법 제55조). 고등학교 이하의 각급 학교에 특수
  교육을 필요로 하는 자를 위한 특수학급을 둘 수 있도록 규정하고 있
  다(초·중등 교육법 제57조).

- 각종 학교
  각종 학교는 정규학교와 같은 명칭을 사용할 수 없으며, 각종 학교에

재학중인 자는 법이 정하고 있는 정규학교에 전학 또는 편입할 수 있다. 각종학교의 종류로는 신학교, 각종 실업 및 예술학교, 선원학교, 외국인 학교 등이 있다.

(3) 현행 학제의 문제

건국 초기에 6-3-3-4제의 골격을 갖춘 이후, 지난 반세기 동안 기본 구조에서 큰 변화 없이 유지되어 온 현행 학제는 다음과 같은 문제점을 안고 있는 것으로 지적되고 있다.

① 경직성

• 개인 능력차 무시 : 현행 학제는 개인의 능력을 충분히 고려하지 못하고 있다. 특별히 우수한 영재와 지진아에 대한 학교교육 차원에서의 배려가 거의 없다.

• 교육체제의 탄력성 결여 : 기간학제와 방계학제간의 기능적 연계성이 부족하다. 아울러 상급학교의 교육과정이 하급학교의 교육과정에 끼치는 영향이 너무 크다.

• 학교 학년제의 고정 : 학교 학년제의 고정으로 농촌의 과소 학교와 도시 지역에서 과밀 학교에 효율적으로 대처하고 있지 못하다.

• 학제 내에서 횡적 이동 제약 : 학교간 전학의 제약과 학내 계열간 이동의 제약 등, 학제 내에서 횡적 이동이 제약되고 있다.

② 비효율성

• 교육연한의 적절성 결여 : 각급 학교의 교육적 요구에 따른 교육연한의 재검토가 요망된다.

• 교육비 부담의 가중 : 과열 입시경쟁에 따른 학부형의 부담을 가중시키고 있다.

• 진로 준비교육의 불충실 : 진로결정의 지연성은 진로준비교육 불충실의 주된 요인이다.

③ 비연계성

- 사회교육과의 연계 결여 : 사회교육 프로그램과 정규학교의 연계성이 부족하여 일단 교육의 기회를 정규교육을 받을 수 없다는 위기감이 팽배해있다.
- 학교간 협력체제 결여 : 학교 및 대학내 전파는 물론 학교간 협력체제 결여로 대학간 전학이 어렵다.

④ 지체성

- 산업구조 변화에의 적합성 미흡 : 중등교육 정체성 모호와 산업사회의 교육적 요구를 수용하지 못하고 있다.
- 평생교육체제의 미흡 : 경직되고 획일적인 입시제도와 학교교육의 폐쇄성으로 평생교육의 실현이 어렵다.

⑤ 폐쇄성

- 교육기회의 제한 : 일반 국민의 상승하는 교육적 열망에도 불구하고 진학 희망자에 비하여 정규학교의 수용기회가 제한되고 있다.
- 근로청소년에 대한 배려 미흡 : 근로 청소년이 직업과 학업을 효과적으로 연결시킬 수 있도록 하는 교육제도가 결여되어 있다.

2. 교육행정 조직

1) 교육행정 조직의 원리

행정을 위한 교육조직의 원리는 주어진 과업을 능률적이고 효과적으로 수행하기 위한 행정·관리·기술상의 지침이다. 구체적으로 조직편성에 있어서 다음과 같은 요인들이 고려되어야 한다.

(1) 계층의 원리(principle of hierarchy)

이는 조직 구조에는 권한과 책임이 위계적으로 배분되어 있어서 상하관계가 뚜렷하다는 뜻이다. 계층은 조직의 공동목표를 달성하기 위한 업무를 수행하는 데 있어서 권한과 책임의 정도에 따라 직위가 위계적으로 서열화·등급화 되어 있는 것을 의미한다. 군대와 공무원 조직이 계층조직의 좋은 예이지만, 계층성은 관료화되어 있는 행정조직 대부분에 존재하고 있다.

계층의 원리는 명령통일의 원리나 통솔범위의 원리를 전제조건으로 하고 있다. 명령통일의 원리는 행정조직에 있어서 최고 결정권자를 정점으로 하고 통솔과 지휘명령의 체계가 확립되어 있어야 함을 말하며, 통솔범위의 원리는 지휘자의 통솔력이 직접적으로 미칠 수 있는 범위에는 한계가 있음을 말하는 것이다.

(2) 분업화의 원리(principle of division of work)

조직의 전반적인 업무를 직능 혹은 성질별로 분담하여 한 사람에게 동일한 업무를 분담시키는 체제를 말한다. 이러한 분업화의 목적은 행정조직이 추구해야 할 공동과업을 수행함에 있어서 표준화(standardization), 단순화(simplification), 전문화(specialization)라는 3S를 촉진하기 위해서이다. 이로써 개인의 작업능률을 향상시킬 수 있고, 도구 및 기계의 발달을 기할 수 있고, 신속한 업무처리를 할 수 있는 이점을 확보할 수 있다.

(3) 조정의 원리(principle of coordination)

조정이란 조직 내에서 업무의 수행을 조절하고 조화로운 인간관계를 유지함으로써 협동의 효과를 거두려는 것을 말한다. 조정의 원리는 공동의 목표를 달성하는 데 있어서 행동의 통일을 보장하는 것이다. 이는 조직 구성원의 갈등적 이익 추구나 이질적이며 다양한 욕구로부터 파생되는 문제를 해결하는 데 큰 의의를 지니고 있다.

(4) 최적 집권화의 원리(principle of optium centralization)

중앙집권과 분권제 사이의 적정한 균형을 얻으려는 것을 말한다. 중앙집권제는 중앙관서가 권한을 행사함으로써 능률화를 확보하는 데 유리하나 획일성과 전제주의를 초래할 위험성이 있다. 반면에 분권제는 지방관서나 하부기관에 권한이 분산되어 있음으로 인해 지방의 특수성과 자율성을 촉진할 수 있으나 비능률성을 초래할 가능성이 높다. 따라서 이 둘의 양극을 피하고 적정한 균형을 얻어야 한다.

(5) 통솔한계의 원리(principle of span of control))

한 사람의 지도자가 직접 통솔할 수 있는 직원의 수에는 한계가 있다는 것이다. 즉 인간의 지도 능력에는 한계가 있기 때문에 한 사람의 통솔자는 일정 수 이상의 하급 직원을 직접 통솔할 수 없음을 말한다. 보통 10~12명이 한 사람의 통솔자가 지도할 수 있는 적정의 수로 제기되고 있다.

(6) 명령통일의 원리(principle of unity of control)

조직에서 하급자는 오직 한 사람의 지시자로부터 명령이나 지시를 받고 한 사람에게 보고하도록 제도화되어야 한다는 것이다. 즉 하나의 단위 조직에는 오직 한 사람의 상관만이 있어야 하며, 이 한 명의 직속 상관에게 그 단위조직을 운영할 수 있는 최종권한을 부여해야 한다는 것이다. 이러한 체제가 갖는 장점으로는 ① 혼돈을 피할 수 있고, ② 비능률성을 배제할 수 있으며, ③ 책임성을 지울 수 있다는 점을 들 수 있다.

2) 중앙 교육행정 조직

중앙 교육행정 조직이란 중앙의 교육행정을 위한 조직과 구조를 말한다. 우리나라 교육행정의 최고 책임자는 교육인적자원부 부총리이다. 하지만 대통령도 행정부의 수반으로서 권한을 행사하며, 국무회의도 주요 교육 정책을 결정하는 정책 결정 기관이다. 대통령이 갖는 교육정책에 관한 권한에는 대통령령(시행령)의 발포, 주요 교육공무원의 임명, 국무회의 의장으로서 교육 정책 수립에 영향력을 행사하는 것 등을 들 수 있다.

(1) 국무회의

국무회의는 교육정책을 포함한 중요한 정부의 정책을 심의하도록 헌법에 규정되어 있다(헌법 제89조). 교육 예산, 교육인적자원부의 권한 한계, 중요한 교육 정책의 수립과 조정, 국립 대학교 총장의 임명 등은 국무회의를 거치도록 되어 있다.

(2) 교육인적자원부

교육인적자원부는 정부조직법 제28조에 의거하여 국가의 인적자원개발정책의 수립·총괄·조정, 학교교육·평생교육 및 학술에 관한 사무를 관장한다. 그리고 소속 기관, 산하 단체 및 지방교육 행정 기관의 운영을 지원하고, 대학의 육성·발전을 위해 지원하는 것을 주요 업무로 하고 있다. 교육인적자원부는 해방 이후 40여 차례의 직제 개편을 거쳐, 1998년 문민정부가 들어서면서 3개의 관(공보관, 감사관, 국제협력관), 2개의 실(기획관리실, 학교정책실), 4개의 국(평생교육국, 학술연구지원국, 교육환경개선국, 교육정보화국), 3개의 심의관(학교정책심의관, 교육과정심의관, 교원정책심의관), 5개의 담당관(기획예산담당관, 행정관리담당관, 법무담당관, 교육정책담당관, 여성교육정책담당관) 체제로 유지되다가, 법률 제6400호(2001. 1. 29)에 의거하여 직제를 다시 개편하였다. 그 결과 교육인적자원부는 1개 차관보, 3개의 관(공보관, 감사관, 국제교육정보화기획관), 2개의 실(기획관리실, 학교정책실), 4개의 국(인적자원정책국, 평생직업교육국, 대학지원국, 교육자치지원국), 1개의 담당관(교원정책심의관)으로 구성되어 있다. 각 실과 국의 주요업무내용을 살펴보면 다음과 같다.

① 기획관리실

기획관리실은 기획예산담당관, 행정관리담당관, 법무담당관, 시설담당관, 여성교육정책담당관, 비상계획담당관으로 구성되어 있다. 기획관리실 산하 각 부서의 주요한 업무를 예로 들면 다음과 같다.

• 기획예산담당관
  - 주요 업무계획 수립 및 보고
  - 교육정책심의회 운영
  - 예산의 편성
  - 예산의 배정
  - 예산의 이용과 전용
  - 세출예산의 이월
• 행정관리담당관
  - 조직 및 국가공무원 정원관리

- 대통령 지시사항 관리
- 교육규제완화위원회 설치·운영
- 제안제도 운영
- 법무담당관
  - 법령안 심사
  - 법령 질의 회신
  - 소송업무
- 교육시설담당관실
  - 고등학교 이하 각급 학교 시설·설비기준 관리
  - 학교시설사업촉진법령 운용
  - 「학교용지확보에관한특례법령」 운용
  - 학교시설의 복합화 추진
  - OECD산하 PEB참여를 통한 학교시설 국제교류 추진
  - 주택정책 심의 업무
  - 교육환경개선사업 추진
  - 학교시설 안전관리
  - 교실조도 및 난방시설 개선
  - 대학시설 현황 관리
  - 국립대학 실험·실습기자재 확충
  - 이공계 대학연구소 기자재 첨단화 지원사업
  - 교육차관 사업 원리금 상환
- 여성교육정책담당관
  - 여성 교육정책 수립·조정
  - 여교원의 능력개발 및 권익보호
  - 여성직업능력개발 및 교육참여 확대
  - 여성부 관련 업무
- 비상계획담당관
  - 충무계획 수립
  - 을지연습 실시
  - 자체연습 실시

② 학교정책실

학교정책실은 학교정책과, 교육과정정책과, 평가관리과로 구성되어 있다.
학교정책실 산하 각 부서의 주요한 업무를 예로 들면 다음과 같다.

- 학교정책과
  - 교육과정운영 기본계획 수립·시달
  - 통일교육
  - 교과교육활동 지원
  - 초·중등학교생활기록부 개선·보완
  - 학생 생활지도 기본계획 수립·시달
  - 영어교육 활성화방안 수립·추진
  - 학습부진아 지도대책 수립·지원
  - 초·중·고등학교 학생봉사활동 제도 운영 개선
  - 「새 학교문화 창조」 계획 수립·추진
  - 제2외국어 교육 활성화
  - 보충·자율학습 기본 지침
  - 특기·적성교육활동 활성화
  - 학교체육 관리
- 교육과정정책과
  - 교육과정 총론 개정시안 연구개발
  - 교육과정 각론 개정시안 연구개발
  - 교육과정 개선 후속지원대책 수립
  - 교육과정 심의회 구성·운영
  - 교과용도서 개발 기본계획 수립
  - 교과용도서의 검정 기준
  - 교과서 집필 지침
  - 교육과정 연구학교 운영
  - 초등학교 교과용도서 실험·연구학교 운영
  - 정보통신기술(ICT)교육 필수화 계획
  - 교육과정 적용 실태 조사

- 통일대비 교육과정 연구
- 교과용도서 현장 검토
- 「제7차 교육과정지원장학협의단」 운영
- 교과용도서 심의회 구성, 운영
• 평가관리과
- 지방교육행정기관 평가
- 국가수준 학업성취도 평가
- 학교종합평가 추진
- 교육과정 평가
- 사설기관 모의고사 참여제한 지침 수립·시달
- 1종 도서 편찬
- 교과용도서 검·인정
- 교과용도서별 정가 결정
- 교과용도서 발행·공급
- 교과용도서 저작권 보상금 산정 및 지급

③ 인적자원정책국

인적자원정책국은 정책총괄과, 조정 1과, 조정 2과, 정책분석과로 구성되어 있다. 인적자원정책국 산하 각 부서의 주요한 업무를 예로 들면 다음과 같다.

• 정책총괄과
- 국가인적자원개발업무 총괄·조정
- 교육인적자원정책위원회 운영지원
- 교육개혁 및 제도 개선 총괄
- 통일대비 교육정책 수립
- 직업교육훈련기본계획 수립 추진
• 조정 1과
- 민간부문 인적자원 개발 촉진(학습조직화 포함)
- 국가전략 분야 인력수급 및 양성대책 등
- 고등교육기관 학생정원 관련 정책방향의 수립

- 조정 2과
  - 영재교육 진흥
  - 학생의 건전 문화 형성을 위한 관련 정책의 수립·조정
  - 사교육비 경감대책 추진
- 정책분석과
  - "교육현장 수범사례" 수기 공모
  - 교육·인적자원통계 정보화
  - OECD 국제교육지표개발 사업 참여
  - 「제2의 건국 운동」 지원사업

④ 평생직업교육국

평생직업교육국은 평생학습정책과, 직업교육정책과, 전문대학지원과로 구성되어 있다. 평생직업교육국 산하 각 부서의 주요한 업무를 예로 들면 다음과 같다.

- 평생학습정책과
  - 평생교육센터 운영 지원
  - 사내대학 설치인가
  - 한국방송통신대학교 운영 지도
  - 방송통신고등학교 운영지도
  - 학원의 진흥육성
  - 학점은행제 운영
  - 교육계좌제 도입
  - 문하생 학력인정제 도입
  - 학력인정 평생교육시설 진흥·육성
  - 공익법인 지도·감독
  - 대학부설 평생교육시설 설치·보고 접수
  - 초·중등학교 평생교육 시범학교 지정·운영
  - 노인교육 활성화 지원
  - 독학에 의한 학위취득
  - 원격대학 설치·인가

- 직업교육정책과
  - 실업계 고교 내실화·특성화
  - 실업계 고교와 전문대학 교육과정 연계운영
  - 일반계 고등학교 직업과정 운영 지원
  - 공고 「2·1체제」 시범 운영
  - 농어촌지역 실업계 고교 학과개편
  - 교육과정 자율운영 실험학교 운영
  - 통합형 고등학교 시범운영
  - 국립공고 실습기자재 확충
  - 민간자격 국가공인제도 시행 지원
  - 산학협동 우수대학 지원
  - 기술대학 설립·운영
  - 기능대학 설립인가
  - 진로정보센터 운영
- 전문대학지원과
  - 전문대학 학생정원 조정
  - 전문대학 설립인가
  - 학교법인 기본재산 관리
  - 전문대학 교원인사 관리
  - 전문대학 입시제도 개선·운영
  - 전문대학 교원 산업체 연수 지원
  - 전문대학 학사운영 지도
  - 전문대학 재정 지원
  - 전문대학 산업체 위탁교육
  - 전공심화과정 운영 지원
  - 특별과정 운영 지원
  - 전문대학 특성화 프로그램 지원
  - 주문식 교육 운영 지원
  - 실업계고와 연계교육과정 운영 지원

⑤ 대학지원국

대학지원국은 대학행정지원과, 학술학사지원과, 대학재정과로 구성되어
있다. 대학지원국 산하 각 부서의 주요한 업무를 예로 들면 다음과 같다.

- 대학행정지원과
  - 학교법인 및 대학설립 인가
  - 대학 학생정원 조정
  - 국립대학의 장 임용
  - 국립대학 발전계획 추진
  - 지방대학 육성대책 추진
  - 한국대학교육협의회 운영지원
  - 대학생 학자금 융자 이자 보전
  - 대학생 학·예술 및 의료 등 봉사활동 지원
- 학술학사지원과
  - 학술진흥계획 수립·시행
  - 학술연구사업 관리
  - 두뇌한국21(BK21)사업
  - 대학(원) 학칙 개정 보고
  - 대학입학전형제도 개선(2002학년도 대학입학제도)
  - 대학입학전형 기본계획 수립
  - 대학수학능력시험 운영관리
  - 시간제 등록생 제도
  - 산업대학 산업체 위탁교육
  - 대학연구기관 전문연구요원 편입대상자 선발 업무
  - 한국학술진흥재단 지도
  - 한국정신문화연구원 운영지도
- 대학재정과
  - 대학 재정지원 평가
  - 국립대학 입학금 및 수업료 책정
  - 사학기관 예·결산 관리

- 학교법인 임원취임승인 및 정관변경인가
- 임시이사 선임
- 사학법인 재산관리(매도·증여·교환·용도변경 등)
- 국립대학 교원연구비 보조
- 한국사학진흥재단 운영 지도
- 국립대학교 병원 지도

⑥ 교육자치지원국

교육자치지원국은 지방교육기획과, 지방교육재정과, 유아교육지원과, 특수교육보건과로 구성되어 있다. 교육자치지원국 산하 각 부서의 주요한 업무를 예로 들면 다음과 같다.

• 지방교육기획과
  - 지방교육행정기관 조직·정원 관리
  - 지방공무원 인사제도 관리·운영
  - 고등학교 평준화 제도 운영
  - 과소규모학교 통·폐합 관리
  - 중학교 의무교육 확대 실시
  - 외국인학교제도 개선
  - 도서·벽지학교 지정·관리
  - 검정고시 운영지도 및 제도 개선
  - 특성화 고등학교 관리
  - 지방교육자치제도 개선
  - 학교운영위원회 제도 운영 및 연구
  - 초·중등 사학제도 정비
• 지방교육재정과
  - 지방교육재정의 확보·배분 및 운영지도
  - 지방교육재정교부금 관리·운영
  - 지방교육양여금관리특별회계의 관리·운영
  - 중·고등학교 학생 납입금 관리
  - 단위학교 재정 효율화(학교회계제도 운영)

- OECD국가 수준의 교육여건 개선
- 유아교육지원과
  - 유아교육 자료개발・보급
  - 유치원 종일반 운영 확대
  - 유치원 학급보조 자원봉사자 훈련 지원
  - 저소득층 자녀 유치원 학비지원
  - 사립유치원 교재・교구비 지원
- 특수교육보건과
  - 특수교육 진흥계획 수립・추진
  - 국립특수학교 운영 지도
  - 특수교육 교육연수 및 학습자료 개발
  - 특수교육 연차보고서 작성・보고
  - 학교보건 관리
  - 학교주변 유해 환경 정화
  - 학교급식 확대
  - 학생 중식지원

3) 지방 교육행정 조직

지방 교육행정 조직이란 지방의 교육행정을 위한 전반적인 조직과 구조를 말한다. 우리나라 지방 교육행정 조직은 교육 자치를 기본으로 하고 있다. 교육자치 제도란 '지방교육자치에 관한 법률(1991. 3. 1)'에 근거하여 교육기관이 행하는 자치적 행정 제도를 말한다. 교육의 전문성과 중립성을 보장하고 자율적인 교육활동을 전개할 수 있도록 일반행정으로부터 분리・독립하여 자치적으로 교육행정을 실시하는 제도를 말한다.

현행 교육자치제는 교육위원회를 의결기관으로 하고 있고, 교육감을 집행기관으로 하여 서로 협력과 견제를 취하도록 되어 있으며, 시・도를 기본으로 하는 광역 지방교육자치제이다. 교육의 자주성 및 전문성과 지방교육의 특수성을 살리기 위하여 지방자치단체의 교육・과학・기술・체육・기타 학예에 관한 사무를 관장하는 기관으로서 특별시・광역시・도에 의결

기관인 교육위원회와 집행기관인 교육감을 두고 있다.

(1) 교육위원회

① 지위 및 권한

교육위원회는 시·도의 교육·학예에 관한 중요사항을 심의·의결하는 기관이다. 교육위원회는 당해 지방자치단체의 교육·학예에 관한 사항 중 시·도 의회에 제출할 조례안, 예·결산안, 특별부가금 사용료, 수수료 및 납입금의 부과와 징수에 관한 사항, 중요 재산 및 공공시설의 취득·설치·처분, 청원의 수리와 처리 등에 관한 사항을 심의·의결한다. 그러나 교육위원회의 심의·의결 사항 중 조례안과 예·결산안 등에 관한 것은 시·도 의회의 의결을 거치도록 함으로써 교육위원회의 지위를 중간 심의 기구 내지 시·도 의회의 특별위원회 정도로 격하시키고 있다.

② 선 출

교육위원은 초·중등 교육법 제31조의 규정에 의한 학교운영위원회에서 선출한 선거인과 교육기본법 제15조의 규정에 따라 시·도에 조직된 교원 단체에서 추천한 교원인 선거인으로 구성된 시·도 교육위원 선거인단에서 선출한다. 학교운영위원회 선거인은 일정 규모 이상의 학교마다 1인으로 하되, 학교의 학부모 대표 또는 지역사회 인사 중에서 선출하며, 교원 단체 선거인 수는 학교운영위원회 선거인 총수의 100분의 3으로 한다.

교육위원은 학식과 덕망이 높고 시·도의회의 피선거권이 있는 자로서 정당의 당원이 아니어야 한다(지방교육자치법 제8조). 교육위원회 정수의 2분의 1 이상은 교육 또는 교육행정 경력이 10년 이상인 자이어야 한다.

교육위원 후보가 되고자 하는 자는 선출일 20일 전까지 교육위원회 사무국에 등록하여야 한다. 새로운 교육위원의 선출은 교육위원 임기 만료일 30일 10일 전에 실시하도록 되어 있다. 선출된 교육위원의 임기는 4년이다.

(2) 교육감

① 지위 및 권한

시·도 교육감은 각 시·도의 교육·학예에 관한 사무를 집행하는 집행 기관으로서 교육·학예에 관하여 당해 지방자치단체를 대표하고 통괄한다. 또한 국가 사무 중 교육·학예에 관한 사무는 교육감에게 위임하여 행한다.

교육감은 사무집행권, 교육규칙 제정 및 공포, 교육·학예에 관하여 지방 자치단체 대표, 소속 공무원을 지휘 감독하는 권한, 재의 요구권, 제소권, 선결처분권 등의 권한을 갖는다.

② 자격·선출·임기

학식과 덕망이 높고 시·도 의회 의원의 피선거권이 있는 정당인이 아닌 자로서, 교육경력 또는 교육공무원으로서의 교육행정 경력이 5년 이상인 자 중에서 학교운영위원회 선거인과 교원단체 선거인으로 구성된 교육감 선거 인단에서 무기명 투표로 선출한다. 선출은 선거인의 과반수 찬성을 얻은 자를 당선자로 한다(지방교육자치에 관한 법률 제32조 및 28조). 교육감의 임기 는 4년이며, 1차에 한하여 중임할 수 있다.

(3) 지방 교육행정 집행기구

지방 교육집행 기구는 광역 자치기관인 시·도 교육청과 하급 지방 교육 행정 기관인 시·군·자치구 교육청으로 분류된다.

① 시·도 교육청

시·도 교육청은 교육감을 정점으로 부교육감, 국장, 과장, 계장 등의 행 정 계선으로 이어지며, 당해 지방자치단체의 교육·학예에 관한 사무를 담 당한다. 부교육감은 교육 공무원 중에서 당해 시·도 교육감이 추천한 자 를 교육인적자원부 장관의 제청으로 국무총리를 거쳐 대통령이 임명한다(지 방교육자치에 관한 법률 제40조).

② 시·군·구 교육청

시·군·구 교육청에는 교육장을 정점으로 하여 규모가 큰 경우에는 학무국(초등교육과, 중등교육과, 사회체육과)과 관리국(관리과, 재무과, 시설과)으로, 중간 규모인 경우에는 학무과, 사회교육과, 관리과, 재무과로, 작은 시 및 군 지역의 경우에는 학무과와 관리과로 구성한다.

시·군·구 교육청은 시·도의 교육·학예에 관한 사항 중 ① 공·사립 초등학교, 중학교, 고등기술학교, 공민학교, 고등공민학교 및 유치원과 이에 준하는 각종 학교의 운영관리에 관한 지도·감독, ② 기타 시·도의 조례로 정하는 사무를 위임받아 분장한다.

4) 교육행정 조직의 문제

우리나라 교육행정 조직은 다음과 같은 문제점이 있는 것으로 지적되고 있다(김경희 외, 1999).

(1) 중앙 교육행정 조직의 문제

① 교육인적자원부의 기구개편이 너무 빈번하여 업무 분담의 혼선을 야기하고, 정책집행 및 문서관리의 일관성을 유지하기가 쉽지 않다.

② 특정사항을 취급하는 담당관 제도를 도입함으로써 전문적 기능이 강화되어 온 것은 사실이지만 아직도 장학·기획·조정·연구의 기능이 미약하다.

③ 그 동안 직제 개편과 함께 소관 업무의 대폭적인 하부 이양이 이루어졌으나 교육행정 업무는 여전히 중앙집권화의 경향이 강하다.

④ 각종 자문위원회의 구성과 활용이 미흡하며, 유명무실하게 운영되어 온 경향이 있다.

⑤ 중앙 교육행정조직은 행정조직의 원리상 지휘·감독과 공권력의 지배가 강조된다고 하겠으나 교육의 독자성과 특수성에 비추어 볼 때, 교육활동을 조장·지원하는, 즉 서비스 위주의 교육행정 조직의 독특한 모습이 부각되지 못하고 있다.

(2) 지방 교육행정 조직의 문제

① 교육위원회와 지방의회와의 관계 및 교육위원회의 조직과 운영에 관

한 문제를 들 수 있다. 법적으로 교육위원회가 의결한 사항을 지방의
회가 또다시 의결하도록 규정하고 있어 교육의 자율성, 전문성, 특수
성이 제한 받고 있다.

② 지방교육재정의 독립이 이루어지지 못하여 교육행정이 일반행정으로
부터 분리 독립이 확립되어 있지 못하다. 지방교육비의 대부분을 국
고에 의존하고 있으며, 교육 예산의 발의·심의 권한이 종국적으로
지방자치단체가 가지고 있다.

③ 전문적 관리를 수행해야 할 교육감의 자격기준이 명확하지 않다. 교
육자치제가 실효를 얻기 위해서는 교육행정을 담당하는 행정가가 교
육에 대한 전문적인 지식과 안목을 갖고 있어야 한다. 그러나 교육감
은 단순히 학식과 덕망이 높고, 교육 또는 교육공무원으로서의 교육
행정 경력이 5년 이상인 자로 규정되어 있다.

④ 일반행정과 긴밀한 협조와 유대의 관계가 미흡하다. 교육 지방자치를
실현하는 과정에서 내무행정과의 균형 및 협조 등이 제대로 이루어지
지 못하고 있다.

5) 장학행정 및 학교·학급경영

(1) 장학행정

① 장학의 개념 및 기능

장학(supervision)이란 교사의 전문적 성장, 교육운영의 합리화 및 학생의
학습환경 개선을 위한 전문적 기술적 보조활동이다(김종철, 1972). 이러한 개
념 정의에 따르면 장학활동은 크게 3가지 분야에서 행해진다.

첫째, 교사의 전문적 성장을 돕는 일련의 활동이다. 교사로 하여금 교직
에 올바른 태도를 갖게 하고, 좀더 발전된 학습지도와 생활지도의 방법을
익히며, 교육에 관한 올바른 관점을 가지고 교육문제를 직시할 수 있도록
돕는 것이 장학생활의 중요한 활동영역이다.

둘째, 교육의 기획과 평가를 돕는 제반활동을 들 수 있다. 즉 교육활동
전반에 대한 기획, 조사와 연구 및 평가에 있어서 관련된 사람을 도와주고
교육문제에 대한 사회적 인식을 개선하기 위한 활동이 이에 속한다.

셋째, 학생들의 학습환경을 개선하기 위한 활동을 들 수 있다. 학급환경은 교사의 태도와 관련된 심리적 측면을 갖고 있지만 학교의 물리적 환경을 중요한 구성요소로 갖고 있다. 따라서 장학은 이러한 물리적 환경을 개선하기 위한 활동에 전력한다.

위에서 언급한 것과 같은 정의 이외에도 관점에 따라 장학에 대해서는 다양한 정의가 내려지고 있다. 즉, 장학을 교육행정의 일부로 보는 입장, 교육과정 개발의 측면에 강조를 두는 입장, 수업에 초점을 두는 입장, 교사와 장학담당자의 인간관계에 초점을 맞추어 정의하는 입장, 경영의 한 형태로 정의하는 입장, 지도성의 측면에서 정의하는 입장 등이 있다. 그렇지만 이러한 차이는 접근방법의 차이이고 그 궁극적인 목적은 수업개선에 있음을 밝히고 있다(윤정일 외, 1995). 이러한 관점에서 볼 때, 장학이란 궁극적으로 수업의 개선을 목적으로 하면서, 그 대상은 교사이다. 결국 장학이란 교수행위의 개선을 위해 교사에게 제공되는 장학담당자의 모든 노력이라고 말할 수 있다.

전문적 봉사 활동인 장학은 그 기능에서 지도성, 조정, 자원봉사, 평가의 4가지로 분류한다. 장학담당자는 자신의 전문적인 영역에서 지도성을 발휘하여 다른 사람에게 도움을 주기도 하고, 여러 가지 의견을 절충하거나 조정하여 교육의 성과를 향상하는 일에 집중하기도 한다. 또한 장학 담당자는 본인 스스로가 자원인사이다. 그러므로 교사와 교육행정가가 어떤 교육문제에 직면했을 때에 장학담당자는 그 문제해결을 위한 자원인사로서 도움을 주기도 하며, 나아가 교육목표 달성도와 교육성과에 대한 적절한 평가도 하게 된다.

그렇지만 장학의 기능이 제대로 발휘되도록 하기 위해서는 다른 어떤 조건보다도 장학의 권위를 확립하는 것이 필요하다. 장학의 권위는 행정적으로 위임된 권한에 의해서 나타날 수 있으나 그것보다 더 중요한 것은 장학담당자 개인이나 집단이 전문적인 면에서 능력 있는 것으로 인정되면 권위가 서게 되고, 자연히 장학의 기능도 제대로 발휘될 것이다.

② 장학의 유형

장학의 조직, 주체, 내용, 방법, 그리고 연구자의 관점에 따라 장학에는 다양한 유형이 있을 수 있다.

- 중앙장학 : 중앙 교육행정 기관인 교육인적자원부 내에서 이루어지는 모든 장학행정을 말한다. 이는 교육활동의 전반적인 기획, 조사, 연구, 관리, 지도, 감독을 통해 중앙의 교육행정 업무를 보좌하는 참모활동을 주축으로 하고 있다. 교육인적자원부의 장학행정은 주로 장학편수실을 중심으로 이루어지고 있다.

- 지방장학 : 지방장학은 지방 교육행정 기관인 시·도 교육청과 그 하급 교육행정기관에서 이루어지는 장학행정을 말한다. 이는 교육활동을 위한 장학지도, 교원의 인사관리, 학생의 생활지도, 교육기관의 감독을 통해 지방의 교육행정 업무를 관할하는 행정활동으로 규정할 수 있다. 지방 장학행정은 시·도 교육청의 초등교육국, 중등교육국, 그리고 하급교육청의 학무국 또는 학무과를 중심으로 이루어지고 있다.

- 교내장학 : 교내장학은 학교에서의 교육활동을 성공적으로 수행할 수 있도록 교사를 지도하고 교사에게 조언하는 장학활동을 말한다. 교내장학은 주로 교장, 교감, 주임교사에 의해 이루어지며 경우에 따라서는 교육청의 장학사에 의해 이루어지기도 한다.

- 임상장학 : 임상장학은 학급에서 교사와 학생 사이에 이루어지는 상호작용에 초점이 맞춰진 장학활동이다. 이는 학급에서 일어나는 교사와 학생간의 상호작용 및 수업 관련된 교사의 지각·신념·태도·지식에 대한 정보를 중심으로 수업의 개선을 도모한다. 수업의 개선을 도모한다는 점에서는 교내장학 속에 포함되기도 하지만 그 범위가 학급에 한정된다는 점에서 교내장학과 구분된다. 임학장학은 장학활동이 이루어지는 당사자들간에 상하관계보다는 쌍방적 동료관계를 지향한다는 특징을 갖고 있다.

- 동료장학 : 동료장학은 수업의 개선을 위해서 교사들이 서로 협동하는 장학의 형태이다. 이는 교사들간에 서로의 경험을 공유함으로써 교수능력의 향상뿐만 아니라 협동적 인간관계의 개발을 통해 동료간 유대감과 공동성취감을 향상시킬 수 있는 장학의 유형이다.

- 자기장학 : 이는 외부의 강요나 지도에 의해서가 아니라 교사 스스로가 자신의 전문적 신장을 위해 스스로 계획을 수립하고 실천해 나가는

것을 말한다. 자신의 수업녹화 비디오테이프, 학생들의 수업평가, 전문
서적이나 컴퓨터의 정보, 대학원과정이니 특별 세미나에 참석, 관련 인
사로부터의 자문 획득 등의 활동을 벌일 수 있다. 이는 교수활동이 고
도의 전문성을 토대로 하고 있고, 교사에 대한 수업능력 향상이 결국
성인학습의 효과를 성격을 가지며, 교사들이 남의 지시나 지도에 의한
학습보다는 개인학습을 선호하는 경향성을 가지고 있다는 점에서 가장
이상적인 장학형태라 할 수 있다.

③ 장학담당자의 자격과 역할

교육공무원법 제29조, 제30조에 따르면 장학직은 장학관, 장학사로 한정
되어 있다. 그렇지만 실제로 교육행정의 각 계선에 있으면서 장학활동을
수행하고 있는 사람들은 모두가 장학담당자라 할 수 있다. 교육부의 장·
차관, 관련부서의 장학관·교육연구관·장학사·교육연구사와 시·도 교육
청의 교육감·부교육감, 관련부서의 국장·과장으로 보임되는 장학관과 장
학사, 그리고 하위교육청의 교육장과 각 장학관 및 장학사, 학교수준의 교
장·교감·주임교사 및 동료교사 등을 포함한다.

장학담당자가 관심을 갖는 구체적인 영역으로는 다음을 들 수 있다.
- 교육과정 및 교수활동의 목표
- 교육프로그램의 내용과 범위 그리고 조정
- 대안과 그 선택
- 교육과정과 교수의 혁신
- 지식의 구조화
- 학습집단의 조직과 시간계획
- 학습단원의 계획
- 학습자료의 선정과 평가
- 교사의 유형에 따른 학습효과
- 교육적 경험의 개발과 평가
- 교수법과 수업진행 절차
- 교실의 학습풍토
- 교사와 학생 및 프로그램의 평가

④ 장학활동의 실제

우리나라에서 장학활동은 현장시찰, 연구학교 운영 및 연구수업 또는 시범수업, 현직교육, 연구협의회, 회의 등의 형태로 이루어져 왔다. 대체로 중앙 교육행정 기구인 교육인적자원부가 해마다 장학방침의 방향과 골격을 정하고, 시·도 교육청이 구체적인 장학활동계획을 수립하여 장학활동을 추진하여 왔다. 이는 장학활동이 지방 교육자치 단위별로 구체적으로 실시되며 교육실천과 연결되기 때문에 중앙 교육행정 기구인 교육인적자원부가 너무 세밀하게 관여하면 교육의 전문성과 자율성, 그리고 특수성 신장에 도움이 되지 못한다고 판단했기 때문이다.

(2) 학교·학급경영

① 학교경영

• 학교경영의 의의

학교경영(school management)이란 교육경영자가 그의 교육사상과 그 지역사회의 특수성을 살려 합리적이고 능률적인 측면에 중점을 두어 학교를 운영하는 것을 말한다. 이러한 의미를 갖는 학교경영은 흔히 '학교관리'나 '학교행정'과 혼용해서 사용되기도 한다. 그렇지만 엄밀히 따져 '학교경영'이 불확실성과 자율성, 그에 따라 상대적으로 높은 책임성이 따르는 학교운영의 행위라 한다면 '학교관리'와 '학교행정'은 법규적 해석에 따라 안정성과 예측성을 갖고 학교를 운영하는 행위라 하겠다.

학교경영은 관리적인 측면과 지도적인 측면을 갖고 있다. 관리적인 측면은 국가나 법규 또는 지방자치단체의 교육에 관한 제반규정이라든가 지시에 따라 학교운영을 추진하는 데서 이루어진다. 여기에 바로 학교경영의 법적·객관적 성격이 있는 것이다. 그러나 국가나 지방자치단체의 교육행정기관이 복잡하고 특수성을 갖고 운영되는 학교경영의 모든 것을 규정화할 수는 없다. 교육실천의 원리면에서 생각하더라도 학교 경영 당사자에게 교육현장의 특수성을 연구·분석하여 창의적으로 극복해 나갈 수 있는 여지를 남겨 놓아야 한다. 즉, 교육 그 자체의 목적과 당면하는 실정에 적응해서 경영책임자가 나름대로의 식견과 포부를 가지고 운영방침을 개선하고 경영의 질을 향상시킬 수 있는 여지가 제공되지 않으면 안된다. 여기에 학교경영의 자주적·주관적 성격(지도성)이 있는 것이다. 예컨대 학교경영이란 교육법규에 나타난 교육의 목적을 달성하고 그 효과를 보다 더 높이기 위해서 직접적으로 학교경영의 책임자를 중심으로 하여 그 학교의 전체기능을 움직여 물적·인적 조건의 정비와 운영, 즉 조직과 계획의 충실을 도모해 가는 교육활동 전체를 뜻한다고 할 수 있다.

• 학교경영의 영역

학교경영의 영역을 구분하기는 쉽지가 않다. 왜냐하면 교육의 단계별, 국·공립·사립학교간, 학교의 규모별로 차이가 있기 때문이다. 그렇지만 학교경영의 영역을 업무내용에 따라 다음과 같이 나눈다.

A. 학교 교육목표 및 교육계획 수립 : 학교의 교육목표 내지 경영방침의 결정, 교육과정, 생활지도, 특별활동의 계획, 연간·월간·주간계획, 시간표, 학습지도안, 학급경영 안, 교직원 연수계획 등은 학교경영에 있어서 가장 기본적이고 중요한 영역이다.

B. 교직원 인사관리 : 교직원의 신규채용, 수업·교무분장 등의 조직, 교직원 직무수행에 필요한 지시·지도·감독, 급여, 근무평가, 승진, 전임, 퇴직, 징계, 연구활동, 복지후생 등의 교직원 인사에 관한 내용들이다.

C. 학생인사관리 : 학생 모집, 학급 편성, 진급, 전입학, 퇴학, 졸업, 징계, 진학, 진로지도를 포함하는 생활지도, 학생복지, 보건관리 등의 학생에 관한 모든 내용들이다.

D. 사무 및 재무관리 : 외부 관계 기관과의 사무연락, 문서의 처리보고 교인 보관, 예산 및 결산 납부금 수납 회계 정리, 물품 구입 등의 서무 및 경리 사무를 말한다.

E. 시설 및 설비관리 : 학교의 교지, 교사, 운동장, 설비품, 교구 등의 물적 시설·설비의 관리영역이다.

F. 장학관리 : 교사의 전문적 수업활동을 개선하기 위한 봉사적 지도활동을 말한다.

G. 지역사회와의 관계 : 상부 교육행정 기관, 지역사회 및 가정과의 섭외활동, 홍보 및 성인교육 등에 관한 영역을 말한다.

② 학급경영

• 학급경영의 의의

학교에서의 교사활동은 교수 중심 활동과 경영 중심 활동으로 나눈다. 그 가운데 학급경영이란 교사가 학급에서 담당하는 활동 중, 교수활동을 제외한 학급내의 모든 활동을 지칭한다. 그러므로 학급경영이란 학급교육의 기능을 보다 충실하게, 보다 능률적으로, 보다 바람직하게 발휘시키기 위하여 여러 가지 조건을 정비하는 것이라고 정의할 수 있다. 하지만 학교경영과 학급경영이 뚜렷하게 구분되는 것은 아니며, 이 학급과 저 학급간의 경영에서 책임한계가 뚜렷한 것도 아니다. 따라서 학급경영에는 전교직원이 협동적으로 참여하고 협조하는 체제가 이루어져야 한다.

• 학급경영의 영역

A. 학습지도·생활지도·건강지도에 관한 영역 : 교육과정 구성과 운영, 개별 집단상담계획 작성, 신체검사, 체력검사, 생활환경조사, 건강지도기록의 작성

B. 환경경영에 관한 영역 : 지역의 교육적 환경의 이용, 시설 및 설비의 활용(학급문고 관리 등)

C. 학급사무에 관한 영역 : 학급예산의 입안, 금전출납에 관한 장부정리, 학급통계 사무

D. 육성회 및 사회단체와의 관계 유지 : 학급육성회와의 연락, 가정통신, 수업참관 등

E. 기타 단체 : 청소년 선도 단체와의 관계 유지, 교원단체활동의 참여

• 학급경영자로서의 교사

학급경영자로서 교사의 역할이란 학급의 학급사회의 공동목표를 합리적으로 달성하기 위하여 필요한 조건들을 정비하고 확립하는 것을 말하다. 여기에서 학급사회의 공동목표라 함은 학습활동의 효과성 확보를 의미하며, 학급경영은 학습활동을 조정하기 위하여 인적·물적 제반 조건을 정비·확립하는 활동을 의미하는 것이다. 학급경영자로서 담당하여야 할 역할은 다양하며 반드시 일정한 것은 없지만 대략 ⅰ)

학급의 기본방침 및 실천목표의 설정, ii) 학급의 인적 조직과 관리, iii) 학급의 물적 환경의 정비와 관리, iv) 학급에 관한 기록장부와 서류의 정비 및 관리, v) 학급의 각종 교육계획의 작성 및 정비, vi)학급경영 활동의 평가와 반성 등을 꼽을 수 있다.

학급경영자로서의 교사의 역할은 학습지도자·생활지도자로서의 역할에 비해 본다면 보조적인 것에 불과하지만 학생들의 학습활동이나 그들을 위한 생활지도의 성공과 실패에 기여하는 바가 크므로 그러한 의미에서 결코 등한시 할 수 없는 역할 중의 하나라 하겠다.

●함께 볼 만한 비디오

1. 에린 브로코비치(ERIN BROCKOVICH)
   (스티븐 소더버그/줄리아 로버츠, 알버트 피니, 아론 에커드/미국(2000)/콜럼비아)
2. 휘플의 반항(THE BALLAD OF LUCY WHIPPLE)
   (마이클 O 갤런트/ 글렌 클로즈, 주디 골드/ 미국(2000)/콜럼비아)
3. 허리케인 카터(THE HURRICANE)
   (노만 주이슨/덴젤 워싱턴, 비셀로스 레온 샤논/ 미국(1999)/브에나비스타)
4. 빅 대디(BIG DADDY)
   (데니스 듀간/아담 샌들러, 조이 로렌 아담스/미국(1999)/콜럼비아)
5. 안젤라스 애쉬스(ANGELA'S ASHES)
   (알란 파커/로버트 칼라일, 에밀리 왓슨/ 아이슬란드(1999)/CIC)
6. 잔다르크(THE MESSENGER: THE STORY OF JOAN OF ARC)
   (뤽 베송/밀라 요요비치, 존 말코비치/프랑스(1999)/콜럼비아)
7. 인생은 아름다워(LIFE IS BEAUTIFUL)
   (로베르토 베니니/로베르토 베니니, 니콜레타 브라쉬/이탈리아(1999)/브에나비스타)
8. 씬 레드라인(THE THIN RED LINE)
   (테렌스 멜릭/숀 펜, 존 쿠삭/미국(1998)/폭스)
9. 레인메이커(THE RAINMAKER)
   (프란시스 포드 코폴라/ 맷 데이먼, 클레어 데인즈/미국(1997)/시네마트)
10. 데드 맨 워킹(DEAD MAN WALKING)
    (팀 로빈스/수잔 서랜든, 숀 펜/미국(1996)/스타맥스)
11. 제시카 랭의 모정(LOSING ISAIAH)
    (스테판 길렌할/제시카 랭, 사무엘 L. 잭슨/미국(1995)/CIC)

12. 게티스버그(GETTYSBURG)

　　(로널드 F. 맥스웰/톰 베린저, 제프 다니엘스, 마틴 쉰/미국(1993)/스타맥스)

13. 스위트 홈(ALWAYS REMEMBER I LOVE YOU)

　　(마이클 밀러/스티븐 도프, 패티 듀크/미국(1990))

14. 개 같은 내 인생(MITT LIV SOM HUND)

　　(라쎄 할스트롬/안톤 글란젤리우스,토머스 본 브롬센/스웨덴(1985))

15. 레인 맨(RAIN MAN)

　　(베리 레빈슨/더스틴 호프만, 톰 크루즈/미국(1988)/폭스)

16. 1900

　　(베르나르도 베르톨루치/로버트 드 니로, 제라르 드파르디유/프랑스 · 독일 · 이탈리아
(1976)/우일)

▲읽어 볼 만한 책

1. Robert M. Hutchins, 대학이란 무엇이며 무엇을 위한 대학교육인가(조회성 옮김), 학지
   사, 1995.
2. John Graham, 인생이란 대학에서 무엇을 배우고, 어떻게 살것인가?(최현 옮김), 하서,
   1993.
3. 이현청, 21세기를 대비한 대학의 생존전략, 한양대출판원, 1996.
4. 조광섭, 대학과 교수사회 이대로는 안된다, 도서출판 한샘, 1994.
5. 슘페터, 자본주의 · 사회주의 · 민주주의, 삼성출판사, 1993.
6. 피터 드러커, 자본주의 이후의 사회(이재규 역), 한국경제신문사, 1993.
7. 이면우, 신사고 이론 20, 삶과 꿈, 1995.
8. 성병창, 학교조직구조론, 양서원, 1994.
9. 정범모 외, 입시와 교육개혁, 나남, 1993.

■함께 토론해 볼만한 주제

1. 교육행정의 개념과 우리나라 학교 제도의 특성에 대해 논의해 보자.
2. 교육행정 조직의 원리들 중에서 우리나라 교육행정 실정에 비추어 가장 중요하게 고
   려되어야 할 원리는 무엇인가?
3. 우리나라 지방교육자치제의 현황과 문제점에 대해 논의해 보자
4. 학교행정에 가담하고 있는 모든 교사들에게 학교행정영역에서 일정 수준 이상의 행정
   능력이 골고루 요구되는 이유는 무엇인가?
5. 교육행정에서 장학의 중요성에 대해 논의해 보자.

제 12 장

교사의 자질과 권리

1. 교직의 역사

1) 고대사회의 교사

(1) 고대 서양사회의 교사

교사의 필요성이 대두되기 시작한 것은 문자가 발명되면서부터이다. 문자를 사람들이 사용할 수 있도록 체계적, 조직적, 의도적으로 가르치기 위해 교사가 필요하게 된 것이다. 최초로 언제 어디에서 학교가 세워졌는지는 불분명하지만, 교육이 문자를 사용하는 교재를 요구하게 됨에 따라 형식을 갖춘 학교교육이 발전되었으며, 처음에는 비 형식적이라 할지라도 교사가 필요하게 되었다는 사실에 주목할 필요가 있다.

고대사회에서는 문자로 구성된 학문적 체계를 이해할 수 있는 학자나 성직자가 교사가 되었다. 예컨대, 유대사회에서 가장 존경받아온 교사는 랍비(rabbi)라는 경전학자요 성직자였으며 고대 이집트에서도 성직자였다. 고대 이집트에서는 교사가 가르친 내용을 학생들이 제대로 숙달하지 못하면, 사형에 처할 수 있는 권한도 가지고 있었다. 고대 인도에서 교사는 가장 고귀한 계급인 바라문(Brahmans)에 속했으며, 고대 중국에서 교사는 선비가 맡았는데 관리보다 더 많은 존경을 받았다.

고대 그리스에서는 교사의 분업체제가 학교교육에서 나타나기 시작하였다. 아테네의 어린이들은 음악학교의 교사로부터 음악을 배워 영혼의 안식을 얻었고, 체육학교의 교사로부터 체육을 배워 신체를 강인하게 단련시켰다. 그리고 가정교사인 교복(pedagogue)을 통해 학습활동에 많은 도움을 받았으며 예의범절 및 생활태도를 배웠다. 기원전 6세기경부터는 3R's(reading, writing, arithmetic)를 가르친 문법교사(grammaticus)가 유명해졌는데, 이런 교사가 오늘날 우리가 생각하는 교사의 원형이다.

기원전 5세기 이후 아테네로 많은 소피스트(sophist)들이 모여들기 시작하였다. 소피스트들은 전문 연구영역에 따라 학생들을 가르쳤으며, 일정한 보수나 급료를 받고 지식을 제공하는 교육의 직업화를 가져다 주었다. 소피스트들은 당시 사회의 필요성 때문에 매우 높은 대접을 받았으며, 아테네의 청년들은 학문의 연구보다는 입신출세에 필요한 지식을 얻고자 수업료를 내고 소피스트들에게 모여들었다. 당시 아테네의 이런 교육풍토는 건전하고 발전적인 사회생활에 저해요인으로 작용하였다. 말하자면 극단적인 개인주의가 빚어낸 주관주의와 상대주의의 병폐가 아테네의 참다운 생명을 약화시켰던 것이다.

이런 교육풍토를 크게 우려하면서 저항한 대표적 지성이 바로 소크라테스(Socrates)였다. 그는 보편 타당한 지식이야말로 참된 지식이라고 하면서 소피스트들이 내세우는 상대주의를 논박하고 소명의식 없이 지식장사에만 급급한 소피스트들을 천박한 궤변론자라고 비판하였다. 소크라테스의 이런 교육사상은 플라톤(Plato)과 아리스토텔레스(Aristotle)로 계승되었으며, 그들은 자유교양교육(liberal education)의 목적을 고찰하면서 지식행위의 수단성보다는 목적성에 우위를 두었다.

고대 로마에서는 루두스(ludus)라는 초등학교와 중등학교에 해당하는 문법학교, 대학에 해당하는 수사학교가 있었고 세 가지 학교 수준에 맞는 교사들이 있었다. 고등교육 수준의 교사는 높이 평가되었지만, 대 사회적인 교사의 신임이 추락한 상태여서 초·중등교사의 보수는 매우 적었으며 전문적 지위를 확보하지도 못하였다. 유명한 수사학자이며 교사였던 퀸틸리아누스(Quintilianus, 35-95? A. D.)는 베스파시안 황제의 지원을 받아 수사학교를 설립하였으며, 많은 인재들을 배출하였다.

(2) 고대 동양사회의 교사

동양의 대표적 스승으로는 유학의 창시자인 공자(孔子)를 들 수 있다. 그가 지향한 교육은 과거의 위대한 이상적 인간상을 추구하는 일이었다. 그가 내세운 인간상은 군자로서, 수기치인(修己治人)함으로써 수신제가 치국평천하(修身齊家 治國平天下)할 수 있는 사회적으로 열린 인간이었다. 『술이편』을 보면, 공자는 이런 인간을 양성하기 위해 넓은 교양(文), 성실한 생활(行), 이웃과 나라에 대한 충성(忠), 그리고 옛 것에 대한 믿음(信)을 교육의 내용으로 강조하였다. 그는 삶의 자세로 인(仁)을 내세우면서 힘들지만 노력하면 이룰 수 있다고 확신하였다.

우리나라에서 학교교육이 시작된 것은 공식적으로 고구려 소수림왕 2년(372년)의 태학에서부터이며, 학교교사의 발생은 이 무렵부터라고 짐작할 수 있다. 고대 우리나라의 교사는 설총, 최치원과 같은 유학자들이었으며, 고대 아테네의 철학자들처럼 존경과 숭앙의 대상이 되었다.

또한 신라의 귀족불교를 민중불교로 전환시킨 원효의 발자취는 오늘날에 이르기까지 스승으로서의 행적을 남겼다. 원효는 스스로의 인격완성과 민중교화에 일생을 바쳤다. 그는 이상사회의 실현을 위해 민중 속에 들어가 동거동락하면서 민중교화에 힘썼다. 불심을 일깨워 민중을 교화하고 이상사회의 주인공이 되게 하는 일, 이것이 원효의 교육적 사명이었다.

2) 중세사회의 교사

(1) 중세 서구사회의 교사

서구사회에서 교사 양성이 제도화되기 시작한 시기는 중세부터이다. 중세의 주된 교육기관은 교회였으며, 주교의 면허가 유일한 교사자격증이었다. 당시 교회는 두 가지 종류의 교사면허증을 발급하였다. 하나는 주교에 의해 발급되는 교사면허증으로, 교구 내에 있는 학교는 어디에서나 가르칠 수 있는 효력이 있었다. 다른 하나는 로마 교황이 주교를 통해 발급한 교사면허증으로, 신성로마제국에 있는 학교이면 어느 곳에서나 가르칠 수 있는 효력이 있어 전자보다 효력 범위가 넓은 것이었다(김윤태, 서정화, 노종희, 1986: 22-23).

서구 중세사회에서 대학이 발생하자 자율적인 학문풍토가 조성되기 시작하였고, 이것은 문예부흥의 길을 열어 놓았다. 중세대학의 교수는 교황이 추천한 감독에 의해 천거되는 것이 원칙이었으며, 총·학장은 호선에 의해 선출되었다. 대학의 기본과정을 마치고 소정의 시험을 거친 자는 학사학위(B. A.)를 받았고, 다음 단계를 거치면 석사학위(M. A.)를 받았다. 석사학위는 지적인 직업에 종사할 자격을 나타내었다. 그 다음 단계로 박사학위(Doctor)가 있었으며, 이것은 석사학위와 더불어 교수 자격이 있음을 나타내었다. 대학의 교수들은 여러 가지 특권을 누렸지만, 초등교사의 지위는 말직으로 간주되어 우대 받지 못하였다.

(2) 고려시대의 교사

우리나라 고려시대에는 서당에서 국자감에 이르기까지 다양한 교육기관이 있었다. 국립대학과 같은 국자감에서는 경학(經學)에 우수한 국자박사(國子博士), 태학박사(太學博士), 사문박사(四門博士)와 율·서·산학에 우수한 지치박사(只置博士) 및 조교가 교수를 담당하였다. 국자감은 당시 교육진흥의 기틀을 닦고 유학의 발전에 기여하였으며 국자감시(國子監試)의 개설로 과거제도를 궤도에 오르게 하는 등 업적이 상당하였다.

하지만 고려 11대 문종 때부터 나타난 국가적 안일 때문에 교육 정책에도 해이된 현상이 나타났다. 이에 국가의 장래를 염려한 최충(崔沖)은 노령인데도 불구하고 사재를 털어 사학을 세운 당대의 뛰어난 교육자였다. 고려의 대표적인 사학기관은 최충이 세운 12개 학교인 십이도(十二徒)이다. 72세에 관직에서 물러난 후에도 최충은 지공거(知貢擧; 고시위원장)를 지내는 등 교육자로서의 명망이 높았다.

이외에도 뛰어난 교육자로는 안향, 이색, 정몽주 등을 들 수 있다. 안향은 인재를 양성하기 위해 국학 안에 마련되었던 양현고(養賢庫)의 재정이 고갈되자 섬학전(贍學錢)을 만들어 문무관리로부터 물품을 기부 받아 그것의 이자를 장학금으로 만들자고 제안한 인물이다. 이색은 고려가 항상 거란이나 원나라 등 북방민족의 침략으로 고통을 받는 사실을 뼈저리게 느낀 나머지 과거제도에 문과만 둘 것이 아니라 무과도 두어 하루바삐 유능한 인재를 뽑아 국방에 힘써야 한다고 주장하였다.

고려조의 석학이요 만고의 충절인 교육자 정몽주는 학문적 업적뿐만 아니라 자신이 보여준 절개의 모습은 교육적 귀감이 되고 있다(김윤태, 서정화, 노종희, 1986: 23-24). 고려시대 서당이나 향교에서 가르친 훈장과 조교의 처우는 그렇게 존중된 것 같지 않다.

3) 근대사회의 교사

(1) 근대 서구사회의 교사

서구사회에서 역사적 기록으로 볼 때, 전문교사 양성은 1672년 프랑스 리옹에서 데미아 신부(Father Demia)가 행한 학급규모의 양성소가 처음이며, 또한 최초의 조직적이고 전문적인 교사양성기관으로는 1685년에 프랑스 라임에 세워진 사범학교이다. 12년후인 1697년 루터의 후계자인 프랑케(A. H. Franke)가 독일의 할레에, 그리고 헥커(J. J. Hecker)는 1738년에 프러시아에 각각 교사양성기관을 세웠으며 이들이 정규 교사양성기관으로는 최초의 것으로 알려져 있다.

덴마크는 1789년에 최초의 국립사범학교를 세웠으며, 1794년에는 프랑스가 처음으로 국립사범학교를 설립하였다. 프랑스의 국립사범학교는 루소(J. J. Rousseau)의 교육사상을 수용하여 교과중심 교육에서 어린이의 신체와 심리상태를 연구하는 방향으로 교육의 폭을 넓혀나갔다.

19세기초 프러시아에서도 국가가 관리하는 교사양성기관이 설립되었다. 이 학교는 페스탈로치(J. H. Pestalozzi)의 교육사상을 받아들여 모든 교육은 어린이의 본성에서 출발하고 교수방법이 탐색되고 구안되어야 한다는 생각이 교사양성교육의 기초가 되었다. 그러므로 교과목만 알면 교사가 될 수 있다는 단순한 사고방식에서 탈피하여 어린이를 이해하고 교수방법과 교육과정의 제 문제들에 관한 뛰어난 안목을 갖추어야 하는 등 전문적인 과업이 교사의 임무로 인식되기 시작하였다.

프러시아는 교사의 사기를 높이기 위한 방안으로 교사를 관리직으로 임명하였으며, 교사가 자질향상을 도모하였을 때는 이에 상응하는 대우를 하였다. 이런 정책은 교직의 전문화를 유도하는데 크게 기여하였다. 또한 프러시아의 교사양성과정에는 헤르바르트(J. F. Herbart)의 교육이론을 수용하여 교사양성교육의 과학화를 꾀하였다. 헤르바르트의 교수방법론은 현대 학교 교육에 많이 응용되고 있다. 19세기에 이르러 교사양성과정에는 교과이해 이외에도 학생에 대한 이해와 교수방법연구가 중요시 되었다.

서구사회에서 교사양성체제가 구성될 때, 대학이라는 명칭을 사용하지 못하고 사범학교(normal school)라는 이름을 사용하였다. 사범학교의 지위가 향상되면서 대학수준으로 올라서게 되었고 학사학위를 받을 수 있게 되었다. 영국에서는 한 때 사범학교 출신자에게 학위를 수여하지 않았을 뿐 아니라 정규대학 출신자보다 낮은 지위와 봉급을 지급하였다.

교육학의 중요성이 점차 높아짐에 따라 대학에서 이를 하나의 학문으로 인정, 학과를 개설하였고 교사양성과정을 정규 학위과정으로 인정하게 되었다. 현재 우리나라에서 교사양성기관에 사범(normal)이라는 이름을 붙이는 경향은 유럽의 영향이라고 볼 수 있다. 하지만 교과지식만 있으면 교사가 될 수 있기 때문에 교사양성기관이 달리 필요 없다는 주장은 중세사상을 모방하자는 것과 같다고 하겠다. 또한 교사양성기관을 일반 대학과 구분하자는 주장도 19세기와 20세기초에 유럽에서 벌였던 논쟁을 다시 시작하자는 말밖에 되지 않는 것이다(정우현, 1978: 75-76).

(2) 근대 우리 사회의 교사

우리나라에서 처음으로 설립된 초등학교 교사양성기관은 1895년 당시 정부가 세운 한성사범학교이다. 이 학교는 고종의 '교육조서'에 따라 세워진 최초의 현대식 공립학교였다. 한성사범학교는 본과(2-4년)와 속성과(6개월)를 두고, 20세에서 35세까지의 남자가 입학할 수 있었다. 이 학교는 1906년 관립한성사범학교로 개편되었고, 여기에는 3년제 본과와 6개월 과정의 강습과 그리고 1년 과정의 속성과를 두었으며 15세 이상의 보통학교 졸업자가 입학할 수 있었다(김종철 외 6인, 1987: 253).

일제 강점기에는 유럽의 영향을 많이 받은 일제의 교육제도에 따라, 교사양성제도는 프랑스의 것을 모방하고 교육내용은 독일의 헤르바르트 교수방법을 채택하였다.

해방 이후에는 미국교육의 영향으로 교사양성제도가 재편성되었다. 중등교사를 양성하기 위하여 국·사립 사범대학들이 속속 설립되었다. 여기서 주목할 것은 교사양성이 관·공립 주도로 이루어졌는데, 사립 사범대학도 교사를 양성할 수 있다는 제도적 전환을 가져온 것이다.

한 때 초등학교 교사는 고등학교에 준하는 사범학교에서 양성되었지만 질적 향상을 위해 2년제 교육대학이 설립되었고, 의무교육연한의 연장과 교육의 확대로 인해 다시 4년제 교육대학으로 승격되었다. 한편 중등교사 양성을 위해 4년제 사범대학 또는 4년제 대학의 교직과정 이외에도 교사의 질적 향상을 위한 방안으로 교육대학원이 출현 설립되었다.

우리나라의 교사 수는 초·중등학교 교원에만 국한해도 어느 전문직보다 우위에 있지만, 다른 전문직에 비해 사회·경제적 지위가 낮은 것 또한 사실이다. 하지만, 우리 사회가 교권확립과 교사의 지위향상 문제에 호의적인 풍토를 꾸준히 조성하고 있음을 다행스럽게 생각한다.

역사적으로 교직은 사회로부터 기대와 요구가 많은 대신, 현대사회로 내려오면서 그에 상응하는 대우를 받지 못하는 것도 사실이다. 더구나 우리 사회에서 교직에 대한 국민 일반의 기대는 상당한 수준인데도 불구하고 교사의 사명감은 감소되는 현상을 보이고 있다. 교직에 대한 불만이나 불신 풍조가 어디에서 유래되었던 간에, 교사 대부분이 자기의 직무에 보람을 느끼지 못하고 좌절감에 빠져 있다는 점은 매우 심각한 문제라 아니할 수 없다. 하지만 급변하는 정보화 사회와 우리의 현실에 비추어 볼 때 새로운 교사상이 요청되고 있음을 간과해서는 안될 것이다. 현대사회가 요청하는 교사상은 교사의 미래라는 장에서 살펴보기로 하고, 교직의 역사를 통해 살펴 본 전통적인 교사상을 먼저 정리해 본다.

첫째, 전통적 교사상은 한마디로 종족과 인류의 문화적 유산을 전달하는 사람으로 인식되었다. 아직 조직적인 교육기관이나 교사가 발생하기 이전에서부터 의도적 교육이 보편화된 오늘에 이르기까지, 교육에 관계하는 사람의 주된 임무는 이미 축적된 지식, 이미 발달된 기술, 이미 형성된 집단의 습관·태도·가치 등을 다음 세대에 전달하는 일이다. 이는 유대인의 율법교육이나 동양의 유학교육에서 잘 살펴볼 수 있다.

둘째, 전통적 교사는 주지주의적 자세를 선호하였다. 이런 자세는 수 천년 동안 강조되면서 교육의 중심역할을 수행해 왔다. 이런 경향성이 하나의 교육철학으로 체계화된 것이 허친스(R. M. Hutchins)와 아들러(M. J. Adler)

에 의해 제창된 항존주의(perennialism)이다. 항존주의자들은 인간과 동물의 차이를 인간의 지성에 두고서 교육의 임무를 이런 인간의 특성을 육성하고 발전시키는 일이라고 주장한다. 따라서 교사는 인간만이 지니고 있는 지적 능력을 연마하는 일에 주력해야 한다고 강조하는 것이다. 지성은 인간의 보편적인 능력인 만큼, 이를 형성하기 위한 교육은 언제 어디서나 동일한 것으로 보아야 한다는 것이다.

2. 교직의 전문성

1) 교직의 전문성과 자율성

(1) 교직에 대한 여러 가지 관점

교사는 인간의 성장과 발달, 또는 개인의 자아실현을 돕고 바람직한 사회의 성원으로 적응할 수 있는 인간을 양성하는 고귀한 임무를 수행하는 사람들이다. 이런 교사들이 몸담고 있는 교직을 바라보는 관점은 대략 세 가지 정도로 나누어 볼 수 있다. 즉, 성직관과 노동직관 그리고 전문직관이 바로 그것이다(김윤태 · 서정화 · 노종희, 1986: 40-41).

① 성직관으로서의 교직

성직관은 교직을 종교적인 관점에서, 특별한 소명의식을 가진 사람들이 수행할 수 있다고 보는 관점이다. 이를테면, 교사는 성직자와 같이 인간의 정신적인 면과 영적인 면을 다루기 때문에 세속적인 직종과는 다른 자세로 임해야 함을 강조하는 입장이라고 볼 수 있다.

따라서 교사는 성직자다운 자세를 가지고 끝없는 사랑과 헌신, 희생과 봉사 그리고 높은 이상을 추구하면서 교육활동에만 전념할 것을 강조한다. 어떤 의미에는 이것은 전통적 교직관이라 할 수 있다.

② 노동직관으로서의 교직

노동직관은 교직도 정신적 노동을 주로 하는 노동자이며 그러므로 본질적으로 다른 직종과 차이가 없다고 보는 교직관이다. 교사도 역시 노동의 대가로 보수를 받고 처우개선과 근무환경의 개선을 위해 노동 3권을 행사할 필요가 있으며, 집단행동을 통해 정부나 고용주에 맞서 자신의 권리를 지키기 위해 노력할 필요가 있다고 본다. 말하자면, 노동자로서의 권리와 의무를 이행함으로서 교사의 지위향상을 도모할 수 있다고 보고 실리적인 주장을 위해 행동할 필요가 있다고 주장하는 것이다.

③ 전문직관으로서의 교직

전문직관은 교직을 성직이나 노동직으로 보지 않고 전문직으로 보는 입장이다. 여기서는 교직을 지적, 정신적 활동을 위주로 하는 애타적 봉사성과 고도의 자율성과 윤리성을 필요로 하는 직업으로 규정하고 있다. 그러므로 전문직으로서 교사의 자질 함양과 사회경제적 지위향상 등을 위해 교직단체를 구성하고 적극적인 노력을 기울여야 한다고 주장한다. 이런 견해는 오늘날 광범위하게 받아들여지고 있다.

(2) 전문직으로서의 교직

① 전문직의 기준

스티네트와 휴제트(T. M. Stinnett & A. J. Huggett)는 전문직의 기준으로서 다음 몇 가지를 들고 있다.(Stinnett & Huggett, 1963: 57-68) 첫째, 전문 지식을 필요로 한다. 둘째, 장기간에 걸친 준비교육이 필요하다. 셋째, 계속적인 연수를 통해 성장해야 한다. 넷째, 장기간의 경력을 요구한다. 다섯째, 직무수행기준을 자율적으로 설정해야 한다. 여섯째, 개인적 이익보다는 봉사기능이 위주가 되어야 한다. 일곱째, 강하게 결속된 전문 집단과 조직을 가지고 있어야 한다.

또한 호일(E. Hoyle)도 전문직의 기준을 다음과 같이 들고 있다. 첫째, 본질적인 사회봉사를 수행한다. 둘째, 조직적인 지식의 체계에 근거하여 직무를 수행한다. 셋째, 장기간의 학문적이고 실제적인 훈련이 필요하다. 넷째, 고도의 자율성을 지니고 있어야 한다. 다섯째, 일정한 윤리규정이 있어야 한다. 여섯째, 연수를 통한 성장이 필요하다.

이외에도 미국 NEA교육정책위원회, 세계노동기구(ILO)의 '교원의 지위에 관한 권고' 등에서도 전문직의 특성이나 조건을 내세우고 있다. 여러 제반 논의들을 종합하고 그 공통점을 찾아보면 전문직의 기준을 다음 몇 가지로 정리해 볼 수 있다.

㉠ 전문직 수행을 위해서는 고도의 지적 능력이 필요하다.

㉡ 장기간의 준비교육 및 계속적인 성장이 요청된다.

㉢ 애타적 봉사정신을 그 특성으로 한다.

㉣ 자율적인 윤리강령을 가지고 있다.

㉤ 전문직 수행을 위한 단체조직 활동을 필요로 한다.

② 전문직으로서의 교사

앞에서 살펴 본 전문직의 기준에 비추어 보면, 교직은 분명히 전문직이다. 전문직으로서 교직에 종사하고 있는 교사에게는 보다 높은 자질과 풍부한 교양 그리고 투철한 윤리의식이 요구된다. 교사의 전문성이 더욱 심화·제고되어야 할 것은 다음 몇가지 측면에서 볼 때 더욱 절실해진다.

첫째, 고도 산업사회, 정보화 사회, 지식사회의 도래에 따른 비인간화, 인간소외, 인간의 주체성 상실 등의 현상을 직시하고 교사는 인간성 회복을 위한 참된 교육을 실천해야 한다. 이런 측면에서 먼저 교사의 전문성이 발휘되어야 한다. 그리고 고도 산업화·정보화에 따른 제반 역기능에 대비하여 적절한 교육프로그램의 도입과 적용에도 교사의 전문지식과 기술이 활용되어야 한다.

둘째, 고도 산업사회, 정보화 사회, 지식 사회는 고학력 사회를 요구하고 있다. 일반 사회인의 학력이 높아지는 추세에 있는 반면, 교사의 학력은 상대적으로 낮아지고 있는 면도 없지 않다. 교사의 학력 수준을 높여야 할 소이가 분명해지고 있다.

셋째, 사회의 개방화, 국제화에 따라 우리 사회의 전통문화에 대한 재해석과 계승·발전시키는 작업의 필요성이 강력하게 제기되고 있다. 이런 문제는 교사의 전문성 향상을 요청하는 또 다른 측면이 될 것이다. 깊은 민족애와 문화적 전통에 대한 자부심을 바탕으로 하는 교육실천은 사회개방, 교육개방, 지식개방의 시대에 문화 선도자로서의 교사가 갖추어야 할 전문적인 자질이라 할 수 있다.

③ 교직의 자율성

　교직이 전문직이라면, 교사의 직무수행은 고도의 자율성을 보장받아야 한다. 교사가 주로 수행하는 수업계획, 교수·학습지도, 생활지도, 평가, 기타 현장연구 등은 자율적인 의사결정을 요구하기 때문이다. 교사의 활동에 대한 외부의 간섭과 통제가 계속된다면, 교사의 전문 능력과 창의성은 제대로 발휘될 수 없을 뿐만 아니라 교육활동이 위축될 것이다. 따라서 교사가 자유롭게 창의적으로 교육활동을 수행할 수 있도록 헌법 제29조 4항과 교육법 제14조 1항에 교육의 자주성에 관하여 규정하고 있다.

　교사에게 최대한의 자율성이 보장되어야 한다는 당위성은 제한된 전제를 지니고 있으며, 이는 교사가 자율성을 보장받기 위해서는 반드시 고려해 보아야 하는 전제이다. 그것은 교사의 자율성이 학습자의 자유와 복지증진에 방해가 되어서는 안된다는 점과 국가 및 사회의 충실한 발전이라는 범위 안에서 확보되고 향상되어야 한다는 점이다. 교사의 자율성은 학습자의 자유와 복지향상에 공헌할 수 있는 상대적 관점에서 규정되어야 하며, 국가 및 사회 공동체의 필요성에 부응해야 하는 교육의 기능을 간과해서는 안되기 때문이다.

2) 교사의 업무

(1) 업무의 다양성

　우리말에 교사의 업무를 뜻하는, 뉘앙스를 달리하는 표현이 넷 있다. 훈장, 선생님, 교원, 스승이 그것이다. 훈장이란 말은 초보적인 글이나 가르치고 그 보수로 겨우 생활을 꾸려간다는 뜻이 담긴 표현으로 다분히 교사가 자기의 신분을 비하하는 자조적인 표현이다. 선생님이란 말은 한 가지 기술이나 예능에 뛰어나 남을 가르치고 이끈다는 뜻이 담긴, 인생의 선배에 대한 경칭이다. 교원은 정규 교원양성과정을 거쳐 교사자격증을 취득하고 주어진 교육의 과정을 전문지식과 기술로 가르치고 평가하는 법률용어이다. 스승은 학생에게 깊은 사랑과 모범을 보여줌으로써 인격적 감화를 주며 학생의 삶에 큰 전환점을 마련하는 교사에 대한 존칭이다. 이처럼 위의 네 가지 호칭은 모두 교사가 수행해야 할 업무의 종류를 뉘앙스를 달리 하면서 들고 있는 것이다(김정환·강선보, 1997: 232).

교사가 전문가로서 수행해야 할 업무는 아주 다양하지만, 고전적 모형으로서 피닉스(Philip H. Phenix)가 제시한 업무분석을 일곱 가지 정도로 나누어서 다음과 같이 정리해 본다(Phenix, 1958: 40-56).

① 인격형성(the making of persons): 어린이의 유연한 삶에 감화를 주면서 그들을 완전하고 성숙한 하나의 이상적 인간상으로 키워낸다.

② 지식의 계승(verbal transmission of knowledge): 인류의 소중한 경험과 유산을 지식으로 다듬어 다음 세대에 계승시킨다.

③ 사표(demonstration): 교사는 자기 삶을 통하여 바람직한 삶의 모범을 보여준다.

④ 학습환경의 정비(arranging learning situation): 학생의 학습의욕을 북돋우어 주며, 학습을 효과적으로 진행할 수 있게 환경을 마련한다.

⑤ 평가(appraisal): 학생의 소질이나 능력을 발견하여 키워주며, 성취해야 할 목표에 비추어 그 성취도를 평가한다.

⑥ 참여(participation): 사회나 학교 안의 여러 교육활동에 학생과 함께 관여하고 소중한 시사를 제공한다.

⑦ 사제동행(mediation): 교사는 진리와 학생 사이의 중개자가 되어 학생과 더불어 진리의 길을 걷는다.

(2) 페스탈로치의 교직업무론

페스탈로치가 강조한 교사의 기본 업무는 교과지도, 학생지도, 전문영역 계속연구, 교직단체활동, 학원관리 등 다섯 가지이다(김정환·강선보, 1997: 234-36).

① 교과지도

교사는 우선 자기가 맡은 교과를 능숙하게 가르칠 수 있어야 한다. 그러기 위해서는 가르치고자 하는 교육내용과 이론적 배경을 충분히 알고, 그것을 가르치는 방법에 숙달해야 하며, 또한 그것을 일정한 연관성 위에서 제시하는 교육계획에 대한 깊은 소양을 갖추어야 할 것이다.

② 학생지도

교사는 학생들의 개인적인 생활문제, 진로문제에 대한 적절한 지도자가 되어야 한다. 학생들은 일상생활 속에서 많은 문제를 안고 고민하고 있다. 학업에 전혀 열의가 없는 아이, 지능이 일반학생에 비해 현저히 떨어지는 아이, 자신의 능력과 적성을 객관적으로 인식 못하고 진학문제나 진로선택에 고민하고 있는 아이, 지나친 열등감 혹은 우월감을 갖고 있기 때문에 친구들과 사귀지 못하고 외톨이로 지내는 아이, 경제적 빈곤이나 인종적 차별로 인하여 사회적으로 불우한 대접을 받고 있는 아이 등이다.

이렇게 불과 몇십명 안되는 교실 안에도 무수한 문제를 지니고 있는 아이들이 많이 있다. 이들을 적절하게 지도하기 위해 교사는 학생들의 괴로움을 자신의 괴로움으로 여기는 자세를 갖추어야 하며, 교육사회학이나 교육심리학에 대한 전문 지식을 갖추고 있어야 한다.

③ 전문영역 계속연구

교사는 자신이 하나의 전문 연구영역을 갖고 진지하게 계속 연구해 나가야 한다. 우리가 부스러기 지식을 가르치지 않기 위해서는 자신이 먼저 이것을 체계화해야 한다. 그러기 위해 높은 수준의 학문을 꾸준히 접해야 한다. 교사 자신이 이런 학문적 태도, 자신을 권위자로 위장하지 않고 겸허한 마음가짐으로 인생을 뜻 있게 살고자 하는 구도의 자세를 갖추게 되면 이것은 아이들을 무의도적으로 감화시키게 된다. 그 결과 모든 교사가 자기 학급을 다른 학급과 다른 특색 있는 학급으로 만들게 되는 것이다. 교사는 자기가 맡고 있는 학급이라는 작은 우주를 자기가 꿈꾸고 있는 큰 우주로 인도하는 선도자가 되어야 한다.

④ 교직단체활동

교사는 교육의 자유, 신분보장, 생활보장 등을 위한 교직단체활동에 적극 참여해야 한다. 물론 교직단체에의 참여활동은 법적으로는 자유이지만, 교사는 자신의 막중한 직분에 알맞는 교육권, 신분권, 생활권 확보를 위한 단체활동을 벌려 이것을 제도적으로 보장받아야 한다. 또한 이에 그치지 않고 단체활동을 통해서 민족의 양심을 견지하며 민족의 미래에 대한 밝은

청사진을 독자적으로 제시해야 할 신성한 책무를 지녀야 한다.

⑤ 학원관리

교사는 슬기로운 학원관리자여야 한다. 교사는 학원관리에 필요한 직무들을 분담하여 수행해야 하고, 학원이 외부의 부당한 간섭을 받지 않게 지켜나가야 하며, 학원내 여러 교직원과의 꾸준한 대화를 통해 파벌을 타파하고 공명심을 버리고 공동의 학원을 마련함으로써 직장의 민주화를 꾀해야 한다. 이런 민주적인 직장에서 비로소 민주 교육이 진행되며, 이런 교육환경에서만 민주주의가 몸에 밴 민주시민들이 길러질 것이다.

(3) 교직의 애환

교사는 자연물을 가공하여 상품을 생산해 내는 육체노동자(labourer)가 아니고 살아 움직이는 인간의 몸과 마음에 정신적 감화를 가하여 최선의 것을 계발해 내는 예술적 근로자(worker)이며, 더 나아가 고도의 이론적 배경과 장기간의 학문적 수련을 필요로 하는 법률가, 종교가, 의사, 교수에 필적하는 전문 직업인(professional)이다.

하지만 교직에는 애환도 많다. 일반인들이 교직을 바라보는 시각은 대단히 모순적이다. 먼저 교직은 아이들을 데리고 다니기나 하는 저급한 기술에 속하며, 경제적 대우가 좋지 못하고, 교육의 효과가 미비해서 소득이 적으며, 입신출세를 기하지 못하는 주변 직업이라 생각하는 등 교직을 천한 직업(賤職)이라고 본다. 또 다른 시각은, 교직을 곧잘 구름 위에서 안개만 마시면서도 살아 갈 수 있는 천직(天職)이라고 추켜세우면서 생활권 보장을 위한 교사들의 단체교섭권을 백안시하기도 한다. 천직(賤職)과 천직(天職), 이 두 극단적인 교직관이 그릇된 것임은 너무나도 명백하다. 그러나 그 의의를 생각한다면 교직은 성직(聖職)임에 틀림없으며, 또 마음과 뜻과 정성을 다해 수행해야 할 성직(誠職)임에 틀림없다.

하지만 교직에는 타 직종에서 가질 수 없는 보람도 있다. 교사는 자기 직무의 사회적 중요성을 고려할 때 인생에 충실감을 언제나 가질 수 있으며, 순수한 학생들을 항상 대함으로서 애정의 욕구가 채워지고, 자기의 도움으로 나날이 커 가는 아이들을 바라봄으로서 재창조의 기쁨을 맛볼 수 있으며, 학문을 계속 연구함으로서 진리추구의 희열을 맛보면서 자신의 개성을 십분 발휘할 수 있고, 뭇 사람들을 대함으로서 인생을 배울 수 있으며, 비교적 세속적 가치관에 물들지 않은 좋은 환경으로 다듬어진 직장에서 일함으로서 건전한 생활을 즐길 수 있는 점이라 할 것이다.

3) 주요 국가의 교직단체

(1) 미 국

미국은 일반 공무원이나 교사의 단결권은 인정하고 있지만, 단체교섭권이나 단체행동권은 인정하지 않고 있다. 미국의 교직단체로는 미국교육협회(NEA; National Education Association of the United States), 미국교원조합(AFI), 미국교원연맹(ATA) 등이 있다. 미국교육협회는 1857년에 평등한 교육기회의 실현, 교육내용 및 방법의 개선, 교사의 사회경제적 지위 향상 등을 목적으로 창설되었다. 회원은 초·중등교사를 주축으로 하고 있지만 대학교수와 교육행정가도 포함되어 있다. 미국의 가장 대표적인 교원단체라 할 수 있는 미국교육협회는 1979년 현재 약 170만명의 회원을 확보하고 있다.

미국교원조합은 교원의 노동조건 개선을 목적으로 한 단체로 조직되었으나 교섭단체로서의 역할은 약화되고 있는 실정이다. 미국교원연맹은 흑인 교원의 불이익을 개선하고 그들의 지위향상과 자기발전을 위해 조직된 교원단체이다. 이 단체의 회원이 미국교육협회의 회원을 겸하는 경우가 많고 상호 연락을 위한 협의회가 있는 등 밀접한 관련을 맺고 있다.

(2) 영 국

영국에서는 공무원의 단결권과 단체교섭권 그리고 단체행동권을 제한하고 있는 어떤 법령도 없다. 다만 공무원이 파업에 참여할 경우, 행정명령 위반으로 징계의 대상이 된다.

영국의 대표적인 교원단체는 1870년에 결성된 전국교원조합(NUT)이며, 회원의 권익증진을 위해 조정·연구·현직연수·융자·보험·법률지원 등의 활동을 수행하고 있다. 그리고 교섭활동은 정부·의회·교육행정가에 대한 진정·청원·문서 송부 등의 방법으로 한다. 전국교원조합은 전국노동조합에 가입하지 않고 있으며 극단적인 파업은 행사하지 않는다. 이 단체 외의 교원단체로서는 중등학교교사협의회, 학교장협의회, 여교장협의회, 교사협회, 여교사협회, 교원양성기관 교원협회 등이 있다.

(3) 독 일

독일의 교원단체로는 교육학술조합(GEW)이 있으며 조합원은 교원의 약 80% 정도이다. 이 단체는 교육에 관한 간행물 발간과 교육연구 그리고 학교제도 개선활동 등을 수행하고 있다. 독일에는 학생의 학업이나 생활에 관련된 문제를 교사와 학부모가 함께 모여 의논하는 학교협의회(Schulpflegschaft)가 있다. 독일은 이 단체에서 교사와 학부모가 협력함으로써 학생의 지도에 많은 성과를 거두고 있다.

(4) 프랑스

프랑스의 교원단체는 좌파계의 프랑스 노동총연맹과 우파와 중도파의 국민교육연맹이 있다. 이들의 단위조합으로 전국초등교원조합, 전국중등교원조합, 리세 교장조합, 사범학교교원조합, 대학교원조합, 기술원조합, 고등교원조합 등이 있다.

이런 교원조합의 운영 목적은 교원의 정신적, 물질적 이익을 도모하고 교육의 발전을 기하는데 있다. 교원조합은 근무조건의 개선을 위해 단체교섭권은 물론 파업권까지도 행사할 수 있다.

(5) 일 본

일본의 교원단체로서는 일본교원조합이 있다. 이 단체는 전국수준의 유일한 교원단체이며 1947년에 창립되었고, 1980년대에는 회원이 약 70여만명에 달하고 있다. 일교조는 교원의 경제적·정치적·사회적 지위 향상을 기하고 교육의 민주화와 학원의 자율 및 연구의 자유를 확보하며, 자유와 평화를 애호하는 민주주의 국가건설에 기여함을 목적으로 하고 있다. 일본에서는 교원의 단결권은 인정하고 있으나 쟁의권은 인정하지 않고 있다.

(6) 국제 교원단체

세계 각국의 교원단체를 통합·연결시키는 국제적인 교원단체로서는 WCOTP(World Confederation of Organization of the Teaching Profession)가 있다. 이 단체는 1952년 덴마크의 코펜하겐에서 창설된 이래, 현재 약 90여개의 가맹국이 있고 회원 수는 약 500만명에 이르고 있다. WCOTP의 활동 목적은 다음과 같다.

첫째, 평화와 자유 그리고 인간의 존엄성을 보호하기 위해 교육관을 국제간의 이해와 친선을 도모하는 방향으로 유도한다.

둘째, 교원으로 하여금 청소년의 복지를 위해 보다 나은 교육을 행할 수 있도록 교육방법과 각종 교육기관 및 교원들의 학문적·직업적 수준을 높인다.

셋째, 교원의 권리와 물질적·정신적 이익을 옹호한다.

넷째, 각국 교원들간의 유대를 강화하는 일을 한다.

우리나라도 WCOTP의 가맹국으로 활동하고 있으며, 총회시에는 대표단이 계속 참가하고 있다.

3. 교사의 권리

1) 교육권의 개념

(1) 교권의 개념

① 개념의 정의

교권이 보호되고 확립되어야 한다는 데는 이론의 여지가 없다. 교직에 대한 사회적 인식의 부족, 교사 대우의 미흡, 교사 자신의 교직에 대한 불만 등 우려되는 제반 상황하에서 교직의 중요성을 이해시키고 교육의 발전을 도모하기 위해서는 무엇보다 먼저 교권에 대한 올바른 인식이 선행되어야 한다.

교권옹호단체인 한국교원단체총연합회의 『교권사건판례집』에는 교권을 다음과 같이 규정하고 있다(한국교원단체총연합회, 1991: 23). "교권은 사회적 제도로서의 교육에 종사하는 교원들이 자신들에게 주어진 사회적 역할을 수행하는 데 있어서, 첫째 그들이 일정한 기간의 훈련을 통하여 획득한 전문적 지식과 능력의 소유자로서 권위를 인정받고, 둘째 부과된 책임과 임무를 이행하는 데 있어서 부당한 간섭과 침해로부터 자신과 자신의 업무를 보호하고, 나아가서 셋째 그 전문직에서의 안정된 생활과 최대한의 능률을 기하기 위한 신분상의 보장을 받을 수 있는 조건을 주장할 수 있는 권리이다."

이런 규정은 학생이나 학부모가 학교교육에 간섭하고 교원의 권리를 침해하는 데 대해, 교원의 권리와 권위를 확보하려는 의도에서 교사의 교육권이라는 뜻으로 사용된 것이다. 이와 같이 교권을 좁게 '교사의 권리'로 보는 시각이 있는가 하면, 넓게 '교육의 권리'로 보는 시각도 있다.

② 교권의 구조

교권을 교육의 권리로 보는 시각에서는, 교육에 관한 일정한 권리를 보호하기 위해 법률이 특정한 개인이나 단체에게 부여하는 권리로서 그 의사를 우선적으로 주장하고 남을 지배할 수 있는 힘을 교육권이라고 한다. 이를테면, 교육에 직접 관계하는 사람들의 교육에 관한 권리와 의무, 책임과 권한 관계의 총체를 교육권으로 보는 것이다. 이런 의미의 교육권은 교육받을 권리와 교육을 행할 권리로 이분화된다.

먼저 교육받을 권리는 학습자의 권리로서 인종이나 성별, 지역이나 신분에 상관없이 국가나 사회가 교육기회에 관한 평등한 권리를 보장하고 제공해야 하는 교육의 자연권을 말한다. 이를테면 우리 인간이 천부적으로 행복한 삶을 누릴 수 있는 권리를 부여받은 것처럼 어린이나 학생은 좋은 교육을 받을 권리를 원래부터 부여받았다는 것이다.

다음은 교육을 행할 권리로 부모와 같은 친권자의 교육권, 교사의 교육권, 학교 설립자의 교육권, 국가의 교육권을 들 수 있다.

친권자의 교육권은 자녀의 행복한 삶을 위해 부모와 같은 친권자가 어린이의 교육을 간섭하고 호의적으로 이행해야 하는 권리를 말한다.

설립자의 교육권은 기본적으로 자신이 설립한 학교의 교육이념을 설정하고 이를 추구하기 위해 행사하는 교육의 권리를 가리킨다. 법률이 허용하는 범위 내에서 학교의 교육방침을 정하고 교육실천을 이끌어 갈 수 있는 권리가 이에 해당한다고 볼 수 있다.

교사의 교육권은 교사가 자율적으로 수업을 진행할 수 있는 권리와 교재를 선택하고 활용하며 교수법을 적용할 수 있는 권리이다. 이 권리는 교사 자신의 전문성을 보호하고 신장시킬 수 있는 권리도 포함하고 있다.

국가의 교육권은 국민의 교육받을 권리를 보호하고 실현시키기 위해 노력해야 하는 권리를 말한다. 이는 국민의 교육받을 권리를 실현시킨다는 전제하에서 교육의 감독권을 행사할 수 있으며, 정당화될 수 있다.

하지만, 교육을 행할 권리는 교육을 받을 권리를 지지하는 범위 내에서만 성립될 수 있다. 가령 교육을 행할 권리가 교육받을 권리를 함부로 취급하고 무시한다면, 좋은 교육이 이루어질 수 없을 것이다. 교육받을 권리는 교육을 행할 권리의 상위 개념으로서 교육을 행할 각각의 권리로부터 지지와 지원을 받아야 한다. 그리고 교육을 행할 각각의 권리들은 교육받을 권리의 하위 개념으로서 동일한 목적성을 가지고 상호 유기적 관계를 유지해야 한다. 교육을 행할 각각의 권리들이 서로 갈등을 유발할 수 있는 소지를 많이 안고 있지만, 상호 협조하지 않고 불협화음을 낸다면 교육받을 권리를 가진 어린이나 학생들에게 양질의 교육을 제공할 수 없을 것이다. 따라서 교육권의 구조는 교육을 행할 권리를 가진 각각의 주체들이 상호 협조하는 체제를 유지하면서 학습자의 교육받을 권리를 지지하고 떠받치는 형태를 의미한다고 볼 수 있다.

(2) 교육의 권리

넓은 의미의 교권은 수익권으로서의 교육권, 친권으로서의 교육권, 위탁권으로서의 교육권, 제4권으로서의 교육권으로 나누어 정리해 볼 수 있다 (김정환·강선보, 1997: 242-44).

① 수익권으로서의 교육권

이것은 헌법에 명시되어 있는 교육의 기회균등권, 즉 모든 국민은 성별, 인종, 신분의 차이에 상관없이 평등하게 교육을 받을 권리를 가지고 있음을 말하는 것이다.

② 친권으로서의 교육권

이는 부모가 자녀에 대해 교육할 수 있는 권리를 말한다. 어린이의 본적이 국가인가, 가정인가? 이 물음은 참으로 중대한 물음이다. 전체주의 사회체제에서는 그것을 국가로 보며, 자유주의 사회체제에서는 가정으로 본다. 그러나 우리는 어린이의 귀속을 가정으로 보기 때문에 가정이 교육의 권리를 지니는 것으로 보고, 가정의 자연법적 권리로 인정한다. 민법에도 친권을 행사하는 자는 자녀의 감독 및 교육을 행할 권리와 의무를 지닌다고 규정하고 있다.

③ 위탁권으로서의 교육권

이는 공공기관과 부모로부터 교사가 진리의 대변자로서 위탁받은 권리를 말한다. 좁은 의미의 교권, 즉 교사의 권리가 바로 이것이다. 따라서 교사는 자율적으로 교육을 할 권리를 지니는 것이다. 이런 뜻에서 대학의 교수가 학문의 자유를 누리듯이 초등학교나 중등학교의 교사도 교육의 자유를 누려야 한다는 논리가 성립될 수 있다.

④ 제4권으로서의 교육권

입법 · 사법 · 행정의 3권에 준하는 제4권으로서의 교육권이다. 이것은 교육이 세속적 권위나 특정 종교로부터 자유로워야 한다는 교육관을 바탕으로 전개되는 교육행정의 원리이다. 이를테면, 국가나 지방공공단체가 행하는 교육행정기능의 정치적 중립성의 보장, 외부의 지배 혹은 간섭으로부터의 자유, 더 나아가서 일반행정에 대한 교육행정의 우위성을 사법권의 일반행정권으로부터의 독립에 견주어 이룩하고자 하는 생각이다. 이는 또한 교육의 자연권적 불가침성을 인정하고 교직을 사법직처럼 전문직으로 규정하고자 하는 생각을 기저로 한다. 헌법에도 교육의 정치적 중립성과 자율성을 보장하고 있다. 이 교육권에서 필연적으로 유도되는 교직관은 의사, 법률가, 종교가에 버금가는 고도의 전문적 지식과 기술을 지니고 자유 재량권을 행사할 수 있는 자유직업관이다.

이처럼 교권에는 많은 권리들이 포함되어 있음을 알아야 한다. 교권을 전문직으로서의 교사의 권리만으로 한정해서는 안 된다. 물론 교사의 권리

가 교권의 핵심적 구성요소이기는 하지만, 넓은 의미의 교원이 보장되지
않고서는 교사의 권리도 보장받을 수 없다.

2) 교사의 권리

1996년 10월 5일 제네바에서 열린 국제교육회의(International Conference on
Education)는 1966년 교사들의 지위에 관한 UNESCO(United Nations Educational,
Scientific, and Cultural Organization)와 ILO(International Labour Organization)의 권고
문이 채택된지 30년, 1975년 교사를 주제로 다루었던 35차 국제교육회의에
서 69개의 권고문이 채택된지 21년이 지난 지금 학교와 사회에서 교사와
교육자의 역할, 기능, 지위를 검토할 때가 되었음을 선언하였다. 교사의 권
리를 주제로 한 가장 큰 국제회의는 UNESCO와 ILO의 주최로 1966년 10월
5일 파리에서 열린 '교원의 지위에 관한 정부간 특별회의'였다.

이 회의에서 채택된 권고문은 교사의 지위향상으로 되어 있지만, 권고문
의 내용은 권리보장의 사항으로 구성되어 있다. 특히 우리나라는 UNESCO
회원국이기 때문에 이 권고문의 정신을 행정적으로 반영해야 할 의무가 있
다. 전 8장 146조로 짜여진 권고문에서 가장 주목해 봐야 할 조항은 교원
지위의 결정요인을 분석한 제1조 제2항이다.

> 교원의 지위라는 말은 교원 직무의 중요성 및 그 직무수행능력에 대한 인
> 식의 정도에 따라 그들에게 주어지는 사회적 대우 또는 존경과 다른 집단과
> 비교하여 본 교원의 근무조건과 보수 및 그 밖의 물질적 급부 등 두 가지를
> 모두 의미한다.

이 권고문은 교사의 권리를, 첫째 전문직으로서의 자유, 둘째 교원의 책
임, 셋째 교원과 교육활동과의 관계, 넷째 단체활동권으로서의 교원의 권리
라는 네 개념으로 규정하고 있는데, 우리는 이것을 교육자유권, 문화생활권,
신분보장권 등 세 가지로 조명하여 이에 관련된 조항들을 정리해 본다(김정
환·강선보, 1997: 246-50). 이 세 권리를 교사의 3대 권리라 할 수 있다.

(1) 교육자유권

교사는 전문직으로서 법의 범위 안에서 소신대로 가르칠 내용을 선정하고 그것을 개성적인 방법으로 교수하고 또 그 결과를 평가할 수 있는 자유를 누려야 한다. 권고문은 이러한 권리에 대하여 '전문직으로서의 자유'라는 제목으로 제61조에서 제69조까지에 걸쳐 세밀하게 논구하고 있다. 이 9개 조항 중에서 가장 중요한 것은 원칙을 밝힌 제61조이다.

교직은 전문직으로서의 임무를 수행하는 데 있어서 학문의 자유를 누려야 한다. 교원은 학생에게 가장 적합한 학습지도 보조자료와 방법을 판단하는 데 있어서 특별한 자격을 가지고 있으므로 소정의 교육과정의 테두리 안에서 당국의 원조를 받아 교재의 선정과 개선, 교과서의 선택, 교육방법의 적용 등에 중요한 역할을 담당해야 한다.

이런 학문의 자유(교육의 자유)는 어떻게 구체적으로 반영되어야 할 것인가? 교원과 교직단체가 교육과정 작성에 참여해야 하며(제62조), 장학은 교원을 감독하는 위치가 아닌 격려하는 위치에 서야 하며(제63조), 교원의 근무평정은 객관적이고 공개적이어야 하며, 따라서 부당하다고 여겨질 경우 이의를 신청할 수 있어야 한다(제64조). 학생의 진보를 평가하는 데 유용한 평가기술을 자유롭게 택할 수 있고(제65조), 교육과정상의 여러 문제에 대한 교원의 건의를 당국이 존중해야 한다(제66조). 교원은 학부모의 부당한 간섭을 받지 않도록 보호를 받아야 하며(제67조), 교원에 대한 학부모들의 불평처리는 교장과 관련 교사와의 토론, 서면에 의한 상급기관에의 제소, 교사를 위한 비공개리의 변호기회 제공을 거쳐야 한다(제68조). 교내 외의 교육활동 중 학생에게 상해가 발생할 경우, 교원은 손해배상을 청구 당하는 일이 없도록 되어야 한다(제69조).

이 같은 기준에 비추어 우리 현실을 볼 때 유감스러운 일들이 많다. 교원이 전문직으로 자각을 못하며, 짜여진 교육과정을 기능공처럼 가르쳐야 하며, 근무평정에 전전긍긍하고, 성적평가도 거의 상대평가를 강요당하며, 학부모의 교사에 대한 불평처리가 무사안일을 일삼는 교육행정 베이스로 무마되고 있고, 심지어 교내의 재산상의 피해를 교사들이 공동으로 변상하는 사례까지 있다.

(2) 문화생활권

교원은 그 직분에 적합한 문화생활을 누릴 수 있는 물질적 보수를 받을 수 있어야 한다. 직업을 영리와 봉사직으로 나눈다면 교직은 물론 봉사직에 든다. 그러기에 사회는 교사가 부업이 아닌 본업만으로도 최저한의 문화생활을 할 수 있게 도와줄 공공적 책무를 져야 한다. 권고문은 '교원의 봉급'이란 제목으로 제114조에서 제124조에 이르기까지 이것을 강조하고 있다. 우선 기준을 밝힌 제114조를 읽어보자.

오늘날의 세계적 상황에 비추어, 교원들에게 주어지는 사회적 대우나 존경과 그들의 중요성에 대한 인식의 정도 등, 제 요인은 유사한 타 전문직과 마찬가지로 그들이 놓여 있는 경제적 지위에 크게 달려 있으므로 교원의 지위에 영향을 주는 요인 중에서도 봉급은 특히 중요시되어야 한다.

이 같은 원칙은 어떻게 구체화되어야 할 것인가. 권고문은 말한다. 교원의 봉급은 교직의 중요성에 비추어 타 전문직에 손색이 없고, 또 계속연구나 문화활동에 부족함이 없는 정도가 되어야 하며(제115조), 교직단체와의 합의하에 작성된 봉급표에 의해 지급되어야 하며(제116조), 소정의 기준에 의한 추가보수가 지급되어야 하고(제118조), 기본 봉급표에 있어서 최저호봉에서 최고호봉에 달하는 기간은 10년 내지 15년을 초과하지 말아야 하며(제122조), 봉급결정을 목적으로 하는 어떤 근무평정제도도 관계 교직단체와 사전협의 및 승인 없이 도입되거나 적용되어서는 안 된다(제124조).

이런 기준에 비추어 우리 교사들의 현실을 보면, 봉급 액이 타 전문직에 비해 현저히 뒤지며, 계속연구나 문화생활을 즐기기에는 매우 부족하다. 하물며 기본봉급 표 작성과정에 교육단체의 사전승인을 받아야 한다는 생각은 상상도 못할 형편에 있다.

(3) 신분보장권

이 권리는 법에 의해 정해진 인사·임용상의 권리가 보장되며, 부당한 인사행정상의 조치에 합법적 소청의 기회가 부여됨은 물론 교직단체를 통해 단체활동을 전개할 수 있는 권리를 포함한다. 권고문은 '취업과 교직생애'의 장에서 이런 문제들을 다루고 있으며, 신분보장이라는 제목으로 2개조, 승격과 승진에 5개조, 징계절차에 6개조를 할당하고 있다. 우선 원칙을 밝힌, 신분보장에 관한 2개 조항을 살펴본다.

　　제45조 교직에 있어, 취업의 안정성과 신분보장은 교원을 위해서는 물론, 교육을 위해서도 불가결하며, 비록 교육제도 자체가 변하거나 또는 그 내부에 변화가 일어나더라도 보호되어야 한다.
　　제46조 교원은 그 전문적 지위나 신분에 영향을 미치는 부당한 행위로부터 충분히 보호되어야 한다.

　이 같은 원칙을 구현할 시책은 무엇인가? 고용기관과 고용조건에 관해서 발생하는 분쟁의 해결을 위한 교직단체의 활동의 보장(제84조), 기구개편에서 오는 불이익 예방(제45조), 교육행정가의 기초자격을 교사로 정함(제43조), 징계사항·절차의 교직단체와의 협의·자문(제49조), 그리고 여교사의 권리보호(제54조-58조)이다. 특히 교직의 여성화 추세에 긍정적으로 대처하기 위해서는 여교사의 권리보장에 각별히 배려해야 할 것이므로 이들 조항을 살펴볼 필요가 있다.

　　제54조 결혼이 여교원의 임명이나 계속적인 고용에 지장을 주는 것으로 생각되어서는 안되며, 또한 보수나 그 밖의 근무조건에 영향을 미쳐서도 안 된다.
　　제55조 임신과 출산 휴가를 이유로, 고용자가 고용계약을 종결시키는 일은 금지되어야 한다.
　　제56조 가정의 책임을 가진 교원의 자녀를 돌보아 주기 위하여 바람직하다고 생각될 경우에는, 탁아소나 보육원 같은 특별한 설비가 고려되어야 한다.
　　제57조 가정을 지닌 여교원에게는 연고지에서 근무할 수 있도록 하고, 또 부부교사의 경우에는 인접지역의 학교 또는 동일학교에서 근무할 수 있도록 하는 조치가 강구되어야 한다.
　　제58조 가정의 책임을 지고 있는 여교원으로서, 정년 전에 퇴직한 자의 복직은 사정이 허락하는 한 장려되어야 한다.

　이 같은 권고문의 정신과 기준에 비추어 볼 때 우리 현실에 문제가 많다. 교권침해사례가 이루 헤아릴 수 없이 많기 때문이다(김정환, 1982: 260-63).

예를 들면, 아동간의 자연사고에 대해 교사에게 피해보상 요구, 기구개편에 의한 면직, 봉급의 일부 미 수령 강요, 체벌에 앙심을 품은 학부모의 폭행, 근무조건 개선을 요구한 교사의 직위해제, 설립자가 교장을 폭행한 경우, 결혼한 여교사에게 사표 강요, 체벌교사에게 물질적 보상 요구, 매스컴에 의한 교직 우롱, 학생들간의 싸움으로 인한 피해에 교사를 폭행하기도 하는 등 참으로 안타까운 일들이 많다.

4. 교사의 미래

1) 교육에의 도전

(1) 교직의 전망

급변하는 사회에서 교직을 전망하기란 쉬운 일이 아니다. 고도산업사회, 정보화 사회, 지식사회에로의 전환이 교육체제의 환경요인을 변화시키고 있으며 또한 교사의 전통적 역할도 변화됨으로써 교직에 대한 새로운 도전으로 나타날 것이다. 따라서 교사의 윤리의식, 사명감, 자질향상 등의 문제가 교사의 양성, 자격, 임용, 권리 등의 문제와 함께 새로운 양상을 띠고 등장할 것이다. 이를테면, 교직의 전문성이 강조되면서 교사의 자질・사명・권리 등에 관한 문제가 앞으로 크게 부각될 것이며, 교원인사・행정제도의 개선을 위한 사회적 노력이 계속될 것이다.

교직의 전망과 관련하여 앞으로 사회에서 나타나게 될 교육에의 도전을 몇 가지 측면에서 다음과 같이 고찰해 본다.

첫째, 고도산업사회, 정보화사회, 지식사회가 도래함에 따라 고급인력의 수요와 충족이 긴요한 과제가 되고 있다. 다가오는 사회는 전문지식인이 주도자가 되는 지식사회가 될 것으로 예상된다. 따라서 고급인력의 양성과 확보는 더욱 중요한 과제가 될 것이다. 지구의 모든 국가들이 하나의 지역으로 묶여지는 정보화 시대와 지구촌 시대의 전개에 따라 많은 정보나 지식의 활용주기가 짧아지기 때문에 부단히 새로운 정보와 지식을 창출해 내지 않으면 안 되는 사회가 도래할 것이다.

이제 우리 국민의 생활권이나 시야는 세계로 확대될 수밖에 없고, 자신의 능력과 취향에 따라 세계 무대에 적극적으로 진출하는 의욕도 높아질 것이다. 따라서 교육의 폭도 이에 부응하여 넓혀 나가야 할 것이다.

둘째, 생활수준이 향상됨에 따라 교육에 대한 기대수준이 상승하는 추세를 보일 것이다. 근래 생활수준의 향상은 교육에 대한 욕구를 부추기고 있다. 잘 사는 사람들은 잘 사는 대로, 못사는 사람들은 못사는 대로 교육을 지위상승의 수단으로 보고 교육경쟁의 대열에 참여하는 것이다. 교육의 수요는 이런 현상을 가속화시키고, 그것은 다시 원인이 되어 인간의 기대수준을 높이는 순환고리를 형성하게 될 것이다.

지나친 욕망과 기대수준의 불일치는 갈등을 야기 시키며, 교육의 미혜택 계층에서는 상대적 박탈감으로 사회적 불안요인이 될 수도 있다. 전인교육, 인간교육의 필요성을 역설함에도 불구하고 그것의 진정한 의미를 살피기 위한 사회적 노력이 부족한 것은 사실이다. 물론 이것은 교사만의 책임은 아니다. 출세지상주의와 배금주의로 가치가 전도된 사회풍토, 오도된 교육관과 과열된 교육경쟁 등이 교육을 수단화하면서 교육의 역기능을 부추기는 것이다.

셋째, 복지사회로의 지향이 교육인구의 증가와 교육수요의 증대를 가져올 것이다. 사회적 필요성과 함께 복지적 권리라는 차원에서 요구되는 교육은 교육의 대중화·보편화를 더욱 촉진시킬 것이 분명하다. 뿐만 아니라 교육의 양적 팽창에서 오는 질적 저하를 방지해야 한다는 사회적 요구도 또한 고조될 것이다. 교육의 평등성과 수월성의 조화 문제는 새로운 시각에서 살피게 될 것이다.

그리고 지금까지 당연시되어 온 대량 교육체제에서 드러난 형식적이고 획일적인 프로그램에 대한 개선 요구, 교사의 자율성을 제한하는 행정체계의 개혁 요구, 교육의 비인간화 등 역기능적 요소들의 제거 요구 등이 나타날 것이다.

(2) 평생교육시대의 교사

교육의 기회균등(equal opportunity)이라는 사조와 평생교육(life-long education)의 이념은 교육체제의 확대를 촉진하고 있다. 오늘날 교육의 기회균등은 이

제 사회의 보편적 규범이 되어 교육체제에 많은 영향을 미치고 있다. 의무교육의 연장, 중등교육의 보편화, 고등교육의 대중화, 사회교육의 일반화, 유아교육의 확대, 특수교육의 진흥 등은 모두 교육의 기회균등을 실현시키고자 하는 우리 사회의 노력이고 의지이다.

평생교육의 개념은 1960년대 후반 쿰즈(Philip H. Coombs)와 랭그랑(Paul Lengrand) 등 선구적 학자들에 의해 제창되었으며, 구체적으로는 1972년 일본에서 개최된 '제3차 성인교육세계회의'(The 3rd World Adult Education Conference)에서 국제용어로 공식 채택되었다. 유네스코가 주최한 이 성인교육 전문가들의 회의는 1차로 1949년 덴마크에서, 2차는 1962년 캐나다에서, 그리고 1972년 일본 동경에서 3차 회의를 거쳐오는 동안 세계 각국 국민들의 전통적 교육관을 타파하고 전 생애를 통해서 개인의 경험을 전면적으로 다루는 각종 교육의 연계성을 통합적으로 고찰하여, '교육의 전체성'을 파악하고 강조하게 되면서 평생교육이라는 개념을 국제적으로 통용하기에 이른 것이다(김종철 외 6인, 1987: 346).

평생교육의 이념은 유네스코가 작성한 보고서 『내일의 교육』(Learning to be)을 통해 살펴 볼 수 있다. 이 이념은 1970년대 전세계에 전파되어 세계 교육의 개혁을 위한 기본이념이 되었으며, 우리나라에서도 이 이념을 교육체제에 반영하였다. 우리나라 헌법에 '국가는 평생교육을 진흥하여야 한다'고 규정함으로써 사회의 교육성을 강조하고 이른바 학습사회를 실현하고자 하는 것이다. 평생교육의 이념은 교육의 기회균등과 함께 교육체제의 경직성을 방지하고 학교에서의 계속교육의 강화, 직장연수 체계의 정비, 방송통신교육의 확대, 사회교육의 진흥 등을 지향함으로서 학습사회(learning society) 건설을 목표로 하는 것이다. 평생교육 이념은 우리 사회의 교육체제를 개선하는 일에 크게 작용할 것이다.

교육은 개인의 자아실현과 복지향상의 수단을 넘어 이제는 국가발전의 원동력이 된다는 사고가 크게 공감을 얻고 있다. 얼마 전까지만 하더라도 교육은 주로 개인의 필요성을 위한 것으로 인식되었으나, 오늘날 교육은 국가와 사회의 보존과 발전을 위한 원동력이 된다는 생각이 확산되고 있다. 교육은 개인적 목적뿐만 아니라 경제발전, 사회개혁, 문화창달의 근본적인 수단으로 인식되고 있다. 따라서 현대사회가 교육에 대해 보다 깊은 관심과 배려를 쏟고 있는 것도 결코 우연한 일이 아니다. 교육이 국가발전의 강력한 원동력이 된다는 인식이야말로, 교육에 대한 깊은 정책적 배려를 가하게 하는 중요한 이유가 될 것이다.

이제 교육은 개인의 인격완성이나 지위향상 등과 함께 국가나 사회의 발전에 필수 불가결한 요소로 인식되고 있으며, 이런 추세는 더욱 촉진될 것이다. 특히 우리나라의 경우처럼 부존자원이 빈약한 사회에서는 교육의 역할이야말로 국가발전을 위한 근본수단으로 간주되지 않을 수 없다.

2) 교직의 정립

(1) 교사양성체제의 정립

21세기로 접어들면서 우리 사회의 모습은 산업구조의 대 변동, 지식·정보의 급격한 팽창, 가치관의 충돌과 혼란, 국제간의 활발한 교류, 고등교육인구의 급격한 증가 등을 예상해 볼 수 있으며, 이런 상황하에서 교직에 대한 과제를 간단하게 정리해 본다.

교육인구 증가에 따른 교사수요의 양적 팽창은 교사의 자질을 저하시킬 우려가 있다. 교사의 자질은 교사양성대학의 수준, 교사지망생의 질적 수준 그리고 직전 및 현직교육의 수준에 따라 결정된다. 특히 유능한 교사지망생을 선발하는 일은 무엇보다도 교사의 자질을 높일 수 있는 대단히 중요한 요인이 될 것이다. 그럼에도 불구하고 교사양성대학에 지원하는 우수한 고교 졸업생들은 줄어들고 있는 실정이다.

또한 교직을 원하는 지망생들의 동기도 역시 확고한 교직관이나 사명감보다는 입학의 용이함 때문인 경우가 많다. 교사의 사회·경제적 지위의 향상과 사회적 인식의 변화를 유도할 수 있는 정책적 배려가 아쉽다.

이미 교직의 유인체제는 상대적으로 낙후되어 있다. 첨단 기술분야 등 타 직종의 유인체제가 계속 향상될 것으로 전망되기 때문에, 교직의 유인체제는 상대적으로 떨어질 수밖에 없다. 교사의 처우가 획기적으로 개선되지 않는 한 교직과 타 직종간의 유인체제의 상대적 격차는 점점 더 심화될 것이 분명하다. 교직이 사회적·경제적 매력을 상실하는 한 교사지망생의 자질 저하는 불가피할 것으로 보인다.

또한 교직의 유인체제와 관련하여 무엇보다도 먼저 해결되어야 할 문제는 교권확립이다. 교권확립은 저해요인을 처리하는 소극적 방법보다는 교사 자율권의 신장, 생활보장, 근무조건 개선, 복지후생제도의 확충 등 적극적 방법이 모색되어야 할 것이다. 이와 함께 학생, 학부모, 일반인 등 모든 사회인들이 교직을 존경하고 신뢰하는 풍토가 조성되지 않는 한, 교권확립과 교직의 유인체제는 강화되지 않을 것이다.

다음으로 고려해야 할 문제는 교사 자신의 윤리의식을 고양하고 전문능력을 신장시키는 문제이다. 도덕적으로 건강하고 뛰어난 능력을 소유한 교사를 양성하는 일이야말로 선결을 요하는 과제가 될 것이다.

(2) 교사 재교육의 강화

앞으로는 학생집단의 다양화와 이질화 현상 때문에 교사의 부담은 더욱 가중될 것이다. 교사 대 학생의 비율이 증가하고 교수-학습 조건의 개선이 쉽게 이루어질 것 같지 않다. 그럼에도 불구하고 교사는 학생의 개성을 존중하고 학생의 능력과 적성에 알맞은 교육을 실시하고 교육의 인간화와 전인교육의 이상을 구현하라는 사회적 압력을 받고 있다.

교육의 대중화, 보편화는 학생집단의 이질화를 초래함으로서 교사는 효율적인 학습지도와 생활지도 방안에 대한 힘겨운 도전을 받고 있다. 뿐만 아니라 이런 교육의 대중화, 보편화, 이질화 추세 속에서 어떻게 하면 교육의 수월성을 추구할 수 있느냐 하는 과제가 계속 부각될 것이다.

따라서 교사교육에 대한 기대는 더욱 높아질 것이다. 교사지망생의 자질이 문제가 되고 학문과 기술의 발전에 따라, 오히려 교사 재교육의 질적 향상에 대한 요구는 더욱 늘어날 것이다. 이제 교사는 전통적 역할에서 벗어나 새로운 자리를 찾아야 할 시점에 다다른 것이다. 교사는 절대적 권위자보다는 안내자이며 봉사자가 되어야 하고, 교사에게서 학생들의 자율성을 신장시키고 학습에 대한 긍정적 태도와 건전한 욕구를 길러주는 역할을 기대하게 될 것이다. 이를 위해 교사는 끊임없이 자기를 개발하고 연구하는 자세가 요구될 것이다.

앞에서 살핀 바와 같이 학문과 기술의 발달은 새로운 교수이론과 교육방법의 개발을 촉진시킬 것이며, 이런 변화와 발달을 미리 체득하고 선도해야 하는 것이 교사양성의 임무이다. 지식사회의 도래와 기술정보의 급격한 팽창은 교사들에게 끊임없는 재교육을 불가피하게 만들 것이다.

3) 바람직한 교사상

(1) 교직의 과제

다가올 미래사회에서 생각해 볼 수 있는 교원인사 정책의 기본방향은 무엇보다도 우수한 인재를 확보하여 보람과 긍지를 가지고 교직을 수행할 수 있도록 지원조건을 정비하는 일일 것이다. 이를 좀더 자세히 살펴보면 교사의 자질과 사기를 드높이고, 교직의 사회경제적 지위를 개선하며, 교사양성제도를 보강하고, 교직에서 계속적인 성장이 가능한 인사제도를 확립하는 등의 일일 것이다. 이와 같이 예상되는 정책방향에 따라 다음과 같은 과제들이 제기될 수 있다.

첫째, 바람직한 교직관과 전문적 자질을 갖춘 교사를 확보하기 위한 교사양성제도의 질적 개선이 필요하다. 사범위주의 교육에서 탈피하여 고도 산업사회, 정보화사회, 지식사회에 부응하고 선도할 수 있는 능력 있는 교사를 양성할 수 있는 체제를 확립해야 할 것이다. 그러기 위해서는 종합적인 안목과 폭 넓은 교양을 갖춘 인재를 길러야 할 것이다.

둘째, 교사조직의 현대화와 승진제도의 합리화를 기해야 한다. 학교경영과 교수·학습과정이 복잡해지고 전문화되는 추세에 따라 교사의 횡적 직능과 종적 조직은 또한 분화되고 다양화되며 전문화되어야 할 것이다. 이를테면, 교사조직을 단층구조에서 어느 정도 중층구조로 전환하고 일정단계 이상부터는 교육직과 행정직으로 이원화할 필요가 있다. 교사-정교사-선임교사-수석교사라는 계통과 교사-정교사-교감-교장이라는 계통으로 교직의 자격을 이원화하는 것이다. 이것은 교사의 역할과 책임의 한계를 분명히 하고, 근무의욕과 전문성을 높이는 일에 기여하게 될 것이다.

셋째, 교사가 교직에서 계속 성장할 수 있도록 현직연수가 확충·강화되고 또한 체계화되어야 한다. 모든 직업이 그렇지만, 교직도 역시 개인의 자아실현과 계속 성장이 가능할 때 교직에 대한 자긍심과 보람을 느낄 수 있을 것이다. 교직의 대표적인 성장 프로그램인 현직연수의 내용과 방법을

다양화·체계화하고, 현직연수에 대한 유인(誘因)을 증가시키면서 연수기회
를 대폭 확충해야 할 것이다.

넷째, 교사의 처우와 근무조건은 계속 개선되어야 한다. 그 동안 교육당
국은 교사의 근무조건 개선과 교사의 생활안정을 위해 여러 가지 정책을
펴온 것은 사실이지만, 교사들의 사기는 진작되지 못하고 있는 실정이다.
교직에 대한 학부모나 일반인들의 기대수준은 매우 높으면서도 그에 상응
하는 처우와 근무조건의 개선은 미흡한 점이 많기 때문이다.

다섯째, 여교사에 대한 인사관리를 합리화해야 한다. 교직의 여성화 추세
는 세계적이며 우리나라도 예외일 수 없다. 여교사의 증가에 따라 대두되
는 과제를 문제로 파악하기 보다는 긍정적이고 적극적인 관점에서 그 해결
방안을 모색하는 것이 타당한 방향이 될 것이다. 현재의 제도하에서도 상
당수의 여교사들이 결혼·출산·육아 등의 이유로 퇴직하여 복귀하기 어렵
기 때문에 학생지도에 소홀하고 교육투자의 낭비를 초래한다는 지적이 많
다. 따라서 출산과 육아기의 여교사들에게 일정기간의 휴직과 복직을 위해,
일정기간 연수를 실시한 후 다시 교단에 복귀할 수 있는 길을 제도적으로
마련하는 적극적인 인사방침을 실시해야 할 것이다.

(2) 미래의 바람직한 교사상

역사적으로 교직에서 가장 일찍 제기된 문제는 교직관의 문제였다. 이
문제는 고대 그리스시대에 프로타고라스(Protagoras)와 소크라테스(Socrates)
사이에 쟁점이 되어 오늘에 이르고 있다. 프로타고라스는 교직을 당시에
가장 중요시되었던 웅변술을 기술적으로 가르쳐 입신출세의 길을 열어주고
그 대가로 보수를 당당히 요구하는 직업으로 보았다. 이에 반해 소크라테
스는 인생을 진지하게 사는 자세를 학생에게 보여주고, 교사와 학생이 서
로 친구가 되어 대화를 나누면서 진리가 무엇인가를 묻는 구도적 과정을
교육이라고 하면서, 교직은 학생의 윤리적 감각을 도야하고 인격을 함양하
는 직분이며 보수를 받아서는 안 되는 자유직으로 보았다(김정환·강선보,
1997: 225).

이처럼 상반된 교직관은 나름대로 일리가 있다. 우리는 기술을 버릴 수
도 없고 인격도 버릴 수 없으며, 또한 교사의 사회경제적 지위 문제도 교

사의 윤리적 삶의 자세 못지 않게 중요하기 때문이다. 이런 시각을 바탕으로 미래의 바람직한 교사상을 정리해 본다(김정환, 1982: 239-40).

① 단체적 힘을 소유한 교사

교육의 직분을 지키기 위해 윤리적인 힘뿐만 아니라 단체적 힘도 가져야 한다. 교사의 3대 권리인 교육자유권, 문화생활권, 신분보장권을 확보하기 위해 교직단체에 적극적으로 참여하여 단체교섭권 정도는 행사할 수 있어야 한다.

② 역사의식을 갖춘 교사

과거 위대한 교사들은 모두 강렬한 역사의식의 소유자였다. 교육이 개인 적으로는 인격의 계발이요, 사회적으로는 브라멜드(T. Brameld)의 표현대로 사회개혁의 기수요, 민족적으로는 인류의 번영과 행복의 길을 여는 일일진 대, 교육은 본래 미래전망적인 일이기 때문이다.

오천석은 교사를 민족중흥의 역군으로 보면서 다음과 같이 말하고 있다 (오천석, 1969: 391-92).

새 시대의 교육자는 사회개조의 좋은 일꾼이 되어야 한다고 생각한다.

이미 만들어진 사회에 만족하여 그를 옹호하고, 그 유지를 위하여 일하는 사람이 아니라 보다 나은 사회의 건설을 위하여 앞장서는 사람이 되어야 한 다고 믿는다. 교사가 과거의 문화를 전수하는 것도 그를 유지하기 위해서가 아니라, 그를 토대로 하여 새로운 전진을 기약하여서가 아니면 안 된다.

③ 인격의 힘을 지닌 교사

미래사회의 가장 큰 과제는 인간소외현상의 극복이요, 이를 위한 교육의 인간화라고 생각된다. 그러므로 교사는 스스로 주체성·개성·내면성을 견 지하는 전인적 인격체로 각성해야 할 것이다.

우리나라 교원윤리강령은 1958년 9월 19일 당시 대한교육연합회 제12차 대의원대회에서 제정되었으며, 이를 개정하여 1982년 5월 15일 스승의 날에 사도헌장과 사도강령을 선포하였다. 전문과 5개항의 본문으로 이루어져 있 는 사도헌장은 교사가 지켜야 할 현대적 윤리의 기본방향을 제시한 것으로,

문자 그대로 스승의 길을 다짐하는 기본원리이며 원칙적인 규범이다. 그리고 사도강령은 사도헌장을 기초로 하여 보다 구체적으로 준수해야 할 실천적 행동지표로서의 윤리강령을 표현한 것이다. 여기에 사도헌장을 소개한다.

사도헌장(師道憲章)

오늘의 교육은 개인의 성장과 사회의 발전과 내일의 국운을 좌우한다. 우리는 국민교육의 수임자로서 존경받는 스승이요, 신뢰받는 선도자임을 자각한다. 이에 긍지와 사명을 새로이 명심하고 스승의 길을 밝힌다.
1. 우리는 제자를 사랑하고 개성을 존중하며 한마음 한뜻으로 명랑한 학풍을 조성한다.
1. 우리는 폭넓은 교양과 부단한 연찬(研鑽)으로 교직의 전문성을 높여 국민의 사표가 된다.
1. 우리는 원대하고 치밀한 교육계획의 수립과 성실한 실천으로 맡은 바 책임을 완수한다.
1. 우리는 서로 협동하여 교육의 자주혁신과 교육자의 지위향상에 적극 노력한다.
1. 우리는 가정교육·사회교육의 유대를 강화하여 복지국가 건설에 공헌한다.

④ 전문적 능력을 갖춘 교사

'인간화'가 미래의 과제일진대 이에 가장 크게, 깊숙이 관여하는 교사는 다른 어떤 전문직보다도 더욱 전문적 능력을 갖추어야 하겠다. 이런 뜻에서 교원양성과정은 브라멜드의 제안대로 석사과정 정도로 격상되어야 할 것이다.

마지막으로 미국의 청교도 시인 반 다이크의 '무명교사들에게'라는 교사 예찬 시를 소개한다.

To the Unknown Teachers

I sing the praise of the unknown teacher.

Great generals win campaign, but it is the unknown soldier who wins the war.

Famous educators plan new systems of pedagogy, but it is the unknown teacher who delivers and guides the young. He lives in obscurity and contends with hardship. For him no trumpets blare, no chariots wait, no golden decorations are decreed. He keeps the watch along the borders of darkness and makes the attack on the trenches of ignorance and folly. Patient in his daily duty, he strives to conquer the evil powers which are the enemies of youth. He awakes sleeping spirits. He quickens the indolent, encourage the eager, and steadies the unstable. He communicates his own joy in learning and shares with boys and girls the best treasure of his mind. He lights many candles which, in later years, will shine back to cheer him. This is his reward.

Knowledge may be gained from books ; but the love of learning is transmitted only by personal contact. No one has deserved better of the Republic than the unknown teacher. No one is more worthy to be enrolled in a democratic aristocracy, 'King of himself and servant of mankind.'

●함께 볼 만한 비디오

1. 박하사탕(이창동/설경구, 문소리/한국)
2. 미술관 옆 동물원(이정향/심은하, 이성재/한국)
3. 천국의 아이들(마지드 마지비/귀여운 아이들/이란)
4. 죽은 시인의 사회(피터 와이어/로빈 윌리암스, 로버트 신레오나드/미국)
5. 인생은 아름다워(로베르트 베니니/로베르트 베니니, 니콜레타 브라스키/이태리)
6. 타이타닉(제임스 카메룬/레오나르도 디카프리오, 케이트 윈슬렛/미국)
7. 라이언 일병 구하기(스티븐 스필버그/톰 행크스, 맷 데이먼/미국)
8. 욜(일마즈 귀니/타리크 아칸, 하릴 에즈권/터어키)
9. 송 오브 노르웨이(앤드류 엘 스톤/토레인 모르스타드, 플로렌스 핸드슨/미국)
10. 로메로(존 듀이간/라울 줄리아, 리차드 조단/미국)

▲읽어 볼 만한 책

1. 김재만 역(1985). 천부적인 교사. E, Spranger. 교육신서 25. 서울: 배영사.
2. 김재은(1994). 천재, 그 창조성의 비밀. 서울: 교보문고.
3. 김정환 외 역(1991). 문제의 교사. A.S. Neill. 서울: 양서원.
4. 김정환 역(2001). 숨은 이의 저녁노을. H, Pestalozzi. 서울: 박영사.
5. 백완기(1999). 성경과 민주주의, 삶의 양식으로서 문화론적 접근. 서울: 예영커뮤니케이션.

6. 오천석(1973). 스승. 교육신서 3. 서울: 배영사.

7. 장진호(1982). 현대사회와 인간교육. 교육신서 86. 서울: 배영사.

8. 지경자 역(1994). 탈무드. Marvin Tokayer. 서울: 홍신문화사.

9. 차경수 역(1982). 교육의 사명. B. Russell. 서울: 중앙신서.

10. 황기우(1998). 21세기 교사의 역할. 서울: 원미사.

■ 함께 토론해 볼만한 주제

1. 학교교육을 통해 가장 기억에 남는 은사 한 분을 선택하여 그 분의 교사상을 정리해 보시오.

2. 바람직한 교사상을 정립하기 위해 반드시 필요한 것은 무엇인지 논의해 보시오.

3. 세속화된 교육 풍토를 빗대어 흔히 '선생은 있어도 스승은 없고, 학생은 있어도 제자는 없다'라는 말을 한다. 그 이유에 관해 논의해 보시오.

4. 인류의 역사 가운데 가장 위대한 교사 한 분을 들고 그의 생애와 업적을 정리해 보시오.

5. 21세기 학교교육을 위해 갖추어야 할 교사의 자질은 무엇인지 논의해 보시오.

6. 우리 사회에서 소홀히 하는 교사의 권리는 무엇인지 지적해 보시오.

7. 만약 교사가 된다면, 어떤 교육관을 가지고 학생들을 가르칠 것인지 논의해 보시오.

참고문헌

강동진(1970). "일제지배하의 노동야학". 역사학보, 46집, 역사학회.

김경희 외(1999). 교육학, 서울: 학지사.

김계현 외(2000). 학교상담과 생활지도, 서울: 학지사.

김동배·권중돈(2000). 인간행동이론과 사회복지실천, 서울: 학지사.

김민환(1991). 교육과정 탐구의 대안으로서 재개념주의적 접근의 가능성과 한계성, 건국대학교 대학원 박사학위논문.

김병성 외(1994). 교육학 총론, 서울: 양서원.

김상원(1985). 교육방법론, 서울: 교육출판사.

김윤태, 서정화, 노종희(1986). 교사와 교직사회, 서울: 배영사.

김인회(1995). 새시대를 위한 교육의 이해, 서울: 문음사.

김재만(1983). 교육사조사, 서울: 교육과학사.

김정환(1982). 전인교육론, 서울: 세영사.

김정환·강선보(1997). 교육학개론, 서울: 박영사.

김정환·강선보(1998). 교육철학, 서울: 박영사.

김종서·이영덕·정원식(1998). 최신 교육학개론, 서울: 교육과학사.

김종철(1972). 교육행정의 이론과 실제, 서울: 교육과학사.

김종철 외(1987). 교사론, 서울: 교육과학사.

김천기(1998). 교육사회학, 서울: 학지사.

김현재(1999). 과학과 열린 교육, 서울: 형설출판사.

김호권(1977). 인간의 제특성과 학교학습, 서울: 한국능력개발사.

남명호·김성숙(2000). 수행평가 : 이해와 적용, 서울: 문음사.

노영택(1979). 일제하 민중교육운동사, 서울: 탐구당

대안교육을 생각하는 모임(1997). 새로운 학교, 큰 교육 이야기, 서울: 내일을 여는 책.

박종렬(1984). 교육사회학, 서울: 배영사.

서울대학교 교육문제연구소 편(1998). 교육학 대백과사전 1·2·3, 서울: 하우동설.

서울평화교육센터(1997). 대안학교의 모델과 실천, 서울: 내일을 여는 책.

석태종(1993). 교육사회학, 서울: 교육과학사.

소광희 외(1994). 현대의 학문체계, 서울: 민음사.

손인수(1971). 한국근대교육사, 서울: 연세대학교 출판부.

송미섭·나동환(1993). 교육행정 및 교육경영론, 서울: 형성출판사.

오만록(1999). 구성주의에 근거한 문제중심 학습(PBL)이 학업성취와 정의적 특성에 미치는 효과, 고려대학교 대학원 박사학위논문.

오만록(2000). 교육의 이해, 서울: 형설출판사.

오만록(2001). 학교교육의 이론과 실제, 서울: 형설출판사.

오영재·박행모·강영숙(1997). 교육학의 이해, 서울: 교육아카데미.

오천석(1964). 한국신교육사, 서울: 현대교육총서출판사.

유인종·주영흠 공역(1997). 교육철학을 위한 사색, 서울: 양서원.

윤정일·신득렬·이성호·이용남·허형(1996). 교육의 이해, 서울: 학지사.

이규환·김재만·김윤태·김상호(1984). 교육학개론, 서울: 배영사.

이돈희(1983). 교육철학개론, 서울: 교육과학사.

이만규(1949). 조선교육사 상·하, 서울: 을유문화사.

이문원(1986). 실학사상의 현대교육적 의미, 한국교육사상연구, 서울: 집문당.

이성진(2001). 행동수정, 서울: 교육과학사.

이성호((1999). 교수방법론, 서울: 학지사.

이영덕 외(1997). 교육과정과 교육평가, 서울: 교육과학사.

이완정(1996). 행동연구 분석기법, 서울: 교육과학서.

이재창(1995). 생활지도, 서울: 문음사.

이종각(1996). 교육사회학, 서울: 동문사.

이현청(1994). 교육사회학, 서울: 성원사.

이형행(1993). 교육학개론, 서울: 양서원.

이혜영 외(1976). 교육이란 무엇인가, 서울:한길사.

이홍우(1992). 교육과정탐구, 서울: 박영사.

이홍우(1997). 교육의 개념, 서울: 문음사.

임창재(1997). 교육학의 이해, 서울: 형설출판사.

Blackledge, David, and Barry Hunt, *Sociological Interpretations of Education*, London: Croom Helm, 1985.

Bloom, B. S.(1968). Learning for Mastery. UCLA Evaluation Comment, 1.

Bloom, B. S.(Ed.).(1956). Taxonomy of Educational Objectives : Cognitive Domain. New York : David McKay.

Bruner, J. S.(1960). The Process of Education. New York : Vintage.

Bruner, J. S.(1966). Toward a Theory of Instruction. Cambridge, Mass. : Harvard University Press.

Carroll, R. B.(1963). A Model of School Learning. Teachers College Record, 64, 723-733.

Coleman, James. S., *Equality and Achievement in Education*, Boulder: Westview Press, 1990.

Corey, S. M.(1977). The Nature of Instruction, In P. C. Lange(Ed.), Programmed Instruction. Chicago : University of Chicago Press.

Deux, Valis, 학문의 구조(오상현 역), 서울:더난출판사, 1996.

Dewey, J.(1910). How We Think. New York : D.C. Heath.

Duit, R.(1995). The Constructivist View : A Fashionable and Fruitful Paradigm for Science Education Research and Practice, In L. P. Steffe & J. Gale(Ed.), Constructivism in Education. Hillsdale, N.J.: Lawrence Erlbaum Associates, Publishers.

Ellis, A. C.(1995). Changing Rational-Emotive Therapy(RET) to Rational Emotive Behavior Therapy(REBT). Rational-Emotive & Cognitive-Behavior Therapy, 13(2), 85-89.

Frankl, V.(1963). Man's Search for Meaning : An Instruction to Logotherapy. New York : Washington Square Press.

Frankl, V.(1969). The Will to Meaning : Foundation and Applications of Logotherapy. New York : The World Publishing Co.

Gage, N. L.(1978). The Scientific Basis of the Art of Teaching. New York : Teachers College Press.

Gagné, R. M.(1965). Analysis of Instructional Objectives for the Design of Instruction, In R. Glaser(Ed.), Teaching Machines and Programmed Instruction, Washington: Department of Audiovisual Instruction, National Education Association.

Gagné, R. M.(1970). The Conditions of Learning. New York : Holt, Rinehart & Winston.

Bloom, B. S. (Ed.). (1956). *Taxonomy of Educational Objectives: Cognitive Domain*. New York: David McKay.

Boyd, William & Edmund J. King (1975). *The History of Western Education*. London: Adams & Charles Black.

Brinton, Crane (1963). *The Shaping of Modern Thought*. New Jersey: Prentice-Hall.

Brubacher, John S. (1962). *Modern Philosophies of Education*. New York: McGraw-Hill Book Co.

Brubacher, John S. (1966). *A History of the Problems of Education*. New York: McGraw-Hill Book Co.

Bruner, J. S. (1960). *The Process of Education*. New York: Vintage.

Bruner, J. S. (1966). *Toward a Theory of Instruction*. Cambridge, Mass.: Harvard University Press.

Butts, R. Freeman (1955). *A Cultural History of Western Education*. New York: McGraw-Hill Book Co.

Carroll, R. B. (1963). A Model of School Learning. *Teachers College Record, 64*, 723-733.

Coleman, James. S. (1990). *Equality and Achievement in Education*, Boulder: Westview Press.

Corey, S. M. (1977). The Nature of Instruction, In P. C. Lange (Ed.), *Programmed Instruction*. Chicago: University of Chicago Press.

Deux, Valis (1996). 학문의 구조(오상현 역), 서울: 더난출판사.

Dewey, J. (1910). *How We Think*. New York: D.C. Heath.

Donald, Butler J. (1957). *Four Philosophies and Their Practice in Education and Religion*. New York: Harper and Row.

Duit, R. (1995). The Constructivist View: A Fashionable and Fruitful Paradigm for Science Education Research and Practice, In L. P. Steffe & J. Gale (Ed.), *Constructivism in Education*. Hillsdale, N.J.: Lawrence Erlbaum Associates, Publishers.

Ellis, A. C. (1995). Changing Rational-Emotive Therapy(RET) to Rational Emotive Behavior Therapy(REBT). *Rational-Emotive & Cognitive-Behavior Therapy, 13*(2), 85-89.

Frankl, V. (1963). *Man's Search for Meaning: An Instruction to Logotherapy*. New York : Washington Square Press.

Frankl, V. (1969). *The Will to Meaning: Foundation and Applications of Logotherapy*.

New York: The World Publishing Co.

Gage, N. L. (1978). *The Scientific Basis of the Art of Teaching*. New York: Teachers College Press.

Gagne, R. M. (1965). Analysis of Instructional Objectives for the Design of Instruction, In R. Glaser (Ed.), *Teaching Machines and Programmed Instruction, Washington: Department of Audiovisual Instruction*, National Education Association.

Gagne, R. M. (1970). *The Conditions of Learning*. New York: Holt, Rinehart & Winston.

Gardner, H. (1983). *Frames of Mind: The Theory of Multiple Intelligence*. NY: Basic Books.

Glaser, R. (1963). Instructional Technology and the Measurement of Learning Outcomes. *American Psychologist, 18*, 519-521.

Glasser, W. (1985). *Reality Therapy*. New York: Harper & Row, Pub.

Gronlund, N. E. (1971). *Measurement and Evaluation in Teaching*. New York: Mcmillan.

Gutek, Gerald L. (1972). *A History of the Western Educational Experience*. New York: Random House.

Gutek, Gerald L. (1988). *Philosophical and Ideological Perspectives on Education*. New Jersey: Prentice-hall.

Hilgard, E. R., & Bower, G. H. (1981). *Theories of Learning*. Englewood Cliffs: N.J.: Prentice-Hall.

Kilpatrick, W. H. (1918). The Project Method. *Teachers College Record, 19*(4).

Kneller, George F. (1984). *Movements of Thought in Modern Education*. New York: John Wiley & Sons.

Knight, G. R. (1980). *Philosophy and Education in Christian perspectives*. Michigan: Andrews University Press.

Krathwohl, D. R. (Ed.) (1964). *Taxonomy of Educational Objectives: Affective Domain*. New York: David McKay.

Lamprecht, Sterling P. (1965). *Our: Philocophical Traditions: A Brief History of Philosophy in Western Civilization*. New youk: Appleton Century-Crofrs, Inc.

Lebow, D.(1993). Constructivistic Values for Instructional Systems Design: Five Principles Toward a New Mindset. *Educational Technology Research & Development, 41*(3), 4-16.

Lucas, Christopher J. (1972). *Our Western Educational Heritage*. New York: Macmillan

Pub.

Mager, R. F. (1962). *Preparing Objectives for Programmed Instruction.* San Francisco: Feardon.

Marler, Charles D. (1975). *Philosophy and Schooling.* Boston: Allyn and Bacon, Inc.

Massialas, B., & Cox, B.(1966). *Inquiry in Social Studies.* New York: McGraw-Hill.

Mead, George H. (1972). *Movements of Thought in the Nineteenth Century.* University of Chicago Press.

Monroe, Paul (1930). *A Textbook in the History of Education.* New York: Macmillan Co.

Morris, Van Cleve (1969). *Modern Movements in Educational Philosophy.* Boston: Houghton Mifflin Co.

Nye, Robert D., *Three Views of Man: Perspectives from Sigmund Freud, B. F. Skinner, and Carl Rogers,* California: Wadsworth Publishing Company, Inc., 1975.

Perls, F. S. et al. (1951). *Geslalt Therapy.* New York: Delta.

Phenix, Philip H. (1958). *Philosophy of Education.* New York: Holt, Rinehart and Winston.

Piaget, J. (1970). *Science of Education and the Psychology of the Child.* New York: Grossman Publishers, Inc.

Pinar, W. F. (1981). The Reconceptualization of Curricuium: Alternative Studies, In H. A. Giroux et al. (Ed.). *Curriculum & Instruction.* California: McCutchan Publishing Co.

Prichard, Keith W., *Concepts and Theories in Sociology of Education,* Lincoln, Nebraska, Professional Educators Publications, Inc., 1973.

Reynolds, Paul D (1991). 사회과학 이론 입문(주삼환·신붕섭 역), 서울: 양서원.

Rogers, C. R. (1951). *Client-centered Therapy.* Boston: Houghton Mifflin Co.

Segall, William E., & Anna V. Wilson (1998). *Introduction to Education: Teaching in a Diverse Society,* NewJersey: Prentice Hall.

Shertzer, B., & Stone, S. C. (1981). *Fundamentals of Guidance.* Boston: Houghton Mifflin Co.

Simpson, E. J. (1966). The Classification of Educational Objectives: Psychomotor Domain. *Illinois Teacher of Home Economics.* 10, 110-144.

Skinner, B. F. (1953). *Science and Human Behavior.* New York : Macmillan.

Skinner, B. F. (1969). *Contingencies of Reinforcement.* N.J.: Prentice-Hall.

Sternberg, R. J. (1986). *The Triarchic Mind : A NEW Theory of Human Intelligence*. NY: Viking.

Strain, John Paul (1971). *Modern Philosophies of Education*. New York: Random House.

Tyler, R. W. (1934). *Constructing Achievement Tests*. Ohio: The Ohio State University Press.

Tyler, R. W. (1949). *Basic Principles of Curriculum & Instruction*. Chicago: University of Chicago Press.

Tyler, R. W. (1950). *Basic Principles or Curriculum and Instruction*. Chicago: University of Chicago Press.

Williamson, E. G. (1939). *How to Counsel Students*. New York: McGraw-Hill.

Wren, Brian (1984). 정의를 위한 교육(김쾌상 역), 서울: 현대사상사.

찾아보기

내 용

● 저자약력 ─────────────────────────────

• 주영흠 고려대학교 대학원 교육학 박사, 총신대학교 교양교직과 교수(현) 교육철학 전공
　　논문 "낭만적 자연주의 교육이념에 관한 연구", "교육의 논리를 통해 살펴 본 학습의 자유"
　　　　 자유의 의미에 관한 교육인간학적 고찰, 교양교육의 목적으로서의 자율성, 어그스틴에 교양교
　　　　 육론 연구; 자유교양교과의 형성과정을 중심으로, 가다머의 이해와 교육
　　저서 서양교육사상사, 교육철학을 위한 사색(공역), 문제의 교사(공저), 서양근세 교육사상가론(공
　　　　 저), 민족교육의 사상적 조망, 새로운 교육의 탐색 등 다수

• 박진규 고려대학교 대학원 교육학 박사, 호서대학교 청소년지도학 전공 교수(현), 한국청소년학회 부
　　　　 회장(현)
　　논문 한국 고등교육 체제 분화에 관한 연구(박사학위 논문), 대학 구성집단의 문화적 특성에 관한
　　　　 연구 등 다수
　　저서 한국교육의 사회적 이해(공저), 청소년학 총론(공저) 등

• 오만록 고려대학교 대학원 교육학 박사, 동신대학교 사회과학부 사회복지학 전공 교수(현), 아동학
　　　　 대예방협회 전남지회장(현), 전남아동학대예방센터 사례판정위원장(현)
　　논문 구성주의에 근거한 문제중심 학습(PBL)이 학업성취와 정의적 특성에 미치는 효과, 학업성취
　　　　 의 누적경험이 정의적 특성의 변화에 미치는 영향 등
　　저서 학교교육의 이론과 실제, 교수-학습의 이론적 탐색(공저), 사회복지 프로그램 개발과 평가(공
　　　　 저), 교육의 이해, 현대교육학개론(공저), 가정과 교육론(공저) 등

신세대를 위한 교육학개론

2002년 2월 25일 1판 1쇄 발행
2020년 4월 20일 1판 13쇄 발행

지은이 • 주영흠 · 박진규 · 오만록
펴낸이 • 김 진 환
펴낸곳 • (주) 학지사
　　　　 04031 서울특별시 마포구 양화로 15길 20 마인드월드빌딩 5층

대표전화 • 02) 330-5114　　팩스 • 02) 324-2345

등록번호 • 제313-2006-000265호

홈페이지 • http://www.hakjisa.co.kr
페이스북 • https://www.facebook.com/hakjisabook

ISBN 978-89-7548-703-3 93370

정가 15,000원

출판 · 교육 · 미디어기업 학지사

간호보건의학출판 학지사메디컬 www.hakjisamd.co.kr
심리검사연구소 인싸이트 www.inpsyt.co.kr
학술논문서비스 뉴논문 www.newnonmun.com
원격교육연수원 카운피아 www.counpia.com